Gottfried Daniel Krummacher
Tägliches Manna

Gottfried Daniel Krummacher

TÄGLICHES MANNA

Andachten zur Stärkung für die Wüstenreise

betanien

1. Auflage dieser Neuausgabe 2013

Diese leicht überarbeitete Neuausgabe des erstmals 1838 erschienen Buches wurde zuerst 2001 im *Verlag für reformatorische Erneuerung* in Wuppertal von Herbert Becker herausgegeben. Wir danken den Herausgebern für die Erlaubnis, diese Neuauflage zu drucken.

Bibelzitate folgen in der Regel der Lutherbibel von 1912

Postfach 14 57 · 33807 Oerlinghausen
www.betanien.de · info@betanien.de
Covergestaltung: Peter Voth, Kreuzau
Coverfotos: Eduard Bonnin und Brian Koprowski
Satz: Betanien Verlag
Herstellung: Scandinavianbook, Århus

ISBN 978-3-935558-40-2

G. D. Krummacher – eine biografische Skizze

Der Erweckungsprediger Gottfried Daniel Krummacher wurde am 1. April 1774 als Sohn des Juristen und Bürgermeisters Friedrich Jakob Krummacher in Tecklenburg bei Osnabrück in eine reformiert geprägte Familie geboren. Er studierte in Duisburg Theologie, wobei er sich bewusst dem aufstrebenden Gedankengut der Aufklärung, des Rationalismus und der Bibelkritik widersetzte. Stattdessen suchte er den Kontakt zur Erweckungsbewegung und las Schriften wie John Bunyans »Pilgerreise«. 1798 nahm Krummacher eine Predigerstelle in einer pietistisch geprägten Gemeinde in Baerl bei Moers am Niederrhein an. Erst durch die dortige Teilnahme an einer Katechismusstunde erlangte er Erkenntnis seiner Sünden und Verdorbenheit und fand nach mehrtätigen Buß- und Gebetskampf im Glauben an das stellvertretende Sühnopfer Christi Frieden mit Gott. Fortan rang er um Heiligung und unterschied in seinen erwecklichen Predigten klar zwischen den Kindern Gottes und den Kindern dieser Welt.

Ab 1801 wirkte er 15 Jahre lang in einer Gemeinde in Wülfrath und entschied sich in dieser Zeit – wohl veranlasst durch das romantisch-pietistische Gedankengut Gerhard Tersteegens (1697–1769) – zur Ehelosigkeit.

Im Februar 1816 wurde er Prediger der reformierten Gemeinde in Elberfeld. Zu dieser Zeit breitete sich in Elberfeld die bergisch-niederrheinische Erweckungsbewegung aus, die so beschrieben wird:

> In Deutschland finden wir besonders nach den Nöten der Napoleonischen Fremdherrschaft und den Freiheitskriegen eine Erweckungsbewegung, die aber weniger an die Öffentlichkeit trat als in Holland. Im Allgemeinen herrschte aber in der ersten Hälfte des 19. Jahrhunderts der Rationalismus, der an die Stelle der Offenbarung die menschliche Vernunft setzte, und der kirchliche Liberalismus, hie und da von pietistischen Strömungen oder von den Einflüssen Schleiermachers durchbrochen, der

> die Frömmigkeit des Menschen pries, aber von der reformatorischen Wahrheit weit abgewichen war. Die Städte des Wuppertals waren wie eine Oase inmitten der Verödung. Der Rationalismus hatte dort nur wenig Eingang gefunden. (Aus einem Nachruf auf Hermann Friedrich Kohlbrügge, der als Nachfolger Krummachers gilt, unter *LichtundRecht.de*)

Ein anderer beschrieb Elberfeld in einem Brief 1825:

> Kurz, wir haben jetzt ein Land Gosen, ein rechtes Canaan hier und in hiesiger Gegend ... Denken Sie sich zwanzig erleuchtete, wiedergeborene Prediger ... Krummacher ... Johannes Wichelhaus [und weitere 18 damals bekannte Prediger] (M. Gallmann und U. Gäble in: *Der Pietismus im 19. und 20. Jahrhundert*)

Die Erweckung war zunächst eine Jugendbewegung – die so genannte Elberfelder Kindererweckung von 1816 –, ergriff dann aber auch die Erwachsenen. Krummacher wurde schließlich zur bedeutendsten Person dieser Schar erwecklicher Prediger. Während der lutherische Pfarrer Karl August Döring (1783–1844) durch evangelistisches Wirken die Jugend zu gewinnen suchte, stellte Krummacher in guter Ergänzung dazu mehr die persönliche Heiligung des Gläubigen in den Vordergrund seiner Verkündigung, betonte aber auch immer wieder die Rechtfertigung allein aus Glauben, um die Gläubigen durch den Nachdruck auf dieses Grundelement des Evangeliums zu festigen und zu stärken.

Die Zusammenkünfte der Erweckungsbewegung wurden so beschrieben:

> Das Äußere hatte allerdings nicht viel Anziehendes. Ein ziemlich enges Stübchen im Hinterhause war der Versammlungsort. Zunächst vorn hatte der Selige seinen Platz an einem kleinen Tischlein, auf welchem ein Lämpchen oder Talglicht brannte – das einzige in der ganzen Stube – um ihn ältere Freunde, rings umher dann in allen Räumen und Winkeln, wo nur ein Platz zu finden war, die Erbauung suchenden Zuhörer. (Aus: *Der Pietismus im 19. und 20. Jahrhundert*)

Krummachers Predigten wurden als »in rhetorischer Hinsicht gewollt kunstlos«, aber eindringlich beschrieben. Viel lag ihm an der Betonung der Souveränität Gottes, der sich nicht des Frommen, sonders des Sünders erbarmt. Seine Gegner brandmarkten ihn deshalb bisweilen abschätzig als »Prädestinatianer«.

In seinen Predigten und Predigtreihen betrachtete er oft das Alte Testament; berühmt sind z. B. seine Auslegungen über »Jakobs Kampf und Sieg« oder die »Wanderungen Israels«. In diesen Predigten vergleicht er den Auszug Israels aus Ägypten mit den Christen, der Welt und Gottlosigkeit hinter sich lässt auf dem Weg zum ewigen Erbe. Theologisch orientierte sich Krummacher dabei an Calvin und dem Heidelberger Katechismus, auch die inneren Kämpfe Luthers waren ihm ein persönliches Vorbild. So führte er das pietistische Erbe seines Wirkungskreises entgegen der eher lehrfeindlichen Haltung des Pietismus auf eine vertiefte lehrmäßige, biblisch-reformatorische Grundlage zurück.

Seine Zeit in Elberfeld war von Kämpfen an drei Fronten geprägt: gegen die Schwärmerei, die in Elberfeld-Wüstenhof grassierte (die Bezeichnung »Wüstenhöfer« war damals Inbegriff für sektiererische Schwärmerei), gegen den Liberalismus und Säkularismus und für eine freie, vom Staat unabhängige Kirche (Agendenstreit).

Am 24. Oktober 1819 musste sich Krummacher in Köln vor der Kirchenbehörde rechtfertigen, weil ihm vorgeworfen wurde, seine Gnadenlehre fördere den Antinomismus (die Lehre der Gesetzlosigkeit) der schwärmerischen Wüstenhöfer. Krummacher gründete seine Rechtfertigungspredigt auf Römer 6,1 – »Sollen wir denn in der Sünde beharren, auf dass die Gnade desto mächtiger werde? Das sei ferne!« – und zeigte, dass seine Lehre nichts mit Schwärmerei zu tun hat, sondern vielmehr auf Paulus beruht. In der Veröffentlichung dieser Predigt schrieb er in einem Vorwort: »Feind alles Fanatismus, der außerordentliche unmittelbare Offenbarungen Gottes an die Menschen wähnt, während er die geschriebenen gering achtet, hänge ich mit ganzer Seele an der Heiligen Schrift.« (Quelle: *Glaubensstimme.de*)

Zwischen 1834 und 1837 erlitt Krummacher drei Schlaganfälle; er starb am 30. Januar 1837 in Elberfeld. Seine Nachwirkungen sind vielfältig. Er gilt als Hauptperson der bergisch-niederrheinischen

Erweckungsbewegung und war somit Wegbereiter für viele weitreichende geistliche Impulse, die im 19. Jahrhundert von Elberfeld ausgingen: Hier entstand der deutsche Zweig der Brüderbewegung und die Elberfelder Bibelübersetzung, 1848 wurde hier die Evangelische Gesellschaft für Deutschland begründet (die Werkzeuge Gottes wie den Jugendpfarrer Wilhelm Busch hervorbrachte), und auch Hermann Heinrich Grafe, der Gründervater der Freien evangelischen Gemeinden, wirkte auf dem in Elberfeld und Umgebung zubereiteten Boden. Ebenfalls einen Anteil hat Krummacher an der Erweckungsbewegung im Siegerland und hatte dort den späteren Verbandspräses Tillmann Siebel zum geistlichen Ziehsohn. Auch Hermann Friedrich Kohlbrügge und über ihn weite Kreise im Wuppertal und in den Niederlanden waren nachhaltig von Krummacher beeinflusst. Seine Predigten wurden in zahlreichen Bänden gedruckt.*

* Text von Hans-Werner Deppe, Quellen sind neben den genannten das Biographisch-Bibliographische Kirchenlexikon, eine Lebensskizze durch Krummachers Neffe Friedrich Wilhelm Krummacher unter Glaubensstimme.de, ferner Wikipedia.org und das Vorwort der Ausgabe dieses Buches von Herbert Becker 2001.

Vorwort des Herausgebers von 1837

Der selige Herr Pastor Krummacher war bei seinen Lebzeiten, besonders in den letzten Jahren, von seinen Freunden oft ersucht worden, ein Schatzkästchen zu verfassen und ihnen dadurch gleichsam ein tägliches Andenken zu hinterlassen. Er zeigte sich auch durchaus nicht abgeneigt, ihren Wünschen nachzukommen; aber seine letzte Krankheit und sein Tod vereitelten sein Vorhaben.

Da lag der Gedanke nun natürlich nahe, aus seinen hinterlassenen Werken ein solches Schatzkästlein zusammenzusetzen und auf diese Art dem Verlangen seiner Freunde entgegen zu kommen. Aus seinen so gehaltreichen und tiefen Predigten ließen sich leicht einzelne kurze, aber inhaltsreiche Stellen auslesen, und jedem Tage des Jahres eine solche zuteilen. Ein passender Bibelspruch als Überschrift der einzelnen Betrachtungen war auch nicht schwer zu finden, indem ein solcher sich entweder als Predigttext von selbst darbot, oder die Betrachtung sich als besonderer Teil der Predigt an diesen Spruch knüpfte; oft auch musste ein einzelnes Wort die Wahl des Spruches bestimmen, ohne dass das Folgende dann grade als eine Erklärung des ganzen Spruches erscheint. An Liederversen boten das hiesige reformierte Gesangbuch, die Lieder von Lampe, Neander, Terstegen, Woltersdorf u. a., besonders auch das Gesangbuch der Brüdergemeine eine reiche Auswahl dar.*

Bei dem großen Reichtum an Gedanken und ihrer Mannigfaltigkeit in den hinterlassenen Predigten des Herrn Pastor Krummacher sind es doch einige Wahrheiten, die, mit besonderer Vorliebe von ihm behandelt, auch sehr häufig in neuen Betrachtungen wiederkehren; ja, fast könnte man sagen, seine Predigten seien nur Variationen über einige Themen, besonders über diese: »Der Ge-

* Die im Original jede Andacht abschließenden Liedverse sind in dieser Neuausgabe nur in Auswahl enthalten. Ferner wurden an sehr wenigen Stellen leichte sprachliche Anpassungen an den heutigen Sprachgebrauch vorgenommen; außerdem wurden bei sehr vielen Bibelzitaten die Stellenangaben ergänzt.

rechte wird aus Glauben leben« – »Alles und in allem Christus!« – »Er muss wachsen, ich muss abnehmen« – »Erkennet, wie der Herr seine Heiligen wunderlich führt« – und einige andere. Darin hat es denn auch besonders seinen Grund, wenn in diesem Büchlein einzelne Wahrheiten dem Leser öfter im Jahre dargeboten werden. Zur Rechtfertigung möchten wir ein Wort des Seligen aus seinen köstlichen Predigten über »Jakobs Kampf und Sieg« anführen, wenn er in Beziehung auf die Heilige Schrift sagt: »Das wäre doch eine seltsame und für fleißige Leser der Heiligen Schrift üble Sache, wenn man sich solcher Verheißungen nicht trösten dürfte, die man schon weiß.« – Ein Wort, an dem wir heute vielleicht grade nichts Sonderliches haben, bietet uns morgen desto mehr.

Dies waren die Grundsätze und Gesichtspunkte, unter deren Leitung die Zusammenstellung dieses Schatzkästchens bewerkstelligt wurde, zu dessen Anfertigung und Herausgabe übrigens der Verfasser weder durch ein besonderes Talent dazu, noch auch selbst durch einen jahrelangen vertrauten Umgang mit dem Verewigten, sondern allein durch seine Lust und Liebe zu dieser Arbeit, so wie durch den Segen, den er sich selbst davon versprach, – und welcher ihm auch durch Gottes Gnade zuteil geworden ist, sich berechtigt glaubte.

Übrigens meinte er, diese Blätter seien wirklich das, was ihr Titel sagt: Ein tägliches Manna für Pilger durch die Wüste. Manche werden vielleicht verächtlich, wie die Israeliten, beim ersten Anblick des Manna fragen: »Was ist das?« (2. Mose 16,5). Andere wird's »ekeln vor dieser Speise« (4. Mose 21,5). Für solche sind sie nicht geschrieben. Wer aber mit David sich einen Pilger Gottes nennen darf, wem diese Erde zu einer Wüste geworden ist, wer ein anderes, besseres Vaterland kennt und auf der Reise dahin begriffen ist, der wird in ihnen nicht allein großen Verstand, sondern auch Trost, Erquickung, Stärkung und Ermunterung in reichem Maße finden, und den Herrn dafür preisen. An solchen Seelen wolle der treue Herr denn insbesondere das tägliche Sammeln und Genießen dieser Mannakörner segnen und dieselben neu gestärkt von Kraft zu Kraft fortgehen lassen, bis sie zu Gott in Zion kommen.

Pastor Gottlieb Daniel Müller (1811–1890),
Elberfeld im Dezember 1837

1. Januar

Wir müssen alle offenbar werden vor dem Richterstuhl Christi, auf dass ein jeglicher empfange, nachdem er gehandelt hat bei Leibes Leben, es sei gut oder böse.

2. Korinther 5,10

Wie kurz unser Leben ist, so wichtig ist es. Es ist die Aussaat für jene Welt. Hier sät man und ist immer am Säen, dort erntet man. Unser Schicksal in derselben, welches entweder schrecklich oder höchst selig, in beiden Fällen ewig ist, hängt lediglich davon ab, wie wir unsere kurze Lebens- und Gnadenzeit verwendet haben. Nachholen lässt sich da nichts mehr, nachbessern ebenso wenig. Ansehen, worin wir hier standen, gilt da nichts mehr. Aber wie beschließen die meisten ihre Reise? So, dass man ihnen das Herannahen ihres Endes zu verheimlichen sucht. Es kommt doch. Manchmal wird ihnen herzlich, manchmal zum Schein, oft gar nicht nachgeweint. Man begräbt sie. Man unterhält sich nach dem Begräbnis munter über vorhandene Gegenstände. Wenn etwas da ist, teilen es sich die Erben, und des Verstorbenen wird vergessen. Es dauert nicht lange, so ist er wie niemals dagewesen und wird wenig oder gar nicht vermisst. Das ist es denn; das war nicht der Mühe wert. So ging's auch mit dem reichen Mann und dem armen Lazarus. Sie starben beide und wurden begraben. Jesus zieht aber da, wo unser Nachsehen vorbei ist, den Vorhang weg und lässt uns den reichen Mann in der bittersten Armut in der Hölle, in der Qual, in den Flammen erblicken, den Lazarus aber in Überfluss, Freude und Ehre. Jener wünscht seine Brüder bewahrt zu sehen, für die aber kein Rat ist, wenn sie die Schrift nicht hören wollen. Da haben wir's also. Schreckliche Reise, die einen solchen Ausgang nimmt wie jenes vergnügliche Art zu reisen! Herrliche Reise, die zu Lazarus' Ziel führt, möchte es während derselben auch noch so erbärmlich hergehen! Richtet euch denn danach! Wer nach Osten reist, kann nicht nach Süden kommen. Wer das gute Ziel will, muss auch den guten Weg einschlagen. Meine nur niemand, das Ziel sei dasselbe, wie verschieden auch die Wege sind! Er irrt gefährlich.

2. Januar

Wünschet Jerusalem Glück! Es möge wohl gehen denen, die dich lieben!

Psalm 122,6

Das Grüßen oder Segnen wahrer Christen ist etwas Heilsames und Kräftiges, wenn es geschieht, wie es geschehen soll: mit gläubiger Erhebung des Herzens zu Gott durch Christus. Wir glauben an eine Gemeinschaft der Heiligen. Sie besteht nicht bloß in der herzlichen und aufrichtigen Liebe, welche unter wahren Christen so unfehlbar stattfindet, dass Johannes sie als Kennzeichen angibt, man sei vom Tod ins Leben gekommen, und wer den Bruder nicht liebe, der bleibe im Tod. Sie besteht nicht bloß darin, dass man sie mit seiner äußeren Habe unterstützt und mit seinen geistlichen Gaben dient, z. B. belehrt, aufmuntert, tröstet, sondern wir haben Grund zu glauben, dass unser Werk in dem Herrn keineswegs vergeblich ist, wenn wir uns gegenseitig im Geiste segnen und Heil und Gnade vom Herrn betend übereinander herabwünschen. Der Herr tut ja, was die Gottesfürchtigen begehren. Ja, es ist gegenseitige Pflicht. Wir segnen euch im Namen des Herrn, so schließt der 129. Psalm, und Jakobus spricht: »Betet füreinander!« Lasst auch uns das gegenseitig fleißig üben, damit der Leib Christi erbaut werde! Doch unser Segnen an sich ist unkräftig und nur dann kräftig, wenn unsere Herzen vom Herrn dazu bewirkt werden und mit seinem Rat übereinstimmen.

Betgemeine, heil'ge dich
mit dem heiligen Öle;
Jesu Geist ergieße sich
dir in Herz und Seele!
Lass den Mund
alle Stund'
vom Gebet und Flehen
heilig übergehen!

Aber nun, Herr, du bist unser Vater; wir sind Ton, du bist unser Töpfer, und wir sind alle deiner Hände Werk.

Jesaja 64,8

So betet die Gemeinde. Sie stellt sich dem Herrn als Ton dar, der an sich keine Gestalt noch Schönheit hat, sich auch keine geben kann, aber doch begehrt, ein Gefäß dem Herrn brauchbar und zu Ehren zu werden. Ein Töpfer bereitet aber aus dem Ton manche schöne, ja prächtige und kostbare Gefäße, denen man den schmutzigen Ton nicht mehr ansieht, sondern die eine zierliche und schöne Gestalt und Farbe, Gold, Silber und Blumen an sich haben und zum Nutzen und zur Zierde dienen. Gott kann aus uns etwas Herrliches bereiten, obwohl wir von Natur ein hässlicher Ton sind und uns selbst nicht zubereiten können. Ja, er will es auch aus Gnaden tun, will unser Töpfer sein, wenn wir uns nur in seine Hände legen und nicht widerstreben. Ein Töpfer muss aber viel Arbeit mit dem Ton vornehmen, ehe ein Gefäß daraus wird. Er muss ihn z. B. von Sand, Steinen und sonstigem Unrat reinigen, die sonst alle Bearbeitung hindern würden; und je edler das Gefäß werden soll, desto genauer muss diese Reinigung geschehen. Danach wird er geknetet, gestampft, geschlagen, damit er recht geschmeidig und brauchbar werde; dann kommt er auf die Töpferscheibe, und es wird durch die Hand des Künstlers ein Gefäß daraus gemacht, das aber auch nur eine Gestalt ohne Schönheit hat. Es wird bemalt, und je nachdem es ein köstliches Gefäß werden soll, werden Gold, Silber und kostbare Farben gewählt und die Figuren mit Sorgfalt aufgetragen. Endlich wird's ins Feuer gebracht und bekommt da seine Vollendung.

Auf eine ähnliche Weise macht's der himmlische Töpfer mit den Seelen. Da gibt's manche Schläge und verschiedene Bearbeitungen, die oft sehr schmerzhaft sind. Da kommt manche Hitze der Anfechtung und endlich der Tod. Aber dies alles dient zum Zwecke. O, möchten wir nur so wenig widerstreben wie der Ton seinem Töpfer!

4. Januar

Durch Stille sein und Hoffen würdet ihr stark sein.

Jesaja 30,15

Was Gott verheißen hat, kann er tun, wird er tun und wird es in rechter Ordnung, Zeit und im rechten Maß tun, denn er sagt's und tut's auch, und was er zusagt, das hält er gewiss. An diese Verheißung sich haltend steht der Glaube fest und sieht der Erfüllung derselben ruhig und zuversichtlich entgegen. Wer glaubt, wie die Schrift sagt, ist der durch Christus so überschwänglich über allen irgend gegründeten Zweifel erhabenen, nun noch immer durch die Sakramente versiegelten Liebe Gottes gewiss. Ohne Bedenken kann er glauben, dass der, der seinen eigenen Sohn nicht verschonte, sondern ihn für uns dahingab, uns nun auch ganz gewiss mit ihm alles schenken werde. Dies macht seine Seele still und gelassen, in was für Verhältnisse ihn sein Gott auch zu führen für gut findet. Öffnet sich vor ihm ein glühender Ofen oder eine Grube grimmiger Löwen, in welche ein Nebukadnezar ihn zu werfen befiehlt – wer glaubt, bleibt gelassen und weiß, dass Gott ihn wohl erretten kann; sollte er's aber nicht wollen, so hat das auch nichts zu sagen. Sollen Leib und Seele verschmachten, dennoch bleibt er an ihm. Im finstern Kerker, in Ketten und Banden, stimmen Paulus und Silas Loblieder an. Sobald das Wort: »Meine Gnade ist dir genug, und meine Kraft ist in den Schwachen mächtig« im Glauben aufgenommen ist, legt sich das eilende Verlangen, je eher je lieber der Faustschläge Satans überhoben zu sein. Das Herz wird still und sagt: »So will ich mich denn am liebsten meiner Schwachheit rühmen, denn wenn ich schwach bin, bin ich stark.«

5. Januar

Gesegnet ist der Mann, der sich auf den Herrn verlässt und des Zuversicht der Herr ist.

Jeremia 17,7

David hatte schon so manche Errettung aus Sauls Händen erfahren, hatte die Verheißung, er solle König werden, und sprach doch in seinem Zagen: »Ich werde noch eines Tages in Sauls Hände fallen«. Abraham geriet in Sorgen, er möchte getötet werden, da er doch den verheißenen Sohn noch zuerst haben sollte. Niemand drückt aber das natürliche Misstrauen des Menschen kräftiger aus als Hiob, wenn er in Kapitel 9,16 sagt: Wenn ich ihn schon anrufe, und er mich erhört, so glaube ich doch nicht, dass er meine Stimme hört, – als wollte er sagen: Wenn ich auch um etwas bitte und bekomme es, so glaube ich doch noch eher, dass es zufällig geschehe und sich auch ohne mein Gebet so zugetragen haben würde, als dass ich darin eine göttliche Gebetserhörung erkennen sollte. Dies geht weit, aber so ist unsere Natur. Kein äußerliches Mittel ist auch imstande, dieses Misstrauen auszurotten; sonst hätten die Juden ja glauben müssen um der vielen unleugbaren Wunder willen, die Jesus tat. Unser Herz selbst muss geändert und erneuert werden, damit in diesem guten Baum auch die gute Frucht des Vertrauens wachse. Wer nun eine unwandelbare Sicherheit begehrt, muss sie in dem Gott Amen suchen, denn »es ruht der Mut in Christi Blut und nicht in unsern eignen Ständen.«

Gott hat mir ein Wort versprochen,
seinen Bund mit mir gemacht,
der wird nimmermehr gebrochen,
bis er alles hat vollbracht.
Er, die Wahrheit, trüget nicht;
was er saget, das geschieht.

6. Januar

In meinem Zorn habe ich dich geschlagen, und in meiner Gnade erbarme ich mich über dich.

Jesaja 60,10

Der alte Mensch kann und darf nicht anders behandelt, sondern muss wie der Weinstock stets unter dem Messer gehalten werden. Gott hat Ruten genug. Er kann uns mit körperlichen Leiden heimsuchen, uns einen zeitlichen Schaden erleiden lassen; er kann andere Menschen und selbst den Satan wider uns erregen; er kann uns Stellen und Sprüche aus seinem Wort zu einem Stachel machen, gegen den uns schwer wird, hinten auszuschlagen; er kann uns auch sein Missfallen so in unserem Gewissen fühlen lassen, dass es wie giftige Pfeile darin schmerzt. Ja, unsere eigenen Gedanken, Wünsche und Besorgnisse können uns zu peinigenden Ruten werden. Hat nicht auch Jesus selbst seine Jünger manchmal derb geschlagen, ohne körperliche Ruten zu gebrauchen, und seine eigene Mutter nicht geschont? Waren das nicht tüchtige Schläge, die er unter seine Jünger austeilte, als er sie fragte: Wie lange soll ich euch dulden? Wie, dass ihr so unverständig seid? Wenn er ihnen bei einem Zank, wer unter ihnen der Größte sei, erklärte, wenn sie sich nicht bekehrten und würden wie die Kinder, so würden sie nicht in das Himmelreich kommen; wenn er den Petrus einen Satan nannte und es eine Zeitlang unentschieden ließ, wer der eine unter ihnen sei, der ihn verraten würde, und sie dadurch alle in Verlegenheit setzte; wenn er sie selbst nach seiner Auferstehung Toren und trägen Herzens nannte und schalt ihren Unglauben? Wie wurde nicht Paulus geschlagen, und das selbst von einem Satansengel, aller der sonstigen inneren und äußeren Mühseligkeiten nicht zu gedenken! Wer dürfte sich denn ungebärdig stellen, wenn es heißt: Es ist deiner Bosheit Schuld, dass du so geschlagen wirst, und deines Ungehorsams, dass du so gestraft wirst?

7. Januar

Du bereitest vor mir einen Tisch im Angesicht meiner Feinde.
Psalm 23,5

In den Wegen des Herrn geht's nicht immer gleich reichlich und auch nicht immer gleich knapp her. Die lieben Jünger hatten wohl einmal Hunger, mussten auf die Frage: »Kinder, habt ihr nichts zu essen?« mit Nein antworten und Ähren ausraufen, um sich an den ausgeriebenen Körnern zu erquicken. Zuweilen aber hatten sie auch Wein und Braten auf ihrer Tafel und einen schönen Saal und eine Menge von Fischen, dass sie nicht wussten, wohin damit. So geht's auch im Geistlichen. Lest die Psalmen, welch verschiedenen Inhalts sie sind. Da weint und jammert der eine Psalm und geht wie auf den tiefsten Basston, dass man zweifeln sollte, ob er wohl je wieder heiter aussehen werde; da ringt er mit Gott und spricht sich selbst Mut zu, fleht und bettelt und ermahnt Gott zum Erwachen, als wäre er eingeschlafen, zum Aufstehen, als sitze er müßig da. Ein anderer Psalm rühmt und jauchzt, als ob alles überstanden sei, rühmt sich seiner Unschuld, Frömmigkeit und Gerechtigkeit, als wäre kein Fehl daran, dass man denken sollte, nie würde der daniederliegen, so fest ist sein Berg gesetzt durch des Herrn Wohlgefallen. Und dies ist die Geschichte des einzelnen Christen. Oft, eh wir's uns versehen, lässt er uns viel Gutes geschehen. Oft findet ein zerschlagenes Herz gleichsam mitten in der Einöde einen Lustgarten und wird auf die angenehmste Weise mit einem Trost überrascht, den solches noch fern glaubte.

8. Januar

Gott widersteht den Hoffärtigen, aber den Demütigen gibt er Gnade.

Jakobus 4,6.

Die wahre Demut entsteht aus der innigen Überzeugung seiner Nichtigkeit und Sündigkeit. Sie ist durchaus nichts Gemachtes und Äußerliches, sondern etwas Wahrhaftes, so dass ein wahrhaft Demütiger sich nicht für demütig hält, und nicht wüsste, wie er anders von sich denken sollte, als sehr gering und schlecht, wie er auch tut. Ja, der wirklich Demütige hält sich für gar nichts, wie wir auch wirklich nichts sind, als was der Herr aus Gnaden aus uns machen will, und ist damit wohl zufrieden. Solange wir's nicht ganz und gar können gelten lassen, wenn Christus z. B. sagt: »Ihr vermögt das Geringste nicht, ohne mich könnt ihr nichts tun«; solange wir Paulus nicht nachsagen können: Ich bin der größte unter den Sündern, ich bin eine unzeitige Geburt, ein Narr, nichts, – werden wir keine Ursache haben, uns für demütig zu halten. Herunter muss der Mensch von den Bergen des eigenen Wissens, Könnens und Seins, ins Armenhaus, wo er seinen ganzen Lebensunterhalt vom Geben haben muss und bald spärlich, bald reichlich empfängt, zuweilen auch mit Brot und Wasser vorlieb nehmen, oder gar ein wenig hungern und dürsten, auch wohl eine schnöde Behandlung erfahren muss, wie es dem weisen Pfleger der himmlischen Güter beliebt. Lasst uns allesamt noch geringer werden denn also! Lasst uns für noch größere, abscheulichere, nichtswürdigere Sünder halten als bisher, wozu wir ja große Ursache haben! Lasst uns noch gründlicher glauben lernen, dass wir außer Christus nichts verstehen und nichts können, noch gründlicher glauben lernen, dass sein Opfer allein uns angenehm macht!

9. Januar

Nicht, dass ich's schon ergriffen habe oder schon vollkommen sei; ich jage ihm aber nach, ob ich's auch ergreifen möchte, nachdem ich von Christus Jesus ergriffen bin.

Philipper 3,12

Kein echter Christ darf sich mit den ersten Anfängen des Christentums begnügen. Er meint nicht, schon am Ziel zu sein und alles erkannt und erfahren zu haben, wenn er einige Einsichten in sein Verderben und in das Evangelium empfangen hat. Er wird nicht satt und denkt nicht: »Ich bin's nun.« Freilich kommt eine anfangende Seele, besonders wenn ihr Bußkampf scharf und die darauf erfolgte Tröstung und Versicherung von der Vergebung der Sünden recht kräftig und durchdringend war, wohl auf den Gedanken, nun sei sie fertig, welches auch wohl wahr ist. Dennoch sagt der Apostel Paulus: »Nicht, dass ich's schon ergriffen habe.« Mit Christus ist ein Licht in die Seele gekommen. Dies Licht soll sie aber mehr und mehr durchleuchten, bis dass sie ein Licht werde in dem Herrn. Ein Leben ist in die Seele gekommen; dies Leben soll sie mehr und mehr durchdringen, dass auch sie sagen könne: »Ich lebe, doch nicht ich, sondern Christus lebt in mir.« Die Weisheit ist in ihr, die soll sie mehr und mehr erfüllen, dass es von ihr heißen könne: Ihr wisset alles, denn ihr habt die Salbung von dem, der heilig ist. Die Vollkommenheit ist in ihr, und alle sollen hinkommen zu einerlei Glauben und Erkenntnis des Sohnes Gottes und ein vollkommener Mann werden nach dem Maße des vollkommenen Alters Christi und zunehmen in allen Stücken an dem, der das Haupt ist, Christus.

Wohne, herrsche, leuchte, heile!
Dir, dir räum ich Herz und Mut;
sei mir stets zur Feuersäule,
fülle mich mit Licht und Glut!

Darum feget den alten Sauerteig aus, auf dass ihr ein neuer Teig seid.

1. Korinther 5,7

Dieser alte Sauerteig ist besonders die Erbsünde, die angeborene Verdorbenheit, dieser innere Trieb und Brunn all des Bösen, was sich in den Blüten böser Gedanken, Neigungen und Begierden, in Blättern böser Worte und Gebärden und in den Früchten böser Handlungen offenbart. Wohl ist dieser Sauerteig durch die ganze Masse des menschlichen Wesens verknetet, dass Paulus sagt: »Es wohnt nichts Gutes in meinem Fleisch«, und Jeremia: »Dein Schade ist verzweifelt böse, und deine Wunden sind unheilbar.« – Diesen Sauerteig wieder aus uns wegzuschaffen, das ist die Kunst, das ist die Arbeit. Dies ist aber auch die Sache, die geschehen muss, und sie geschieht durch die Wiedergeburt. Gleich wie jenes Böse durch die natürliche Geburt in uns gekommen ist, also muss das entgegengesetzte Gute auch durch die Geburt aus Gott in uns kommen. Das, was dadurch in das Herz gelegt wird, heißt Geist, wie jenes Fleisch genannt wird. Wir können es aber noch höher stellen und sagen: Christus selbst muss als ein neues Lebensprinzip in uns geboren werden, dann aber auch, wie Paulus zu den Galatern sagt, eine Gestalt in uns gewinnen, wir gleichsam recht mit ihm durchknetet und verbunden werden, so dass er unser Ganzes immer völliger durchdringt, durchleuchtet, durchwirkt, durchlebt und, seiner Verheißung und seinem Gebet nach, er mit uns und wir mit ihm eins werden, auf dass sie vollkommen seien in eins (Johannes 17,23).

11. Januar

Der Gerechtigkeit Frucht wird Friede sein, und der Gerechtigkeit Nutzen wird ewige Stille und Sicherheit sein, dass mein Volk in Häusern des Friedens wohnen wird, in sicheren Wohnungen und in stolzer Ruhe.

Jesaja 32,17-18

Die wahre Ruhe ist lediglich in dem teuren Namen Jesu anzutreffen, in demjenigen, was er ist, was er uns ist, was er getan hat und noch tut uns Elenden zugut. Insbesondere ist es sein ewig gültiges Opfer am Kreuz, wodurch er in Ewigkeit vollendet hat alle, die geheiligt werden, was einen vollkommenen Beruhigungsgrund auch für den ärmsten Sünder darbietet. In ihm, dem Geliebten, sind wir angenehm gemacht auf einmal durch das Opfer seines heiligen Leibes, und das gilt für immer. Wir sind vollkommen in ihm, so dass nichts mehr hinzugetan werden kann und darf. Dazu gesellt sich nun alles übrige, was wir an ihm haben, so dass er das eine ist, was nottut und hinreicht; denn er ist uns ja von Gott gemacht zur Weisheit, zur Gerechtigkeit, zur Heiligung und zur Erlösung. Und ist darin denn nicht alles zusammengefasst, was uns nötig und heilsam ist? Und ist's nicht etwas Köstliches dabei, dass alles in dem einen ist, wir also nicht nötig haben, das eine in diesem, das andere in jenem Winkel nachzusuchen, sondern alles in einem antreffen? Sobald der Heilige Geist der Blinden Augen öffnet, dies zu sehen, so bereitet sich ihnen ein köstliches Ruhebett, worauf sie ihre müden Glieder erquicken und ganz mit Frieden schlafen können.

Wer ist wohl wie du,
Jesu, süße Ruh?
Unter allen auserkoren,
Leben derer, die verloren,
und ihr Licht dazu,
Jesu, süße Ruh!

12. Januar

Richtet wieder auf die lässigen Hände und die müden Knie.
Hebräer 12,12

Wenn die Schrift ermahnt, aufzurichten die lassen Hände und die müden Knie, so setzt dieses voraus, dass sich diese Versuchung bei Christen einstellen kann. Es kann sich ihrer eine Mutlosigkeit bemeistern wollen, als ob sie nur alles darangeben sollten, weil es doch vergeblich sei. Es kann jemand meinen, er könne das Beten nur einstellen, weil es doch ganz fruchtlos bleibe, und des Kampfes müde, kann er die Waffen wegwerfen wollen. Diese Mutlosigkeit ist eine üble Sache, und es wird daher ausdrücklich geboten, den verzagten Herzen zuzurufen: Seid getrost! Geduld aber ist euch not, auf dass ihr den Willen Gottes tut und die Verheißung empfangt. Man muss lernen, auf eine unermüdliche Art auf den Herrn und seine Hilfe zu harren; und wenn er verzieht, so heißt es doch fortwährend: Harre sein, denn der Herr wird gewiss kommen und nicht verziehen. Immer aufs Neue muss man sich zum Kampf rüsten und mit dem Widerstand seinen Mut verdoppeln. Geheilt werden sie aber, wenn der Heilige Geist die Seele seiner kräftigen Einwirkung würdigt und sie tröstet, wo sie alsdann den Weg seiner Gebote läuft. Denen, die auf den Herrn harren, ist ja auch eine neue Kraft zugesagt, und er wird uns als ein solcher vorgestellt, der den Müden Kraft, und Stärke genug den Unvermögenden gibt. Wenn der Geist wieder all das Gute zu Gesicht bekommt, was wir in Christus haben, so wird der Glaube wieder kräftig.

13. Januar

Sei mir ein starker Fels und eine Burg, dass du mir helfest!
Psalm 31,3

Bedarf und begehrt jemand Sicherheit gegen den mit seinen Sünden verdienten Zorn Gottes und den ebenso schrecklichen Fluch des Gesetzes, Sicherheit gegen die ebenso listigen Anfälle des Satans oder dessen feurige Pfeile, Sicherheit gegen die bedenklichen Versuchungen des schlimmen Feindes, unseres eigenen Herzens, Sicherheit gegen die namen- und zahllosen Gefahren, die uns von allen Seiten bedrohen: Dieser Fels bietet sie im vollkommensten Maße dar. Daher nennt David Gott seine Burg und seinen Felsen. Mögen die Zeitereignisse auch so beängstigend sein, dass die Menschen verschmachten vor Furcht und vor Warten der Dinge, die kommen sollen auf Erden, dass des Himmels Kräfte sich bewegen und die Wasserwogen brausen, so gebietet doch Christus den Seinigen, ihre Häupter emporzuheben, weil sich ihre Erlösung naht, und versichert sie, kein Haar von ihrem Haupt soll umkommen. Er spricht: Siehe, ich sende euch wie Schafe mitten unter die Wölfe, ohne etwas für sie zu fürchten. Er darf keins verlieren von denen, die ihm der Vater gegeben hat, soll's auferwecken am jüngsten Tage. So ist's des Vaters Wille, und so tut er's auch. Daher war Paulus des auch in guter Zuversicht: Der in euch angefangen hat das gute Werk, der wird's auch vollführen bis an den Tag Jesu Christi.

Der Schild des Glaubens wird mich decken
auch in der allerschwersten Zeit;
lass Erd' und Himmel selbst vergehen,
der Fels, auf dem ich ruh', bleibt stehen,
und mit ihm meine Seligkeit.

Einen andern Grund kann niemand legen außer dem, der gelegt ist, welcher ist Jesus Christus.

1. Korinther 3,11

Der Fels, welcher Christus heißt, teilt der Seele, die darauf erbaut, deren früheres Gebäude zusammengerissen, die durch wahren Glauben, durch den Geist Jesu Christi mit ihm vereinigt ist, nicht nur Beharrlichkeit, sondern noch viel mehr mit. Dieses Fundament heißt Weisheit, weil es weise, und Gerechtigkeit, weil es gerecht, und Heiligung, weil es heilig macht, und Erlösung, weil es von allen Übeln befreit und alles Gute schenkt. Wie nun ein Gebäude sich mit seiner ganzen Last auf ein Fundament stützt, so die gläubige Seele mit allem ihrem Bedarf, mit ihrem ganzen Hoffen und Trauen auf Christus. Auf dich bin ich geworfen, an dich mit allen meinen Anliegen verwiesen, auf dich traue ich, und ich muss auf dich hoffen, auch wenn du mich töten wolltest. Außer dir ist kein Heiland, ich weiß ja keinen. Und ach, wie bald, wie bald verschwindet, was sich nicht auf Jesus gründet! »Seid erbaut und gewurzelt in ihm«, sagt Paulus. Und mag etwas scheinen, wie schön es will, hat es seine Wurzel nicht in Christus, so hat's keinen Bestand, keinen Erfolg, es heiße Wissenschaft, Tugend, Friede, Christentum, Erweckung und Bekehrung. Sehe deshalb ein jeder zu, wie er darauf baut, und ob er in der Wirklichkeit und Wahrheit auf Christus gegründet sei! Ist das, so hat's keine Gefahr, sondern alles wird durch des Herrn Hand glücklich fortgehen.

Ein Fels, der keinen Stürmen weichet,
ein Fels, an dem die wilde Flut,
und wär's die ganze Macht der Höllen,
entkräftet muss zurücke prellen,
schleußt mich in seine Ritzen ein.
Mein Herz verbanne Furcht und Grauen;
auf diesen Felsen kannst du trauen,
hier wirst du ewig sicher sein.

Wenn er mich töten wollte, sollte ich nicht auf ihn hoffen?
Hiob 13,15 (nach dem Grundtext)

Das ist gewiss eine bewundernswürdige Rede, wir mögen sie als die Sprache der Ergebung betrachten oder als die des Vertrauens.

Wenn der große Dulder sagt: Wenn er mich töten wollte, so drückt er damit eine Hingebung ohne allen Vorbehalt aus in alles, was der Herr weiter über ihn zu verfügen für gut finden möchte. Und dies kann nur derjenige für etwas Leichtes achten, der's nicht begreift. Armer Hiob, möchte man sagen, du redest wohl. Aber wo willst du die Kraft hernehmen, wenn es zur wirklichen Ausübung kommt?

Doch er setzt hinzu: Sollte ich nicht auf ihn hoffen? Er fragt: Was sollte mich bewegen, meine Hoffnung auf ihn fahren zu lassen? Die Größe, die Heftigkeit, die Dauer meiner Leiden? Sie nötigen mich ja umso mehr dazu, da sie mir jegliche sonstige Stütze wegreißen. Sollte es meine Sünde tun? Ach, er wolle ja nicht achthaben auf meine Sünde! (Hiob 14,16). Habe ich gesündigt, was tue ich dir damit, o du Menschenhüter? (Hiob 7,20). Aber nötigt sie mich nicht, umso mehr auf seine Barmherzigkeit zu hoffen, je weniger ich ein Verdienst habe, und mich umso fester an den zu klammern, der mir zur Gerechtigkeit gemacht ist, je weniger ich eine eigene an mir entdecke?

Soll meine Armut mich dazu bewegen, die mich für seinen Reichtum nur um so bedürftiger macht und mich nötigt, seine königliche Mildtätigkeit so viel dringender in Anspruch zu nehmen? Oder meine Krankheit? Nötigt sie mich nicht umso mehr, zu dem Arzt zu flüchten, der mich einlädt zu kommen, je tödlicher und unheilbarer sie ist? Soll's mein Unglaube tun? Aber wer soll mich glauben lehren, wenn er's nicht tut? Oder meine Ohnmacht und mein weites Elend, da ich ihn eben deswegen umso mehr bedarf? Nein, ich hoffe, ich hoffe auf ihn. Worauf soll ich's sonst?

So dringt er umso mehr auf den Herrn los, je mehr ihn davon zurückscheuchen will.

16. Januar

Selig sind, die reines Herzens sind; denn sie werden Gott schauen.

Matthäus 5,8

Wer es begreift, wie viel ein reines, aufrichtiges Herz zu bedeuten hat, der wird Bedenken tragen, sich desselben so leichtfertig zu rühmen und sich erinnern, dass Salomo die menschliche Natur im Ganzen als ränkevoll darstellt, und dass es Christen sind, welche Petrus auch zur Ablegung aller Heucheleien wie sonstiger Unarten auffordert. Ein einfältiges Auge macht den ganzen Leib licht, ein Schalksauge aber finster. Etwas Großes, aber auch etwas Notwendiges ist es, ohne Falsch und lauter auf Gott gerichtet zu sein. Den Aufrichtigen lässt er's gelingen. So wie aber er es ist, der nach Psalm 99 Frömmigkeit gibt, so ist er's auch, der Aufrichtigkeit, Gerechtigkeit und Gericht in Jakob schafft. Davon war David so sehr überzeugt, dass er Psalm 139 mit großem Drang betet: Erforsche mich, Gott, und erfahre mein Herz, prüfe mich und erfahre, wie ich's meine; denn, sagt Gott beim Jeremia, arglistig und betrügerisch ist des Menschen Herz, mehr denn ein einiges Ding. Schaffe du, o Gott, in mir ein reines Herz und gib mir einen neuen, gewissen Geist.

Ich darf auf eignen Rat nicht hören,
ich kenne meines Fleisches List,
das nur zu viel sich zu betören
mit falschem Schein gewohnet ist.
Mein Himmelsmeister, mein Prophete,
schenk mir ein Herz, das mit Bedacht
in Lernbegierde vor dich trete
und geb' auf deinen Wink recht acht!

17. Januar

Der Herr ist gütig und eine Feste zur Zeit der Not und kennt die, so auf ihn trauen.

Nahum 1,7

Wenn ihr in Not seid, traut zuversichtlich, er kann, er will und wird euch daraus erretten oder sie doch zum Besten wenden. Wenn ihr gar keinen Ausweg mehr seht, so freut euch darüber, dass er dem ruft, das nicht ist, dass es sei. Antwortet in allen, auch den schwierigsten Fällen, auf alle Fragen und Rätsel: »Christus«, und damit sind sie gelöst. Stellen sich eure Sünden in Schlachtordnung gegen euch auf, so könnt ihr sein Blut nur zeigen, und gleich muss ihr Trotz schweigen. Rückt das Gesetz mit seinen strengen und dringenden Forderungen wider euch heran, so haltet ihr ihm den Schild der Gerechtigkeit Christi vor und sprecht:

Die Sünde kann nicht mehr
mich durchs Gesetz verdammen,
denn alle Zornesflammen
hat Jesus ausgelöscht.

Wollen die geistlichen Feinde euch binden und rufen schon: »Philister über dir, Simson!«, so gerät alsdann der Geist Gottes über euch, und alle Bande reißen wie ein flächserner Faden am Lichte versengt, und ihr rufet, stark in dem Herrn und in der Macht seiner Stärke: In dem allen überwinden wir weit um des willen, der uns geliebt hat. Ihr habt Recht, ihr habt Recht. Geht fort in dieser eurer Kraft und lasst euch durch nichts beirren.

18. Januar

Aber du, Herr Jahwe, sei du mit mir um deines Namens willen, denn deine Gnade ist mein Trost, errette mich!

Psalm 109,21

Was hilft da, wo es gilt, alle Erkenntnis und Wissenschaft, was helfen sogar alle Erfahrungen der göttlichen Aushilfe und Durchhilfe, alle vormaligen Versicherungen und Huld, was hilft's sogar, ob wir hundertmal haben glauben können, wenn's uns nicht auch zu der Stunde gegeben wird, wo es nottut? Ihr vermögt das Geringste nicht, das gilt sowohl von der ersten als letzten Hälfte des Weges, und so ist uns ein sehr abhängiges Leben und Verhalten sehr anzuempfehlen. Tut er seine milde Hand auf, so sammeln wir.

Die Abweichungen, welche uns die Schrift auch an den heiligsten und ausgezeichnetsten Personen sehen lässt, dienen auch zum Beweis, dass auch sie nicht anders als aus Gnade selig geworden sind, und dass es keinen andern Weg zur Seligkeit gibt als den neuen und lebendigen durch Jesus Christus, zum Beweis, dass es keine andere Gerechtigkeit gibt, worin wir im Gericht Gottes bestehen können, als diejenige, welche Christus uns durch seinen vollkommenen Gehorsam erworben hat, und die der bußfertige Sünder im Glauben ergreift. Werden wir denn recht von Herzen demütig! Verzagen wir denn ganz an uns selbst, um vollkommen zu hoffen auf die Gnade, welche uns dargeboten wird in der Offenbarung unsers Herrn Jesu!

19. Januar

Wir selbst, die wir haben des Geistes Erstlinge, sehnen uns auch bei uns selbst nach der Kindschaft und warten auf unsers Leibes Erlösung.

Römer 8,23

Es gibt Erstlinge des Geistes, die den Gläubigen von Zeit zu Zeit zu ihrem Trost und zu ihrer Ermutigung mitgeteilt werden. Es gibt Zeiten, wo gleichsam Himmelsluft die Seelen anweht, die alle Nebel verscheucht, die sie in vollen Zügen einatmet und sich in allen ihren Geisteskräften gehoben und belebt fühlt, wieder jung wird wie ein Adler, dem sein Gefieder wieder gewachsen ist, dass er sich hoch emporschwingt. Es gibt Stunden, wo etwas von dem himmlischen Lobgesangs das Herz durchbebt und es zu einer erhabenen Andacht und Anbetung hinreißt. Dies sind außerordentliche und seltene Dinge, die sich dennoch bei einigen Seelen ereignen, und wie sie durch außerordentlich tiefe Wasser der Anstrengung und Trübsal müssen, wo sie mit Jeremia ausrufen: »Nun bin ich gar dahin« (Klagelieder 3,54), so werden sie auch auf eine außerordentliche Weise erfreut. Sie sind wohl dermaßen überschüttet worden, dass sie ohnmächtig hinsanken und der Braut im Hohenliede nachsagten: Ich bin krank vor Liebe. Einen Bischof überwältigte einmal der Gedanke »Mein Gott ist in der Krippe!« so sehr, dass er in eine tiefe und lange Ohnmacht fiel, und dieselbe Wirkung brachte ein Eindruck von der Liebenswürdigkeit des Gekreuzigten bei einem Prediger in Amsterdam hervor, der mit der Austeilung des heiligen Abendmahls beschäftigt, über dem Gedanken: »Mein Gott am Kreuze!« beinahe seinen Geist aufgegeben hätte.

20. Januar

Dein Wort war meine Speise, da ich's empfing; und dein Wort ist meines Herzens Freude und Trost.

Jeremia 15,16

Mag der Seele auch je zuweilen das Wort Gottes wie ein toter Buchstabe sein, und sie einem Kranken gleichen, dem das Brot widerlich ist, was ist es ihr aber manchmal! Sie spürt den rechten innerlichen Ausleger, den Heiligen Geist, und so ist die Zeit da, von welcher Jesus sagt, dass er alsdann nicht mehr durch Sprichworte mit den Seinen reden, sondern ihnen frei heraus verkündigen wolle von seinem Vater. Welche köstlichen Aufschlüsse werden ihnen zuteil! Welche großen und herrlichen Sachen enthält oft ein Spruch, ja ein einzelnes Wort, welche Glaubensgründe, welche Höhen und Tiefen! Ja, das Herz wird zusammengefasst in der Liebe zu allem Reichtum des gewissen Verstandes des Geheimnisses Gottes und des Vaters und Christi, in welchem verborgen liegen alle Schätze der Weisheit und der Erkenntnis. Kein Wunder, wenn sie alsdann das Wort süßer finden als Honig, köstlicher als feines Gold. Sie haben die Salbung und wissen alles; und ein solcher Tag in den Vorhöfen des Herrn ist wirklich besser denn sonst tausend.

Bist du vielleicht betrübet,
ja wirst du fort und fort
in Kreuz und Not geübet,
komm, hier ist Gottes Wort;
dies wird dich schon erquicken,
dass, wenn gleich Höll' und Welt
dich wollen unterdrücken,
du doch behältst das Feld.

21. Januar

Selig sind, die nicht sehen und doch glauben.

Johannes 20,29

Ein Gläubiger kann berufen sein, einen nackten, d. h. einen solchen Glauben zu üben, der, wie Christus zu Thomas sagt, nicht sieht und doch glaubt, oder der gar wie Abraham wider Hoffnung hoffend glauben soll. Ist er dazu berufen, was vielleicht nicht allen Gläubigen geschieht, so versteht sich's von selbst, dass er aller natürlichen und sinnlichen Stützen beraubt, auch zugleich mit den bedeutendsten Schwierigkeiten umringt wird. Ging's nicht Paulus so in Asien, wo er eben deswegen so über die Maßen und über Vermögen beschwert wurde, dass er am Leben verzagte, damit er nicht auf sich selbst, sondern auf Gott sein Vertrauen stellte. Freilich möchte man von solchen Führungen wohl sagen: Das widerfahre dir nur nicht! Aber Gott will auch solche haben, die ihn also anbeten. Doch laufen solche engen Wege zuletzt in einen weiten Raum aus, so dass es nun heißt: Du wirst erfahren, dass ich der Herr bin, an welchem nicht zuschanden werden, die auf mich harren, denn ich bin der Herr, dein Heiland, und der Mächtige in Jakob, dein Erlöser.

Auf solche Führung mag sich indessen ein jeder Christ wohl gefasst halten, und dann gilt es zu glauben. Doch der Herr hält Treue und Glauben. Er wirke in uns das Werk des Glaubens mit Kraft!

Und die Apostel sprachen zu dem Herrn: Stärke uns den Glauben.

Lukas 17,5

Eine wichtige, nötige, nachahmungswerte Bitte.

Jesus ist der Herr, der alles in seiner Hand hat und reich ist über alle, die ihn anrufen, und überschwänglich tun kann über Bitten und Verstehen. Die Apostel wandten sich demnach an den rechten Mann, der auch die Mühseligen und Beladenen zu sich einlädt, um sie zu erquicken. Die Apostel waren es, welche diese Bitten taten. Wir befinden uns demnach in einer ehrenwerten Gesellschaft, wenn wir dieselbe Bitte tun. Auch diesen teuren Männern, auf deren Grund die Gemeinde gebaut ist, war das Glauben so wenig leicht, dass sie ihrem und unserm Herrn mehrmals Anlass gaben, zu fragen: Wo ist euer Glaube? O ihr Kleingläubigen! Wie, dass ihr keinen Glauben habt, ihren Unglauben zu schelten und sie zu ermahnen: »Glaubet an Gott und glaubet auch an mich!« Es befremde demnach niemand, wenn's ihm auch so geht. Um was baten sie den Herrn denn? Um Stärkung und Vermehrung des Glaubens. Sie mussten also jenes Mal einen besonderen Mangel desselben bei sich spüren. Jesus gibt ihnen eine merkwürdige Antwort, wenn er sagt: »Wenn ihr Glauben habt wie ein Senfkorn und sprecht zu diesem Maulbeerbaum: Reiß dich aus und versetze dich ins Meer, so wird er euch gehorsam sein.« Sie denken an etwas Großes; Jesus redet von etwas Kleinem, als wollte er sagen: Messet die in euch selbst wohnende Kraft so genau nicht aus, sondern haltet euch im Glauben und durch denselben zu allem geschickt, was von euch gefordert wird. O köstlicher Glaube! Der Herr wirke ihn kräftiglich in uns!

23. Januar

Wer kann sagen: Ich bin rein in meinem Herzen und lauter von meiner Sünde?

Sprüche 20,9

Zwar meint der natürliche Mensch, es habe mit der Aufrichtigkeit nicht viel zu sagen, und rühmt sich derselben leicht in allen seinen Werken, da er doch ganz davon entblößt ist. Desto mehr macht aber die Aufrichtigkeit heilsbegierigen Seelen zu schaffen, und es ist ihnen oft sehr bedenklich, sich diese kostbare und wichtige Eigenschaft zuzutrauen. Und mit recht, denn arglistig und betrügerisch ist des Menschen Herz, wer kann's ergründen? So beschreibt die Heilige Schrift das menschliche Herz, woraus, wie Jesus sagt, List, Bosheit und Neid hervorgeht. Er braucht drei Wörter, um dieselbe Sache zu bezeichnen, und deutet damit an, wie groß und tief diese Untugend sei, weswegen er auch von einem krummen und verdrehten Geschlecht redet. Den Aufrichtigen aber lässt er es gelingen. Und so kommt es z. B. nicht auf das Maß der Traurigkeit, nicht so sehr auf die Stärke und Zuversicht des Glaubens, auf die Größe der Verleugnung oder die Inbrunst der Liebe, sondern auf ihre Echtheit an. Wenn es nur echtes Gold ist, das mit Feuer durchläutert ist und das Feuer vertragen kann; darauf kommt's an, nicht auf die Größe des Haufens. Zwei Pfennige gelten da mehr als hundert Groschen.

24. Januar

Christus ist einmal geopfert, wegzunehmen vieler Sünden.
Hebräer 9,28

Jesus Christus ist der wahre Hohepriester und verwaltet das wahrhafte Priestertum. Größtenteils hat er's vollendet und beendet. Und was heißt das? Er hat uns mit dem einen Opfer seines Leibes erlöst. Er hat uns mit Gott versöhnt. Er hat sich selbst für die ihm vom Vater Gegebenen geheiligt, auf dass auch sie geheiligt würden in der Wahrheit. Er hat als das Lamm Gottes der Welt Sünde getragen. Er ist um unserer Missetat willen verwundet und um unserer Sünde willen zerschlagen. Er, der Gerechte, hat gelitten für die Ungerechten und unsere Sünde geopfert auf dem Holz und das Volk dadurch geheiligt, dass er litt. Durch dieses sein Opfer, welches er in der tiefsten Erniedrigung am Kreuz vollbracht hat, ist er eine Ursache geworden zur Seligkeit allen, die ihm gehorsam sind. Diesen Teil seines Priestertums hat der Sohn Gottes vollbracht und beendigt während seines 33jährigen Aufenthalts hier auf Erden, sonderlich in den 28, vorzüglich in den sechs, und am allermeisten in den drei letzten Stunden seines versöhnenden Leidens, in Gethsemane, vor seinen Richtern, am Kreuz und am meisten während der dreistündigen Finsternis. An dem *einen* unvergesslichen Tag ist die Sünde des Landes weggenommen (Sacharja 3,9). Sie ist versöhnt, die Missetat vergeben und die ewige Gerechtigkeit angebracht an dem großen Tag, an welchem der Messias ausgerottet wurde, aber nicht für sich (Daniel 9,26).

Nun ist dieses dein Geschäfte
in dem obern Heiligtum,
die erworbnen Segenskräfte
durch dein Evangelium
allen denen mitzuteilen,
die zum Thron der Gnade eilen;
nun wird uns durch deine Hand
Heil und Leben zugewandt.

Herr, du bist unser Gott, du erhörtest sie; du, Gott, vergabst ihnen und straftest ihr Tun.

Psalm 99,8

Gott fängt wohl im Nachhinein an, mit seinen Knechten zu rechnen und ihnen unter die Augen zu stellen, was sie getan. Sie haben etwa die Größe ihrer Verschuldung, die Abscheulichkeit und Strafbarkeit derselben nicht genug erkannt, sind darüber nicht genug zerknirscht, gedemütigt und zerschlagen; sie haben sich nicht genug vor Gott darüber angeklagt, haben sich noch einigermaßen selbst, wo nicht rechtfertigen, doch entschuldigen wollen; ihr Hass wieder dieselbe ist etwa noch nicht glühend genug, ihr Verlangen nach Errettung und ihre Dankbarkeit für die Erlösung noch nicht inbrünstig genug. Sie sollen höher hinauf- und tiefer hinuntergeführt werden; ihre Selbsterkenntnis soll einen Zuwachs bekommen, so wie die Einsicht in die wahre Beschaffenheit, den Umfang, die Unentbehrlichkeit und die Kostbarkeit der Gnade heller werden. Ihr Gewissen soll zarter, ihr Wandel vorsichtiger, ihr Aufsehen auf den Herrn unverwandter, ihr Bleiben in ihm und sein Bleiben in ihnen inniger und sie überhaupt tüchtiger gemacht werden zu jeglichem guten Werk durch den Glauben an Christus Jesus. Es geht aus Glauben in Glauben, aus Kraft in Kraft.

26. Januar

Aus seinem Munde ging ein scharfes, zweischneidiges Schwert.
Offenbarung 1,16

Dieses Schwert ist scharf und schneidet auf beiden Seiten, und Paulus sagt: »Wir sind Gott ein guter Geruch Christi unter denen, die selig werden, und unter denen, die verloren werden.« Dies Wort verfehlt also seinen Zweck nie. Ein Schwert, vornehmlich ein scharfes, zweischneidiges, dient dazu, anzugreifen und alles, was Widerstand bietet, selbst den schützenden Schild, zu durchhauen. Ein solches geht aus Jesu Munde, und er ist es selber.

Dies Schwert erreicht auf beiden Seiten seinen Zweck. Er braucht's auf der einen Seite in Gnaden und durchdringt die Seele des Menschen mit seinem Wort und Geist. Trotz aller entgegengehaltenen Schilde des Hochmuts, der Sicherheit, der eigenen Gerechtigkeit, des Unglaubens, der Welt- und Sündenliebe, womit der Mensch sich umringt, donnert und ruft der Herr in die Seele: »Adam, wo bist du?« Und er muss nackt hervor. Am ersten christlichen Pfingsten geht Zuhörern, die vor 40 Tagen Christus gekreuzigt hatten, das Wort so durchs Herz, dass sie ausrufen: »Ihr Männer, liebe Brüder, was sollen wir tun?« und ihrer auf einmal 3000 gläubig werden. Saulus reist schnaubend mit Drohen und Morden nach Damaskus. Aber durch seine Frage: »Saul, Saul, was verfolgst du mich?« macht Jesus aus diesem reißenden Wolf ein folgsames Schaf. Wie oft ist es schon geschehen, dass die steifsten Ungläubigen bewogen wurden, zu den Füßen des Kreuzes Christi anzubeten, dass die stolzesten Pharisäer, an ihrer eigenen Vortrefflichkeit verzagend, an Christus gläubig wurden, dass diejenigen anfingen, Evangelium zu predigen, die es früher hassten, verspotteten und verfolgten; dass die leichtfertigsten Personen voll heiligsten Ernstes und Andacht wurden, dass Lasterknechte ihr Laster verfluchten, dass man sagen konnte: Solche sind euer etliche gewesen, aber ihr seid abgewaschen, ihr seid geheiligt, ihr seid gerecht geworden durch den Namen des Herrn Jesu Christi und durch den Geist unseres Gottes. In welchen allen sich die Gnade Christi als ein scharfes, heilsames Schwert zum Heil der Seele erweist. Mag dies gleich Schmerzen verursachen und das Weib in Kindesnöte geraten; es wird dadurch doch ein Mensch geboren.

Vor allen Dingen ergreifet den Schild des Glaubens, mit welchem ihr auslöschen könnt alle feurigen Pfeile des Bösewichts.
Epheser 6,16

Wehe dem, der ohne Schild wandelt! Nicht allein werden ihn die Dornen mit ihren giftigen Stacheln verletzen, sondern die tödlichen Pfeile des ihm auflauernden Bösewichts werden ihn erreichen und übel umbringen, ja das Schwert des göttlichen Zornes wird ihn zerhauen und die Keule des Fluchs ihn zerschmettern. Er hat keinen Schutz, keine Sicherheit, keinen Halt. Was will er tun, wenn die Sünde ihn bezaubert, der Teufel ihn anficht, das Gesetz ihn verklagt, die Hölle nach ihm hascht? Da bedarf man eines abwehrenden Schildes. Hat der Mensch diesen Schild in sich selbst? O ja, wenn er ein Christ ist. Wer aus Gott geboren ist, der bewahrt sich selbst, und der Arge wird ihn nicht antasten. Der in ihm ist, ist größer als der in der Welt ist. Aber er ist auch ein Mensch in Christus. Wer außer ihm von Sicherheit träumt, wird im Schiffbruch rettungslos erwachen. Wir wollen von Können und Haben nicht reden. Glaubte jemand, nur etwas zu wissen, so wüsste er noch nichts, wie er's wissen müsste. Meinte jemand, etwas zu sein, sei es so wenig, wie es wolle, so verführte er sich selbst. Was kann Entscheidenderes gesagt werden, uns unsere Wehrlosigkeit auf der einen Seite zu zeigen, auf der anderen aber auch die Notwendigkeit, uns beizeiten nach einem tüchtigen Schilde umzusehen, der nicht zerbricht vor den hellen, blitzesschnellen Donnerkeilen, vor des Abgrunds Feuerpfeilen!

Und was ist der rechte Schild? »Dein Kreuzholz ist mein Stecken, der Schild, der mich kann decken.«

Was wehrt der von uns ab? Alles Übel, von welcher Seite, in welchem Maße, mit welcher Kraft es auch auf uns einschleiche oder anstürme. Dieser Schild ist aus dem Golde der Weisheit, Gerechtigkeit, Heiligung und Erlösung zusammengesetzt. Ist jemand in Christus, so ist er gesichert. Glaubt aus aller Macht an den Herrn Jesus! Behaltet euch in der Liebe Gottes und wartet auf die Barmherzigkeit unseres Herrn Jesu Christi zum ewigen Leben, der euch behüten kann ohne Fehl und stellen vor das Angesicht seiner Herrlichkeit mit Freuden!

Weil du so wert bist vor meinen Augen geachtet, musst du auch herrlich sein, und ich habe dich lieb.

Jesaja 43,4

Christen sind etwas Edles schon wegen ihrer Geburt. Nicht meinen wir ihre natürliche Geburt, denn die wird mit Recht in Hesekiel 16,5 als eine so verächtliche beschrieben, »dass du hinausgeworfen wurdest aufs Feld.« Wahre Christen haben noch eine andere Geburt, nämlich die aus Gott. Sie sind aus Gott geboren und also göttlichen Geschlechts. Sie sind und heißen Kinder Gottes. Auch dem Fleische nach sind sie ihm nahe verwandt, denn wie sie Fleisch und Blut haben, ist der Sohn Gottes desselben ebenfalls teilhaftig geworden. Sie heißen eine Braut des Lammes, Priester und Könige. Und sie heißen nicht bloß so, sondern besitzen und genießen alle die Vorzüge, welche mit diesen Benennungen verknüpft sind. Sie sind der Gegenstand einer so großen Liebe des Sohnes Gottes, dass er erklärt: Gleichwie mich mein Vater liebt, so liebe ich euch auch. Als Priester haben sie das Recht des Zutritts zu Gott sowie die Verpflichtung, ihm täglich ihren alten Menschen zu opfern. Als Könige herrschen sie, und alles muss ihnen dienen und dient ihnen bis zum Tode hin. Nichts aber schadet ihnen, selbst wenn sie etwas Tödliches trinken würden nach Markus 16,18. Es sind Gerechte, Heilige, Geliebte; so gerecht, dass sie alles herausfordern und fragen dürfen: »Wer will verdammen?«, so heilig, dass kein Flecken an ihnen ist; so lieb, dass des Herrn Eingeweide über sie brausen und gesagt wird: Mein Herz bricht mir gegen sie, dass ich mich ihrer erbarmen muss.

29. Januar

Du hast geboten, fleißig zu halten deine Befehle. O dass mein Leben deine Rechte mit ganzem Ernst hielte!

Psalm 119,4-5

Die Gebote stehen da als Materialien, als Stoff und Anlass zum Gebet. Augustin betete: »Gib uns, Herr, was du gebietest, und befiehl dann, was du willst, so sollst du nicht vergeblich befehlen.« Gebietet Gott: Macht euch ein neues Herz und einen neuen Geist, so betet David: Schaffe in mir, Gott, ein reines Herz und gib mir einen neuen gewissen Geist! Gebietet Christus: Trachtet nach dem Reich Gottes, so lehrt er uns zugleich beten: Dein Reich komme! Ermahnte der Apostel, so betete er zugleich: Gott schaffe in euch, was vor ihm wohlgefällig ist! Die Forderungen machen uns arm. Was bleibt uns denn übrig als uns wie die Armen zu benehmen, d. h. zu bitten und uns bei dem zu melden, der da reich ist über alle, die ihn anrufen, dass er uns in seine himmlische Pflege und Versorgung aufnehme? Woher kommt's also, dass wir nicht mehr haben? Jakobus antwortet uns darauf: »Daher kommt's, dass ihr nicht bittet« (Jakobus 4,2). Betet deswegen stets in allem Anliegen mit Bitten und Flehen im Geist und wachet dazu mit allem Anhalten und Flehen für alle Heiligen! Stoff und Anlass genug zum Beten liegt in den Geboten. Wie lange und viel werden wir wohl noch zu beten haben, ehe wir dahin gelangen, jene Gebote zu erfüllen, wo es z. B. heißt: Sorget nichts; wo es heißt: Danksaget für alles; wo es heißt: Freuet euch allewege, liebet euren Nächsten wie euch selbst! Und wie selig werden wir sein, wenn wir uns das wirklich erbetet haben!

Ich kann ja gar nichts ohne dich,
drum, Gott des Bundes, stärke mich.

Gedenket an eure Lehrer, welche euch das Wort Gottes gesagt haben, ihr Ende schauet an und folget ihrem Glauben nach.

Hebräer 13,7

Es ist ja wohl merkwürdig, dass der heilige Apostel insbesondere den Glauben als dasjenige hervorhebt, dem wir bei andern nachfolgen sollen. Hier möchte man fragen: Ist denn der Glaube ein so großes Werk? Er ist die Quelle aller echten Tugenden, und mit Recht kann man das vom Glauben sagen, was Paulus von der Liebe sagt, dass ohne denselben alles nur Schein und ungültig ist. O wie selten ist überhaupt ein recht lebendiger und genießender Glaube! Wie selten das Ergreifen und Vertrauen und Zufluchtnehmen zu Christus! Welche Ausdrücke braucht auch Paulus in Epheser 1 von der Hervorbringung des wahren Glaubens! Er redet von einer »überschwänglichen Größe der Kraft an uns, die wir glauben nach der Wirkung seiner mächtigen Stärke« (Epheser 1,19). Wenn in Wahrheit von einem Menschen gesagt werden kann, dass er glaubt, so ist seine Seligkeit himmelfest. Der Glaube ist auch eine sehr kleine Sache, gleichsam das Ausstrecken der Hand, um eine dargebotene Wohltat anzunehmen, und eine kleinmachende Sache, denn wessen rühmt und worauf stützt sich derselbe? Er rühmt nicht sich selbst, er sagt nicht: »So fromm und tugendhaft bin ich, das alles habe ich getan!« – er rühmt die heiligen Wunden Jesu, seine Versöhnung und Genugtuung, den Reichtum der göttlichen Barmherzigkeit und Gnade. Hört man ihn von sich selber reden, so hört man ihn von seinen Sünden, von seinem Elend, von seiner Unwürdigkeit und Ohnmacht reden. Er weiß nichts als Christus, den Gekreuzigten, und ist in ihm herzlich heiter und getrost.

31. Januar

Kämpfe den guten Kampf des Glaubens; ergreife das ewige Leben, dazu du auch berufen bist.

1. Timotheus 6,12

Der Kampf der Christen ist schwierig sowohl wegen ihrer eigenen Schwachheit als auch wegen der Beschaffenheit ihrer Feinde. Sie selbst, die Streiter, sind schwach und wohl so schwach, dass sie auch keinen Augenblick bestehen können. Es ist sogar etwas in ihnen, das es mit den Widersachern hält und diesen zum Sieg behilflich zu sein sucht, was die Gefahr verdoppelt. »Ich bin zum Hinken geneigt«, ruft David aus. Die Feinde sind kühn, so dass der Hauptsächlichste unter ihnen sich sogar an den Sohn Gottes selbst wagte. Sie sind so mächtig, dass sie schon die ausgezeichnetsten Heiligen zu Boden geworfen haben, und werden deswegen auch mit Löwen verglichen. Wurde Adam überlistet, was soll aus anderen werden? Sie sind so listig wie Schlangen und so giftig wie diese; alles fallen sie an, die Keuschheit, die Geduld, die Demut, die Liebe. Sie schonen des historischen Glaubens nicht und suchen vorab das Vertrauen und die Hoffnung wankend zu machen. Diesen suchen sie durch Vorhaltung seiner Sünden und jenen durch Vorspiegelung seiner Tugenden zu stürzen, diesen durch Lust, jenen durch Furcht, den einen durch Leichtsinn, den andern aber durch übermäßige Traurigkeit zugrunde zu richten. Ist der Kampf schwer, so ist selbst die Entschließung zu demselben nicht leicht. Wer sagt denn gern allem ab, um Christus zu folgen, bei dem man zunächst das Kreuz findet? Wer entbehrt wohl ohne die höchste Not ein Auge, eine Hand oder einen Fuß?

Jedoch ist's ein guter Kampf. Wohl dem, der sich in denselben einlässt, es wird ihn nie gereuen. Dieser Kampf nimmt ein gutes Ende, und alle sind durch Geduld gelaufen in dem Kampf, der uns verordnet ist.

1. Februar

Wir müssen durch viel Trübsal in das Reich Gottes gehen.
Apostelgeschichte 14,22

Ist dir Barmherzigkeit widerfahren, so wirst du durch manche Verleugnung hindurch müssen, wiewohl das ja nichts Besonderes ist; der natürliche Mensch muss es auch. Er bekommt nimmermehr alles nach seinem Sinn. Er muss sich in vieles schicken, das ihm oft höchst unangenehm ist, und hat doch gar keinen Ersatz dafür. Wie dürfte sich denn ein Christ über Verleugnung beschweren, bei welcher er den Beistand des Herrn genießt und wofür er einen hundertfältigen Lohn bekommt? Auch geht's hier durch Trübsale. Aber was sind die Trübsale zu achten, durch welche wir, wie Paulus und Barnabas sagten, in das Reich Gottes gehen müssen? Sind denn diejenigen ohne Trübsal in dieser Welt, die doch zur Hölle fahren? Ist denn Gottlosigkeit ein Mittel, sich vor Trübsal zu sichern, oder ist nicht vielmehr die Gottseligkeit zu allen Dingen nütze? Was ist das denn für ein unbilliges Geschrei, als sei der Weg, den man zum Himmel wandeln soll, so voller Trübsale? Auf jeden Fall ist's für Christen nur ein Durchgang, wogegen die Unbekehrten endlich in einem Meer von Trübsal untergehen werden, denn den Schlusspunkt dieses Durchgangs macht der Tod, dem jeder mit starken Schritten entgegeneilt. Für den Gläubigen macht er das Ende aller Trübsal und den Anfang der höchsten Glückseligkeit, für den Ungläubigen aber macht der Tod das Ende aller seiner Glückseligkeit wie den Anfang des äußersten Elends. So ihr das nicht wisset, so »tretet auf die Wege und schaut und fragt nach den vorigen Wegen, welches der gute Weg sei, und wandelt darin, so werdet ihr Ruhe finden für eure Seele!« (Jeremia 6,16).

Unser Weg geht nach den Sternen,
der mit Kreuzen ist besetzt;
hier muss man sich nicht entfernen,
ob er gleich mit Blut benetzt.

2. Februar

Ich will die Sünde des Landes wegnehmen auf einen Tag.
Sacharja 3,9

Dies gilt für immer, denn mit einem Opfer hat Jesus in Ewigkeit vollendet, die geheiligt werden. Weil er *ein* Opfer gebracht hat, das ewig gilt, sitzt er nun zur Rechten Gottes, und in diesem *einen* Opfer Jesu Christi, einmal am Kreuz geschehen, steht unsere ganze Seligkeit. Um desselben willen geschieht die Rechtfertigung des bußfertigen Sünders in dem Gericht Gottes, wo er von allen seinen Sünden losgesprochen und in das Recht zum ewigen Leben eingesetzt wird. Nun ist sein Glück für immer und ewig gemacht. Nicht einmal darf ihn jemand seiner begangenen Sünden wegen beschuldigen, geschweige denn verdammen, denn Gott ist hier, der gerecht spricht. Frei wird er von aller Gewalt des Teufels, denn der Verkläger der Brüder wird verworfen, und sie haben ihn überwunden durch des Lammes Blut; frei wird er von allem Zorn Gottes, denn so weit der Aufgang der Sonne ist vom Niedergang, so weit tut er unsere Übertretung von uns; frei von aller Strafe, denn die lag auf ihm; frei von aller Sünde, welche ihn fortan weder verdammen noch beherrschen darf. Dagegen bekommt er die Gerechtigkeit, welche der Sohn Gottes durch seinen allervollkommensten Gehorsam erwarb, indem ihm dieselbe so zugerechnet wird, als hätte er sie in eigener Person vollbracht und nie eine Sünde begangen noch gehabt. Er bekommt ein Recht an alle Güter des Hauses, hat Frieden mit Gott durch Jesus Christus, empfängt den Heiligen Geist und das ewige Leben. Jedoch hat der bußfertige Sünder erst dann den Genuss und die Freude davon, wenn ihm diese ihm widerfahrene Barmherzigkeit und Begnadigung durch den Heiligen Geist im Herzen versiegelt und bekannt gemacht wird, dass er's selbst glauben, sich zueignen und sich darüber freuen kann.

3. Februar

Herr Zebaoth ist dein Name, groß von Rat und mächtig von Tat.

Jeremia 32,18-19

Wie notwendig ist uns doch ein zuverlässiger, weiser Ratgeber, der uns an die Hand gebe, wie wir dieses ansehen, jenes angreifen sollen, wie wir als Sünder dennoch getrost zu Gott kommen, wie wir als Schwache dennoch alles wohl ausrichten und das Feld behalten mögen, als Traurige doch allezeit fröhlich sein und als Arme doch alles innehaben können. Wie kommen wir durch? Wie machen wir's, dass wir den rechten Weg nicht verfehlen? Und da wir's mit ebenso verschlagenen wie unermüdet mächtigen und gefährlichen Feinden zu tun haben, wie greifen wir's an, dass wir's ihnen dennoch abgewinnen und das vorgesteckte Ziel der himmlischen Berufung Gottes in Christus Jesus erreichen? Gewiss tut uns da jemand not, der uns mit Rat und Tat an die Hand gehe. Und wohl uns, wenn wir dergleichen Rat recht viel bedürfen, es ist ein gutes Zeichen.

Aber wo wäre jemand in Israel, der nicht auch an seine Erfahrung von wirklichem und oft empfangenem Rat sich dankbar erinnerte, wenn er auf den zurückgelegten Weg blickt?

Diese Erfahrung kann und soll denn Hoffnung und Zuversicht bringen. Zu wem? Zu wem anders als zu demjenigen, der da Rat heißt, und der von sich sagt: Mein ist beides, Rat und Tat.

Dieses Vertrauen erblickt in diesem, der »Rat-Kraft« genannt wird (Jesaja 9,6), hinlänglich Gründe, bei aller eigenen Ratlosigkeit dennoch guten Muts zu sein in allen Verwicklungen. Dies leitet ein in eine heilige Stille und Gottgelassenheit, macht tüchtig, alle Sorgen auf ihn zu werfen, der ja für uns sorgt, mehr wie ein Vater für ein geliebtes Kind, und den ganzen Weg auf ihn zu wälzen.

4. Februar

Als die nichts innehaben und doch alles haben.

2. Korinther 6,10

Besteht das Gut der Christen nicht in zeitlichen Dingen, so besteht es umso mehr in geistlichen Gütern. Ihnen geht's überhaupt gut. Ihre Namen sind im Himmel angeschrieben, der dreieinige Gott hat sie lieb, und ihre sündige Art, mit welcher sie ihr Leben lang zu streiten haben, ist mit dem Leiden und Sterben Christi bedeckt, bis sie endlich gar hinweggenommen wird. Sie haben einen Fürsprecher bei dem Vater. Sie werden erlöst aus allen ihren Sünden. Sie haben mit einem Wort teil an Christus und an allen seinen Schätzen und Gaben, welche ein unaussprechlicher Reichtum sind. Wie könnte es ihnen auch anders als stets und unter allen Umständen wohl gehen, da sie angenehm gemacht sind in dem Geliebten und da ihnen alles zu ihrer Seligkeit mitwirken muss? Dieses Wohlergehen haben sie wohl im Besitz, aber nicht im beständigen erquicklichen Genuss. Ihr Erbe wird ihnen im Himmel behalten, und sie erwarten von dort ihres Leibes Erlösung. Christus ist ihr Reichtum und mit ihm ihr Schatz im Himmel. Sie haben zwar alles inne und haben doch nichts und alles. Sie sind reich und arm zu gleicher Zeit. Sie gleichen den Kindern, welche, obschon sie Herren sind aller Güter, doch noch unter den Vormündern und Pflegern stehen, so dass zwischen ihnen und den Knechten kein Unterschied ist, ja, sie diesen wohl untergeordnet sind. Sie gleichen oft denjenigen reichen Leuten, welche gerade keinen Pfennig bei sich haben und immer denen, die nicht ihre ganze Habe in den Händen tragen.

Reicher kann ich doch nicht werden,
als ich schon in Jesus bin;
alle Schätze dieser Erden
sind ein schnöder Angstgewinn.
Jesus ist das rechte Gut,
das den Seelen sanfte tut.

Dennoch bleibe ich stets an dir, denn du hältst mich bei meiner rechten Hand.

Psalm 73,23

Zwar ist es nur ein einziges Wörtlein, doch gewiss ein Wörtlein von großer Bedeutung, das Wort »dennoch«, womit Asaph den 23. Vers des 73. Psalms beginnt. Soeben taucht er aus einer schweren Anfechtung empor, in die er durch Vergleichen seiner elenden mit anderer Leute herrlichen Umständen geraten war; kaum aber schöpft er etwas Luft, so ruft er aus: »Dennoch!« Er gleicht einer geschlagenen Armee, welche bald nach erlittenem großen Verlust wieder mutig auf dem Schlachtfeld erscheint, sich aufs Neue mit dem prahlenden Feind zu messen. – Es ist ein Wort des Mutes. Es ist ein Wort der Geduld. Mögen die Leiden noch so empfindlich, mögen sie noch so langwierig sein, ja zunehmen: Dennoch! Es ist ein Wort der Beharrlichkeit. Mag's mir bei dir gehen, wie es kann und mag, dennoch wird nichts imstande sein, mich freiwillig von dir, o mein Gott, zu scheiden, ich halte aus. Es ist ein Wort der Selbstverleugnung: Dennoch mache ich keine Vorschriften und Bedingungen; wie du es machst, so soll es gelten. Es ist ein Wort des Widerstandes gegen die Vernunft, was sie auch dreinreden, gegen den Unglauben, was für Zweifel er auch aufbringen, gegen das eigene Herz, wie es sich auch sperren mag. Es ist ein Wort des Bekenntnisses, es sei alles gut, was der Herr mit seinen Kindern tut, denen es immer der Wirklichkeit, oft auch dem Genuss nach wohl geht.

6. Februar

Des Königs Tochter ist ganz herrlich inwendig.

Psalm 45,14

Welch eine edle Gesinnung wohnt in denen, die geistlich gesinnt sind! Sie haben Lust am Gesetz Gottes und dienen demselben mit dem Gemüt. Sie trachten nicht nach dem, was auf Erden ist, sondern nach dem, was droben ist. Sie lieben Gott und sind bereitwillig, um seinetwillen alles zu meiden, alles zu leiden, alles zu verleugnen und beweisen dies, wenn es darauf ankommt, auch mit der Tat. Es sollten nur einmal alle die Hindernisse aus dem Weg geräumt sein, wie herrlich würde ihr Geist herausbrechen und der niedergehaltene Palmbaum emporschnellen! Nun aber ist der Leib zwar tot um der Sünde willen, der Geist aber macht lebendig. Wenn das Vollkommene erscheinen wird, hört das Stückwerk auf. Edel sind die Christen wegen ihres Reichtums, der so bedeutend ist, dass der Herr selbst sagt: Du bist reich (Offenbarung 2,9). Ihr seid reich gemacht an allen Stücken, schreibt Paulus den Korinthern und sagt: »Wir haben alles«. Und dieser Reichtum ist über die irdischen Wechselfälle erhaben, er ist unvergänglich. Zwar tragen sie diesen Schatz noch in irdischen Gefäßen, wenn aber Christus, ihr Reichtum, offenbar werden wird, so werden sie mit ihm offenbar werden in der Herrlichkeit. Sie können alles kaufen, indem sie zugleich so arm sind, dass sie nichts haben. Endlich besitzen sie eine Kraft, durch welche sie in allem weit überwinden und alles vermögen. Vergeblich werden sie mit Krieg beschwert, in allem überwinden sie weit. Keiner hat Ursache zu sagen: Ich bin schwach.

7. Februar

Dies Gebot befehle ich dir nach den vorigen Weissagungen über dich, dass du in ihnen eine gute Ritterschaft übest.

1. Timotheus 1,18

Wahre Christen sind zum Krieg geboren, durch die Wiedergeburt ist der Geist in sie gelegt, der ein streitbarer Held ist wider das Fleisch, der es mit Gott wider alles Ungöttliche hält und in einem unaufhörlichen Widerspruch gegen alle Sünde steht. Sobald aber dieses Kindlein in der Krippe des Herzens geboren ist, trachtet ihm auch irgendein Herodes nach dem Leben. Das Fleisch gelüstet wider den Geist, diese sind widereinander.

Sie sind auch zum Streit befähigt, und die Gemeinde wird im Hohenlied beschrieben als schrecklich wie Heeresspitzen. »In allem überwinden wir weit«, sagt Paulus. Wie vortrefflich müssen sie denn nicht gerüstet und bewaffnet sein! Der Schwächste unter ihnen wird ja sein wie David. Alle sind sie bewaffnet gegen die Schrecken der Nacht und haben Schwerter in ihren Händen. Gott lehrt die Fäuste kriegen, und indem sie die ganze Waffenrüstung Gottes anlegen, sind sie stark in dem Herrn und in der Macht seiner Stärke und also tüchtig, Kriegsvölker zu zerschmettern.

Und so führen sie wirklich den allerwichtigsten Krieg. Freilich ist's kein fleischlicher, sondern ein geistlicher Krieg, denn mit Fleisch und Blut, mit körperlichen Dingen, zu denen körperliche Kraft gehört, haben sie's als Christen nicht zu tun. Die Waffenrüstung wie die Ritterschaft ist geistlich, das Herz, das Innerste der Seele, ist das Schlachtfeld, ist der Tummelplatz, wo ohne äußeres Geräusch und unsichtbar die Kämpfe geführt, die Niederlagen erlitten, die Siege erfochten werden, deren eigentlicher Zeuge nur Gott ist.

8. Februar

Du hast uns Gott erkauft mit deinem Blut aus allerlei Geschlecht und Zungen und Volk und Heiden.

Offenbarung 5,9

Das Volk Gottes ist durch einen Krieg gewonnen. Sie waren ein Raub jenes Starken, Gefangene jenes Riesen und sind ihm genommen und los geworden, da der Herr mit unsern Haderern haderte nach Jesaja 49. Um sie führte der große Friedensfürst jenen ewig denkwürdigen, gesegneten Krieg, da er sich für seine Schafe dem heranrennenden Wolf entgegenstellte, da gegen diesen Fürsten der Fürst dieser Welt heraufzog, wiewohl er nichts an ihm hatte, da sich dieser brüllende Löwe über den Löwen aus dem Stamm Juda hermachte. Er gab sein Leben zum Schuldopfer und sieht dafür Samen. Er zog die Fürstentümer und Gewalten aus, machte einen Triumph aus ihnen und trug sie öffentlich zur Schau. Da hat er sich sein Volk errettet von der Obrigkeit der Finsternis. Diesen siegreichen Krieg, der dem ganzen Heer zustatten kommt, hat er auch in Absicht jedes einzelnen Gliedes desselben geführt, da er als der Stärkere über den starken Gewappneten kam und ihm seinen Hausrat raubte, wie sorgfältig er ihn auch bewachte. Er siegte, und nach seinem Sieg opferte ihm sein Volk willig in heiligem Schmuck. So bekam er eine große Menge zur Beute und Starke zum Raub, darum dass er sein Leben in den Tod gegeben und vieler Sünde getragen hat und für die Übeltäter gebeten.

9. Februar

Es ist mir lieb, dass du mich gedemütigt hast, dass ich deine Rechte lerne.

Psalm 119,71

Welch eine große Sache ist es, die Rechte des Herrn zu lernen, seine Rechte als Gott, geoffenbart im Gesetz, welche alle Menschen in den Staub danieder werfen; seine Rechte als Vater, geoffenbart im Evangelium, wodurch Gottlose gerechtfertigt, Sünder selig gemacht werden. Diese verstehen, bringt Leben und Friede. In lichten Stunden, wo die Seele diese Vorteile merkt, sagt sie deswegen mit David: Es ist mir gut, es ist mir lieb, dass du mich gedemütigt hast, so dass ich am Ende nichts mehr zu antworten wusste. Namentlich rühmt der heilige Prophet die Treue Gottes, welche sich darin offenbart. »Du hast mich treulich gedemütigt«, sagt er, welches sich auf mancherlei Weise darin offenbart. Es wird nicht zu viel noch zu wenig. Es dauert nicht länger, als es gut ist, hört aber auch nicht zu früh auf. Der Herr kehrt sich an das Widerstreben nicht, nicht an die Klagen und Beschwerden, sondern setzt seine heilsamen Absichten durch. Er richtet die Demütigung nach eines jeden Bedürfnis ein und greift ihn da an, wo es am meisten weh tut, aber auch am zweckmäßigsten ist; er unterstützt die Seele, dass sie es ertragen kann; steigt auch zuweilen das Wasser bis an die Lippen und geht eine Woge über das Haupt und schreit die Seele: Meine Kraft hat mich verlassen. Zur rechten Stunde verwandelt er das Wasser in Wein, nimmt das Gold aus der Glut und gebietet dem Ungestüm des Windes und des Meeres, dass alles ganz stille wird, macht den begrabenen Lazarus wieder lebendig und tröstet die Traurigen, dass ihnen Schmuck für Asche wird.

Vor andern küss' ich deine Rute,
die du mir aufgebunden hast;
wie viel tut sie mir doch zugute,
und ist mir eine sanfte Last!

10. Februar

Jesus machte alle Kranken gesund.

Matthäus 8,16

Die leibliche Gesundheit ist eine sehr edle Gabe, aber Gesundheit der Seele doch noch eine weit vortrefflichere. Und die können wir alle bei Christus, aber nirgend anderswo als bei ihm finden. Keiner darf seine Krankheit für zu gering, keiner aber auch für zu verzweifelt halten, dass er nicht Hilfe bei Jesus sucht. Er macht den Menschen ganz gesund. Sein Gewissen macht er gesund, indem er's durch sein Blut von aller Anklage reinigt und die Frucht des Geistes hineinpflanzt; seinen Leib macht er auch ganz gesund, indem er ihn endlich zu einem solchen Stand bringt, wo keine Krankheit, kein Tod, kein Schmerz oder Beschwerde ihn mehr drückt, wo er voll Schönheit und Herrlichkeit ist und ewig bleibt, und sodann genießt der Mensch nach Leib und Seele eine ganz vollkommene Glückseligkeit, die keiner Störung und Unterbrechung mehr unterworfen ist. Denn wen Jesus einmal in seine Kur nimmt, den lässt er nicht, bis er ihn vollkommen errettet hat. Jedoch geschieht das nicht auf einmal, sondern nach und nach, und der, den Jesus in seine Kur nimmt, sollte bisweilen wohl denken, es werde eher ärger als besser mit ihm, damit er nachher Christus umso mehr Ehre geben lerne. Es geschieht häufig auf wundersamen Wegen, und die gänzliche Vollendung der Heiligung erst in jenem Leben. Aber je größer unser Vertrauen zu ihm ist, desto mehr erfahren wir auch, dass alle Fülle in ihm wohnt, und er überschwänglich tun kann, mehr als wir bitten und verstehen.

11. Februar

Dein Wort ist wohl geläutert, und dein Knecht hat es lieb.
Psalm 119,140

Jeremia betet: Erhalte uns dein Wort, denn es ist unseres Herzens Freude, und wenn wir es fanden, haben wir es gegessen wie eine köstliche Speise. Und gewiss, woher wissen wir's denn, dass bei Gott viel Vergebung ist, dass er Gnade beweist vielen Tausenden, dass es je gewisslich wahr und ein teuer wertes Wort ist, dass Jesus Christus in die Welt gekommen ist, Sünder selig zu machen; dass die Armen im Geist, die Leidtragenden, die da hungern und dürsten nach Gerechtigkeit, selig sind; dass er den nicht hinausstoßen will, der zu ihm kommt – woher wissen wir diese und die übrigen Heilswahrheiten, auf welchen der gesamte Trost der sündigen Menschen beruht, als eben aus dem Worte Gottes? O, welch eine köstliche Mahlzeit findet nicht manchmal ein heilsbegieriges Gemüt in dem Wort bereitet, und mit welcher Zustimmung sagt es mit David, es sei ihm köstlicher als viel Gold! Solange es daher noch eine Bibel auf Erden gibt, so lange hat das Volk Gottes auch eine Quelle der Süßigkeit, die alles Leid versüßt. Sie braucht nur zu fließen, dies Wort braucht nur offenbar zu werden, so heitert sich der ganze Himmel des Gemüts auf. Und wie häufig geht's noch so, wie es Apostelgeschichte 15,31 heißt: »Da sie das lasen, wurden sie des Trostes froh!«

Ein einig Wort der Heil'gen Schrift,
das ein betrübtes Herze trifft,
ist mehr als Himmel und Erde wert;
denn wenn das Feuer die verzehrt,
so bleibt doch Gottes heil'ges Wort
ohn' einig's Ende fort und fort.

12. Februar

Stehe auf, Nordwind, und komm, Südwind, und wehe durch meinen Garten, dass seine Würzen triefen!

Hohelied 4,16

Wie angenehm ist es schon im Natürlichen, wenn sich nach schwülem Wetter ein kühles Lüftchen erhebt. Wie gern gibt man sich demselben hin und atmet es in tiefen Zügen ein. Wie fühlt man sich so gestärkt und in allen Sinnen belebt. Wie wohl ist vollends solchen Kranken, welche an Atemnot leiden, wenn ein Anfall davon wieder vorüber ist. Dann ist ihnen, als fehle ihnen nichts mehr.

Etwas Ähnliches, aber viel Herrlicheres, gibt es im Reich Gottes. Der Heilige Geist ist die Luft, der Odem des Lebens, und wenn der Herr den aussendet, erneuert sich, wie der 104. Psalm sagt, die Gestalt der Erde und des Herzens. Die verdunkelnden Wolken weichen, und die Stellvertretung des Kreuzes und der ganzen Geschichte Christi leuchtet in ihrer eigentümlichen, dem gebeugten Sünder so angemessenen und erfreulichen Glorie und Herrlichkeit.

Dieses Anwehen der Himmelsluft, der Luft von Bethlehem und Golgatha und dem Ölberg her, hebt den in der Beklemmung der Buße Ächzenden aus den Schrauben und zeigt ihm eine Fülle des Heils, die seine Bedürfnisse unendlich übersteigt, und wäre er von den Mördern noch viel ärger zugerichtet als jener, der hinabging von Jerusalem nach Jericho. Er muss selber sagen: Warum sollte ich doch im Geringsten zweifeln, warum nicht aus aller Macht glauben und hätte ich allein der halben Welt Sünde auf mir und alle Teufel wider mich! O, welch eine herrliche Luft! Welch ein Atemholen!

13. Februar

Lasset uns ihn lieben, denn er hat uns zuerst geliebt.

1. Johannes 4,19

Und wie sehr hat er uns geliebt! Unmöglich können wir da hineinschauen, ohne dass auch unser Herz in brünstige Gegenliebe entflammt würde. Welche Seligkeit wird das einst in der Seligkeit sein, ihn aus allen Kräften zu lieben und lieben zu können; wie sehr ist's aber zu beklagen, dass hier auf Erden unsere Liebe meist so lau ist! Wie viel Blindheit und Unglaube steckt doch in uns, die solch einen unfruchtbaren Winter in uns erzeugen! Welch ein Glück indes, dass das die Liebe nicht ist, dass wir ihn lieben, sondern dass er uns liebt! Was kann uns auch besser zu ihm treiben, was uns mehr bei ihm festhalten als entweder die Liebe oder unsere Not und unser Elend? »Wo sollen wir hin?« fragte Petrus; und wo wollen wir denn hin? Je elender es um uns aussieht, desto nötiger haben wir ihn ja, und auf welchem anderen Wege gedenken wir denn irgendeiner Not enthoben zu werden? »Dennoch«, sagt Asaph, mochte es auch gehen, wie es geht. »Aber doch«, sagte jenes kanaanäische Weib, und es geriet. »Hier will ich sterben«, sagte Joab und fasste die Hörner des Altars. »Ich lasse dich nicht«, schrie Jakob mit verrenkter Hüfte. Mögen denn andere dem Eitlen nachjagen, bleibt's doch bei uns fest dabei:

Jesus soll es sein und bleiben,
dem ich lebe, des ich sei;
nichts soll mich von Jesus treiben.
Du wirst, Jesus, mich nicht lassen;
ewig will ich dich umfassen.

14. Februar

Wir warten seines Sohnes vom Himmel, Jesus, der uns von dem zukünftigen Zorn erlöst hat.

1. Thessalonicher 1,10

Welch ein Übel wäre es, wenn sich die Heiligkeit und Gerechtigkeit Gottes, wenn sich mit einem Wort sein Zorn an uns Sündern selbst in eigener Person erweisen sollte; wenn das ganze Gericht des entsetzlichen Fluchs sich auf uns herabsenkte, wenn er uns unsere Missetat zurechnete, wenn wir selbst um derselben willen verwundet und zerschlagen werden sollten und in den Kerker geworfen würden, von welchem man nicht herauskommt, bis man den letzten Heller bezahlt hat! Dann wären wir ja auf ewig verloren. Aber seht, von diesem entsetzlichen Übel hat Christus sein Volk kraft seiner Stellvertretung ganz befreit, in welchem sie die Erlösung haben durch sein Blut, nämlich die Vergebung der Sünden. Wie herrlich ist das demselben gegenüberstehende Gut, das Christus seiner auserwählten Gemeinde durch seine Stellvertretung erworben hat! Befreiung von aller Schuld und Strafe, vollkommene Freisprechung in dem göttlichen Gericht, Wiedereinsetzung in alle Vorrechte der Kinder Gottes, mit einem Wort: Gott, der da reich ist an Barmherzigkeit, hat uns, wie Paulus in Epheser 2 redet, nach seiner großen Liebe, womit er uns geliebt hat, da wir tot waren in Sünden, mit Christus lebendig gemacht, denn aus Gnaden seid ihr selig geworden, und hat uns mit ihm auferweckt und mit ihm in das himmlische Wesen versetzt in Christus Jesus.

Wohl denn allen, die da berechtigt sind zu sagen: Er trat an unsere Stelle! Wohl allen, welche diesen Bürgen haben, ja sogar wohl allen, die gewahr werden, wie durchaus unentbehrlich ihnen dieser Bürge, diese Stellvertretung ist, die danach dürsten und schreien wie ein Hirsch nach frischem Wasser, und denen verheißen ist, dass ihnen das Wasser aus dem lebendigen Brunnen umsonst gegeben werden soll!

15. Februar

Es ist ein Gott und ein Mittler zwischen Gott und den Menschen, nämlich der Mensch Christus Jesus.

1. Timotheus 2,5

Wir kennen den Stellvertreter. Es ist Christus, für uns geschlachtet. Er vereinigt in seiner Person alle die Eigenschaften und Vollkommenheiten, welche zu dem hohen Mittleramt erforderlich sind. Auf der einen Seite, Gott so nahe verwandt wie ein Sohn dem Vater, ja so , dass beide eins sind, er im Vater und der Vater in ihm ist, besitzt er alle die Weisheit und Herrlichkeit, alle die Kraft, Liebe und Heiligkeit, all den Reichtum und Mut, welche zu diesem hohen Geschäft erforderlich sind; auf der andern Seite, uns so nahe verwandt, dass er der Sohn des Menschen heißt, dass er unseres Fleisches und Blutes teilhaftig geworden ist, und so beide von einem herkommen, der da heiligt und die geheiligt werden, kann das, was er tut und leidet, dem Geschlecht zu Gute kommen, in dessen Natur er's vollbringt, denn hier ist Immanuel, das ist verdolmetscht: Gott mit uns. – Er hat sich auch nicht selbst in die Ehre gesetzt, dass er Mittler wurde, sondern der, der zu ihm gesagt hat: »Du bist mein Sohn, heute habe ich dich gezeugt.« Darum geht auch des Herrn Vornehmen glücklich durch ihn fort, und dieser Knecht, der Gerechte, macht durch seine Erkenntnis viele gerecht. Einen solchen Hohenpriester mussten wir haben, und wir haben einen solchen Hohenpriester, der da ist heilig, unschuldig, unbefleckt, von den Sündern abgesondert und höher als der Himmel ist.

16. Februar

Meine Gedanken sind nicht eure Gedanken, und eure Wege sind nicht meine Wege, spricht der Herr.

Jesaja 55,8

Es ist nicht gut, wenn wir uns unterstehen, die Art, Zeit und Weise der Erfüllung der göttlichen Weissagungen wie auch der Verheißungen im Voraus festsetzen zu wollen. Denn wir verrechnen uns dabei im allgemeinen sehr, und es kommt oft ganz anders, als man dachte. Gott erfüllt beides, aber nach seiner eigenen Weise. Er hat z. B. verheißen, sein Volk zu heiligen, und tut das auch gewiss, aber er macht's meistens wundersam, und macht, wie Hiob in Kapitel 12,17 sagt, die Obersten wohl irre auf dem Umweg, wo kein Weg ist, macht etliche zum großen Volk und bringt sie wieder um, breitet ein Volk aus und treibt es wieder weg. Selbst ein leiblicher Arzt muss wohl auf entgegengesetzten Wegen das Ziel der Genesung suchen und ein Übel wohl erst ärger machen, um es zu heilen, Schmerz durch Schmerz vertreiben und schwächen, um zu stärken. »Unsere Natur weiß keinen anderen Weg, vollkommen zu werden«, sagt ein erfahrener Heiliger, »als dass sie suche, etwas zu werden«. Gottes Weg aber geht ganz anders. Er macht zunichte, was etwas ist, damit er alles in allem sei. Der Glaube wird nicht selten auf Wegen gestärkt, welche ihn ganz zu unterdrücken scheinen, wie wir an Jakob, dem kanaanäischen Weiblein, den Jüngern im Schiff und an anderen sehen, und das Weizenkorn muss verwesen, wenn es nicht allein bleiben soll. Der Herr erfüllt sein Wort, und was er sagt, tut er auch.

Hilfe, die er aufgeschoben,
hat er drum nicht aufgehoben;
hilft er nicht zu jeder Frist,
hilft er doch, wenn's nötig ist.

17. Februar

Gott hat ein Wort geredet, das habe ich etlichemal gehört, dass Gott allein mächtig ist.

Psalm 62,12

David stellt sich hier ja wohl als ein Kind oder als einen einfältigen Menschen dar, dem man eine Sache etlichemal sagen muss, ehe er sie einigermaßen fasst. Wahre Christen werden dem Gold verglichen. Dasselbe muss aber mehrmals und umso öfter in den Tiegel, je reiner es werden soll, wo zugleich die Glut immer stärker wird. Man kann glauben, man kenne nun das menschliche Verderben in seiner Größe und in seinem Umfang, da man aus diesem Kelch vielleicht nur eben die Lippen genetzt hat, und später wird man noch ganz anders davon denken und reden lernen. Man kann auch glauben, dem Evangelium bis auf den Grund zu sehen und später noch viele erstaunliche Einsichten darin erlangen. Zwei können mit gleicher Aufrichtigkeit dieselbe Wahrheit bekennen, der eine aber in einem weit tieferen Sinn als der andere. Kommen auch gerade nicht dieselben Erfahrungen aufs Neue wieder vor, so werden doch die vorigen gründlicher gemacht, wiewohl man sich wie ein Uhrpendel vorkommen kann, das sich immer bewegt, ohne doch weiter zu rücken. Gewiss aber muss der Christ einen Weg wohl mehrmals machen, und am nützlichsten ist es, wenn der Weg zwischen seinem Herzen und Christus so fleißig von ihm betreten wird, dass kein Grashalm der eigenen Gerechtigkeit oder Weltliebe darauf wachsen kann.

18. Februar

Mit Gott wollen wir Taten tun, er wird unsre Feinde untertreten.

Psalm 60,14

Was für große Taten können doch die armen Christen ausrichten, wenn der Herr sie dazu beruft! Solch' Zutrauen sollten sie daher auch zu Gott haben, denn auf eigenes Vermögen kommt's gar nicht an. Wie verkehrt ist es daher, wenn wir gegen irgendein Gebot, möchte es auch noch so Großes fordern, das mindeste einwenden, da es bloß darauf ankommt, wie wir es auffassen, ob im Sinne des Werk- oder des Gnadenbundes; wie verkehrt, wenn wir ihm unsere Ohnmacht entgegenhalten oder gar in der Forderung eine Beeinträchtigung der Rechtfertigung wittern! Die Forderungen und Ermahnungen sind ebenso geeignet, unsern Geist zu erquicken, als die eigentlichen Verheißungen. Es kommt dabei nur auf das hörende Ohr und das sehende Auge an, welche beide der Herr macht. Also getrost Gebote her, und wenn es hieße: Ihr sollt vollkommen sein, gleichwie euer Vater im Himmel vollkommen ist! Teile du das Meer! Mögen spitzfindige Leute es denn erläutern, wie der Herr dem Menschen das zuschreibt, was er doch selber tut, oder was für einen Anteil der Mensch an einem Werk hat oder nicht hat, das Gott durch ihn ausrichtete, wir wollen indes glauben lernen und im Glauben darreichen die Tugend.

Ich kann alles tragen,
ich darf alles wagen,
weil du bist mein Pfand.
Ewig bei mir bleibe,
alle Not vertreibe,
führ mich bei der Hand!

19. Februar

Der dich gemacht hat, ist dein Mann.

Jesaja 54,5

Diese Stelle könnte auch so wiedergegeben werden: »Der dich gemacht hat, hat dich; du hast nicht bloß ihn, er hat auch dich und wird dich nicht lassen«, welches ja sehr tröstlich ist, weil daraus erhellt, dass die Seele den Herrn nicht nur mit ihren oft so schwachen Glaubensarmen, sondern der Herr auch sie mit den ewigen Armen seiner Liebe gefasst hat und sie nicht fahren lässt. Eine solche zweifache Schnur hält fest. Es bedarf ihrer aber auch. Dieser Name hat offenbar etwas sehr Ermunterndes für das arme Israel. Und diesen Trost haben alle wahren Christen. Es ist wahr, sie waren Knechte der Sünde. Es ist wahr, sie waren in der schrecklichsten Gewalt des Satans und der Obrigkeit der Finsternis. Es ist auch wahr, dass beide ihr ehemaliges Besitztum ungern drangeben und noch manche Versuche machen, um sie wieder zu erobern, welches ihnen auch nicht selten zu gelingen scheint, und das wohl auf eine Furcht und Zagen erregende Weise. Aber da ist's ermutigend zu hören: »Der dich gemacht hat, hat dich.« Sagte die Braut: »Ich halte ihn und will ihn nicht lassen«, wie viel mehr wird das der Bräutigam sagen und tun!

Alles und in allen Christus.

Kolosser 3,11

Mit einem Wort: Christus, der ganze Christus, wie er uns von Gott gemacht ist, ist der Grund, wo Israel gelagert ist. Er ist der Fels, auf welchem seine Gemeinde gegründet ist, und die Pforten der Hölle überwältigen sie nicht. Dagegen kann wohl von außen die Welt anrennen, und wie sie oft getan, mit Feuer und Schwert dagegen wüten; innerlich kann wohl das Verderben toben und Satan wüten, die Jünger auch wohl schreien: Wir verderben, weil die Wellen schon über das Schifflein gehen, und der Sturm noch mehr darüber herzuwerfen droht; – es hat doch so wenig zu bedeuten, dass Jesus fragt: »Warum seid ihr so furchtsam?«, als wäre auch unter solchen Umständen kein Grund dazu vorhanden. Hier muss aber auch ein jeder gelagert sein. Ist es deine eigene Kraft, sind's deine eigenen Einsichten, denen du folgst, so wohnst du in einem Haus, das kein Fundament hat und beim ersten Sturm über dir zusammenfallen wird. Von der Unzulänglichkeit jener überzeugt werden, überzeugt werden von den heiligen und hohen Forderungen des Gesetzes, überzeugt werden von der unermesslichen Heiligkeit Gottes und von unsrer Unheiligkeit, Blindheit, Verkehrtheit und dann überzeugt werden von der Bereitwilligkeit Jesu Christi, sich solcher Verlorenen getreulich und seligmachend anzunehmen, das leitet zu dem wahren Grund.

Der Grund, drauf ich mich gründe,
ist Christus und sein Blut;
das machet, dass ich finde
das ew'ge wahre Gut.

Der Herr züchtigt mich wohl; aber er gibt mich dem Tode nicht.

Psalm 118,18

Gott handelt wie ein Vater, der seinen Sohn wohl derb züchtigen und ihm verbieten kann, ihm vor die Augen zu kommen, ohne doch einen Augenblick aufzuhören, Vater zu sein; und wenn andere mit zugreifen und den Sohn misshandeln wollten, so würde er bald wieder seines Sohnes Partei wider jene unberufenen Zuchtmeister ergreifen. »Tut meinem Sohn kein Leid«, befahl David über seinen Sohn Absalom, obschon er denselben wegen eines Aufruhrs mit einem Kriegsheer verfolgte. Und wenn der himmlische Vater seinen Kindern seine süßen Tröstungen vorenthält, so dauern doch seine heiligenden, bewahrenden und stärkenden Einflüsse fort, wodurch sie sich zu einer Gottseligkeit angespornt finden, die umso reiner ist, je weniger sie von Trost begleitet wird, wie Christus seinen höchsten Gehorsam zu einer Zeit vollbrachte, da er von Gott verlassen war. Die Zeichen der Wiedergeburt treten oft, ohne dass die Seele selbst es sieht, in geistlicher Dürre am klarsten hervor, wie Sterne in dunkelster Nacht am hellsten leuchten. Die Seele, die in Verlassenheit dennoch ihrem Gott fest anhängt, den sie nicht schmeckt noch fühlt, ist etwas Ausnehmendes, weit mehr als eine Seele, die das im großen Freudengenuss übt. In der Nacht wachsen die Pflanzen am meisten.

22. Februar

Der im Finstern wandelt und scheint ihm kein Licht, der hoffe auf den Namen des Herrn und verlasse sich auf seinen Gott.

Jesaja 50,10

Wollte man fragen: Können denn wahre Kinder Gottes in einen solchen eben angedeuteten Zustand geraten, der sich nur für Verworfene zu reimen scheint, so ist die bejahende Antwort keinem Zweifel unterworfen. Habt ihr doch Äußerungen der Heiligen, habt ihr doch die Worte Christi aus Jesaja 50 vernommen. In Psalm 104,20 sagt David: »Du machst Finsternis, dass es Nacht wird; da regen sich alle wilden Tiere.« Das findet auch seine Anwendung aufs Geistliche. In dem Stande, wovon wir reden, verlassen auch die wilden Tiere die Höhlen und Klüfte, worin sie verborgen lagen und schliefen, solange es Tag war, und verbreiten durch ihr Gebrüll und Heulen Grauen und Entsetzen und zerreißen, was sie erhaschen können. Wehe dann den armen, wehrlosen Schafen, wenn der Hirte sie nicht schützt, oder gar wehe dem Hirten selbst!

Was gibt's denn nun, was dem Menschen in solchem verzweifelten und trostlosen Zustand Halt und Stütze gäbe? Nur ein einziges Mittel. Und was für eins? Christus nennt es in den angeführten Worten: Er hoffe auf den Namen des Herrn und verlasse sich auf seinen Gott! Beides, der Name Gottes, wie er ihn selbst in 2. Mose 34,6 aussprach als »barmherzig, gnädig und geduldig, von großer Gnade und Treue«, und der Name Christi, welcher in Jeremia 23 »Herr, unsere Gerechtigkeit«, genannt wird, bilden einen Stecken und Stab, den der im Finstern wandelnde Gottesfürchtige mit der nackten Hand des Glaubens fassen mag und soll, um sich sicher darauf zu stemmen und zu verlassen.

23. Februar

Mein Joch ist sanft, und meine Last ist leicht.

Matthäus 11,30

Man hat von dem Christentum irrige Vorstellungen, wenn man meint, es bestehe nur in Beschwerden, Lasten und Kämpfen. Freilich heißt es: kämpfet; aber dieser Kampf ist doch ein guter Kampf und hat ein herrliches Ende. Freilich heißt es: Ringet danach, dass ihr durch die enge Pforte eingehet! Einer erlangt das Kleinod, lauft nun so, dass ihr es ergreift! Das Himmelreich leidet Gewalt, und die Gewalt tun, reißen es an sich. – Das ist alles wahr, aber ebenso wahr ist es auch, wenn Jesus sagt: »Mein Joch ist sanft, und meine Last ist leicht.« Schwer machen wir uns dieses Joch, wenn wir trachten, unsere eigene Gerechtigkeit aufzurichten; durch Wollen und Laufen erschweren wir uns den Dienst des Herrn Jesu, der gesagt hat: In mir habt ihr den Frieden. Irrig ist es aber auch, wenn man meint, in lauter angenehmen Empfindungen und Erquickungen zum gewünschten Ziel zu kommen, und sich darin nicht finden kann, wenn man zuweilen eine Zeitlang auf den Herrn harren muss, und daraus allerlei irrige Schlüsse macht, als ob ein Christ lauter angenehme und gute Tage haben müsse. Freilich wollte die stolze Natur dieses gern, die wünscht, es nicht nötig zu haben, alle Tage und in allen Situationen dieses Lebens so arm, elend, jämmerlich, blind und bloß zu Jesus zu kommen und seinem Rat zu folgen, Gold von ihm zu kaufen. Aber dies ist der einzige wahre Weg, den uns das Evangelium zeigt. Wenn wir auch zuweilen getröstet und erquickt, gar entzückt würden bis in den dritten Himmel, immer müssen wir's doch wieder bei dem suchen, der gesagt hat: Ich will euch erquicken. Er muss wachsen, wir aber müssen abnehmen.

24. Februar

Siehe, meine Freundin, du bist schön; siehe, schön bist du!
Hohelied 4,1

Der Mensch aber fängt an, schön zu werden, wenn er anfängt, seine Hässlichkeit zu sehen. Solange er fragt: Bin ich auch blind? und dies von sich zurückweisen will; solange er meint, nicht zu sein wie andere Leute und sonderlich wie dieser Zöllner; solange er sagt: Ich habe keinen Mangel, steht's sehr übel um ihn. Aber erkennt er erst seine Missetat, so sieht der Herr schon etwas Schönes an ihm, das ihm gefällt, wie es in Jeremia 3,13 heißt: Ich bin barmherzig, spricht der Herr, und will nicht ewiglich zürnen, allein erkenne deine Missetat. Der erste Schritt, den der verlorene Sohn tat, um aufs Schönste geziert zu werden, bestand darin, dass er einsah, wie elend der Zustand war, in welchem er sich befand. »Ich verderbe im Hunger«, sprach er. »Was offenbar wird, ist Licht«, sagt Paulus in Epheser 5,13. Es kommt also dann schon ein göttliches Keimlein in die Seele, weswegen der Herr ihr wohl will, denn bei ihm ist lauter Licht. Es kommt ein Fünklein Wahrheit in die Seele, dass sie Gott damit nicht mehr Lügen straft, wenn sie sagt: Sünde habe ich nicht; ein Fünklein, das sich schon durchglimmen und die Seele frei machen wird. Dies ist also der erste Schritt aus dem Tal der Finsternis zum Licht, wo man schön wird.

Wer ist der Braut des Lammes gleich?
Wer ist so arm und wer so reich?
Wer ist so häßlich und so schön?
Wem kann's so wohl und übel gehn?
Lamm Gottes, du und deine sel'ge Schar
sind Menschen und auch Engeln wunderbar.

25. Februar

Ich hebe meine Augen auf zu den Bergen, von welchen mir Hilfe kommt.

Psalm 121,1

Auf Bergen ist uns das Heil erworben, und nur in und aus der Höhe wird es gefunden. Trachtet deswegen nicht nach dem, was auf Erden ist, sondern nach dem, was droben ist! Seid ihr Christen, so seid ihr von oben her und könnt euch an niedrigen Dingen nicht sättigen. »Hebt eure Augen in die Höhe« heißt es. Von dort erwarten wir Hilfe und unseres Leibes Erlösung. Wir richten unseren Blick aufwärts, wenn das Angenehme dieser Erde uns reizen und unsere Herzen umstricken will, denn droben ist unser Schatz. Diese Belohnung sah Mose an und wollte deswegen lieber mit dem Volk Gottes Ungemach leiden als die zeitliche Ergötzung der Sünde genießen. Gegen das Gewinnen Christi war dem Apostel alles Schaden und Auskehricht. Will das Gewirre dieser Erde und ihre Mühe uns ermatten, der Blick hinauf nach dem jenseits des Jordans gelegenen Land der Ruhe stillt und stärkt. Bin ich in Not, so hebe ich mit David (Psalm 123) »meine Augen auf zu dir, der du im Himmel sitzt«. Siehe, wie die Augen der Knechte auf die Hände ihrer Herren sehen und die Augen der Mägde auf die Hände ihrer Frauen, so sehen unsere Augen auf den Herrn, unsern Gott, bis er uns gnädig werde. Sei uns gnädig, Herr, sei uns gnädig, denn unsere Seele ist sehr voll Verachtung!

Schafft, dass ihr den Geist erhebt
von den Lüsten dieser Erden
und hier dem zu Ehren lebt,
dem ihr einst sollt ähnlich werden;
schickt das Herze da hinein,
wo ihr ewig wünscht zu sein!

26. Februar

Alle Züchtigung aber, wenn sie da ist, dünkt uns nicht Freude, sondern Traurigkeit zu sein; aber danach wird sie geben eine friedsame Frucht der Gerechtigkeit denen, die dadurch geübt sind.

Hebräer 12,11

Es ist für ein leidendes Herz eine nicht geringe Stärkung, wenn es die gnädigen Absichten erkennt, welche der Herr durch Leiden, die er verhängt, erreichen will; wenn es sie nicht als Strafen, sondern als Verbesserungsmittel betrachten kann. Freilich belehrt uns das Wort Gottes deutlich und ausführlich genug darüber, dass der Vater der Geister uns züchtigt, uns selbst zum Nutze, dass wir seine Heiligung erlangen, aber in den Leiden selbst kann man davon nicht immer den erwünschten Gebrauch und die erwünschte Anwendung machen. Auch zeigt sich der Nutzen nicht immer sofort, sondern erst später und zum Teil erst in der Herrlichkeit; und dann ist dieser Nutzen von der Art, dass er unserer Natur, der dadurch ein schlechter Dienst geschieht, meist übel gefällt, weil man nämlich kleiner, demütiger und vom Vertrauen zu sich selbst ausgeleerter wird. Wie könnte aber ein solches Ziel und wie könnte ein Weg der Natur gefallen, der zu solchem Ziel führt? Da kann es nach Psalm 83,15 gehen, wo es heißt: »Verfolge sie mit deinem Wetter und erschrecke sie mit deinem Ungewitter, mache ihr Angesicht voller Schande, dass sie nach deinem Namen fragen müssen.« Das Ziel ist gut, der Weg aber schrecklich, und solange jenes nicht sichtbar hervortritt, sondern man noch auf diesem Weg wankt, wird man freilich fragen: Warum bekümmerst du deinen Knecht? Aber bedenke, dass es von ihm heißt: »Sein Rat ist wundersam, aber herrlich führt er's hinaus« (Jesaja 28,29).

27. Februar

Eure Lindigkeit lasset kund sein allen Menschen. Der Herr ist nahe.

Philipper 4,5

Wie gebrechlich es auch hier und da zu Zeiten unter Christen hergehen mag, so ist es doch auch wahr, dass es Häuflein gibt, die sich durch ihre Eintracht, Liebe und andere Tugenden als recht christlich erweisen. Muss auch der einzelne Christ sich zuweilen anklagen wegen Dürre, Ungeduld und allerlei Unarten, so hat er doch auch wieder solche heilige und selige Zeiten, wo der Bräutigam aus dem Hohenlied sagen kann: »Wie schön ist dein Gang in deinen Schuhen, du Fürstentochter«, und die Seele selbst David aus dem 101. Psalm nachsprechen kann: »Ich handle vorsichtig und redlich bei denen, die mir zugehören, und wandle treulich in meinem Hause.« So sollte es bei allen sein, und wer den Namen Christi nennt, trete ab von allen Ungerechtigkeiten und lasse sich finden im Stand guter Werke, wodurch er die Lehre Christi ziere! Israel lagert auf einem Berg und ist eine Stadt auf demselben. Lasst deswegen euer Licht leuchten, nicht bloß in guten Worten, sondern auch in guten Werken, damit der Vater im Himmel gepriesen werde! Gib, o Vater, dass wir alle unsere Gedanken, Worte und Werke dahin richten, dass dein Name um unsertwillen nicht gelästert, sondern geehrt und gepriesen werde!

28. Februar

Und auch ihr, als die lebendigen Steine, bauet euch zum geistlichen Hause.

1. Petrus 2,5

Der Stein – mag er auch ein lebendiger sein und fühlen, ein vernünftiger und überlegen –, der Stein selbst kennt doch die Figur und Bildhauerei nicht, ob da oder dort noch ein Flick angebracht werden muss, und wo er am Palast seine Stelle angewiesen bekommt; aber der Meister, derjenige, welcher alles bereitet, das ist Gott (Hebräer 3,4), der weiß es und tut also. Die lebendigen Steine täten also am besten, wenn sie den toten nachahmten, ließen sich so und anders kehren und wenden, flicken und bearbeiten und sprächen: »Herr, wir sind Ton, sei du Töpfer«, statt dass sie so leicht widerbellen, jammern und fragen: Wozu dies, wozu das? was ihnen übel ansteht. Manche Christen sind wohl geneigt, zu fragen: Warum begegnet mir so mancherlei, wovon andere nichts erfahren? Allein, was soll man anders darauf erwidern, als dies: Darum begegnet es dir, weil es deine Berufung und Erwählung, weil es deine Bestimmung so erfordert, weil du *der* Stein sein, *die* Stelle einnehmen, *das* Gebilde an dir tragen sollst. Wer sich damit nicht begnügen kann, muss sehen, dass er eine andere Antwort bekommt. Kann uns jemand genau die Absicht der göttlichen Weisheit nachweisen, so werden wir ihn mit Vergnügen hören, erwarten es aber nicht.

29. Februar

Um Jerusalem her sind Berge, und der Herr ist um sein Volk her von nun an bis in Ewigkeit.

Psalm 125,2

Diese Stadt gewährt die vollkommenste Sicherheit und Ruhe. Außerhalb derselben wütet der Feind, wütet der Tod, donnert und blitzt das Gesetz, brennt der Zorn, regiert das Elend, stürmt und hagelt es. »Wind, Regen dringen auf mich zu, mein matter Geist findet nirgends Ruh'.« Aber »wenngleich das Meer wütete und wallte und von seinem Ungestüm die Berge einfielen, dennoch soll die Stadt Gottes fein lustig bleiben mit ihren Brünnlein, da die heiligen Wohnungen des Höchsten sind. Gott ist bei ihr drinnen, darum wird sie fest bleiben. Gott hilft ihr« (Psalm 46,2-5). Sie ist eine Freistadt und wer darinnen ist, ist gesichert gegen den Bluträcher, gegen den Fluch des Gesetzes, gegen den Zorn Gottes, den Tod, den Teufel, die Hölle. Entfallet darum nicht eurer Festung, bleibt stets in ihr! Schien es auch zuweilen, als wäre die Stadt nicht sicher, sie ist es doch, denn wie stark sind ihre Bewohner! Der Schwächste ist wie David, von dem die Weiber sangen: »Saul hat tausend, aber David zehntausend geschlagen.« Sie überwinden in allem weit. Wie klug sind sie, da sie alles wissen! Mögen sie immerhin schwach sein, so sind sie stark, mögen sie unmündig sein, so sind sie klug. Der Herr ist eine feurige Mauer um sie her, sie werden nimmermehr umkommen, und niemand wird sie aus seiner Hand reißen.

1. März

Darum, dass seine Seele gearbeitet hat, wird er seine Lust sehen und die Fülle haben.

Jesaja 53,11

Seine Seele hat gearbeitet? Ist dem so? Bedarf es etwas mehr zur Erläuterung dieses Ausdrucks, als einer Erinnerung an die schauerliche Begebenheit in Gethsemane, an die drei Stunden lange Verlassenheit am Kreuz? Was für eine Seelenarbeit musste das sein, die den Körper so angriff, dass er wie Blut schwitzte und dahin kam, dass er mit dem Tode rang! Welche Arbeit der Seele, alle Sünde wegzuschaffen, die mehr ist, als Sand am Meer, alle Versuchungen zu überwinden, allen Fluch wegzutragen! Er gab sein Leben in den Tod. Hier wiegt jedes Wort Zentner. Was ist das für ein »Er«? Was ist das für ein Leben? Was ist das für ein Geben oder Ausgießen? Was ist das für ein Tod? Und hat nicht der Herr sich seinem Tode ausschließlich in dem Abendmahl ein Denkmal gestiftet, das so lange dauern wird, bis der letzte Tag der Welt anbricht? Was muss das für ein heilbringendes Ereignis für uns arme Sünder sein, da wir nach Römer 6,8 mit ihm gestorben sind, damit der sündliche Leib aufhöre und wir hinfort der Sünde nicht mehr dienen; denn wer gestorben ist, der ist gerechtfertigt von der Sünde, da wir nach Römer 8,34 fragen mögen: Wer will verdammen? Christus ist gestorben; da er nach Hebräer 2,14 durch den Tod dem die Macht genommen hat, der des Todes Gewalt hatte, das ist dem Teufel. Mit welcher Liebe, Danksagung und Freude sollen wir denn nicht die herrliche Gedächtnisfeier dieses Todes begehen!

O Leben, Arbeit, Leiden, Not
des Heilands meiner Seelen!
Euch will ich mich befehlen.
geht in mich ein und lasst mich sehn
das Leben aus dem Tod aufstehn
in allen seinen Kräften!

2. März

Betet stets in allem Anliegen mit Bitten und Flehen im Geist.
Epheser 6,18

Das Gebet ist ein notwendiges und, wie unser Katechismus sagt, das vornehmste Stück der Gottseligkeit. Ein Christ ohne Gebet wäre ein ebenso großer Widerspruch, als wenn man sagen wollte, ein lebender Mensch ohne Atem. Der wäre entweder nicht lebendig, läge in einer schweren Betäubung oder wäre dem Tode nahe. Ein wirklicher Christ kann das Beten ebenso wenig lassen, als ein lebender Mensch das Atmen, und er betet mehr, als er selber weiß. Es wird aber auch vieles »Beten« genannt, was diesen Namen nicht verdient, sondern von dem Herrn Jesus »Worte machen« genannt wird. Ein solches Beten ist eine leichte Sache, denn es ist ja nicht schwer, einige oder viele Worte zu finden oder zu lernen, wie die Gebete lauten, z. B. »Gott sei mir Sünder gnädig«; Jesus, du Sohn Davids, erbarme dich meiner! – Aber desto schwerer ist es, in rechter Form und Weise so zu beten, dass es Gott gefällt, und von ihm erhört wird. Ja, so zu beten ist nicht nur sehr schwer, sondern auch nur durch den Heiligen Geist möglich. So notwendig nun das Gebet ist, so notwendig ist uns der Heilige Geist als ein Geist des Gebets, vor allen Dingen, um im Namen Jesu zu beten, welches doch die Jünger in den drei Jahren, da sie mit Jesus gewandelt sind, nicht verstanden noch gekannt hatten. Und woher soll uns die Aufrichtigkeit, die Andacht, die Zuversicht und der Glaube werden, dass Gott aller unserer Unwürdigkeit ungeachtet, um Christi willen, unser Gott und unser Vater sei? O wie wohl spricht Augustin: »Gib uns, o Herr, den Heiligen Geist, damit wir um denselben beten mögen!« Sonst geht es, wie Jakobus sagt: »Ihr bittet übel«, als selbstgerechte Pharisäer, und kriegt nichts – und wie Gott sagt: »Ob ihr schon lange und viel betet, höre ich euch doch nicht« (Jesaja 1,15). Dagegen bringt ein »Herr, gedenke meiner!«, vom Heiligen Geist gewirkt, einen Schächer nach wenigen Stunden ins Paradies (Lukas 23,42-43).

3. März

Ich hielt mich nicht dafür, dass ich etwas wüsste unter euch als allein Jesus Christus, den Gekreuzigten.

1. Korinther 2,2

So vollkommen die Heilige Schrift alle Fragen beantwortet, welche ein heilsbegieriges Gemüt tun kann, so wenig befriedigt sie die Neugier, und selbst eine fromme Neugier. Ich möchte etwas Wunderliches sagen: Nicht das Wissen, sondern das Nichtwissen ist das Rechte, ich sehe aber wohl ein, dass nur diejenigen dieses einräumen können und werden, die da glauben: Die wahre Weisheit besteht in der Unmündigkeit, die sich sagen lässt und gern von diesem lernt, zu dessen Füßen Maria saß und damit das beste Teil erwählt hatte; außer dem uns auch niemand belehren kann noch soll, der aber hier einen Engel, dort einen Stern, da einen Traum und dort Menschen braucht. Der Herr sei mit uns! Ach, Herr, errette uns doch durch deine große Kraft von allem eigenen Wissen, Können und Wollen und leite uns dahin, dass wir nichts wissen als dich, der du einst als Fluch am Kreuz gehangen hast und nun als der Segen auf dem Thron sitzt! Ach leite uns dahin, dass wir ohne dich, du Lebensfürst, nichts tun können, und dass wir mit Paulus, unserem lieben Bruder, auch nicht einmal etwas reden dürfen, was du nicht durch uns wirkst! Errette uns doch von allem eigenen Willen und lehre uns endlich in Wahrheit sagen: Dein Wille geschehe! Strecke uns doch hin zur Erde vor dir und führe uns in die rechte Selbsterniedrigung und Verleugnung unser selbst, denn wer sein Leben verliert um deinetwillen, der wird es finden. Siehe Herr, wir sind Ton, sei du unser Töpfer!

Nichts können und nichts wissen,
nichts wollen und nichts tun
als Jesus folgen müssen,
das heißt in Frieden ruhn.

4. März

Ohne Blutvergießen geschieht keine Vergebung.

Hebräer 9,22

Das alttestamentliche Blutvergießen hat aufgehört und musste eingestellt werden, nachdem das unvergleichliche Blut Jesu Christi vergossen ist, und zwar, wie er selbst sagt, zur Vergebung der Sünden. Es hat den höchsten Wert und die herrlichste Kraft. Den höchsten Wert, denn es ist das Blut eines Menschen, welches einen so großen Wert hat, dass es nur mit Blut bezahlt werden kann, denn wer das vergießt, dessen Blut muss nach göttlichem Befehl wieder vergossen werden. Es ist das Blut eines Unschuldigen, wie sonst keiner unschuldig ist, eines Heiligen, wie sonst keiner heilig ist, und das schon deshalb verdient, ein teures Blut genannt zu werden, wie Petrus es nennt. Aber das ist noch nicht alles. Es ist das Blut des Seligmachers. Es ist das Blut Christi, des obersten Propheten, des alleinigen Hohenpriesters, des höchsten Königs, einer mit dem Heiligen Geist ohne Maß gesalbten Person; einer Person, die leiblicherweise von einer sehr hohen Herkunft war und aus einem königlichen Hause abstammte, noch mehr, die alle Engel Gottes, keinen ausgenommen, anbeten müssen, die alle verehren sollen, wie sie den Vater ehren, mit einem Wort: Es ist das Blut des Sohnes Gottes, wodurch er sich seine Gemeinde erkauft hat, wie Paulus es in Apostelgeschichte 20,28 sagt. Wer wird nun den Wert eines solchen Blutes berechnen können? Was ist dagegen alles Gold und Silber? Und was wollen wir sagen, wenn wir bedenken, dass wir um einen solchen Preis von allen unseren Sünden und aus der Gewalt des Teufels erkauft sind? Wohl mag es heißen: »Ihr seid teuer erkauft.«

Du aber, Herr, bist unser Vater und unser Erlöser; von alters her ist das dein Name.

Jesaja 63,16

Wer sagen kann: »Mein Herr«, der kann auch rühmen: »Ich vermag alles durch den, der mich mächtig macht, Jesus Christus.« Durch ihn werde ich mehr als Überwinder werden, und wenn ich es mit noch listigeren und mächtigeren Feinden aufzunehmen hätte, denn in ihm habe ich Gerechtigkeit und Stärke. Wie kann einem solchen seine Heilung mangelhaft ausfallen? Jesus Christus, sein allmächtiger Herr, wird ihn nicht immer in der Not bleiben lassen, sondern als einen Auserwählten aus derselben erretten und dahin bringen, wo er ist. Daher die herrliche Sprache des Apostels Paulus: Als die Traurigen, aber allezeit fröhlich; als die Armen, aber die doch viele reich machen; als die nichts innehaben, und doch alles haben. Darum sind sie guten Muts in Schwachheiten und in Nöten, in Verfolgungen, in Ängsten um Christi willen, denn wenn sie auch schwach sind in sich, in ihrem Herrn sind sie doch stark. Dies ist die Glaubenssprache dessen, der abgesagt hat allem und sein Jünger geworden ist; dessen, der sich ihm ohne Vorbehalt und auf ewig ergeben hat; der verlassen hat Weib und Kind, Vater und Mutter, Brüder und Schwestern, Häuser und Äcker um seines Namens willen. Ein solcher hat sich dem Herrn Jesus anbefohlen; an seinen durchbohrten Füßen liegend, hat er ihm einmal nach dem andern gesagt: Dir, mein Herr Jesus, ergebe ich mich ganz auf ewig, erfülle in mir deinen ganzen Willen! – wie es geschrieben steht: »Dieser wird sagen: Ich bin des Herrn; jener wird genannt werden mit dem Namen Jakob; dieser wird sich mit seiner Hand dem Herrn zuschreiben und wird mit dem Namen Israel genannt werden« (Jesaja 44,5).

6. März

Alle Dinge sind möglich dem, der da glaubt.

Markus 9,23

Der Glaube rechnet ganz anders als der Unglaube. Dieser bleibt bloß bei dem stehen, was vor Augen ist, der Glaube aber nimmt Gott mit in Rechnung, seine Verheißungen, seine Macht, Treue und Gnade, und hat so einen Mut, der sich auf etwas Unsichtbares gründet. Mit Gott will er seine Taten tun. So spricht der Gläubige auch in allen Fällen: »Wir können es wohl«, wie jene beiden Jünger erwiderten auf die Frage Jesu: Könnt ihr? Könnt ihr den Bösewicht überwinden, wie erschrecklich und mächtig er auch ist? Der Glaube antwortet: »Wir können es wohl.« Könnt ihr im Gericht Gottes bestehen, da doch eurer Sünden mehr sind denn des Sandes am Meer, und da ihr sogar noch immerdar zu allem Bösen geneigt seid? Könnt ihr trotz aller Versuchungen und Gefahren dennoch beharren bis ans Ende und in allem weit überwinden? Könnt ihr euren alten Menschen kreuzigen und töten, ablegen die Sünde, die euch immerdar anklebt und träge macht, und so eure Heiligung vollenden? Sie antworteten: »Wir können es wohl.« Warum denn? Weil wir im Herrn Gerechtigkeit und Stärke haben; denn auf ihn, nicht auf sich selbst, setzt der Glaube sein Vertrauen und hofft vollkommen auf die Gnade, die uns dargeboten wird in der Offenbarung unseres Herrn Jesu Christi.

7. März

Du, Herr Zebaoth, du Gott Israels, hast das Ohr deines Knechtes geöffnet. Darum hat dein Knecht sein Herz gefunden, dass er dies Gebet zu dir betet.

2. Samuel 7,27

Es ist freilich nicht zu leugnen, dass das Gebet, dieses geistliche Atemholen der Seele, nicht immer so recht vonstatten gehen will. Es ist aber auch wahr, dass die Seele mit David wohl ihr Herz findet, um ein Gebet vor dem Herrn zu tun, welches sie selbst in Verwunderung setzt, und wovon sie sagen mag: Mein Beten ist Genießen. Ergießt es sich in Worten, so sind sie die allerzärtlichsten und kindlichsten, wie sie dem Abba und Vaternamen entsprechen; sind's Seufzer, so sind's die allerinnigsten; sind's Tränen, sie entquillen dem tiefsten Seelengrund; ist's Fürbitte für andere, wie sehnsuchtsvoll; ist's Bitte, wie zutraulich; ist's Dank, wie gerührt; ist's Lob, wie herzlich! Da sieht das Glaubensauge durch Christus die offene Tempeltür bis ins Heiligtum und an dem durch die Stangen des Gnadenthrons zurückgeschobenen Vorhang einen Vorgeschmack des Himmels, dessen Luft anweht und stärkt.

8. März

Christus hat uns erlöst von dem Fluch des Gesetzes, da er ward ein Fluch für uns.

Galater 3,13

Die Größe und Abscheulichkeit der Sünde erscheint an dem Kreuz in dieser Stellvertretung in ihrer ganzen Nacht. Ist das die Sünde? Ist das ihr Lohn? Ist hier, wie Paulus sich ausdrückt, die Erweisung der göttlichen Gerechtigkeit in Absicht derselben? Musste Gottes eigener Sohn sterben, wenn es möglich wäre, dass er sündigte, und musste er wirklich sterben, da er unter die Übeltäter gerechnet wurde? Was soll denn außer Christus aus uns werden? Hat Gott seines eigenen Sohnes nicht verschont, wie viel weniger wird er uns verschonen, wenn wir nicht in seinen Wegen wandeln, seine Rechte halten und danach tun! Hier stellt sich unserem Verstand zugleich das wunderbare Rettungsmittel zur andächtigen Erwägung dar, das in den merkwürdigen Worten bezeichnet wird: »Der von keiner Sünde gewusst, ist für uns zur Sünde gemacht, auf dass wir würden in ihm die Gerechtigkeit, die vor Gott gilt« (2. Korinther 5,21). »Christus hat uns erlöst von dem Fluch des Gesetzes, da er ward ein Fluch für uns; denn es steht geschrieben: Verflucht ist jedermann, der am Holze hängt« (Galater 3,13). Hier stellt sich uns in nie gehörter Weise Gott als ein solcher dar, der Gottlose gerecht spricht; ein Geheimnis, das nie in eines Menschen Herz gekommen ist, ja, wogegen alle Vernunft sich empört. Durch seine Wunden werden wir heil? Durch seinen Tod empfangen wir das Leben? Durch seine Verurteilung die Freisprechung? Wer kann's ergründen? – Verweile, verweile hier, o Seele, mit deiner Betrachtung!

9. März

Des Herrn Furcht ist Anfang der Erkenntnis.

Sprüche 1,7

Christen kommen oft aus einer Schule in die andere. Oder geht's nicht wirklich so? Werden nicht immer neue Lektionen aufgegeben? »Ich will dich unterweisen«, heißt es im 32. Psalm. Wir kommen nicht aus der Schule, und was kann nützlicher sein! Es meine nur niemand, er habe ausgelernt, und wäre jemand wirklich am letzten Kapitel, so könnte es wohl geschehen, dass sein Meister ihn wieder zu dem ersten zurückführte, weil das erstmalige Aufsagen etwas oberflächlich geschah und es nun genauer genommen werden soll. Als Meister kennen wir nur einen, und das ist Christus. Jener große Heilige war auch einst in die Meisterschaft hineingeraten, so dass er auch sagte: Nach mir redete keiner. Er wurde aber so in die Schülerschaft zurückgedrängt, dass er sprach: »Ich will dich fragen, lehre mich« (Hiob 42,4); und ein anderer war so gelehrt worden, dass er sagte: Ich halte mich nicht dafür, etwas zu wissen als allein Jesus Christus, den Gekreuzigten. Wohl dem aber, der das vierfache Wissen hat, von welchem Johannes am Schluss seines ersten Briefes schreibt: »Wir wissen aber, dass der Sohn Gottes gekommen ist und hat uns einen Sinn gegeben, dass wir erkennen den Wahrhaftigen; und wir sind in dem Wahrhaftigen, in seinem Sohn Jesus Christus. Dieser ist der wahrhaftige Gott und das ewige Leben.«

Mein Himmelsmeister, mein Prophete,
schenk mir ein Herz, das mit Bedacht
in Lernbegierde vor dich trete
und geb auf deinen Wink recht acht!

10. März

Das Blut Jesu Christi, seines Sohnes, macht uns rein von aller Sünde.

1. Johannes 1,7

Wenn die Seele diesen freien, offenen Born wider alle Sünde und Unreinigkeit im Licht des Heiligen Geistes in seiner ganzen Kraft entdeckt, so wirft sie sich mit ganzem Vertrauen – alles von demselben, nichts von sich erwartend – getrost in denselben hinein und erfährt seine wundertätige Kraft mit Erstaunen an sich selbst. Die allergrößte Veränderung geht auf einmal mit ihr vor, eine Veränderung, von welcher sie früher keine Vorstellung hatte. Die Sünde ist wie weggewischt; sie ist wirklich wie ein Nebel vor der Sonne der Gerechtigkeit verschwunden; sie ist nicht mehr da, weder in ihrem verklagenden Andenken, noch in ihren versuchenden Anfällen. »Ihr seid abgewaschen, ihr seid geheiligt, ihr seid gerecht geworden durch den Namen des Herrn Jesu und durch den Geist unseres Gottes.« Es steigt ein Dankopfer, eine Rauchwolke des Lobes nach der andern empor. Einst war ich blind, nun sehe ich; einst war ich tot, nun lebe ich – doch nicht ich, Christus lebt in mir; einst war ich schwarz wie die Nacht, nun weiß wie der Schnee, schön wie die Sonne, lieblich wie der Mond, schrecklich wie die Heeresspitzen. Ist da nicht gut sein? Sollen wir da nicht Hütten bauen?

Mein Wohlergehn im Herzen
kommt von den bittern Schmerzen
des Lammes Gottes her;
und seit ich Trost gefunden
in seinen heil'gen Wunden,
so weiß ich auch nichts Liebres mehr.

11. März

Der Herr ist mein Hirte, mir wird nichts mangeln.

Psalm 23,1

Es ist nicht selten, dass wahre Christen mitten in allerlei inneren und äußeren drückenden Umständen so seelenvergnügt gemacht werden, als hätten sie keinerlei Mangel an irgendeinem Guten, so dass sie auch rühmen können: Der Herr ist mein Hirte, mir wird nichts mangeln. David lag und schlief ganz ruhig und erwachte ebenso getrost, obschon sich viele Tausende ringsumher wider ihn lagerten (Psalm 3,6-7). Mancher Gläubige war seelenvergnügt und ohne Sorgen, obschon so arm, dass er nicht wusste, wo er eines seiner Bedürfnisse hernehmen sollte; er konnte unbekümmert den Herrn sorgen lassen, und der sorgte denn auch.

Wie mancher Fromme ist heftig krank und voll Beschwerde und Schmerz, aber auch dabei innerlich so wohl, dass es ihm, so zu reden, eine Lust ist, sich von den Schmerzen durchwühlen zu lassen, die er gerne so lange wühlen lässt, wie es dem Herrn gefällt. Er kann die größten und empfindlichsten Verluste und selbst die schnödesten und unbilligsten Misshandlungen aller Art erleiden und doch einer Lerche gleichen, die mitten im Gewitter singt.

Hab' ich keinen Heller,
weder Brot noch Teller,
weder Fach noch Dach;
reißen mir die Kleider,
sagen andre: Leider,
schreien weh und ach,
sing' ich doch und glaube noch:
Ich will ruhen, trinken, speisen
und den Vater preisen.

12. März

Siehe, ich will Jerusalem machen zur Wonne und ihr Volk zur Freude.

Jesaja 65,18

Gewiss ist es, dass nur wahre Christen wissen, was eigentlich Freude ist, welches niemand – als nur sie – in Zeit und Ewigkeit erfährt. O dass denn viele wahrhafte Christen würden, um das Wasser zu trinken, das Christus gibt und in uns ein Quell des Wassers wird, der ins ewige Leben quillt! Seht, welche großen und herrlichen Dinge man erlangen kann! Und die verschmäht und versäumt ihr und jagt einem Schatten nach und einem Irrlicht, das euch nur ins Verderben stürzt? Tut das doch nicht länger, sondern tretet auf die Wege und schaut und fragt, welches der rechte Weg sei, und wandelt darin, so werdet ihr Ruhe finden für eure Seelen! Nicht bloß Verleugnung erwartet der Herr Jesus, sondern er schenkt euch auch Freuden; er legt nicht bloß Pflichten auf, sondern schenkt auch Kraft, sie zu erfüllen; er legt nicht bloß Lasten auf, sondern hilft sie auch tragen. Betrübt er, er tröstet auch wieder; tötet er, er macht auch lebendig; führt er in die Hölle, er führt auch wieder heraus. Werdet deswegen so klug, dass ihr zuerst nach dem Reich und der Gerechtigkeit Gottes trachtet! Das andere wird euch zufallen.

Gott war in Christus und versöhnte die Welt mit sich selber und rechnete ihnen ihre Sünden nicht zu und hat unter uns aufgerichtet das Wort von der Versöhnung.

2. Korinther 5,19

Welch eine gründliche, vollständige und standhafte Beruhigung schöpft der bußfertige Sünder aus dieser Versöhnung! Kaum lernt er sie verstehen, verschwinden seine Sünden wie ein Strohhalm in der Glut. Er betrachtet sich nicht mehr wie einen Sünder, sondern wie einen Heiligen; nicht mehr wie einen Strafbaren, sondern wie einen Gerechten. Gott ist ihm nicht mehr wie ein strenger Richter, sondern wie ein gnädiger Vater. So vergeblich seine früheren Bemühungen waren, durch des Gesetzes Werk in seinem Gewissen eine frohe Hoffnung des ewigen Lebens, Trost im Leben und im Sterben zu erlangen, so reichlich fließen sie ihm aus diesem Brunnen zu. Freilich sind diese Wirkungen in ihrer tröstenden wie auch in ihrer heiligenden Richtung in diesem Leben unvollkommen, abwechselnd, mancher Störung und Unterbrechung unterworfen; sie sind aber auch nicht für diese Welt berechnet. In ihrer ganzen Fülle werden sie sich erst dort erweisen, wo dieser Friedensstrom alle Schleusen durchbricht und alles überschwemmt. Bis dahin sind wir wohl selig, aber in der Hoffnung, wissend, dass wir einen Bau haben, von Gott erbaut, ein Haus, nicht mit Händen gemacht, das ewig ist im Himmel.

Ich bin durch Christus ausgesöhnt,
der das Gesetz erfüllet:
Die Straf' ist völlig abgelehnt
und aller Zorn gestillet.

14. März

Ist meine Hand nun so kurz geworden, dass sie nicht erlösen kann? Oder ist bei mir keine Kraft zu erretten?

Jesaja 50,2

Ach, wie tun ähnliche göttliche Erinnerungen einer bedrängten Seele so ungemein wohl und setzen ihre Füße aus dem Schlamm aufs Trockene. Es kann eine Seele zagend niedersinken über ihrer Sündenmenge. O, wie wohltuend ist's ihr da, wenn sie innerlich und kräftig an das Blut Christi erinnert wird, das zu unserer Versöhnung rann, wenn sie im Gefühl ihrer Schwachheit an seine Kraft, im Gefühl ihres Elends an seine Durchhilfe erinnert wird. Dann bekommt sie Flügel und verjüngt sich wie ein Adler. Wie angenehm beschirmt wird eine trauernde Christenseele, wenn sie nur einsieht, wie sie in ihrem Kummer das Blut, die Gerechtigkeit, die Gnade und Kraft Jesu Christi so übersehen und so wenig oder gar nicht in Anschlag gebracht und bei ihrem Turmbau mit in Anrechnung gebracht hat. Da wird der Unglaube wohl mit sehr süßen Tränen beweint und abgeschworen, oder es wird doch geschrien: Ich glaube, lieber Herr, komm zu Hilfe meinem Unglauben! – oder mit Hiob gesagt: »Ich will's nicht mehr tun« (Hiob 40,5).

Und er ging hinaus nach seiner Gewohnheit an den Ölberg. Es folgten ihm aber seine Jünger nach an den Ort.

Lukas 22,39

Und er ging hinaus an den Ölberg. Segensreicher Gang für alle bußfertigen und gläubigen Sünder, aber ein schauerlicher Gang für ihn selbst, dessen Natur unter der Last zu unterliegen drohte, so dass sein gejagtes Herz ihm trotz der Kälte der Nacht die Stirn mit Schweiß netzte, ja, als ob das Blut aus den Adern herausgepresst wurde und tropfenweise zur Erde rann! Erschrickst du nicht, frecher Sünder, und willst du nicht eilend zur Buße dich anschicken, ehe du ohne Rettung in diesem Meer versinkst? Bedenke, was zu deinem Frieden dient, ehe es zu spät ist!

Seine Jünger gingen mit. Sie sollten von ferne Zeugen jener Wunder sein, die sich dort mit Jesus selber zutrugen. Nicht nur Zeugen, sondern auch einigermaßen Mitgenossen der Leiden sollten sie sein, besonders die drei, welche Zeugen seiner Herrlichkeit gewesen waren. Sie sollten jetzt auch die verfinsterte Sonne sehen, die sie in ihrer vollen Pracht erblickt hatten. Wer mit Christus herrschen will, muss auch mit ihm leiden. Vor der Freude im Herrn geht die Trauer her, wie auf die Freude der Welt lauter Herzeleid folgt. Lieber mit Jesus und seinen Jüngern in Gethsemane als ohne ihn in den glänzenden Gemächern der Wollust, deren Leckerbissen doch ohnehin nicht ohne beigemischte Sandkörner sind, wie Salomo recht sagt: Und endlich nichts als Leid gebären, oft hier auf Erden schon und dort unausbleiblich. Lieber mit Jesus und seinen Jüngern geweint als mit den Kindern dieser Welt gelacht, lieber um seiner Seelen Heil gezittert und gezagt als mit ihnen gejauchzt und frohlockt. – Ist das auch euer Sinn? Wohlan denn, verlasst das gottlose Jerusalem und steigt mit Jesus den Ölberg hinan, wo er leidet, von wo er aber auch gen Himmel fährt. Wollt ihr? Er wird helfen.

16. März

Herrliche Dinge werden in dir gepredigt, du Stadt Gottes.
Psalm 87,3

Was sind das für große Vorstellungen des Evangeliums, nach welchen die, welche ihm gehorsam sind, nicht mehr unter dem Gesetz stehen, welches ihnen nichts mehr zu verbieten, nichts mehr zu drohen, nichts mehr zu verheißen hat, dem sie getötet sind und gegen welches sie nach Römer 7 ebenso wenig Verpflichtungen haben als ein Weib gegen ihren verstorbenen Mann; zumal sie bei einem anderen, nämlich bei Christus sind! Was für erstaunliche Vorstellungen, nach welchen bußfertige Sünder, die nichts als Sünde und Elend, wenngleich auch Kummer und Betrübnis darüber sowie Hass und Widerwillen dagegen in sich finden, im Evangelium angewiesen werden, sich dafür zu halten, dass sie mit Christus, ich will nicht sagen: gekreuzigt und gestorben, ich will auch nicht sagen: mit ihm auferweckt sind, um in einem neuen Leben zu wandeln, sondern, was noch mehr ist, sich für solche zu halten, welche mit ihm schon gen Himmel gefahren sind, die also nicht erst selig zu werden brauchen, sondern es schon längst sind, die bei Leibes Leben den Tod, das Grab, das Gericht nicht mehr vor sich, sondern schon längst hinter sich liegen haben, weil sie durch den Glauben vom Tod zum Leben durchgedrungen sind und nicht ins Gericht kommen! Sind das nicht ganz außerordentliche Dinge, und könnte man nicht eher geneigt sein zu denken, bei solchen Vorstellungen liege mehr Übertreibung als echte Wahrheit zugrunde? So wird's aber dem Glauben vorgehalten, so soll er Christus fassen, so soll er lauter Sieg sein.

17. März

Wenn mir gleich Leib und Seele verschmachtet, so bist du doch, Gott, allezeit meines Herzens Trost und mein Teil.

Psalm 73,26

Wie sieht es oft im Innern der Kinder Gottes aus? Ist da immer Sonntag, Ostern, Himmelfahrt, Pfingsten und Weihnachten? Oder gibt's da auch wohl Karwochen? Ist da immer Sommer, oder wird's auch wohl ein beraubender Herbst? immer gutes Wetter oder auch wohl trübe Tage, Sturm und Ungewitter? Erfahren alle wahren Christen zu aller Zeit, dass das Reich Gottes Gerechtigkeit, Friede und Freude im Heiligen Geist ist oder werden sie auch gewahr, dass man durch viel Trübsal in dasselbe eingeht? Steht ihnen das Evangelium immer in voller, lieblicher Klarheit vor den Augen, oder werden sie auch gewahr, was jenes Lied singt: »Nichts als Dunkelheit und Schmerzen bleibt im Herzen, wenn dein Gnadenglanz gebricht?« Lest einen Hiob, hört einen David, vernehmt einen Jeremia! Seht, wie finster und bedrängt es oft in ihrem Herzen aussieht und erkennt daraus, wie die über jemand waltende Gnade es dennoch wohl im Innern so werden lassen kann, dass man eher daraus auf Zorn als auf Liebe schließen könnte.

Und dies alles sind keine Widerlegungen der göttlichen Liebe? Soll man also glauben auf Hoffnung, wo nichts zu hoffen ist? Soll man den bösen Tag auch für gut nehmen?

O Herr, stärke uns, stärke uns! Ohne dich können wir nichts tun. Alles aber vermögen wir, wenn du uns mächtig machst. Der Nichtchrist ist elend mitten im Glück; der Christ ist selig mitten im Elend, denn der Herr wird ihn herausreißen und zu Ehren machen. Dennoch bleibe ich stets an dir.

18. März

Wir wissen aber, dass denen, die Gott lieben, alle Dinge zum Besten dienen, denen, die nach dem Vorsatz berufen sind.

Römer 8,28

O, welch eine Glückseligkeit, sich in einem Stand zu befinden, wo nichts, gar nichts schaden kann, wo alles dienen, ja zur Seligkeit dienen muss! Man sollte ja kaum sagen, dass es wirklich einen solchen Stand gebe, da wir so sehr an Abwechslung aller Art gewöhnt sind. Aber das Wort Gottes predigt einen solchen Stand, es ist der der Kindschaft und Gnade. Sind wir durch Gnade in diesem Stand, so sind wir der Behütung ebenso bedürftig als vorher der Errettung aus dem Stand der Natur und des Zorns. Diese Bedürftigkeit für das Behüten des Herrn gründlich zu erkennen, ist sehr nötig und heilsam und dient zugleich dazu, uns dieses Gut desto kostbarer zu machen. Wir gleichen dem Petrus auf dem Meer. Jeder seiner Tritte musste durch das allmächtige Wort Christi: »Komm her!« getragen werden, wenn er gelingen sollte, und sein Glaube nicht weniger, sollte er bis ans Ende beharren. Wo soll es mit uns hinaus, wenn wir allein gehen? Wenn wir fallen, wer will uns aufhelfen? Sind wir nicht einmal tüchtig, ein Haar schwarz oder weiß zu machen, nicht tüchtig, aus uns selbst etwas zu denken, was wollen wir anfangen, wenn es sich um wichtigere Dinge handelt? Wohl dem deswegen, der sich allewege fürchtet, aber auch allewege auf die Güte des Herrn hofft!

19. März

Wie viel mehr wird das Blut Christi, der sich selbst ohne allen Fehl durch den ewigen Geist Gott geopfert hat, unser Gewissen reinigen von den toten Werken, zu dienen dem lebendigen Gott.

Hebräer 9,14

Unser Hoherpriester opferte sich selbst und ward sogar an unserer Statt ein Fluch, damit er uns den Segen erwerben würde. Er ist nun der Weg. Nie, nie müssen wir den Grund der Hoffnung, des Segens teilhaftig zu werden, in uns selbst, sei es in unserem Wohlverhalten, sei es selbst in unserem Glauben oder in unserer Liebe, suchen und darauf setzen – oder wir bauen neben dem Fundament. Wir müssen uns wohl und tief einprägen, dass unsere ganze Seligkeit in dem *einen* Opfer Jesu Christi steht, das einmal am Kreuz geschehen ist. Verklärt uns dies der Heilige Geist, so werden wir auch durch denselben stets einen Zugang zu diesem Segen haben können, vor welchem uns sonst das Gefühl unserer stets währenden Unwürdigkeit zurückschreckt. An jenem großen Tag, da der Sohn Gottes unter dem Siegesruf »Es ist vollbracht!« verschied, da geschah unsere Versöhnung. Da wurden wir, so wir's im Glauben annehmen können, gereinigt von allen Sünden. Da ist Grund genug und Überfluss, allen Segen mit völliger Zuversicht zu erwarten, und wir werden es tun, sofern wir es verstehen. Er hat uns versöhnt, dass uns Gott seine Huld gönnt.

Lass auf deinen Tod mich trauen,
O mein Gott und Zuversicht;
lass mich feste darauf bauen,
dass den Tod ich schmecke nicht!

20. März

Hoffet auf ihn allezeit, liebe Leute; schüttet euer Herz vor ihm aus; Gott ist unsere Zuversicht.

Psalm 62,9

Worauf wollen wir hoffen? Auf unser Herz? – so sind wir Narren. Auf unseren Verstand? – da bei einem Narren mehr Hoffnung ist als bei dem, der sich weise dünkt. Auf unsere gute Gesinnung? Ist nicht sogar Adam aus dem Stand der Unschuld gefallen? Wo Wölfe, ja wo Löwen sind, bedürfen da die Schafe nicht einer großen Bewahrung? Können sie ohne den Hirten nichts, mit ihm alles – ist ihnen denn nicht der Weg vorgezeichnet? Außer ihm verloren, in ihm sicher. Je weiter wir in dieser Überzeugung gefördert und gegründet worden sind, je mehr wir erkennen, dass unser Friede in den beiden Punkten steht: so er in uns bleibt, und wir in ihm bleiben; desto köstlicher wird uns die Gewissheit seiner Behütung. Sie werden nimmermehr umkommen, und niemand wird sie aus meiner Hand reißen. Was bedürfen wir weiter Zeugnis? Die Schrift darf doch nicht gebrochen werden. Ist uns der Sohn zu diesem Zweck noch nicht genug, so versichert er: »Niemand wird sie aus meines Vaters Hand reißen, und der Vater ist größer denn alles« (Johannes 10,29), und derselbe gibt den Tröster, den Heiligen Geist, der wird bei euch bleiben ewiglich. Eine solche dreifache Schnur reißt nicht, und das, was wir dabei wahrzunehmen haben, wird ebenfalls dargereicht werden durch den Glauben.

Und er fing an, zu trauern und zu zagen und sprach: Meine Seele ist betrübt bis an den Tod.

Matthäus 26,37-38

Bebte dort der Hohepriester, als er sich der Schwelle, dem Bilde der Heiligkeit Gottes, nahte, o, dieser Hohepriester fing auch an zu zittern, zu zagen und betrübt zu werden bis an den Tod. Was sagt das dreimalige Niederfallen mit dem Angesicht zur Erde? Was das »Eli, Eli, lama sabathani?« O, unbegreifliche Verhandlung im Dunkeln des Allerheiligsten zur Versöhnung unserer Seelen! Wer kann es fassen, was es gekostet, dass wir erlöst sind! Mit Recht ertönt der Himmel von nichts als von Lob über diesen König. Er war vornean, und so nahm dieser Kampf ohnegleichen den herrlichen Ausgang, den der Triumph verkündet: »Es ist vollbracht«, und den die Auferstehung versiegelte.

Jetzt ist eine vollkommene, ewig gültige Versöhnung gestiftet; die göttliche Kindschaft erworben, der Heilige Geist wird als derselben Pfand gegeben, und die volle Erbschaft ist ihr Ziel. Der freie Zutritt zum Gnadenthron ist geöffnet. Nichts hindert ihn; nicht Gottes Tugenden, denn sie sind verherrlicht; nicht die Sünde, denn sie ist gesühnt und bedeckt; nicht das Gesetz, es ist erfüllt und darf weder fordern noch drohen; nicht der Satan, denn er ist verworfen und überwunden durch des Lammes Blut.

Danksaget nun dem König der Ehren, an welchem wir haben die Erlösung durch sein Blut, nämlich die Vergebung der Sünden, zum Lob seiner herrlichen Gnade, durch welche wir angenehm gemacht sind in dem Geliebten!

22. März

Darum ist noch eine Ruhe vorhanden dem Volke Gottes.

Hebräer 4,9

Was wird's einst sein, wenn die müden Streiter von dem mühseligen Kampfplatz dieser Erde erlöst, auf immer und vollkommen erlöst, eingeführt werden in die ewige Ruhe! Aber etwas Ähnliches ereignet sich hier auf Erden schon, sonderlich dann, wenn die geängstigte Seele – sie, die kein Durchkommen mehr sah und ihre Errettung fast für ein Ding der Unmöglichkeit hielt; sie, die sich nicht vorstellen konnte, dass sie je noch eine fröhliche Stunde auf Erden haben würde, geschweige denn, zu einer wahren Freude und zu der gewissen Versicherung ihrer Begnadigung, ihrer Kindschaft und ihres zweifellosen Anteils am ewigen Leben gelangen könne; sie, die es nur niederschlug, wenn man ihr Mut zusprechen und sie zum Glauben ermuntern wollte, weil alles gewiss noch einmal ganz gut gehen werde, und die vollends zaghaft wurde, wenn sie andere getrost und freudig sah –, wenn eine solche Seele nun ganz unerwartet und schnell von der Finsternis zu des Herrn wunderbarem Licht berufen und tüchtig gemacht wird, seine herrlichen Tugenden zu verkündigen; wenn der Vater den verlorenen Sohn, da er noch fern ist, erblickt, ihm entgegeneilt, ihn umarmt, aufs schönste schmückt und köstlich bewirtet! Da hört man auch einen Gesang und Reigen, und oft weiß sich die nun getröstete Seele gar vor Freude nicht zu fassen.

23. März

Es ist ein köstlich Ding, dass das Herz fest werde, welches geschieht durch Gnade.

Hebräer 13,9

Der beständigen Abwechslungen wird die berufene Seele endlich ungemein müde, und sie fragt: »Sollte denn das Herz nicht fest werden können? Sollte es denn nur ein Paulus gewesen sein, der sagen konnte: Ich weiß, an welchen ich glaube und bin gewiss?« Hier nun bekommt der Mensch weit tiefere Einsichten in die eigentliche verderbte Beschaffenheit seines Herzens, in die schreckliche Eigengerechtigkeit und Eigenliebe, die ihn ganz durchdrungen hat, in den ungeheuren Unglauben, worin er begraben ist, und muss alles Selbsttun als lauter Hinderung betrachten. Nichts bleibt ihm übrig, als sein Vertrauen und seine Hoffnung auf den Herrn zu setzen und zu beten: »Ich lasse dich nicht, du segnest mich denn; du segnest mich denn mit einem höheren Licht als mir bisher geleuchtet, wodurch ich dich, mein Heiland, recht erblicke, wie du am Kreuz mich hast versöhnt; mit einem standhaften Frieden, der mein Herz und meinen Sinn bewahrt in Christus Jesus; mit einem völligen Glauben, der aus deiner Fülle eine Gnade um die andere nimmt und an dir bleibt wie eine Rebe am Weinstock; mit einer wahren Gemeinschaft und mit Umgang mit dir, so dass ich ohne Unterlass beten, dir Dank opfern, und dadurch dich preisen kann!«

Gnade, die aus Jesu Wunden
über arme Sünder fließt,
macht sie so mit ihm verbunden,
wie ein Reb' am Weinstock ist;
fördert, weil sie selbst nichts können,
ihr Gedeihn aus seiner Füll'
und wehrt allem, was sie trennen
und im Wachstum hindern will.

24. März

Ich habe wider dich, dass du die erste Liebe verlassen hast. Gedenke, wovon du gefallen bist, und tue die ersten Werke.

Offenbarung 2,4-5

Es ist betrübend, wenn Christen nach und nach so in weltliche Händel, Geschäfte und Umtriebe zerstreut und verstrickt werden, dass man sie kaum mehr erkennt und zwischen ihnen und ganzen Weltmenschen keinen bedeutenden Unterschied gewahr werden kann. So eifrig sie früher waren, so nachlässig sind sie jetzt, als ob sie jetzt etwas Dringenderes zu tun hätten, als sich nahe zum Herrn zu halten. Vielleicht tragen solche nicht einmal sonderlich Leid über ihren geistlichen Verfall, mögen sich nicht mahnen lassen und sprechen gar: Ich bin reich und habe gar satt und bedarf nichts. So darf's aber nicht bleiben. So ist's dem echten Christentum gar nicht gemäß, und solche Seelen haben alle Ursache, stark daran zu zweifeln, ob wohl jemals ein echtes Gnadenwerk in ihnen begonnen habe, und ob es nicht viel ratsamer für sie wäre, die Gnade der ersten Buße ernsthaft zu suchen, als sich mit dem beständigen Bewahren der Gläubigen zu beruhigen, und ernstlich zu wirken, statt sich einzubilden, Jesus habe es ihnen durch sein Werk erworben, und nicht so leblos dahinzugehen, was ein großer Missbrauch und Missverstand ist. Seelen, die über ihre Unfruchtbarkeit und Trockenheit Leid tragen, sie beweinen, sich dadurch zum Herrn und zu den Gnadenmitteln treiben lassen, sind von anderer Art und mit jenen nicht zu verwechseln. Diese mögen an Mose denken, der einen Aaron und Hur hatte, welche seine lassen Hände, wenn sie sanken, wieder aufrichteten. Ich will Wasser gießen auf die Durstigen und Ströme auf die Dürren.

25. März

Aber Jesus schwieg stille.

Matthäus 26,63

Er schwieg um seiner Gemeinde willen, damit dieselbe ihn auch an diesem Stillschweigen als denjenigen erkenne, auf den der Herr unser aller Missetat warf, der um unserer Missetat willen verwundet wurde, weil er ausdrücklich als ein solcher beschrieben wird, der da verstummte und seinen Mund nicht auftat. Mag er schweigen, mag er reden, seine Gemeinde weiß, was sie an ihm hat, nämlich ihren Bürgen. Er schwieg, indem er sich im Geiste als vor dem Gericht der allerheiligsten göttlichen Majestät statt der Auserwählten stehend betrachtete. Sie müssen bekennen, dass sie auf tausend nicht eins antworten können. Sie müssen ausrufen: »Herr, so du willst Sünden zurechnen, wer wird bestehen?« (Psalm 130,3). Zwar war Jesus von aller eigenen Schuld frei, desto größer aber und schrecklicher war die Schuld, die diesem Unschuldigen von Gott zugerechnet wurde, da er das Lamm Gottes war, das der Welt Sünde trug. Müssten sie, wenn sie vor Gericht gefordert würden und Nachfrage nach ihnen geschähe und die Zeugen abgehört würden, auf eine schreckliche Weise verstummen, so verstummte er für sie, um sie von dem tiefsten Jammer zu erretten. – Er schwieg, dass seine Schafe ihm auch im geduldigen Stillschweigen nachfolgen und mit jenem im Leid ihren Mund nicht auftun, sondern in Hoffnung harren, dass sie sich aller unnützen Worte enthalten, wofür Jesus auch mit seinem Stillschweigen gebüßt hat, und das Wort Christi reichlich unter sich wohnen lassen. – Jesus schweigt. Umso mehr und freimütiger und kindlicher mögen nun alle Bekümmerten und Geplagten zu ihm reden und ihn nur alles wissen lassen, was ihren Leib und ihre Seele anbetrifft, was sie wünschen und beklagen, was sie bekümmert, drückt und plagt. Sie sollen ihn alles wissen lassen und in seinen Schoß ausschütten und dann seiner Hilfe warten. Er schwieg zwar, weiß aber auch ungestüme Meere zum Schweigen zu bringen, wütende Stürme zu beschwichtigen und auch den brüllenden Satan zu schelten.

26. März

Ich liege und schlafe ganz mit Frieden, denn allein du, Herr, hilfst mir, dass ich sicher wohne.

Psalm 4,9

Dies ist ein Schlaf, bei dem das Herz wacht und woraus der Freund die Seele nicht geweckt wissen will. Da werden alle Streitkräfte in eine anmutige Stille gewogen. Das Herz ist nicht mehr wie ein ungestümes Meer, sondern wie ein stiller Spiegel, worin sich der Himmel abmalt. Die nagenden Sorgen haben weggemusst und sind auf den geworfen, der so treu, so hirtenmäßig sorgt. Die Seele braucht nicht mehr ängstlich auf sich zu sehen, sondern hat sich selbst über dem Aufsehen auf Jesus, den Anfänger und Vollender, aus den Augen verloren und braucht sich um sich selbst nicht mehr zu bekümmern, wie sie bisher musste, ohne etwas dadurch auszurichten, als dass sie sich in der Menge ihrer Wege aufrieb und immer müder wurde. Sie braucht nicht selbst zu wirken, sondern genießt nur die Früchte dessen, was er ausgemacht, da er uns in dem Gericht längst mit Ehren durchgebracht. Seine Gebote sind ihr jetzt nicht schwer, und indem sie von ihm lernt, findet sie ihn sanftmütig und von Herzen demütig, sein Joch aber sanft und seine Last leicht. Da sind denn die sechs langen Werktage einmal vorbei, und der Sabbat bricht an, wo es heißt: »Da werdet ihr keine Arbeit mehr tun, sondern erfahren, dass ich der Herr bin, der euch heiligt« (2. Mose 31,13). Da gürtet sich der Herr und erweist sich als ein solcher, der nicht gekommen ist, sich dienen zu lassen, sondern zu dienen; als ein Hirte, bei welchem die Schafe volle Genüge haben.

Sie umgeben mich wie Bienen, aber im Namen des Herrn will ich sie zerhauen.

Psalm 118,12

Das Volk Gottes schlägt am Ende alle seine Widersacher mit dem Schwert des Geistes zu Boden. So sagt David: »Im Namen des Herrn will ich sie zerhauen.« Die Seele kann sich des Wortes der Verheißung und der Gnade Jesu Christi wohl so bemeistern, dass sie mit Paulus sagt: Wir überwinden weit in allem. Den Unglauben schlägt sie mit einem: »Es ist gewisslich wahr und ein teuer wertes Wort, dass Jesus Christus in die Welt gekommen ist, Sünder selig zu machen« (1. Timotheus 1,15), dermaßen aufs Haupt, dass er sich lange Zeit nicht wieder im Feld blicken lassen darf; die Sünde schüttelt sie von sich, wie der Adler den Staub von seinen Fittichen. Ein Mut wie eines jungen Löwen wohnt in ihrer Brust und mit einem: »Christus ist hier!« bricht sie durch alles durch, bricht hervor wie die Morgenröte, welcher die nächtlichen Schatten weichen, schön wie der Mond, auserwählt wie die Sonne, schrecklich wie Heeresspitzen. Deshalb sagt auch die Gemeinde: »Freue dich nicht, meine Feindin, dass ich daniederliege, ich werde wieder aufkommen; und so ich im Finstern sitze, so ist doch der Herr mein Licht« (Micha 7,8).

Und wenn des Satans Heer
mir ganz entgegen wär',
darf ich doch nicht verzagen;
mit dir kann ich sie schlagen,
dein Blut darf ich nur zeigen,
so muss ihr Trotz bald schweigen.

28. März

Sie werden weder hungern noch dürsten; sie wird keine Sonne noch Hitze stechen.

Jesaja 49,10

Sie wird nicht hungern noch dürsten. Und warum nicht? Weil es im Reich Gottes weder an Speise noch an Trank mangelt, sondern alles, was zum Ziel, alles, was zum göttlichen Wandel dient, im größten Überfluss vorhanden ist, so dass der Heilige Geist kein Verlangen in der Seele wirkt, welches hier nicht volle Befriedigung findet. Freilich hatten die Kinder Israel nur *eine* Speise, das Manna; sie hatten nur *einen* Trank, das Wasser, das dem geschlagenen Felsen entquoll; aber von beidem war auch im Überfluss vorhanden. Ach ja, wir haben ein Gut, das volle Ruhe für unsere Seele gewährt. Mögen es auch wenige kennen, mag dieses Gut auch jenem Schatz im Acker gleichen, den ein Mensch fand; er wusste wohl, warum er den Acker kaufte, mochten andere auch nicht begreifen können, was ihn dazu bewog. Wir haben ein Gut, welches das ewige Leben gibt, weil es selbst das ewige Leben ist und die Wahrheit und der Weg, alles miteinander und auf einmal. Wir haben den guten Meister. Niemand aber ist gut als Gott allein. Kein Wunder, wenn die Seele hungert und dürstet nach Ruhe, Frieden, Freiheit, Freude, Kraft, Trost und Heiligkeit, ohne satt zu werden, solange sie den guten Meister nicht kennt, sich aufreibt in der Menge ihrer Wege, weil sie den einzigen Weg nicht kennt. Kein Wunder aber auch, wenn der Durst hin ist, weil er mich tränkt, der selbst das Leben ist.

Bei einem wahrhaften Christentum ist nicht bloß ein Suchen, sondern auch ein Finden; nicht bloß ein Anklopfen, sondern auch ein Aufgetanwerden; nicht bloß ein Laufen, Ringen und Kämpfen, sondern auch ein Lagern, ein Stillesein, ein Ruhefinden für die Seele, weil man von ihm lernt, der sanftmütig und von Herzen demütig ist.

29. März

Jesus antwortete: Mein Reich ist nicht von dieser Welt.

Johannes 18,36

In dem Reich dieses Königs geht es in ganz entgegengesetzter Weise zu wie in den Weltreichen. Der König war ein Knecht, der diente, nicht aber sich dienen ließ, der Füße wusch, oder wie wir sagen würden, Schuhe reinigte und sagte: Seht, so soll euer Sinn sein. Die Natur will groß, stark, weise, ansehnlich sein; aber hier gilt der Grundsatz Davids: »Ich will noch geringer werden« (2. Samuel 6,22). Hier geht's so, wie der Herr es dem Paulus sagte: »Meine Kraft ist in den Schwachen mächtig« (2. Korinther 12,9). Hier hat man sich zu freuen und dieses als eine Ehre anzusehen, wenn man um seines Namens willen verlästert wird. Von diesem Reich kann man nicht sagen: Hier oder da ist es, denn es ist inwendig in euch. Dieses Reich umfasst die Armen, Kranken, Schwachen, Elenden, die doch reich, gesund, stark und herrlich sind in ihrem König. Dem entrichten sie keine Abgaben, sondern weil er ihr Hirte ist, so wird ihnen nichts mangeln. Außer ihm bedürfen sie keiner Festung, sondern sein Name ist ihr festes Schloss; der Gerechte läuft dahin und wird beschirmt. Außer ihm bedürfen sie keiner Waffen, denn er selbst streitet für sie, und sie sind stark in dem Herrn und in der Macht seiner Stärke. Außer ihm bedürfen sie keines Schutzes, denn er ist eine feurige Mauer um sie her, und er beschützt sie, obschon auch auf eine Weise, die nicht von dieser Welt ist; denn nach Hebräer 11 haben etliche Spott und Geißeln erlitten, dazu Bande und Gefängnis, sind gesteinigt, zerhackt, zersägt, mit dem Schwert getötet worden, sind umhergegangen mit Mangel, mit Trübsal, mit Ungemach – Menschen, deren die Welt nicht wert war. Das Reich ist nicht von dieser Welt, und deshalb darf man nicht erwarten, dass es einem äußerlich in der Welt umso besser gehen werde, je rechtschaffener jemand Christ ist. Dieses Reich besteht in Gerechtigkeit, Friede und Freude in dem Heiligen Geist, und man geht in dasselbe ein durch eine Geburt aus Gott; dann kommt dieses Reich zu uns und wir in dasselbe.

30. März

Die Welt vergeht mit ihrer Lust; wer aber den Willen Gottes tut, der bleibt in Ewigkeit.

1. Johannes 2,17

Es ist gewiss, dass die Erde mit allen ihren Kostbarkeiten für den Geist eine Wüste ist, die ihm die sättigende Speise nicht gibt, die er ersehnt. Was ist es im Grunde betrachtet mit der Welt und allem, was darin ist, es mag Namen haben, wie es will? »Eitelkeit der Eitelkeiten«, sagt Salomo. Er sagt's, von eigener Erfahrung belehrt, er sagt's im Besitz des Höchsten, was die Welt an Herrlichkeit darbietet, und was er sagt, gilt noch immer. Er sagt auch sonst: Gut hilft nicht am Tage der Not, und der Psalmist lehrt mit Recht: Einem König hilft nicht seine große Macht, und die Riesen werden nicht errettet durch ihre große Stärke (sonst würden sie nicht sterben), viele Rosse helfen auch nicht. Es vergeht alles miteinander, und es kommt die Zeit, wo es gar nichts gilt, ob jemand reich oder arm ist, oder was er sonst will und kann, sondern wo ganz andere Dinge gelten, die die Erde nicht hat und nicht liebt. Wohl dem, in dessen Sinn und Urteil diese Welt auch nicht anders als eine Wüste gilt, und der sich so gut es geht durch dieselbe windet! Wohl dem, der dabei ein anderes Vaterland kennt und sucht und weiß, wie die heiligen Erzväter! – Nein, der Christ ist hier nicht zu Hause und findet hier nicht, was seine Seele sättigt.

31. März

Siehe, das ist Gottes Lamm, welches der Welt Sünde trägt!

Johannes 1,29

Das Wörtlein »*siehe*« enthält eine Aufmunterung, von allem weg hierher zu sehen. Weg sollten die Juden sehen vom Tempel und von allem, was darin geschah; wegsehen sollten sie, und insbesondere Johannes' Jünger, von ihm selbst, allein auf diesen hin. Er musste wachsen, alles andere abnehmen. Auch wir sollen uns mit unserem ganzen Vertrauen, mit allen unseren Hoffnungen und all unserem Verlangen zu ihm wenden. Aber wie schwer sind wir dahin zu bringen, wie an Johannes' Jüngern zu sehen ist, welche all seines Unterrichts ungeachtet, doch fort und fort bei ihm blieben. Sollen wir aber auf das Lamm Gottes schauen, so müssen wir wahre Bedürfnisse für dasselbe haben und mit Johannes erkennen, dass wir bedürfen, von ihm gewaschen zu werden; wir müssen unsere Sünde und unser Elend fühlen wie die Kinder Israel den Schlangenbiss, damit wir uns so genötigt sehen, zu diesem Lamm zu flüchten und bei ihm zu bleiben. Sollen wir von allem wegsehen, so müssen wir erlernt haben und lernen, dass außer diesem Lamm nirgends das Wahre und Rechte anzutreffen ist, selbst nicht in der sonst göttlichen Anordnung der Predigt und des Abendmahls, geschweige denn bei uns selbst, in unseren eigenen Kräften. Das so tief gewurzelte Vertrauen zu uns selbst muss sich in lauter Misstrauen umgewandelt haben und uns nichts übrig bleiben als dieses eine Lamm. Sollen wir auf dasselbe allein sehen, so müssen wir verstehen gelernt haben, dass in diesem Lamm alle Fülle wohnt, dass es mit seinem Leben belebt, mit seinem Blut wäscht, mit seiner Wolle bekleidet und schmückt, mit seiner Stimme lehrt und erfreut, mit seinem Fleisch speist und sättigt, dass uns in und mit diesem Lamm alles geschenkt ist, alles, Mut und Glauben und wie es heißen mag. Wer so sich selbst, wer so die Kreatur und dieses Lamm kennenlernt, der kann der Aufforderung Johannes' entsprechen: »Siehe!«

1. April

Wisset, dass euer Glaube, so er rechtschaffen ist, Geduld wirkt.
Jakobus 1,3

Macht das Evangelium von der Gnade Gottes, so wie es gepredigt, geschrieben ist und durch die christlichen Feste vergegenwärtigt wird, macht es den Eindruck, den es doch machen sollte und der ihm angemessen wäre, auf diejenigen, bei denen wirklich geistliches Leben ist? Bringt es die Frucht, die es haben sollte? Wo ist die Freudigkeit im Glauben, die Zuversicht der Hoffnung, die Inbrunst der Liebe, die Standhaftigkeit der Geduld, der Sieg über die Welt, die Gottseligkeit des gesamten Wandels, der himmlische Sinn, die zarte Bruderliebe, die freundliche Tragfähigkeit? Wo? Wie gebrechlich geht's durchgängig damit zu! Wie viel Zweifel, Kleinglaube, Ungeduld, Hoffart und dergleichen ist noch da, wie viel Weltsinn, Leichtsinn und Sünde! Lauter Beweise, wie viel Ursache wir haben, mit David zu beten: Öffne mir die Augen, dass ich sehe die Wunder in deinem Gesetz! Wie viel Traurige sind noch zu Zion, denen man zurufen muss: Es schwebt euch euer Leid nur vor, ihr hebt euch nicht genug empor zum süßen Heiland eurer Schmerzen! Das ist ja sehr zu beklagen. Wachset deshalb in der Gnade und Erkenntnis unseres Herrn Jesu Christi, denn wo solches reichlich bei euch wohnt, wird es euch nicht faul noch unfruchtbar sein lassen und euch reichlich dargereicht werden der Eingang zu dem ewigen Reich unseres Herrn Jesu Christi.

2. April

Christus ist des Gesetzes Ende; wer an den glaubt, der ist gerecht.

Römer 10,4

Gewiss wird niemand zu fest und zu bald gläubig an den Herrn Jesus. Ja, es wäre sehr weise, mit dem fröhlichsten und zuversichtlichsten Vertrauen zu ihm sofort den Anfang zu machen, wiewohl mir kein Exempel dieser Art bekannt ist. Es heißt: Glaube an den Herrn Jesus, so wirst du selig! Was sollen aber die Umstände und Weitläufigkeiten bedeuten, die man macht, dieses Gebot in wirkliche und tätige Ausübung zu bringen? Was denken wir ohne Jesus auszurichten, und wie viel meinen wir ohne ihn zu können? Was sind alle die Bedenken und Zweifel, die du dir machst, anderes als Spinngewebe, hinter welchen du deinen Unglauben zu verbergen suchst? Du gibst vor, du würdest glauben wollen, wenn nur dies nicht und das nicht wäre. Ach, wenn es bloß daran liegt, dass du nicht glaubst, so lass dich doch deswegen nicht hindern, sondern fahre zu und besprich dich nicht weiter mit Fleisch und Blut! Lazarus mag schlafen oder tot sein oder schon vier Tage liegen. So du nur glauben könntest, so würdest du die Herrlichkeit Gottes sehen. Glaube nur! – alles Übrige wird Jesus tun. Ob's denn die Versetzung eines Maulbeerbaums oder eines Berges betrifft, das macht keinen Unterschied. So redet das Evangelium. Gesetzlich aber ist es, wenn man denkt: wärst du frommer, wärst du demütiger, hättest du mehr Liebe, mehr Ernst, mehr Eifer und dergleichen, dann wolltest du glauben; das hieße die Ordnung der Dinge umkehren. Glaube! – so wirst du dies alles und noch mehr werden.

Der Glaub' ergreifet Jesus Christ,
sein Kreuz, Verdienst und Sterben,
dadurch die Sünd' getilget ist;
wir können nichts erwerben.

3. April

Da schrie der ganze Haufe und sprach: Hinweg mit diesem und gib uns Barabbas los! Lukas 23,18

Barabbas wurde frei und Christus litt die Strafe eines Mörders und Aufrührers, die ihm das Volk in dem Geschrei zuerkannte: Kreuzige, kreuzige ihn! So ungerecht dies auch in dem weltlichen Gericht war, da weder das Volk, noch Pilatus irgendein Recht hatten, ohne die Einwilligung Jesu so zu verfahren, ja Jesus selbst nicht einmal das Recht gehabt hätte, die Einwilligung, wenn er darum gefragt worden wäre, zu geben, wenn er, wie doch die Juden von ihm glaubten, ein bloßer Mensch gewesen wäre, da es hier das Leben selber galt, und es ja auch ganz zweckwidrig gewesen wäre, der menschlichen Gesellschaft ein so nützliches Glied, wie Jesus war, zu rauben und sie durch die Erhaltung eines solchen Verbrechers zu gefährden: so gerecht, so zweckmäßig war doch die Verwechslung, welche im Gericht Gottes zwischen Christus und dem Volk vorging, welches mit Recht ein geliebter Sohn genannt werden mag, wie der Name Barabbas heißt. Kraft dieser Verwechslung wird eine Schar, die niemand zählen kann, von allen verdienten Strafen und vom ewigen Tod errettet und gelangt zum Leben, zum ewigen Leben. Es entsteht kraft derselben eine Gemeinde, die herrlich ist, die nicht Flecken oder Runzeln oder des etwas hat, die aus lauter Gerechten besteht; – eine Gemeinde, welche, nachdem sie gewaschen ist mit seinem Blut von ihren Sünden und angenehm gemacht ist in dem Geliebten zum Lob seiner herrlichen Gnade, eine Behausung Gottes wird im Geist, ein Tempel, worin der dreieinige Gott wohnt und wandelt – eine Gemeinde, über welche er reines Wasser sprengt, dass er sie reinigt von aller ihrer Unreinigkeit, deren Herz gereinigt wird durch den Glauben an Jesus – eine Gemeinde, welche errettet ist von der Obrigkeit der Finsternis und versetzt in das Reich des lieben Sohnes und tüchtig gemacht zum Erbteil der Heiligen im Licht.

Wie wunderbarlich ist doch diese Strafe!
Der gute Hirte leidet für die Schafe,
die Schuld bezahlt der Herre, der Gerechte,
für seine Knechte.

4. April

Christus hat das Leben und ein unvergängliches Wesen an das Licht gebracht durch das Evangelium. 2. Timotheus 1,10

Das Evangelium tritt zu dem Menschen als zu einem tief gefallenen Sünder, tritt zu ihm wie ein Arzt zu einem Kranken, wie ein Bürge zu einem, der in Not und Schulden steckt, wie ein Befreier zu dem, der in Not und Banden liegt, wie eine Mutter zu ihrem betrübten Kind. Es bricht den Hungrigen das Brot und kleidet die Nackten. Es weiß gar wohl, welch ein elendes Ding es ist um aller Menschen Leben und tritt demselben ratend, tröstend und helfend gegenüber. Mit einem Wort: Es verkündigt einen Jesus, der eben deswegen so heißt, weil er sein Volk selig macht von ihren Sünden. Es setzt Blinde, Lahme, Krüppel, Sünder, Besessene, also lauter Elende, es setzt solche voraus, die schwerlich und mannigfaltig gesündigt, die Gottes Zorn und Ungnade und die ewige Verdammnis verdient haben, die noch immerdar zu allem Bösen geneigt und fähig sind, die jeden Tag in Gefahr stehen, sich selbst in ein ewiges Verderben zu stürzen, ein Raub des Teufels und aller Sünden zu werden, die es also bedürfen, dass ganz von vorne mit ihnen angefangen, dass sie aufs neue geboren, ja aufs neue geschaffen werden. Je gründlicher, aufrichtiger und unumwundener jemand sich unter diese Wahrheiten demütigt, desto mehr ist der Acker seines Herzens für das Samenkorn des Evangeliums zubereitet und empfänglich gemacht; je weniger aber jemand das will, desto mehr ist er vom Reich Gottes entfernt. Räumt's also doch nur getrost ein, ihr bekümmerten Seelen, dass ihr wirklich so seid, wie ihr euch ja fühlt! Gesteht es Gott und euch selbst nur demütig ein, dass euer Schaden verzweifelt böse und euer Schmerz unheilbar ist! Ihr habt nicht Ursache, deswegen zu verzagen, sondern vielmehr zu hoffen, ja zu vertrauen. Denn die Gesunden bedürfen ja des Arztes nicht, sondern die Kranken und die Kränksten am allermeisten.

Ich lag in schweren Banden,
du kommst und machst mich los;
ich stand in Spott und Schanden,
du kommst und machst mich groß.

5. April

Und das Volk stand und sah zu.

Lukas 23,35

O dass ein jeder seine eigene Schuld und Strafbarkeit mit innigster Beugung anerkennte, dass er einen tiefen Groll und Abscheu fasste an aller Sünde, die dem unschuldigen Lamm Gottes solche Angst und Schmerzen, ja den Tod selbst verursacht hat! Das hieße auf eine würdige, der Sache angemessene Weise stehen und zusehen. O stellt euch denn also hin und schaut! Weint, werdet elend, zerreißt euer Herz und tragt Leid! Ihr, die ihr also geartet seid, stellt euch denn hin und seht zu mit gläubigem Herzen! Es geschieht dies alles für euch. Dein alter Mensch, dein Fluch, deine Sünde und die Handschrift derselben hängen da und werden abgetan; dir wird die Gerechtigkeit und der Segen bereitet. So eigne es dir denn zu, so deute es auf dich, so stehe denn so lange und sieh unverwandt zu, bis du mit völliger Zuversicht des Glaubens sagen kannst: Ich werfe nicht weg die Gnade Jesu Christi, welcher sich selbst für mich gegeben hat! Bist du dazu gelangt, sollte es dann noch Not tun, dich zu ermahnen und anzutreiben: habe Christus lieb, der dich so sehr geliebt hat? Wirst du anders wollen, anders können? Wird die Liebe Christi dich nicht dringen, das, was du lebst, nicht dir selbst, der Welt und deinen Lüsten, sondern dem zu leben, der für dich gestorben ist? Gewiss, wenn deinem Glauben die Liebe mangelt, so würde es kein rechter Glaube sein, so wenig ein Feuer ohne Wärme ein echtes Feuer wäre. – Schicke dich aber auch sodann zur Gemeinschaft der Leiden Christi! Weil Christus am Fleisch gelitten hat, so wappne dich mit demselben Sinn! Weigere dich nicht, auch den Kelch zu trinken, den er getrunken, und dich mit der Taufe taufen zu lassen, womit er getauft ist!

6. April

Und als sie kamen an die Stätte, die da heißt Schädelstätte, kreuzigten sie ihn daselbst.

Lukas 23,33

Was hängt da am Kreuz? Es ist wahr, der Mensch Jesus hängt da, er, der keine Sünde getan hatte und in dessen Mund kein Betrug gefunden worden war; er, den selbst sein weltlicher Richter von aller Schuld freisprechen musste und freisprach; er, der alle Gerechtigkeit erfüllt hatte. Was hängt da? Unser alter Mensch, sagt die Schrift. Wohlan denn, ihm widerfahre sein Recht! Wird Jakob in Esaus Kleidern gesegnet, so werde denn Esau in Jakobs Rock verworfen! Unser alter Mensch also ist es, der hier in wohlverdienter Marter, Schmach und Schande hängt. Ihm gilt's, du Lamm Gottes, das der Welt Sünde trägt. Was hängt da? Ein Verfluchter, denn verflucht ist jedermann, sagt das göttliche Gesetz, der am Holz hängt, ohne Ausnahme. Das Wort Gottes spricht den Fluch über jeden Übertreter aus; denn verflucht soll sein, wer nicht alles hält und alles Volk soll sagen: »Amen.« Jesus übernahm jenen Fluch und wurde ein Fluch für uns, auf dass er uns den Segen erwerbe und dass er das wirklich wurde, erkennen wir eben aus seinem Hängen am Kreuz, welches nicht menschliches Dafürhalten, sondern ein göttliches Urteil für verflucht erklärt. Wo ist denn, o du bekümmertes Herz, wo ist denn dein verdienter Fluch geblieben? Siehe ihn am Kreuz! Von wo kommt dir aller Segen? Eben daher. So hebe denn an zu singen: Kein Fluch ist übriggeblieben. – Was hängt da? Die Sünde. Wie? Die Sünde hängt da und nicht der Heilige und Geliebte Gottes? Eins hebt hier das andere nicht auf, und in diesem großen Kreuzgeheimnis begegnen sich die entgegengesetzten Dinge, sich einander in lauter Einklang aufzulösen. »Denn«, so sagt der Apostel 2. Korinther 5: »Gott war in Christus und versöhnte die Welt mit ihm selber und rechnete ihnen ihre Sünden nicht zu«; und »er hat den, der von keiner Sünde wusste, für uns zur Sünde gemacht, auf dass wir würden in ihm die Gerechtigkeit Gottes.« O wunderbare, o segensreiche Verwechslung!

7. April

Zu der Zeit wird das Haus Davids und die Bürger zu Jerusalem einen freien, offenen Born haben wider die Sünde und Unreinigkeit.

Sacharja 13,1

In diesem Spruch wird zuerst von einem Brunnen wider die Sünde und Unreinigkeit geredet, und wenn dabei des Hauses Davids gedacht wird, so beschuldigt dies zugleich alle Welt der Sünde und Unreinigkeit. Die Allgemeinheit des Übels verringert aber seine Wichtigkeit und Bedenklichkeit nicht, da es ohnehin das höchste Übel ist. Diejenigen sind aber in einem äußerst kläglichen und schädlichen Irrtum befangen, die sich eben deshalb wenig daraus machen, dass *sie* Sünder sind, weil alle anderen es auch sind. Sie sollten erst einmal lernen, dass *sie* Sünder sind, dann würden sie mit Paulus sagen: Was andere sind oder waren, kümmert mich nicht. Sodann liegt in diesem Spruch die Wahrheit, dass man sich selbst nicht reinigen kann. Dies geben einige gern zu, um nur, aller Mühe enthoben, fortschlummern zu können, und so hat die Wahrheit durch ihre eigene Schuld bei ihnen die Wirkung eines tödlichen Giftes, was sie auch nicht besser verdienen. Andere sträuben sich dagegen, weil ihre Krankheit im Selbstvertrauen besteht, was sich darin zeigt, dass sie die Arznei zurückweisen. Einige ängstigt es, weil sie der Arznei nicht trauen oder sind besorgt, sie gehörten weder zum Hause Davids noch zu den Bürgern zu Jerusalem. Andere demütigt es und leitet sie recht. Die dritte Wahrheit, die wir hier niedergelegt finden, ist die: Es gibt einen Born wider die Sünde und Unreinigkeit. Mag er von noch so vielen verschmäht werden und das Haus Davids, an welchem er seine Kraft erweist, eben nicht zahlreich sein, so hebt dies die Wahrheit nicht auf. Sie steht aber überhaupt für diejenigen da, denen der Feind und der Unglaube gern glauben machen möchte, es sei kein Retter da. Auch gegen diese Sünde des Unglaubens ist dieser Born geöffnet.

8. April

Der Kriegsknechte einer öffnete seine Seite mit einem Speer, und alsbald ging Blut und Wasser heraus.

Johannes 19,34

Ist erst das Gewissen durch das Blut Christi gründlich von aller Anklage geheilt, so kann man dann erst recht dem Evangelium gemäß dienen dem lebendigen Gott, ohne Schrecken, im kindlichen Geist.

Blut und Wasser sind unzertrennlich. Wer nicht beides will, der bekommt keines. Willst du gut werden, ohne Vergebung der Sünden zu suchen, denke nicht, es werde dir gelingen! Du wirst gewogen und zu leicht erfunden. Willst du dich des Blutes Jesu Christi rühmen, ohne das Wasser zur Erneuerung nach Christi Ebenbild anzunehmen, so betrügst du dich selbst und es ist keine Wahrheit in dir. Willst du wohl Christi Blut annehmen zu deiner Rechtfertigung, hernach aber deine Heiligung aus dir selbst hervorbringen, ohne sie ebenso ganz in dem Wasser zu suchen, wie du es von der Vergebung in seinem Blut vorgibst, so irrst du abermals und sorgst vergeblich darum, deiner Länge eine Elle zuzusetzen, oder beträfe es auch nur, die Farbe eines Haares weiß oder schwarz zu machen. Wer glaubt's aber? – Beides floss nach seinem Tod, nach dem Ausruf: Es ist vollbracht! Sorge nicht! Dieses Blut macht wahrhaftig von allen Sünden rein; ehre es, indem du dies so glauben lernst, dass dein Herz ein bleibender Friede durchwallt, der höher ist als alle Vernunft! Nichts, nichts bedarfst du mehr als dieses Blut; aber mit weniger reichst du auch nicht aus. Dieses Wasser reinigt dich gewiss. Ihm muss es, ihm soll es, ihm wird es umso gewisser und völliger schon hier auf Erden, vollkommen aber dort gelingen, je weniger du selbst dazu beitragen kannst und willst, nach dem Wort Jesu Christi: »Ohne mich könnt ihr nichts tun« (Johannes 15,5).

9. April

Ich habe eine Versöhnung gefunden.

Hiob 33,24

Ihr Gedemütigten, die ihr erkennt, wie groß eure Sünde und euer Elend ist, weigert euch des Priestertums Christi und seiner blutigen Versöhnung nicht! Habt ihr keinerlei Gerechtigkeit aufzuweisen, ihr braucht's auch nicht. Ergreift desto inbrünstiger und demütiger die Blutgerechtigkeit eures Priesters! Müsst ihr eure allseitige Verwerflichkeit anerkennen und missfallt ihr euch selbst, haltet euch desto mehr an den Gekreuzigten, der sich selbst Gott geopfert hat zum süßen Geruch, durch welchen ihr angenehm gemacht seid! Seid ihr ein elendes Nichts geworden, er kann euch so viel Schätze geben, dass ihr überschwänglich reich seid. Eure Zaghaftigkeit wegen eures Mangels sind lauter subtile Verleugnungen des Priestertums Christi und beweisen eure Blindheit an demselben.

Ach, so öffne uns denn der Heilige Geist, der's allein vermag, das herrliche Verständnis an dem glaubwürdigen Versöhnungswerk Christi, dessen wunderbare Funktionen wir in der Passionszeit anschauen! Er verhüte in Gnaden, dass von denen nicht viele unter uns sein mögen, die dasselbe durch die Tat, durch Unglauben, Leichtsinn, Welt- und Sündenliebe verschmähen; lasse dagegen derer immer mehr werden, die der herrlichen Früchte dieses erhabenen Werkes würdig und teilhaftig werden!

10. April

Es war auch oben über ihm geschrieben die Überschrift mit griechischen, lateinischen und hebräischen Buchstaben: Dies ist der Juden König.

Lukas 23,38

Merkwürdige Überschrift! War er auch hier König und inwiefern? Er war's, denn er übte das höchste Begnadigungsrecht aus über einen Menschen, den alles und mit Recht verurteilte, wie die köstliche Geschichte der folgenden Verse meldet; er beweist einen mehr als königlichen Reichtum, indem er diesem ein himmlisches Königreich schenkt; er gebietet königlich: »Lasst diese gehen!« und was er gebietet, geschieht. Er führt hier einen merkwürdigen, doch unsichtbaren Krieg (denn sein Königreich ist nicht von dieser Welt), den Krieg wider den Fürsten dieser Welt, wider die Sünde, den Fluch, den Tod, er erringt den herrlichsten Sieg, wenn er sich gleich erst über drei Tage ausweist. Er zieht die Fürstentümer und Gewaltigen aus, trägt sie zur Schau öffentlich und macht einen Triumph aus ihnen. Die Sünde sühnt er, dem Tod ist er ein Gift, der Hölle eine Pestilenz. Segen, Leben, Gerechtigkeit und Heil bringt er ans Licht. Er beweist königlichen Mut und Tapferkeit, die durch nichts gebrochen wird. Sein Thron ist seltsam, aber Gnade geht von demselben aus. Er hat seine Hände ausgebreitet, um alles in seine Arme aufzunehmen, was sich als elend hineinwirft, denn er ist ein König der Liebe. Er ist ein König. Ihm gebührt das Reich, und alles soll sich ihm unterwerfen. Wir lesen also die Überschrift auch in unserer Sprache: Dies ist Jesus. O lass dich selig machen! Dies ist der König, werde sein Untertan! Eile in seine rettenden Arme und glaube an ihn, so wirst du selig!

11. April

Er hat ausgetilgt die Handschrift, die wider uns war, und hat sie aus dem Mittel getan und an das Kreuz geheftet. Kolosser 2,14

Eine Handschrift ist eine Anerkennung der Schuld oder der Grund, worauf jemand wegen seiner Schulden belangt und zur Zahlung angehalten werden kann. Diese Handschrift, welche im Gericht Gottes wider uns ist, bildet das Gesetz. Sein Inhalt beweist haarklein, was Gott an uns zu fordern hat, was wir ihm schuldig sind. Auf diesen Grund hin können wir zu jeder Zeit gemahnt, zur Rechenschaft gezogen, verurteilt werden. Es ist also um die Handschrift eine sehr bedenkliche Sache, die einen jeden, ihrer Natur nach, zugrunde richten muss, da keiner ist, der nicht weit mehr verschuldet hat, als er je zu bezahlen vermag. Dies muss so anerkannt werden, dass uns alle Einbildung einer eigenen Gerechtigkeit vergeht. »Erkenne deine Missetat«, heißt es in Jeremia 3,13. Wo nun aber das gehörig geschieht, da ist's Zeit, dass man die Handschrift da suche, wo sie durch die Kreuzigung hingekommen ist. Wir sehen sie am Kreuz, wo sie aus dem Mittel getan, aus dem Weg geschafft, und so der Grund der Schuldforderung vernichtet ist. Geschieht das, wer will dann noch Großes oder Kleines fordern? Mag seine Forderung an sich auch noch so gerecht sein, so kann er sie ja nicht beweisen; und wer wollte unter solchen Umständen so töricht sein, sich im Ernst darauf einzulassen, wenn sie getan würde, wodurch er ja unnötigerweise ein erloschenes Recht selbst zu seinem eigenen Schaden erneuerte, wovor man sich doch geflissentlich und vorsichtig hüten sollte. Und die Handschrift, wovon hier die Rede ist, ist nicht auf unrechte Weise vernichtet oder ihrem Inhaber entzogen, sondern Zion ist durch Recht erlöst worden. Der Inhalt dieser Handschrift ist eben am Kreuz mit dem Blut des Sohnes Gottes selbst bezahlt worden, und darum fragt er nach Jesaja 50,8 in seinem eigenen sowie im Namen seiner ganzen Gemeinde: »Wer ist, der Recht zu mir hat?«

Die Handschrift ward mit Jesu Blut
am Kreuz durchstrichen mir zugut';
die Nägel, die das Lamm verwund't,
zerrissen diesen alten Bund.

12. April

Und sie teilten seine Kleider und warfen das Los darum.

Lukas 23,34

Gleichwie der Apostel sagt: »Ihr wisst die Gnade unseres Herrn Jesu Christi, dass, ob er wohl reich ist, wurde er doch arm um euretwillen, auf dass ihr durch seine Armut reich würdet« (2. Korinther 8,9), so mögen wir auch mit demselben Recht sagen: Ihr wisst die Gnade unseres Herrn Jesu Christi, welcher sich um euretwillen seiner Kleider berauben ließ, dass ihr durch seine Nacktheit bekleidet würdet. Er selbst, der Herr, sagt zu dem Engel der Gemeinde in Laodizäa: »Du bist nackt«, und das gilt im Geistlichen von uns allen, wenn es gleich von den meisten wahr ist, was der Herr von jenem sagt: Du weißt es nicht. Gleich nach dem Fall heißt es von unseren Stammeltern: Sie wurden gewahr, dass sie nackt waren. Die Schrift redet auch von den Kleidern des Heils und einem Rock der Gerechtigkeit und führt die Gemeinde lobpreisend ein, dass sie damit bekleidet sei. Der Mangel eines hochzeitlichen Kleides war Ursache, dass jenem Mann, der sich unterstanden hatte, ohne dasselbe an dem Mahl teilnehmen zu wollen, Hände und Füße gebunden wurden und er in die Finsternis geworfen wurde, wo Heulen und Zähneklappern ist. Von Natur sind wir auf eine schändliche Weise nackt, entblößt von dem Ebenbild Gottes, der wahren Weisheit, Gerechtigkeit und Heiligkeit leer. Deswegen müssen wir Christus haben und im Glauben anziehen, so dass wir in ihm erfunden werden. Er hat uns durch sein Verdienst herrliche Kleider bereitet, wo es dann wieder heißt: Siehe, Adam ist geworden wie unsereiner. Wer Christus hat, darf sich überall, wer ihn nicht hat, darf sich nirgends sehen lassen. Sehe also jeder zu, dass ihm dieses Kleid nicht mangle, mit welchem zugleich die Befugnis verknüpft ist, in dem himmlischen Hochzeitssaal zugelassen zu werden. Fragt jemand: »Wie bekomme ich es?« so fange er nur mit dem Bekenntnis seiner Nacktheit und Blöße an, so wird sich schon das Übrige von selbst machen.

13. April

Lasset uns aufsehen auf Jesus, den Anfänger und Vollender des Glaubens; welcher, da er wohl hätte mögen Freude haben, erduldete das Kreuz und achtete der Schande nicht.

Hebräer 12,2

Verweile denn hier mit bußfertigem Sinn! Vergieße Ströme der wehmütigsten Tränen am Fuße des Kreuzes, indem du dich selbst als denjenigen betrachtest, der ihn mit seinen Sünden darangeheftet, ihn so verwundet und geschlagen hat! Verabscheue dich wegen deiner Sünden und wegen der sündlichen Art, die sich noch täglich an dir zeigt! Verurteile, verdamme dich selbst! Wenn du aber einen so geängstigten Geist und ein so zerschlagenes Herz hast, dann verweile auch unter dem Kreuz mit gläubigem Sinn! Lerne das wichtige »anstatt« und »für mich« stammeln, sprechen, singen! Es ist ein großes, es ist, wie leicht es auch scheint, ein alle Kräfte übersteigendes Wort, das uns nur der Heilige Geist recht aussprechen lehren kann und lehrt. Und ach, was liegt doch alles in diesem unscheinbaren Wörtlein »für mich«! Wie reich, wie getrost macht es, wie bahnt es alle Wege und öffnet alle Tore! Welchen Mut flößt es ein und welche Kraft! Wie selig macht es und wie fromm zugleich! Verwende denn allen Fleiß darauf, um es von Herzen sagen zu lernen, und verweile so lange unter dem Kreuz, bis du wie Paulus in Galater 2,20 sagen kannst: Er hat mich geliebt und sich selbst für mich gegeben. Ja, verweile daselbst, bis dieses große Geheimnis dir so aufgeschlossen wird, dass du, los vom bösen Gewissen, mit Freudigkeit hinzunahen kannst zum Gnadenthron!

O Lamm Gottes, unschuldig
am Kreuzesstamm geschlachtet,
befunden stets geduldig,
wiewohl du wurd'st verachtet.
All Sünd hast du getragen,
sonst müssten wir verzagen,
erbarm dich unser, o Jesu!

14. April

Indem ihr mit ihm begraben seid durch die Taufe; in welchem ihr auch seid auferstanden durch den Glauben, den Gott wirkt, welcher ihn auferweckt hat von den Toten.

Kolosser 2,12

Diese Gemeinschaft des Todes und der Auferstehung Christi wird durch den Glauben aufgerichtet. »Durch den Glauben, den Gott wirkt«, sagt der Apostel, oder durch den Glauben der kräftigen Wirkung Gottes. Wir leben im Glauben. Unseren Tod und unsere Auferstehung in Christus sollen wir glauben; glauben, dass wir mit dabei gewesen sind, und dass das mit uns selbst vorging, was an Jesus geschah. Jedoch sollen wir das nicht mit einem toten Glauben für wahr und gewiss halten, wie man etwa sonst eine Geschichte glaubt, sondern mit einem Glauben, den nicht wir uns selbst machen, sondern den Gott wirkt. Sollen wir's recht glauben, so werden wir auch zuvor glauben, dass wir mit dabei waren, als Adam von jenem Baum aß, ja, es mit Schmerz und Bekümmernis mehr in uns gewahr werden, als uns wohl lieb ist, und daraus erkennen, wie sehr wir einen Erlöser bedürfen. Sollen wir sodann recht und völlig glauben, dass wir auch mit dabei waren, als Christus starb und auferstand, dass wir also mit ihm und in ihm gerechtfertigt sind von der Sünde, so werden wir dann auch wohl mehr, als es uns lieb ist, erfahren, dass Gott es sei, der es allein könne und müsse, aber auch mit Verwunderung, Dank und Freude gewahr werden, was ein Glaube der kräftigen Wirkung Gottes zu glauben vermöge, und wie freudig und fest; ohne Glauben aber ist es unmöglich, Gott zu gefallen.

Haltet denn auf diese Weise Passah! Sterbet mit ihm, um auch mit ihm zu leben, und seht zu, dass ihr nicht bloß in einer äußeren, sondern auch insbesondere in einer inneren und wahrhaftigen Gemeinschaft mit ihm steht und als in ihm anwesend, als eins mit ihm gerechnet werdet und so seinem Tod ähnlich werdet und erkennt in ihm die Kraft seiner Auferstehung! O er, der lebendig macht, welche er will, er mache viele lebendig!

15. April

Also auch ihr, haltet euch dafür, dass ihr der Sünde gestorben seid und lebet Gott in Christus Jesus, unserm Herrn. Römer 6,11

Ihr seid mit Christus auferstanden, heißt mit anderen, uns geläufigeren Worten ungefähr soviel wie: durch die Auferstehung Christi ist euch eine vollkommene Rechtfertigung und Heiligung rechtlich von Gott zuerkannt, und vor ihm war's bei der Auferweckung Christi so gut, als ob ihr mit auferweckt wäret. Darum sagt auch der Apostel anderswo: Wer will verdammen? Christus ist hier, der gestorben ist, ja vielmehr, der auch auferweckt ist, welcher ist zur Rechten Gottes und vertritt uns. Er legt demnach ein größeres Gewicht auf seine Auferstehung als auf seinen Tod, weil durch jene erst die herrliche Wirkung des Todes Jesu offenbart wurde. Seht demnach die heilbringenden Früchte, welche für uns aus der Gemeinschaft mit Christus erwachsen, durch welche wir in Christus von Gott als solche gerechnet und angesehen werden, die gekreuzigt und gestorben sind, als er am Kreuze starb, folglich ihre verdiente Strafe ausgestanden haben; die aber auch auferstanden sind, als er auferstand, und in ihm in ein neues, herrliches und seliges Wesen versetzt wurden! Beides bezeichnet und befestigt die Taufe. Ist das erste, das Gekreuzigtwerden und Sterben mit Christus schmerzhaft, ängstlich, beschwerlich, so ist das andere, das Auferweckt- und Lebendiggemachtwerden mit ihm, etwas Erfreuliches und Erquickendes. Die Freude am Herrn ist aber zugleich unsere Stärke, und wenn du mich tröstest, so laufe ich den Weg deiner Gebote. – Kennt ihr beides aus eigener Erfahrung, das Sterben mit Christus und das Lebendigwerden mit ihm, dann seid ihr wirklich getauft, dann habt ihr wirklich Karfreitag und Ostern gefeiert; wo nicht, so seid ihr noch Heiden in der Vorhaut eures Fleisches, tot in Sünden, möget ihr auch allenfalls eine äußere Sittlichkeit haben; ihr heißt Christen, ohne doch mit Christus Gemeinschaft zu haben.

Wir sind, da wir auf ihn getauft,
in seinen Tod begraben,
dass wir mit ihm, der uns erkauft,
auch ew'ges Leben haben.

16. April

Gott aber sei Dank, der uns den Sieg gegeben hat durch unsern Herrn Jesus Christus!

1. Korinther 15,57

Christus hat die Fürsten und Gewaltigen ausgezogen und sie zur Schau getragen öffentlich und einen Triumph aus ihnen gemacht. Der Tod tötete zwar an ihm, was sterblich war, aber kann auch der Schatten das Licht auslöschen? Und wenn er das könnte, verschwindet er dann nicht auch selbst? Wo ist nun dein Stachel, o Tod, wo, du Grab, dein Sieg? Dein Stachel muss bei den Erkauften des Herrn ihrem alten Menschen den Rest und ihrem Kahn den Stoß geben, der ihn in den Hafen bringt. Du Grab bist die Werkstätte, die nur vom Leib abtrennt, was ihn für die Wohnungen des Lichts untauglich machen würde und ihm zum Behälter dient, woraus er, durch die Stimme der Posaune geweckt, verjüngt und verklärt hervorbricht wie der Schmetterling aus der Larve. Das Ungeheuer, Sünde genannt, polypartig mit unserem ganzen Wesen verflochten, für alle menschlichen Mittel unzerstörbar, dieser Leviathan, der Eisen frisst wie Stroh und der bebenden Lanze menschlichen Beginnens spottet, dieser Drache musste mit zerschmettertem Haupt unter seinem Fußtritt erliegen. Er bedeckte und sühnte die Sünde durch seinen Tod, ihren Sold, und nahm ihr dadurch den Stachel ihrer verdammenden Kraft und brachte zugleich ein neues Leben ans Licht und nahm ihr dadurch ihre herrschende Kraft; denn die Sünde wird nicht herrschen können, denn ihr seid nicht unter dem Gesetz, sondern unter der Gnade. Ist sie mächtig, die Gnade ist noch viel mächtiger, und hier ist Gerechtigkeit und Leben. Das Gesetz, vor dem selbst ein Mose zitterte und sehr erschrocken war, hat sich selbst entwaffnet, da es sich dem unterwarf, der höher als der Himmel ist, und den verfluchte, aus dem aller Segen quillt. Christus ist dessen Ende, und wer an ihn glaubt, ist gerecht, denn er hat alle Gerechtigkeit erfüllt.

17. April

Wer will verdammen? Christus ist hier, der gestorben ist, ja vielmehr, der auch auferweckt ist, welcher ist zur Rechten Gottes und vertritt uns.

Römer 8,34

Wo ist nun die Sünde? Am Kreuz abgetan und mit Christi Blut abgewaschen. Wo ist der Tod? Er ist überwunden. Die Hölle? Mein Fels hat überwunden der Hölle ganzes Heer. Wo ist die Handschrift der Sünde? Sie ist ans Kreuz geheftet und aus dem Mittel getan. Wo sind die Kläger? Es hat mich niemand verdammt, weil mein Bürge unschuldig für mich verdammt ist. Wo ist der Zorn? So weit hinweggetan, wie der Aufgang der Sonne vom Niedergang. Wie steht's ums Gericht? Wir haben erkannt und geglaubt die Liebe, die Gott zu uns hat. Diese Liebe treibt die Furcht aus, so dass wir Freudigkeit haben am Tage des Gerichts. Was wird aus deinen Gebrechen? Sie sind alle geheilt. Was aus der Zukunft? Lauter Heil. So geht's denn, wie es in Jesaja 35,7.2 heißt: »Wo es sonst trocken war, sollen Teiche stehen, und wo es dürre war, sollen Quellbrunnen sein; wo sonst Schlangen waren, soll Gras und Schilf wachsen: denn sie sehen die Herrlichkeit des Herrn, den Schmuck unseres Gottes.«

Auf denn, mein Herz, und bringe
dem Heiland Dank davor!
Vertreib die Furcht und schwinge
im Glauben dich empor!
Wirf des Gewissens Nagen,
dein Sorgen und dein Zagen
in Christi leeres Grab!

18. April

Siehe, ich stehe vor der Tür und klopfe an.

Offenbarung 3,20

Dieses Anklopfen ist zwar noch keine bekehrende Gnade, aber doch etwas, das der wirklichen Bekehrung oft lange vorhergeht, jedoch freilich nicht immer sie zur Folge hat. Dieses Anklopfen ist etwas Allgemeines und dient wenigstens dazu, dem Sünder alle Entschuldigung zu nehmen, dass es mit Recht von ihm heißen kann: Du hast nicht gewollt. Es besteht darin, dass es dem Menschen nahegelegt wird, er könne bei seiner jetzigen Lebensweise und Gesinnung wohl nicht selig werden, sondern müsse ein anderes Leben anfangen. Da sollte der Mensch achtgeben und in dieser seiner Zeit bedenken, was zu seinem Frieden dient; er sollte das ja nicht in den Wind schlagen oder diese Eindrücke gar durch allerhand weltliche Zerstreuungen verwischen, sondern sich in die Stille und ins Gebet begeben und bedenken, dass Jesus selbst vor der Tür steht und begehrt, ins Herz gelassen, aufgenommen zu werden. Er sollte sich Mühe geben, ihm die Tür aufzutun, wo er denn ein köstliches Abendmahl mit ihm halten würde; sollte bedenken, dass, wenn er diese seine Zeit versäumt, er seinem Heil neue Hindernisse in den Weg legt, den Heiligen Geist betrübt, ja dämpft und den Teufel so viel mehr bei sich einnisten lässt. Da ist's Zeit, seine Seligkeit zu schaffen mit Furcht und Zittern, dem Himmelreich Gewalt anzutun, danach zu ringen, um durch die enge Pforte einzugehen.

19. April

Wir haben auch ein Passahlamm, das ist Christus, für uns geopfert.

1. Korinther 5,7

Ihr wisst, wozu das erste Passahlamm geschlachtet wurde. Wir lesen es in 2. Mose 12. Es wurde geschlachtet und mit seinem Blut die oberste Türschwelle und die beiden Pfosten bestrichen, damit die Kinder Israel keine der Plagen treffe, womit Gott Ägypten schlug, und keine von den Strafen an den Göttern der Ägypter. Wäre dieses Lamm nicht geschlachtet, dieses Blut nicht vergossen worden, so würden Ägyptens Plagen auch sie getroffen haben, die sie mit ihren Sünden auch ebenso verdient hatten. Seht da das Hauptsächlichste! Wir sind Sünder. Wir haben Strafe in Zeit und Ewigkeit verdient. Wir können sie selbst nicht abwenden. Gestehen wir das bußfertig, mit Leidwesen über und Hass wider die Sünde ein, bekümmert uns das – seht, so haben auch wir ein Passahlamm, für uns geopfert. Das hat es nun durch sein Blutvergießen bewirkt, dass uns keine Strafe wegen der Sünde treffen soll, wie sehr wir sie auch verdient haben. Nur müssen auch wir mit dem Blut dieses Lammes besprengt sein, und wenn diese Besprengung bei uns geschehen ist, so werden wir dessen auch schon gewahr geworden sein oder uns danach sehnen, dass es geschehen möge. Dadurch wird man dermaßen los vom bösen Gewissen, dass man kein Gewissen mehr hat von der Sünde, sondern mit völliger Freudigkeit hinzunaht zum Gnadenthron, zu dienen dem lebendigen Gott, welches nie leichter, fröhlicher und glücklicher von statten geht, als wenn das Gewissen recht gründlich durch das Blut Christi von den toten Werken gereinigt ist. – Nicht die untere, sondern die obere Türschwelle wurde mit Blut besprengt, anzudeuten, dass die wahrhafte Zueignung des Blutes Christi auch zugleich das Herz mit Liebe und seligen Gesinnungen erfüllt, indem es das Gewissen mit Frieden labt, dass aber derjenige dieses heilige Blut mit Füßen tritt, der dabei in Sünden bleibt und sich fälschlich einbildet, als hätten sie nichts zu bedeuten und man darin nur fortfahren könne. Das wäre ein schrecklicher Missbrauch dieses allerheiligsten Blutes.

20. April

Ich hebe meine Augen auf zu dir, der du im Himmel sitzest.
Psalm 123,2

Wer der ist, der im Himmel wohnt, erklärt sich von selbst. Der Dichter dieses Psalms hat aber seine Gründe, warum er am liebsten seines Wohnens im Himmel gedenkt. Hier auf Erden durchkreuzt sich alles wunderlich, im Großen wie im Kleinen. Es ist überall eine unruhige Beweglichkeit, es ist ein Treiben, nichts Festes, sondern ein Meer, dessen Wellen vom Winde gewebt, nicht still sein können, sondern Kot und Unflat auswerfen. Es wohnt aber einer im Himmel. Er wohnt da in majestätischer Herrlichkeit und kraftvoller Ruhe, erhaben über alle Pläne der Menschen, über alle ihre Unternehmungen. In seiner Hand sind alle Kräfte des Himmels und der Erde; ein Fels ewiglich, gerecht und fromm ist er, und alle seine Werke sind unsträflich. Er hat den Himmel ausgebreitet wie ein dünnes Fell. Die Inseln sind wie Stäublein vor ihm und alle Völker wie ein Tropfen, der am Eimer klebt. Er, er ist König. Er regiert die Welt. Er sieht auf alle Menschenkinder, von seinem festen Thron lenkt er ihnen allen das Herz und merkt auf alle ihre Wege. Hier ruft er die Sterne mit Namen und führt sie bei der Zahl heraus, dass es nicht an einem fehlen kann, dort gibt er dem Vieh sein Futter, selbst den jungen Raben, die ihn anrufen. Hier lenkt er eines Königs Herz wie die Wasserbäche und neigt es, wohin er will. Dort kleidet er Lilien mit mehr als salomonischer Pracht, ordnet das Los, schützt Sperlinge, versetzt Berge, ehe sie's innewerden, spricht zur Sonne, so geht sie nicht auf, versiegelt die Sterne und durchschaut alle Lande, dass er die stärke, so von ganzem Herzen an ihm sind, hört die Seufzer der Gefangenen und spricht mit den Müden ein Wort zur rechten Zeit. – Und diesen König zum Vater, diesen Vater am Regiment zu haben, welch ein Trost! Im Himmel wohnt der Allgenugsame, welcher allein allen genug ist. Was wir im Leiblichen, was wir im Geistlichen irgend bedürfen, ist in ihm zu finden, ist in ihm zu haben. Reich ist er über alle, die ihn anrufen und kann überschwänglich tun über Bitten und Verstehen. Als die nichts haben und doch alles innehaben.

21. April

Man singt mit Freuden vom Sieg in den Hütten der Gerechten.
Psalm 118,15

Diese Gerechten werden als in Hütten oder Zelten wohnend vorgestellt. Petrus nennt seinen Leib eine Hütte, und Paulus spricht von einem Bau dieser Hütte, der zerbrochen wird, und sagt, solange die Gerechten darin wohnen, sind sie beschwert und sehnen sich nach ihrer Behausung (2. Kor. 5). Und wohl ist das Wohnen in diesen Hütten nicht nur beschwerlich, sondern auch gefährlich, wie die Gerechten reichlich innewerden. Zelte deuten auch auf Streit. Und muss nicht der Gerechte immerdar, wenn auch auf verschiedene Weise, im Streit sein? Sie deuten auf etwas Wandelbares, Veränderliches. Und Gläubige gleichen dem Wein, der nicht auf seinen Hefen liegen bleibt, sondern von einem Fass ins andere gegossen wird. Bald geht's über heitere Höhen, bald durch ein dunkles Tal, auf grünen Auen, längs fließenden Bächen, auch in Wüsten, wo kein Wasser ist. Der Herr führt uns bald so, bald anders und lässt sein Volk noch wie ehemals bald Hütten bauen, bald abbrechen. Und was tun denn die Gerechten in ihren Hütten? Jawohl, sie weinen und streuen indessen edlen Samen. Aber sie singen auch. In diesen Hütten ist die Stimme des Gesangs und des Heils. Sie singen mit Freuden. Die Welt singt auch wohl und sehr kunstgerecht und musiziert dazu mit Psalmen und Harfen und macht sich Lieder wie David. Sofern sie aber nicht beizeiten lernt, Leid zu tragen, elend zu werden und zu weinen, wird endlich Heulen und Zähneklappern daraus werden, da sie auch hier bei allem äußeren Getön, Flimmer und Glänzen doch voll inneren Grämens, Verdrusses und heimlichen Zorns ist. – Die Gerechten singen auch, aber anders. Es ist ein Freudengesang, der Heil bringt, und kein Wunder ist's, wenn schon mancher David nachgesagt hat: Das wäre meines Herzens Freude, wenn ich dich mit fröhlichem Munde loben könnte.

22. April

Thomas antwortete und sprach zu ihm: Mein Herr und mein Gott!

Johannes 20,28

Wenn wir mit Thomas in Wahrheit sagen können: Mein Gott, dann müssen wir ähnliche Erfahrungen gemacht haben; dann muss unsere Erkenntnis von Christus eine lebendige, eine Erfahrungs-Erkenntnis sein, nicht bloßes Dafürhalten und Meinen. Wer Jesus Christus in Wahrheit seinen Gott nennt, der gibt damit zu erkennen, dass er Vertrauen zu ihm hat, dass er Anteil hat an allen Schätzen seiner Allgenugsamkeit. Dieses »mein« setzt eine völlige Übergabe des Herzens an den Herrn Jesus voraus und schließt die Glaubensgemeinschaft mit ihm in sich. Wir sehen also, dass dieses »mein Gott« nicht jeder in der Tat und Wahrheit sagen kann. Wer es aber vermag, der kann mit der Gemeinde rühmen: Gott ist unsere Zuversicht und Stärke, der Gott Jakobs ist unser Schutz, darum fürchten wir uns nicht. Sollte er auch berufen sein, mit Löwen und Wölfen zu streiten, Mangel, Trübsal und Ungemach zu erdulden, Hunger und Blöße zu erfahren, so überwindet er doch weit um deswillen, der ihn geliebt hat. Wäre es auch, dass er dem Satan, wie Hiob, preisgegeben würde und dabei, wie der Engel der Gemeinde zu Philadelphia, nur eine kleine Kraft hätte und Menschen aus des Satans Schule übergeben würde, so wird sein Herr und Gott, Jesus Christus, doch machen, dass sie alle kommen und anbeten zu seinen Füßen und erkennen, dass er von ihm geliebt und geschützt wird. Mögen die Wasserwogen brausen und die Menschen vor Furcht verschmachten und bange sein vor Furcht und vor Warten der Dinge, die da kommen sollen, so darf er, der da sagen kann: »Mein Herr und mein Gott!« doch getrost sein Haupt darum emporheben, dass sich sein Erlöser naht, und alles soll ihm zum ewigen Besten dienen. Er kann mit David auf seinen Gott trotzen und sagen: »Ich habe einen Gott, der da hilft und Jahwe, den Herrn, der vom Tode errettet« (Psalm 68,21).

23. April

All mein Heil und Tun ist, dass nichts wächst.
2. Samuel 23,5 (nach Luthers Übersetzung von 1545)

Es geht Kindern Gottes oft ganz konträr, und wenn sie's anzuordnen hätten, ginge es ganz anders. Sehr kläglich ist es, wenn die Menschen sich wirklich immer weiter von der Wahrheit und Gottseligkeit, und somit von Gott selbst und dem himmlischen Kanaan, entfernen. Und von wie vielen einzelnen Menschen gilt die Strophe: Mit Jahren ward die Sünde groß, brach aus gleich Wasserfluten! Wie manche schienen in jüngeren Jahren nicht fern vom Reich Gottes zu sein, wurden manches Mal wachgerufen, hatten manche gute Überzeugung, manche guten Vorsätze und Bestrebungen, denen doch das Gegenteil gefolgt ist! – Aber es kann auch solchen, welche allen Ernstes ihre Seligkeit zu schaffen suchen, so vorkommen, als ob sie rückwärts statt vorwärts kämen und sich vom Ziel entfernten, statt sich ihm zu nähern, und als wären alle ihre Bemühungen nur vergeblich. Das ist ihnen sehr schmerzhaft. Allein im Reich Christi kann ein scheinbares Rückschreiten wirkliches Voranrücken und Abnehmen Wachstum sein. Denn auch Abnahme im Vertrauen auf uns selbst ist ein Wachstum, wenigstens ein Beförderungsmittel desselben, indem es dazu dient, uns von unserem natürlichen Boden abzubringen und auf das einzige Fundament zu gründen. Und das Gründen ist ebenso nötig als das Vollbereiten.

24. April

Darum gedenke ich an die Taten des Herrn; ja, ich gedenke an deine vorigen Wunder.

Psalm 77,12

Es ist eine nützliche Betrachtung, von Zeit zu Zeit seine mancherlei gemachten Erfahrungen zu überschauen. Besonders aber bleibt die erstmalige Ausgießung der Liebe Gottes ins Herz fürs ganze Leben unvergesslich, und wie manche haben sich Tag und Stunde gemerkt, wo sie dieses Glücks teilhaftig geworden sind. Die Erinnerung an diese Erfahrung ist nicht selten ein gesegnetes Mittel, die Seele auch in der Wüste zu ermuntern. Man wird den Seefahrern ähnlich, welche, an die Auftritte des Meeres gewöhnt, durch einen Sturm nicht so sehr in Schrecken gesetzt werden, weil sie schon manchen überstanden haben. Jedoch ist's auch wahr, dass, wie die Kinder Israel des Nachts das Schilfmeer nicht sahen, welches ihnen doch so nahe lag und wie es an Speise mangelte, ebenso ungläubig waren wie sonst: so vergisst man auch wohl alle erfahrene Durchhilfe, kann sich damit nicht trösten oder die Umstände kommen einem so neu, so unerwartet und schwer vor, dass man Steuer und Ruder verliert und sich über nichts besinnen kann.

25. April

Wahrlich ich sage euch: Es sei denn, dass ihr umkehret und werdet wie die Kinder, so werdet ihr nicht ins Himmelreich kommen. Matthäus 18,3

Ein Kind sorgt nicht, sondern lässt den Vater sorgen. Es bekümmert sich nicht, was fürs Haus oder für es selbst nötig ist; es nimmt sich dessen nicht an, sondern ist immer heiter und vergnügt. Auch das sollen Christen von den Kindern lernen und den allgenugsamen Vater sorgen lassen. Sorget nichts! Alle eure Sorgen werft auf ihn, denn er sorgt für euch! Seid nur heiter und wohlgemut wie die Kindlein und lasst den sorgen, der es kann! Kinder urteilen auch nicht über die Führung des Hauswesens, und Christen sollen getrost ihr Los in den Händen des Vaters lassen, der sie schon so leiten wird, dass am Ende alles herrlich wird, dass sie ihm danken und erkennen werden, wie alle seine Wege Güte und Wahrheit waren, selbst die dunkelsten Leidenswege, deren Quelle und Absichten lauter Liebe sind. – Lasst uns lieben wie Kinder in der kalten und lieblosen Welt! Besonders aber und hauptsächlich sind Kinder demütig. Und gerade darum stellte Jesus ein Kind unter seine Apostel, dass sie von demselben Demut lernen sollten. Ein Kind hat keine großen Gedanken von sich selbst; es traut sich keine Weisheit, keine Kraft und Liebenswürdigkeit zu. Wer so wenig etwas Gutes und Liebenswürdiges, eigene Weisheit, Kraft und Gerechtigkeit in sich findet, so wenig seine eigene Ehre sucht wie das kleinste Kind, der ist wahrhaft groß und wenn ihn auch niemand dafür hält, bei Gott ist er's. Wer also groß werden will, der werde klein!

Ich falle auf mein Angesicht
zu meines Heilands Fuß
und bitt' ums Heil'gen Geistes Licht,
das mich geleiten muss.
Da krieg' ich einen Kindersinn
und werd' und bleibe klein;
und habe davon den Gewinn,
dem Höchsten nah zu sein.

26. April

Ich habe die Schlüssel der Hölle und des Todes. Offb. 1,18

Schlüssel sind ein Bild der Macht, und Christus stellt sich hier als denjenigen dar, der über den Tod, das Grab und die Hölle die ausschließliche Gewalt hat, so dass er vom Tod und von der Hölle erretten, aber auch die Schuldigen darin verstoßen kann, und dass beides niemand kann, als er allein. Es gibt aber einen geistlichen Tod, aus welchem Christus rettet durch Mitteilung des geistlichen Lebens. Es gibt einen leiblichen Tod, der die Sünder erwürgt, wo demnach die Hölle die Erwürgten verschlingt, und von demselben errettet Christus durch Übertragung seiner Gerechtigkeit, wodurch Tod und Hölle ihr Recht verlieren, dass die Gläubigen den Tod nicht sehen ewiglich. Keiner kann aus eigener Weisheit und Kraft diesem dreifachen Tod, der einem Gefängnis mit festen Türen gleicht, entrinnen, sonst hätte nicht Jesus davon die Schlüssel in den Händen, sondern wir. Zu diesen fest verschlossenen Türen gibt es Schlüssel, d. i. eine siegende Gewalt und Herrschaft, auf- und zuzuschließen, herauszulassen und darin zu verschließen, und diese Gewalt steht niemand zu als dem, dem alle Gewalt gegeben ist im Himmel und auf Erden (Matthäus 28,18), der durch seinen Tod und durch seine Auferstehung den Teufel gezwungen hat, ihm die angemaßte Beute herzugeben, kraft welcher er nun das Volk, das auf Hoffnung gefangen lag, loslässt; durch das Blut des Bundes es aus dem Tod der Sünden erlöst, den Eingang zum Leben eröffnet und den Tod und die Hölle für es zuschließt; aber alle Ungläubigen, Unbußfertigen und Heuchler, die da nicht wollten, dass er über sie herrsche, hinein verstößt, wo Heulen und Zähneklappern ist und wo niemand sie aus seiner Hand erretten wird. Jesus will auch als derjenige erkannt sein, der er ist, und seine Ehre keinem anderen geben. Alle Knie sollen sich ihm beugen. Ihm soll es anerkannt, eingeräumt und völlig zugestanden werden, dass nur in ihm, nicht außer ihm das Heil ist, und wer's nicht anerkennt, von dessen Händen wird er's fordern. Anerkannt will er's durchaus wissen, dass er die Schlüssel der Hölle und des Todes hat. Alles soll als tot zu seinen Füßen fallen, bekennend, er ist der allein Lebendige.

27. April

Die Rechte des Herrn ist erhöht; die Rechte des Herrn behält den Sieg.

Psalm 118,16

Noch lehnt sich nicht nur von außen, sondern auch von innen so vieles und Bösartiges gegen Christus, sein Reich und seine Gemeinde auf, und sie steht meistens da wie eine Lilie im Tal, wie ein verachtetes Lichtlein und wie eine Hütte im Kürbisgarten. Doch setzt Jesus seine Siege teils im Stillen fort, teils bereitet er ihre Fülle vor. Im Stillen, ohne augenfälliges Geräusch, setzt er seine Siege fort, indem bald dieser hier, bald jener dort, erweckt, bußfertig, gläubig wird und unter diesen sind wohl solche, von denen man schwerlich hätte vermuten mögen, dass auch sie zu den Schafen Christi gezählt wären.

Aber der Sieg Jesu Christi wird künftig noch einmal gewaltig rumoren und durchbrechen. »Der Stein, den die Bauleute verworfen haben, wird zum Eckstein werden. Vom Herrn wird das geschehen, und es wird wunderbar sein vor unseren Augen« (Psalm 118,22-23). Dann wird das Christenvolk eitel Gerechte sein und alles vom Herrn selbst gelehrt, beide, klein und groß. Selbst die Gestalt der Erde wird viel herrlicher sein als jetzt, und der Herr wird dann anheben, schon hier auf Erden seines Volkes lang vergossene Tränen abzutrocknen, bis er sie vollends einführt, da zu sein, wo er ist, damit sie seine Herrlichkeit sehen.

O Arm des Herrn, zieh' über uns Macht an! O du Schwert unseres Sieges, siege über unsere Herzen! Mache uns dir untertänig und herrsche über uns!

28. April

Seid stark in dem Herrn und in der Macht seiner Stärke.

Epheser 6,10

Man kann vom Christentum in wunderbarer Weise sagen, dass zu keiner Sache weniger Mut, Kraft und Klugheit erforderlich ist als zu dieser. Die Kundschafter, welche das Land Kanaan ausgekundschaftet hatten, sagten: »Wir sind wie Heuschrecken gegen diese Einwohner« (4. Mose 13,33), und später sagte Gott selbst, dass es sich wirklich so verhält. Josua widersprach dem auch nicht, behauptete aber, dessen ungeachtet wollten sie die Einwohner wie Brot essen. In geistlicher Beziehung sagte dieser treue Mann nachher: »Ihr könnt dem Herrn nicht dienen«, wiewohl er vier Verse zuvor von sich und seinem Haus sagte: »Wir wollen dem Herrn dienen« (Vers 15). Es musste also keine Kraft dazu erforderlich sein. Wie wäre es auch sonst wohl dem Paulus ergangen, der nicht tüchtig war, etwas zu denken; dem David, der so ohnmächtig war, dass er nicht reden konnte; dem Agur, der nicht wusste, was heilig ist; den Römern, die nicht wussten, was sie beten sollten. Aber wenn wir sagen, zu keinem Unternehmen sei weniger Kraft erforderlich, so verstehen wir darunter eine solche Kraft, Herzhaftigkeit und Klugheit, welche man schon vorab besitzen und wie ein Kapital mit in den Handel niederlegen müsste, also sie nicht bei Jesus zu suchen oder ihn dazu anzunehmen brauchte. Mein Rat und meine Kraft müssen vielmehr ganz verschwinden, dann steht mir die Allmacht bei. »Seid stark«, sagt Paulus, er setzt aber auch hinzu: »in dem Herrn und in der Macht seiner Stärke.« »Der Herr ist mit dir«, sagte der Engel zu Maria. Und das macht's eben aus. Da sagt der Apostel: »Ich vermag alles durch den, der mich mächtig macht, Christus.«

Nun Herr, verleih mir Stärke,
verleih mir Kraft und Mut,
denn das sind Gnadenwerke,
die dein Geist schafft und tut.

29. April

Wir wandeln im Glauben und nicht im Schauen.

2. Korinther 5,7

Wir wandeln im Glauben. Wir haben uns einmal entschlossen, mit nach Kanaan zu reisen. Also vorwärts, mag's dann auch gehen, wie es geht, vorwärts! Wir haben uns überreden lassen und ihm unser Herz übergeben, weil er uns überredet und überwunden hat. So wollen wir uns denn nicht weigern, unseren Augen seine Wege wohlgefallen zu lassen, wie sauer es uns auch werden möchte. Sein Angesicht ziehe nur mit uns und vor uns her! Er leite uns nur nach seinem Rat und nehme uns endlich mit Ehren an, so wollen wir's nicht achten, sollte uns auch Leib und Seele verschmachten. Geht's das eine Mal kümmerlich, so geht's doch das andere Mal wieder leidlich oder gar lieblich und fröhlich her. Beides aber hat keinen Bestand. Die Güte Gottes aber ist alle Morgen neu, und seine Barmherzigkeit währet für und für.

Wohl, wohl dem Mann, der in der Welt
dich, Herr, für seine Stärke hält,
von Herzen deinen Weg erwählet!
Geht hier sein Pfad durchs Tränental,
er findet auch in Not und Qual,
dass Trost und Kraft ihm nimmer fehlet.
Von dir herab fließt mild und hell
auf ihn der reiche Segensquell.

30. April

Warum sprichst du denn, Jakob, und du, Israel, sagst: Mein Weg ist dem Herrn verborgen, und mein Recht geht vor meinem Gott vorüber?

Jesaja 40,27

Manchmal verleugnet der Herr, wie es scheint, seine Eigenschaften, lässt uns beten und schreien, als hörte er's nicht, wie das kanaanäische Weib lange schrie, ehe ihr ein Laut zur Antwort ward. Wie reimt sich das aber mit seiner Zusage: »Rufe mich an in der Not, so will ich dich erretten« (Psalm 50,15), und: »Ehe sie rufen, will ich antworten« (Jesaja 65,24)? Ist er so voll Mitleid und Erbarmen, warum übt er dann so manchen durch die härtesten Leiden und achtet weder Seufzer noch Tränen? Ist sein Vermögen so groß und seine Kraft so unerschöpflich, warum findet seine Gemeinde dann noch Anlass zu Klagen, wie diese: »Du bist der Trost Israels und sein Nothelfer, warum stellst du dich denn, als wärst du ein Gast im Lande, und als ein Fremdling, der nur eine Nacht darin bleibt?« (Jeremia 14,8). Siehe doch an meinen Jammer, betet David, als ob der Herr sich desselben nicht annähme. Solche Umstände können empfindliche Schmerzen verursachen, und doch sind sie nicht selten, aber auch gewiss nicht ohne vortreffliche Früchte, wenn auch die Aussaat nicht ohne Tränen geschieht. Ob sich der Herr auch eine Weile fremd stellt, so muss man sich deswegen nicht befremden lassen, *denn es ist gut gemeint.*

1. Mai

Wir haben hier keine bleibende Stadt, sondern die zukünftige suchen wir.

Hebräer 13,14

Möchte auch jemand gerne bleiben wollen, so muss er doch, einmal von dem reißenden Strom der Zeit ergriffen, mit fort, und es gibt kein Aufhalten. Zwar wird dies wenig beherzigt, es ist aber so. Du machst Pläne auf lange Sicht, deine Wünsche, deine Begierden, deine Bestrebungen klammern sich an das, was da ist. Aber es ist nur Durchgang, und der verdient nicht deine ganze Aufmerksamkeit. Besinne sich aber jeder gründlich darüber und benehme sich als ein solcher, der hinwegeilt, damit er sich mit dem versehe, was nottut! Und das, was nottut, besteht darin, dass man durch die enge Pforte eingeht. Dies ist die Pforte der Buße, das ist eine wahrhaft gründliche und ganze Sinnesänderung, welche mit jedem vorgehen muss, dem dieses Erdenleben ein glücklicher Durchgang sein soll. Dein natürlicher Zustand mag dir vollkommen recht erscheinen, er taugt aber zum Seligwerden nicht. Dazu musst du in einen Stand versetzt werden, der dir noch unbekannt ist, den Christus den schmalen Weg nennt, der zum Leben führt, und welchen nach seiner eigenen Aussage wenige finden. Es ist wahr, niemand kann sich selbst in diesen Stand versetzen, es ist sogar wahr, dass viele danach trachten, wie sie hineinkommen mögen, und werden es doch nicht tun können. Halte dich aber für desto unseliger und sehne dich desto inbrünstiger danach, dass der Herr so barmherzig sei, das Wollen und Vollbringen selbst in dir zu schaffen!

Mein Herz hält dir vor dein Wort: »Ihr sollt mein Antlitz suchen.« Darum suche ich auch, Herr, dein Antlitz.

Psalm 27,8

Gott hat sich selbst zum Segnen und Wohltun verbindlich gemacht und kann dieser mit einem Eidschwur bekräftigten Verbindlichkeit ohne die Einwilligung seiner Bundesgenossen nicht los werden, und er selbst hat ihnen in der Wiedergeburt einen solchen Sinn gegeben, dass sie ihm dieses nie einräumen können noch werden. Glauben wir nicht, so bleibt er doch treu. Er kann sich selbst nicht verleugnen (2. Timotheus 2,13). Wirft er dir vor, du seist ein Sünder, gib ihm vollkommen Recht, und halte du ihm wieder vor, er sei aber der Sünder Heiland. Gib ihm Recht, wenn er dir deinen Unglauben, dein Elend, deine Unwürdigkeit vorhält, und halte du ihm sein Wort vor: Suchet, so werdet ihr finden, klopfet an, so wird euch aufgetan! Um seiner gegebenen Verheißungen willen ist Jesus gleichsam in unsrer Gewalt, und sollte er noch so wunderlich mit uns umgehen wollen, so kann er weder sich selbst noch sein Wort verleugnen. Als ein Kindlein lag er in Windeln gebunden, und jetzt sind seine Versprechen die Seile der Liebe, woran wir ihn festhalten können; und das Beste ist, dass er uns selbst festhält.

Du sprichst, ich soll mich fürchten nicht,
du rufst: Ich bin das Leben!
Drum ist mein Trost auf dich gericht't,
du kannst mir alles geben.

3. Mai

Gib mir, mein Sohn, dein Herz, und lass deinen Augen meine Wege wohlgefallen.

Sprüche 23,26

Wer Gott wahrhaft fürchtet, beugt sich unter alle Anordnungen und alles Zulassen Gottes und untersteht sich nicht, sie zu meistern und vor seinen unbefugten Richterstuhl zu ziehen, denn Gottesfurcht macht demütig. Wie schmerzlich er auch die Folgen des Sündenfalls an sich selbst spürt, so wortlos, ja manchmal freudig beugt er sich unter das verehrungswürdige Gutfinden Gottes, nach dem Gott alles unter den Unglauben beschlossen hat, auf dass er sich aller erbarme, und er ist so weit entfernt, dagegen anzubellen, wie es vergeblich und sträflich sein würde. Er beugt sich bald in tiefer Verleugnung alles Vertrauens auf eigenes Vermögen, auf eigene Weisheit und Gerechtigkeit, bald anbetend, bewundernd und lobpreisend unter das Walten der freien Gnade Gottes, wonach es nicht an jemandes Wollen oder Laufen liegt, sondern an Gottes Erbarmen. Mag's auch nicht ohne Seufzer und Tränen, mag's auch nicht ohne ein missbilligendes Widerstreben geschehen, er gibt doch seine Einwilligung dazu, dass wir durch viel Trübsal ins Reich Gottes gehen und nur unter der Bedingung mit Christus herrschen, dass wir auch mit ihm leiden. Die unaufhörliche und ganze Abhängigkeit von dem Herrn und den Gnadenwirkungen des Heiligen Geistes, wie missfällig auch dem Fleisch, das Gott gleich sein möchte, hat seinen untertänigen Beifall, so dass er auch je länger, je weniger etwas für sich selbst zu sein begehrt. Darum schickt er sich auch willig zu einem unablässigen Gebet, um all sein Anliegen mit Gebet und Flehen vor Gott kundwerden zu lassen, ohne dadurch reicher in sich selbst werden zu wollen. Er schickt sich zum Anhalten im Gebet, ohne zu ermüden, wenn er sich auch zu einem geduldigen Harren anschicken muss. Kurz, wer dem Herrn sein Herz gibt, lässt auch seinen innersten Sinnen nach dessen Wege seinen Augen wohlgefallen.

4. Mai

Meine Kraft hat mich verlassen, und das Licht meiner Augen ist nicht bei mir ... Eile, mir beizustehen, Herr, meine Hilfe.
Psalm 38,11.23

David sagt: »Meine Kraft hat mich verlassen.« Kraft ist zum Wirken erforderlich, und wer jene nicht hat, ist zu diesem unfähig. Der Christ hat viel zu wirken. Er soll wachen, beten, sich selbst verleugnen, sich vor der Welt unbefleckt bewahren, ablegen die Sünde, die uns immer anklebt und träge macht, anlegen die Waffen des Lichts, glauben, weil es unmöglich ist, Gott ohne Glauben zu gefallen, lieben, weil nur der, welcher liebt, in Gott bleibt und Gott in ihm. Kurz, um mit wenigem viel zu sagen, er soll schaffen, dass er selig werde, mit Furcht und Zittern (Philipper 2,12). Man entschuldige sich nur ja nicht damit, dass man nicht *könne*; denn jener Schuldner ward eben deswegen den Peinigern übergeben, weil er nicht bezahlen konnte.

Was fand sich endlich auf diesem Weg? Seine eigene Kraft bekam David nie wieder und wollte sie auch nicht wieder haben, denn Gott hat keinen Gefallen an den Starken. Es blieb ihm nichts übrig, als seine Missetaten anzuzeigen und auf den Herrn zu harren, auf den Gott Israels, der nach Psalm 68,36 seinem Volk Macht und Kraft gibt: »Furchtbar bist du, Gott, aus deinen Heiligtümern her. Der Gott Israels, er ist es, der Stärke und Kraft gibt dem Volk. Gepriesen sei Gott!« Da bedurfte es seiner Kraft nicht mehr; da war er eben dann stark, wenn er schwach war, und eben dadurch groß, dass er gedemütigt war. Da hieß es nicht mehr: ich sorge, sondern: ich liege und schlafe ganz mit Frieden, denn allein du, Herr, hilfst mir, dass ich sicher wohne.

Wunderbarer Anfang, herrliches Ende!

5. Mai

Die Elenden werden wieder Freude haben an dem Herrn, und die Armen unter den Menschen werden fröhlich sein in dem Heiligen Israels.

Jesaja 29,19

Mag es sein, dass man für sich allein keines Haares Farbe ändern, keinen guten Gedanken in sich erzeugen, keine Fessel, und wäre es nur ein seidener Faden, selbst lösen kann. O wie glücklich, wer in diese Armut, in dieses Nichts hineingeführt und von dem falschen Grund des Selbstvertrauens abgebracht und sodann hinübergeleitet ist zu dem einzigen Fundament, welches Christus ist! Solcher ist das Himmelreich. Wohl dem, welcher wirkt, ringt und allen Ernstes arbeitet, aber dabei gründlich erfährt, wie fest und hart er vom Satan, von der Sünde, von der Welt, von der Eigenliebe, vom Unglauben, vom Fleisch unterjocht und gebunden ist, dass er ausrufen muss: In uns ist keine Kraft; ich elender Mensch, wer wird mich erlösen von dem Leibe dieses Todes?

Ist dies gleich ein schmerzhafter Weg, auf welchem uns kundwird, was in unserem Herzen ist, so ist es doch ein Weg, wodurch die Höhen und Befestigungen, die sich wider die Erkenntnis Christi erheben, ruiniert werden. Ihr liegt auf Hoffnung gefangen; aber, o Herr, du lässt frei deine Gefangenen durch das Blut deines Bundes. Euer Leben soll in den Tod, darum wird es gekreuzigt. Aber wohl, dreimal wohl dem Volk, das jauchzen kann, des der Herr sein Gott ist, über dem der Herr als König waltet, das herauffahren und zum Tor aus- und einziehen kann und ihr König vor ihnen her und Jahwe vorne an! Wohl den Gefangenen, denen eine Befreiung und den Gebundenen, denen eine Öffnung gepredigt, denen gesagt wird: »Kommt heraus!« und »Geht hervor!«

6. Mai

Die Gesunden bedürfen des Arztes nicht, sondern die Kranken.
Lukas 5,31

Nicht allein müssen wir das so einfach zugestehen, dass das Wort uns geistlich Kranke nennt, sondern insbesondere müssen wir auch unsere persönliche Krankheit wohl einsehen lernen: woran es *uns* fehlt, was *wir* an uns haben, wovon *wir* befreit werden müssen, um Gott gefällig und selig zu werden. Diese Erkenntnis ist aber nicht ohne Schmerzen, Not und Bekümmernis, sie bringt den Menschen in eine nicht geringe Verlegenheit und Sorge, die zwar bei dem einen heftiger und langwieriger ist als bei dem andern, bei jedem aber so groß ist, dass sie nur durch die Offenbarung Jesu Christi, aller Gnade und Wahrheit, in der Seele weggenommen werden kann. Ferner soll man erkennen, dass wir durch Christus ebenso auf geistliche Weise gesund werden können, wie viele in leiblicher Weise gesund geworden sind. Eine Sündenschuld kann noch so groß erdacht werden, das Verdienst Jesu Christi ist noch weit größer, sie kann also vergeben werden, als wäre sie nie begangen, wenn jemand damit bußfertig zu Christus seine Zuflucht nimmt. Also kann jeder durch Christus geistlicherweise gesund werden, wie ehemals jeder leiblich Kranke von ihm hergestellt wurde. Nun muss man aber auch nicht in seinen Sünden bleiben wollen, sondern sich recht herzlich eben so sehr nach Heiligung wie nach Vergebung der Sünden sehnen und sie als die allerherrlichsten Güter, mehr als andere, eifrig begehren und suchen. Und solche geistlich Ungesunde, die ihre Seelenkrankheit und ihren Schmerz erkennen und empfinden, die an sich selbst und an aller eigenen Hilfe verzagen, die sich dabei sehr nach der bei Christus zu erlangenden Gnade sehnen, die sind es eben, an welchen Christus seine Herrlichkeit offenbaren will.

Das zerstoßene Rohr wird er nicht zerbrechen, und den glimmenden Docht wird er nicht auslöschen. Matthäus 12,20

Die Gnade macht den Menschen einem zerknickten Rohr ähnlich, das in sich selbst weder Stärke noch Stütze hat und auf sich selbst nicht vertrauen kann. Sie zermalmt sein Herz, das sonst trotzig gegen Gott war.

Vor allem geschieht dies durch das Licht, welches sie in seinem Herzen aufgehen lässt und das ihm seinen elenden Zustand aufdeckt. Ebenso wird er seine äußerste Unwürdigkeit deutlich gewahr und kann in sich selbst den Grund gar nicht finden, warum ihm Gott seine Sünden vergeben, ihm gnädig sein sollte, obwohl er danach schmachtet und darum betet. Vielmehr stimmt er zu, dass er der Hölle wert sei, und dass Gott ihm nicht Unrecht tue, wenn er ihn liegen lasse. Durch das alles wird aus dem stolzen Lorbeerbaum ein armes, zerknicktes Rohr, ohne Kraft und Mut, und er ruft nun, der Verzweiflung nahe, aus: »Ach, ich Elender, wer wird mich erlösen von dem Leibe dieses Todes?« (Römer 7,24). Er fühlt sich traurig, bekümmert, trostlos und weiß nicht, wann und wie er Trost erlangen solle. Doch ist er dann schon Jesu Schafen zugezählt, gehört zu den Armen, denen der Heiland das Himmelreich, zu den Leidtragenden, denen er Trost, zu den Hungrigen und Durstigen, denen er Sättigung zugesagt hat. Aber auch die Seelen, die das Genannte schon durchgegangen sind und einen kräftigen Trost erlangt haben, werden doch auch nachher noch gedemütigt und einem zerknickten Rohr ähnlich, nämlich durch allerhand Trübsale, bald im Äußeren durch Schmerz, Krankheit, Verfolgung, Mangel, Armut, widrige Schicksale, bald im Inneren durch Anfechtung, Trostlosigkeit, geistliche Dürre, Beängstigung, Verbergung Gottes, Anfälle böser Geister, Regungen des Unglaubens und der Sünde. So schmerzhaft aber auch dieser Umstand ist, und wie verzagt eine Seele auch deshalb werden kann, als ob ihr das Licht und der Trost wohl nie wieder aufgehen möchte, so sind doch gerade solchen alle Verheißungen gegeben, und der Herr ist es, der sie in diesen Stand, aber auch herausführt.

8. Mai

Das Unedle vor der Welt und das Verachtete hat Gott erwählt und das da nichts ist, dass er zunichte mache, was etwas ist.

1. Korinther 1,28

Es setzt ein sehr hohes Maß an Demut voraus, der Seligmacher von Sündern zu sein, und diese Demut besitzt Jesus so, dass er sagt: Ich bin von Herzen demütig. Ist das Geschäft eines Arztes meist von der Art, dass Beschwerliches vorfällt, das Geschäft eines Seelenarztes ist es noch mehr. Aber bei dieser Demut zeigt sich auch wieder etwas, das man Hochmut nennen könnte, bezeichnete das Wort nicht etwas Sträfliches. Will sich jemand nicht als krank, ja als todkrank erkennen, so will dieser Seelenarzt entweder nichts mit ihm zu tun haben oder der Anfang seiner Kur besteht darin, dass er den Patienten todkrank macht. Er will so ausschließlich der Seligmacher nur der Sünder sein, dass auch die Ehrbarsten und Sittlichsten sich bequemen müssen, sich dafür und für nichts anderes zu halten, wozu er auch schon Mittel und Wege weiß, es dahin zu bringen, dass sich kein Fleisch vor ihm rühmt.

In dem Maße aber, wie jemand elend, arm und bloß in sich selbst wird, wird ihm auch Christus köstlich und begehrenswert. Mögen andere von ihm halten, was sie wollen, ihm ist er köstlich. Solange jemand das noch nicht geworden ist, kann er sich mit allerlei Ansichten, Meinungen und Vorurteilen aufhalten, wie viele Jesus eben deshalb verwarfen und auch Grund dazu zu haben schienen, weil er von Nazareth war. Gedemütigte Menschen, Menschen, die für ihre Not einen Retter, für ihre Krankheit einen Arzt, für ihre Sünden einen Seligmacher bedurften, aber nicht spekulieren wollten, ließen andere zanken, sie aber drängten sich zu ihm und erfuhren seine Hilfe, mochte er von Nazareth oder sonst woher sein.

9. Mai

Wir wissen nicht, was wir beten sollen, wie sich's gebührt, sondern der Geist selbst vertritt uns aufs Beste mit unaussprechlichem Seufzen.

Römer 8,26

Wie ist der arme Mensch so voller Einbildung vom eigenen Wissen und Können, selbst wenn er bereits erleuchtet und bekehrt ist, und was gehört dazu, ehe er sich so weit in der Empfindung seiner Not und seines Elends vor der göttlichen Majestät demütigt, dass er nicht nur von der Erhörung, sondern auch von dem Vermögen, beten zu können, Gott alle Ehre gibt! Gott zwingt seine Kinder durch die häufige Erfahrung der Gebetslosigkeit dazu, dass sie bekennen müssen, er müsse das Räucherwerk samt den Kohlen hergeben; allein wie ungern bequemt man sich dazu.

Wohl dem, der sich endlich zu dem Bekenntnis bequemen muss! Der lernt dann auch auf eine Weise beten, welche die Natur nicht lehrt: im Namen Jesu Christi beten.

Wie mancher mag sein, der in seinem Leben noch nie richtig gebetet hat, obwohl er das Gegenteil meint behaupten zu können; wie mancher, der durch sein Beten, statt immer ärmer, immer reicher in sich selbst geworden ist. Wie manche möchten wohl ordentlich erbittert werden, wenn man etwas gegen ihr sogenanntes Beten einwenden wollte, und wie manchen könnte Christus wohl sagen: Bisher habt ihr nichts gebeten in meinem Namen! Wie manchen mag Beten noch eine Last und Arbeit sein, und sollten nicht die meisten noch weit entfernt sein von dem Beten ohne Unterlass bei allem Geräusch und Wesen, das sie von ihrem Beten machen? So viel ist gewiss, dass es mehrere Stufen des Gebets gibt, und dass es sich nach der Stufe richtet, auf welcher jemand in der Gnade steht. Der Ärmste soll das meiste haben. So wir aber uns selbst richten, so werden wir nicht gerichtet. Jeder prüfe also sein Werk, damit er Ruhm habe an sich selber und nicht an einem andern! Herr, lehre du uns beten!

10. Mai

Der Herr ist treu; der wird euch stärken und bewahren vor dem Bösen.

2. Thessalonicher 3,3

Ist jemand ein Christ, so ist er's durch Jesus Christus; hat jemand Glauben, er hat ihn von ihm; kann jemand beten, er hat's von ihm gelernt; bleibt jemand ein Christ, Christus ist's, der ihn im Gnadenstand, im Glauben, in der Liebe und in der Hoffnung erhält. Was meinen wir, wie lange würde der Christ sich selbst darin erhalten? Keinen Augenblick, zumal seine abgesagten Feinde, der Teufel, die Welt, und am meisten sein eigenes Fleisch und Blut nicht aufhören, ihn anzufechten. Befindet ihr euch in einem angenehmen Zustand, wohlan, bewahrt euch selbst darin und wandelt so in Christus fort, wie ihr ihn angenommen habt! Seid morgen auch so gebeugt, so innig, so zart, so kindlich, wie ihr heute seid, und seht zu, ob ihr dies durch eure Vorsichtigkeit zustande bringen könnt, oder ob nicht vielmehr irgendein geringer Umstand euch, ehe ihr euch verseht, aus allem heraussetzen kann, wie ihr schon oft erfahren haben werdet! Er ist der Bewahrer und hat den Seinigen zugesagt: »Sie werden nimmermehr umkommen, und niemand wird sie mir aus meiner Hand reißen« (Johannes 10,28). Wen er bewahrt, der ist wohl bewahrt. Wird er gezüchtigt, so kommt er doch nicht um; wird er unterdrückt, so wird er doch nicht getötet.

Er führet mich auf rechten Wegen,
er geht voran, ich folge nach;
und wenn ich gleich in finstern Stegen
und Tälern voller Ungemach
durch dick und dünn, durch Dorn und Hecken
muss wandern, soll mich doch nichts schrecken;
denn du bist bei mir ewiglich,
du bist mein Licht, mein Stern, mein Führer,
dein Stab und Stecken mein Regierer,
auf deinen Schultern ruhe ich.

11. Mai

Du solltest keinen andern Gott kennen denn mich und keinen Heiland als allein mich.

Hosea 13,4

Herrliche Gemütsverfassung! Ist dieser Untertänigkeitssinn gegenüber Jesus auch in uns? – der Sinn, uns in allem unter ihn zu beugen, seiner Lehre überall zu glauben, auch wo sie unseren Sinnen noch so seltsam vorkommt; seinen Urteilen und Aussprüchen uns ganz zu unterwerfen, weil sein Zeugnis allein wahr, sein Urteil allein recht ist und schiene es noch so widersinnig; seine Gebote überall zu halten und schiene es noch so unmöglich; seine Verheißungen fest für sein Wort zu halten und ihrer Erfüllung getrost und zuversichtlich entgegen zu harren, ob er auch verzöge; seine Gerichte und Wege als recht und heilig anzubeten, sollten sie uns auch noch so wunderlich scheinen und uns selbst aufreiben, dass uns Leib und Seele verschmachtete, dennoch stets an ihm zu bleiben? Ist der Sinn in uns, zunichte zu werden, möchte es uns noch so saure Wege kosten, damit er alles in uns werde und als unser einziger, rechtmäßiger König nach aller Lust seines Herzens in uns regiere, dass unser Wille nirgends gelte und nur der seinige allein? Ist das unser Sinn? Und solange er das nicht ist, was für Recht haben wir, uns Christen zu nennen, was für Recht, uns zu den Untertanen dieses Königs zu rechnen? Sollen alle Engel ihn anbeten, so macht ihr, armer Staub, doch nicht lange Umstände und Entschuldigungen, ihn mit den Weisen anzubeten, damit er euch nicht wie töpferne Gefäße zerschmettere und gebiete: Bringt sie her und erwürgt sie vor meinen Augen, die nicht wollten, dass ich über sie herrsche! Zuletzt, zuletzt kommt doch alles bloß darauf und auf nichts anderes an: Gnade vor den Augen dieses Königs gefunden zu haben, und ohne diese Gnade kann uns alles nichts helfen, und gäbe uns der Satan alle Reiche dieser Welt. Bedenkt dieses und richtet euch danach!

12. Mai

Alle eure Sorge werft auf ihn, denn er sorgt für euch.
1. Petrus 5,7

So hat man Ruhe, so wird man still, so erquickt man die Müden. Doch wollen sie solche Predigt nicht und sorgen selbst, statt zu glauben, und deswegen erfahren wir auch so wenig von der Herrlichkeit Gottes und quälen uns vergeblich mit einer Last, der wir nicht gewachsen sind. Aufs Geschöpf zu vertrauen, halten wir für vernünftig, auf den lebendigen Schöpfer zu hoffen, für ungereimt. O wir Toren, da wir doch nicht einmal die Farbe eines Haares ändern können! Wie gut könnten wir's aber haben um des Wortes willen: »Er sorgt für euch« – darum werft alle eure Sorgen auf ihn, im Inneren wie im Äußeren – wenn wir zugleich demütig, biegsam und willenlos genug wären. Dann würde Jesus uns nicht mit den Vögeln beschämen, sondern wir würden, der Lerche im Gewitter ähnlich, auch mitten im Gedränge ein Loblied singen. Kurz, durch Stillesein und Hoffen würdet ihr stark sein. Wenn ihr stille bleiben würdet, so würde euch geholfen. Und ist nicht sein gegebenes Wort, dessen Dienerin und Ausführerin seine Allmacht ist, ganz von der Art, dass es uns ganz stille und ruhig machen kann? Denn wenn auch Berge weichen und Hügel hinfallen, so soll doch meine Gnade nicht von dir weichen und der Bund meines Friedens nicht hinfallen.

Nun so soll mein ganz Vertrauen
ankerfest auf ihm beruhn;
Felsen will ich auf ihn bauen,
was er sagt, das wird er tun.

Und so jemand auch kämpft, wird er doch nicht gekrönt, er kämpfe denn recht.

2. Timotheus 2,5

Augustin sagt: »Auf dem rechten Wege forthinken, bringt weiter, als außer demselben rennen«, und dies drückt Paulus' Sinn mit anderen Worten aus. Es kann jemand gegen Böses kämpfen; er kann dies mit großen Anstrengungen tun; ja, er kann sogar scheinbar Großes ausrichten, und doch alles umsonst sein, weil es nicht den Regeln des geistlichen Kampfes gemäß geschieht. In 1. Korinther 9,26 nennt der Apostel dies: »Schläge in die Luft tun«, wodurch man niemanden verwundet. Was gedenkt man im Natürlichen auszurichten, wenn man die unrechten Waffen gebraucht und z. B. Bienen mit Schwertern überwinden wollte, da dies nur durch Rauch geschieht, oder wenn man die Waffen nicht recht brauchte und seinen Feind mit dem Griff des Degens, statt mit dessen Klinge zu verletzen gedächte? Es ist gewiss, dass man in dem geistlichen Streit gar nicht selten so verkehrt verfährt, und so selbst dann im Grunde nichts ausrichtet, wenn man viel zu gewinnen meint, oder es auch bald selbst gewahr wird, dass man den Feind nicht wirklich trifft. Und sollten die häufigen Klagen, man richte durch sein Kämpfen wenig aus und komme nicht weiter, nicht lauter Beweise sein, dass man nicht rechtmäßig kämpft? Wer's nicht tut, bekommt die Krone nicht, wie ihm sein eigenes Gemüt schon sagen wird. Der Feind wird ihn immer aufs neue herausfordern und höhnen. Er wird merken, es sei irgendein Bann in ihm, bestehe dieser auch, worin er wolle, und darum könne er nicht stehen gegen seinen Feind. Und dieser Bann ist so verborgen, dass der Mensch ihn selbst nicht bemerkt, bis der Heilige Geist ihm denselben aufdeckt und ihm zugleich zeigt, wo es ihm eigentlich fehle, welches eine große Barmherzigkeit ist, indem damit auch zugleich die Unterweisung verbunden ist, wie er es nun eigentlich anzugreifen habe, um einen Sieg nach dem andern zu erhalten und von Kraft zu Kraft fortzugehen.

14. Mai

Ohne mich könnt ihr nichts tun.

Johannes 15,5

Man verrechnet sich oft in seinem Christenstand. Ist man einmal glücklich aus einem dunklen Tal herausgekommen, wird man seines Gnadenstandes einmal wieder recht froh, verschwinden die Nebel des Zweifels vor den lieblichen Strahlen der Sonne der Gerechtigkeit, so meint man dann oft, nun habe man's erreicht, und glaubt, nun wolle man auch künftig nicht mehr so zaghaft sein. Allein liegt in solchen Gedanken nicht wieder eine eigene Anmaßung, als wenn man *selbst* noch dies oder das könne? Und Jesus, der gesagt hat: Ohne mich könnt ihr nichts tun, ist in der Tat zu eifersüchtig auf seine Ehre und auf die Aufrechterhaltung seiner Aussage, auf seinen Jesus-Namen, als dass er bei seinen Lieblingen solche Anmaßung und an seinem Gold solche Schlacken duldete. Er wird also sitzen und schmelzen und die Kinder Levi reinigen und läutern wie Gold und Silber, bis sein Gold die Lauterkeit erlangt, die er ihm verordnet hat. Vielleicht zerreißt er ihnen die Hüfte und bringt sie so in die Enge, dass sie sich nicht mehr ohne ihn irgendeinem großen oder kleinen Zweifel gewachsen fühlen, dass sie sein »nichts« buchstäblich gelten lassen müssen.

Drum sinkt vor dir ein ledig Herz,
das nichts dir bringt als Sündenschmerz,
in Selbstverdammung nieder.

Der Herr hat Israel Gutes zugesagt. 4. Mose 10,29

Die Zusagen des Herrn enthalten alles, was einem Sünder zu seiner Seligkeit vonnöten ist. Er bedarf Vergebung seiner Sünden; – verspricht nicht der Herr: »Wenn deine Sünde blutrot ist, so soll sie doch schneeweiß werden« (Jesaja 1,18)? Ich tilge deine Missetat wie eine Wolke und deine Sünde wie einen Nebel, der so verschwindet, dass man nicht weiß, wo er bleibt. So weit der Aufgang ist vom Niedergang, so weit tut er unsere Übertretung von uns. Wir bedürfen der Erleuchtung; – heißt es nicht: »Ich will dich unterweisen und dir den Weg zeigen, den du wandeln sollst« (Psalm 32,8)? Ist uns nicht Christus zur Weisheit gemacht? Hat er uns nicht den Geist verheißen, der uns in alle Wahrheit leiten soll? Wir sind unrein und müssen heilig werden; – warum sollen wir das nicht werden können, da Gott selbst sein Gesetz in unser Herz schreiben und solche Leute aus uns machen will, die in seinen Geboten wandeln, seine Rechte halten und danach tun? Wir bedürfen Kraft und Stärke; – gibt er nicht den Müden Kraft, und Stärke genug den Unvermögenden (Jesaja 40)? Bekommen nicht die, die auf den Herrn harren, neue Kraft, dass sie auffahren mit Flügeln wie die Adler, wandeln und nicht matt, laufen und nicht müde werden? Wollt ihr gerne beharren bis ans Ende? – Ihr werdet aus Gottes Macht bewahrt zur Seligkeit. Ihr sollt nimmermehr umkommen, und niemand wird euch aus meiner Hand reißen. Solcher und ähnlicher Verheißungen ist das Testament unseres Herrn Jesu Christi voll. Auf das Vollkommenste ist dadurch für allen unseren geistlichen Mangel gesorgt. Wohl dem, der ihn empfindet und dadurch der verheißenen Güter bedürftig wird!

Sollt er was reden und nicht halten?
Sollt er was sagen und nicht tun?
Kann auch der Wahrheit Kraft veralten?
Kann auch sein wallend Herze ruhn?
O nein, sein Wort steht felsenfest,
wohl dem, der sich auf ihn verlässt!

16. Mai

Aus Gnade seid ihr selig geworden durch den Glauben; und das nicht aus euch, Gottes Gabe ist es.

Epheser 2,8

Soll eine Gottseligkeit echt sein, so muss sie als eine Gabe Gottes erkannt, gesucht und erlangt sein, sonst ist sie kein echtes Gold, das besteht.

Das ist hart, sagst du. Warum hart? So wäre es ja wohl möglich, dass ich mein Bestes tun und doch zu nichts gelangen würde. Aber warum erklärst du dies für hart, da es freilich nicht an deinem Wollen oder Laufen, aber doch an dem Erbarmen deines Gottes liegt, der da gerne hilft? Wird er denn auch mir helfen wollen? Wie kannst du daran zweifeln, wenn du es demütig suchst? Das ganze Himmelreich gehört ja denen, die hungern und dürsten nach der Gerechtigkeit. Aber freilich, daran liegt es eben, man ist zu stolz, zu reich, zu gut, zu weise, und daran liegt es auch, dass man seine pharisäische Gerechtigkeit nicht fahren lassen will, um die bessere zu erlangen, ohne welche niemand ins Reich Gottes kommen wird, ja ohne welche niemand weder Friede noch Freude hat. Gottes Gabe ist es.

Wenn man das so streng und genau annähme, das würde ja ein faules Christentum geben. Ein faules Christentum? O gewiss nicht. Erst wirst du gewiss genug zu ringen und zu arbeiten finden, ehe du in die rechte Spur des Evangeliums kommst, wo man stark ist in dem Herrn und in der Macht seiner Stärke. Bist du das erst, so wird dich deine Erkenntnis auch nicht unfruchtbar sein lassen, und du wirst sagen: Ich kann alles tragen durch den, der mich mächtig macht, Christus.

Gottes Gabe! O süßes Wort für alle Armen im Geist! Seht doch nun die Gottseligkeit, seht doch nun die Erlangung eines neuen Herzens, seht den Glauben, die Liebe, die Heiligung, die Geduld, das Seligwerden nicht an als einen hohen, fast unbesteigbaren Berg. Es ist ja nicht aus uns, soll auch aus euch nicht sein, dieser Aberglaube macht es euch schwer. Gottes Gabe! So ist es ja leicht.

17. Mai

Wenn ich mit Menschen- und mit Engelzungen redete und hätte der Liebe nicht, so wäre ich ein tönendes Erz oder eine klingende Schelle.

1. Korinther 13,1

Was nennen wir aber Liebe? Oder vielmehr, was nennt die Schrift so? Sie sagt: »Gott ist die Liebe, und die Liebe ist aus Gott. Wer in der Liebe bleibt, der bleibt in Gott, und Gott in ihm« (1. Johannes 4,7.16). Die Liebe also, von welcher der Apostel redet, die Liebe, die er allen Gaben weit vorzieht, die Liebe, ohne welche die glänzendsten Talente, die größten Taten, die erstaunlichsten Aufopferungen ohne allen Wert für den Menschen selbst sind, diese Liebe ist das eigentliche, was die Schrift ein Teilhaftigmachen der göttlichen Natur nennt, den neuen Menschen, der nach Gott geschaffen ist in rechtschaffener Gerechtigkeit und Heiligkeit. Sie ist etwas Göttliches in dem begnadigten Menschen, das Ebenbild Gottes, der innere, starke, heilige Trieb, Gott ähnlich zu werden, zu denken und zu handeln. Sie ist die Begierde, der Durst nach Gott, nach seinem Reich und seiner Gerechtigkeit, das Wohlgefallen an ihm und an allem Göttlichen. Wo sie ist, ist es unmöglich, sich mit dem vollbrachten Werk zu begnügen, indem man dafür seinen Lohn erwartet. Man betrachtet es schon als etwas Großes, wenn man so glücklich gewesen ist, sich so bezeugen zu können, wie es mit Gott übereinstimmt, dankt dafür und freut sich darüber. Die Liebe kann etwas Ungöttliches schon deswegen nicht dulden, weil es etwas Gott Unähnliches ist. Sie seufzt, ächzt, ringt so lange dagegen, bis sie zu der herrlichen Freiheit der Kinder Gottes durchbricht, wo sie ihm völlig dienen kann, und das macht ihre Seligkeit aus; eine andere erwartet und begehrt sie nicht.

18. Mai

So spricht nun der Herr: Bekehrt euch zu mir von ganzem Herzen mit Fasten, mit Weinen, mit Klagen!

Joel 2,12

Kein Kind, auch kein Gnadenkind, wird ohne Schmerzen geboren, obschon dieselben nicht bei allen gleich groß und langwierig sind. Wer ein echtes, erprobtes Christentum, woran doch alles gelegen ist, zu haben begehrt, der wird sich auch gerne den Weg gefallen lassen, auch wenn er nicht wenig mühsam wäre. Gottes Ernst soll auch uns zum Ernst erwecken, dass wir nicht oberflächlich, sondern mit wahrem Ernst und aus Herzensdrang fragen: Was soll ich tun, dass ich selig werde?

Hoffentlich gibt's auch solche Seelen, die von ihrem Sündenelend gedrückt, mühselig und beladen sind, die nach Gott schreien wie ein durstiger Hirsch nach Wasser, bekümmerte, heilsbegierige, zagende Seelen.

Diese sind es insbesondere, denen gesagt wird: Schaue an die Güte Gottes! Schaue nicht bloß seinen Ernst an, der die Sünde straft mit ewigem Zorn, sondern schaue auch seine Güte an, welche vergibt Missetat, Übertretung und Sünde und sie von dir tut, soweit der Aufgang der Sonne ist vom Niedergang. Schaue seine Heiligkeit an, welche den Elenden herrlich hilft, welche alle deine Gebrechen heilt, welche gekommen ist, nicht die Gerechten, sondern die Sünder zur Buße zu rufen! Schaue seinen Ernst an, in wirklicher Ausführung seiner erschreckenden Drohungen an allen, welche unbußfertig bleiben, aber schaue auch seinen sogar mit Eidschwüren bekräftigten Ernst an, alle seine Verheißungen gewiss zu erfüllen!

19. Mai

Wer mein Fleisch isst und trinkt mein Blut, der bleibt in mir und ich in ihm.

Johannes 6,56

Das Essen des Fleisches, das Trinken des Blutes des Menschensohns ist notwendig. Es darf mit unserem Christentum kein Schein, keine Einbildung, kein Meinen und kein Nachsprechen, es muss etwas Reelles, Wahrhaftiges, Wesentliches sein. Es darf mit unserem Christentum nicht beim bloßen Wissen, Gutmeinen, eigenen Wollen und Laufen bleiben. Es besteht nicht in allerlei angenehmen Einfällen und Empfindungen. Nein, Christus, Christus selbst muss sich wahrhaftig und wesentlich mit uns vereinigen. Das ist das Rechte, alles andere ist das Rechte und Eigentliche nicht. Dies ist das Öl unserer Lampe, das sie nie verlöschen lässt. Sehe sich also darin ein jeder vor, damit er sich nicht selbst betrüge! Habt ihr allerlei löbliche Eigenschaften, allerlei schöne Einsichten, allerlei rühmliche Werke, habt ihr aber Christus nicht auf vorher besagte Weise gegessen, so habt ihr kein geistliches Leben, sondern seid höchstens getünchte Gräber und törichte Jungfrauen mit Lampen ohne Öl, wie sauer ihr es euch von Zeit zu Zeit ohne Erfolg werden lasst.

Wie groß ist dagegen der Nutzen! »Wer mein Fleisch isst und trinkt mein Blut, der bleibt in mir und ich in ihm.« Dies ist das große Geheimnis, die Wurzel und das Wesen des wahren Christentums: die genaue Vereinigung der Seele mit Christus und Christi mit der Seele – sie ist etwas Beständiges, darum heißt's ein Bleiben, etwas Fruchtbares, wie Christus anderswo sagt. Dies ist die große Wirkung des Glaubens, nämlich des Einswerdens mit Christus.

20. Mai

Dein Wille geschehe auf Erden wie im Himmel.

Matthäus 6,10

Christi Knechte haben keinen eigenen Willen, oder solange sie ihn haben, geht's gerade gegen denselben an, bis sie ihm abgesagt haben. Zu der Selbstverleugnung, welche Christus zur Bedingung seiner Nachfolge macht, gehört insbesondere die Ablegung des eigenen Willens, damit sein Wille in uns regiere und von uns geschehe. Bitten sie etwas von diesem Herrn, so empfangen sie es nur unter der Bedingung, dass sie bitten nach seinem Willen, seine Gebote halten und tun, was vor ihm gefällig ist. Haben sie ihrem Willen entsagt, so bekommen sie, was ihrem Herzen gelüstet. Sein Wille ist die alleinige Regel und erfordert eine ganze, unbedingte Unterwerfung, und insofern sie damit vereinigt, davon verschlungen sind, sind sie selig. Er, ihr Herr, der sie so teuer erkauft hat, tut mit ihnen und in ihnen, was er will, tötet sie und macht lebendig, führt sie in die Hölle und wieder heraus. Sie werden für Schlachtschafe geachtet. Sie dürfen nirgends murren oder klagen, wenn auch alle Wellen über ihnen zusammenschlagen. Er erhöht und erniedrigt, tröstet und betrübt sie, kleidet sie in Purpur oder Lumpen, je nachdem es ihm gefällt, und sie haben sich zu verhalten wie ein Ton, der nie zum Töpfer spricht: Warum machst du mich also? Dagegen genießen sie seine unendliche, unveränderliche und beständige Liebe dermaßen, dass er sagt: Gleichwie mich mein Vater liebt, so liebe ich auch euch. Er hat seine Liebe auch in einer so hohen, alle Erwartung übertreffenden Probe erwiesen, dass darüber gar keine Frage und gar kein Zweifel sein kann, und es ist alles Liebe, was er mit ihnen tut. Ich habe dich lieb, sagt er, und davon sollten seine Knechte eine vollkommene Überzeugung haben.

21. Mai

Herr, wohin sollen wir gehen? Du hast Worte des ewigen Lebens.
Johannes 6,68

»Wollt ihr auch weggehen?« Diese sonderbare Frage stellte Jesus seinen Jüngern bei der Veranlassung, dass mehrere, die sich bisher zu ihm gehalten, hinfort nicht mehr mit ihm wandelten, weil sie an einer von ihm gehaltenen Predigt einen zu großen Anstoß genommen hatten. Jesus führte nun die Zwölf auch in eine Versuchung, die sie aber sehr gut bestanden, so dass Petrus im Namen aller antwortete: »Herr, wohin sollen wir gehen? Du hast Worte des ewigen Lebens.« Diese Frage stellt Jesus noch von Zeit zu Zeit den Seinigen, zwar nicht mit den Worten, doch in seiner Führung. Er tut's oft bald am Anfang, wo er sich gegen all ihr Bitten wie taub stellt und es scheint, er wolle gar nicht hören noch helfen, so dass das Herz wohl einmal wirklich denkt: Gib's nur auf, es hilft so nicht. Er tut's im Fortgang, wo es geschehen kann, dass die weltlichen und sündlichen Lüste mit einer solchen Kraft reizen und locken, dass es heißen kann: Was kann's helfen, länger dagegen zu streiten, du wirst so nicht Meister, ergib dich nur, du kommst so nicht durch und quälst dich nur vergeblich. Oder es können solche dunklen Wege eintreten, wo einem das Genossene, das Geglaubte und Erkannte wie ein Traum und ein glücklicher Ausgang als äußerst zweifelhaft vorkommt und das arge Herz denken kann: »Du hast keine Hilfe bei Gott« (Psalm 3,3). Das sind sehr beklemmende Stunden, wo es auch heißt: »Wollt ihr auch weggehen?« Wohl mochte Petrus antworten: »Herr, wohin denn?« Und so antwortet der erneuerte Teil noch immer. Du, du hast Worte des ewigen Lebens, bei dir allein ist's gut. Ich kenne keinen bessern Herrn, drum bleib' ich stets bei diesem Herrn und das von ganzem Herzen gern.

22. Mai

Ihr wart wie die irrenden Schafe, aber ihr seid nun bekehrt zu dem Hirten und Bischof eurer Seelen.

1. Petrus 2,25

Dieser große, hochwürdigste Bischof (d. h. Aufseher) hat eine Gemeinde, die auch sein Reich genannt wird und deren Gegensatz die Welt ist. Alle Seelen sind an ihn verwiesen, um alles, was sie zu ihrem Heil bedürfen, bei ihm zu begehren und freudig zu erwarten. Daher all die Aufforderungen und Einladungen, sich zu ihm zu wenden, zu ihm zu kommen, auf ihn zu sehen, an ihn zu glauben, ihm zu vertrauen. Daher alle Verheißungen, die daran geknüpft sind, weise, gerecht und selig zu werden, so wir wirklich vertrauen und den Ruhm der Hoffnung bis ans Ende festhalten.

Diesem Bischof sind alle Seelen anvertraut, und wie der alttestamentliche Bischof die Namen der zwölf Stämme auf seinen Schultern trug, so ist der neutestamentliche mit der Besorgung aller Angelegenheiten seiner Gemeinde beauftragt.

Das ist der Wille seines Vaters, der ihn in dieses schwere und hochwichtige Amt eingesetzt und ihn dazu gesalbt hat, dass er nichts von dem verliere, was er ihm gegeben hat. Niemand soll sie ihm aus seiner Hand reißen, und er legt darüber vor seinem Vater Rechenschaft ab, wenn er sagt: »Die du mir gegeben hast, habe ich bewahrt, und ihrer ist keiner verloren …« (Johannes 17,12). Und weil da hätte gefragt werden können: Wo ist denn der Zwölfte? – so rechtfertigt er sich hierüber gleichfalls, indem er hinzusetzt: »… als das verlorene Kind, damit die Schrift erfüllt würde.«

23. Mai

Mein Freund ist weiß und rot, auserkoren unter vielen Tausenden.

Hohelied 5,10

Zu dieser Beschreibung fand die Braut sich durch die an sie gerichtete Frage veranlasst: »Was ist dein Freund vor andern Freunden?« Die Töchter Jerusalems fragen dies, Seelen, die Christus wohl ein wenig kennen und lieben, aber ihn gern noch näher kennen und lieben möchten und sich wirklich nicht dareinfinden können, dass sie so ungemein viel Werks aus ihrem Freund mache. Die Auserwählte nennt ihn »Freund«, ein Wort, das sowohl auf Verwandtschaft deutet als auch eine Gesinnung anzeigt. Sie setzt seine Vorzüglichkeit in die Vereinigung zweier Farben, der weißen und roten, wodurch sie zwei Eigenschaften andeutet. Weiß ist die Farbe der Unschuld und Heiligkeit, und Jesus ist der gläubigen Seele in dieser Farbe umso köstlicher, weil er nicht nur ihre Schwärze und Ungestalt damit bedeckt, sondern sie auch in sein Bild umgestaltet. Weiß ist auch ein Bild der Vollkommenheit, weil es nicht so sehr eine Farbe für sich, sondern der Inbegriff aller Farben, d. h. Licht ist. In Christus ist alles, was wir bedürfen, in uns selbst nichts. Kein Wunder, wenn er der gläubigen Seele über alles köstlich ist. Rot ist die Farbe des Eifers, sowohl im Zorn als in der Liebe, und von dem ganzen Erlösungswerk wird gesagt: »Solches wird tun der Eifer des Herrn Zebaoth« (Jesaja 9,7). Jesus ergrimmte dort im Eifer zu retten und weinte zugleich vor mitleidiger Liebe (Johannes 11,35). Besonders aber war er rot durch sein Blut, an welchem wir die Erlösung haben, nämlich die Erlösung durch sein Blut. Die Auserwählte verknüpft beide miteinander. Weiß ohne rot, also heilig ohne Versöhnung, wäre unser Untergang, rot ohne weiß unmöglich. Beides verknüpft ist unsere Gerechtigkeit.

24. Mai

Und ich sah, und siehe, mitten zwischen dem Stuhl und den vier Tieren und zwischen den Ältesten stand ein Lamm, wie wenn es erwürgt wäre. Offenbarung 5,6

Noch im Himmel trägt das Lamm das Zeichen der Schlachtung an sich, und da es sich als erwürgt sehen lässt, steigen Wolken von Räucherwerk aus goldenen Schalen empor und Harfen ertönen. Alles sinkt auf seine Knie nieder. Die vierundzwanzig Ältesten beginnen ein Loblied: »Würdig bist du!« Vieltausendmal tausend Engel rufen mit lauter Stimme, dass es durch den weiten Himmel hallt: »Würdig bist du, du Lamm!« Alle Kreaturen stimmen mit ein: »Würdig bist du!« Die vier lebenden Wesen versiegeln es mit ihrem Amen. Alles fällt nieder, schweigt und betet an. Eine würdige, segnende Kreuzigung Christi, wie sie nur im Himmel gefeiert werden kann. Wie wird uns sein, wenn wir mit verklärten Zungen, durch und durch geheiligt, in diese Chöre mit einstimmen, mit anstimmen das Lied: Würdig bist du! Wie ist's uns hier auf Erden schon, wenn ein Strahl von seinem Thron das Herz erquickt!

Die höchste Ehre widerfuhr dem Gekreuzigten von seinem Vater selbst. Als er, mit seinem eigenen Blut besprengt, in das Allerheiligste eintrat, sprach er: Siehe, hier bin ich und die Kinder, die du mir gegeben hast! Da sprach der Herr zu meinem Herrn: Setze dich zu meiner Rechten, bis ich deine Feinde zum Schemel deiner Füße lege! Der Herr wird das Zepter seines Reiches aus Zion senden. Herrsche unter deinen Feinden! Nach deinem Sieg wird dir dein Volk willig opfern in heiligem Schmuck.

O welche Freud' und welche Wonne,
welch unaussprechlich heller Schein
von aller Himmel Himmel Sonne
wird über unserm Haupte sein,
wenn wir das neue Lied mitsingen,
da Gott sich sichtbar offenbart,
und Ruhm und Preis und Ehre bringen
dem Lamme, das geschlachtet ward!

Wer aus der Wahrheit ist, der hört meine Stimme.

Johannes 18,37

O glücklich der, der aus Satans Lügenreich heraus einen Sinn bekommen hat, den Wahrhaftigen zu erkennen! Glückselig derjenige, bei dem der Heilige Geist die Blendwerke und Spinnengewebe zerstört, um ihm den Wahrhaftigen zu offenbaren! Greife außer ihm deine Sache an wie du willst, du irrst in jedem Fall, denn nur er ist der Weg, die Wahrheit und das Leben. Er, er ist das Notwendige, und in diesem Einen ist alles. Daher heißt es: Glaube an den Herrn Jesus, vertraue dich ihm an, sonst bist und bleibst du betrogen. Aber freilich, Jesus verzichtet noch immer darauf, bei irgendjemand anderem als nur bei dem, der aus der Wahrheit ist, Eingang zu finden. Jeder, der aus der Wahrheit ist, hört seine Stimme. Seine Stimme hören ist ein Kennzeichen dafür, dass jemand aus der Wahrheit ist, sowie sie nicht hören ein Kennzeichen dafür ist, dass man nicht aus Gott ist.

O liebe Seelen, es ist um unseren Sündenfall kein Scherz, kein geringes Ding. Wir gleichen in der Tat nicht einem Menschen, der in einen Brunnen gefallen ist und dem man nur einen Strick zuwerfen braucht, dass er sich daran heraufziehen lasse; sondern es ist eine überschwängliche Größe der Kraft zu unserer Rettung erforderlich, aber auch in Christus bereit. Lasst euch denn versöhnen mit Gott! Lasst euch helfen!

Der Heilige Geist leite euch in alle Wahrheit! »Ich gebiete dir vor Gott, der alle Dinge lebendig macht, und vor Jesus Christus, der vor Pontius Pilatus bezeugt hat ein gutes Bekenntnis, dass du hältst das Gebot ohne Flecken, untadelig, bis zur Erscheinung unseres Herrn Jesus Christus, welche zu seiner Zeit zeigen wird der Selige und allein Gewaltige, der König aller Könige und Herr aller Herren, der allein Unsterblichkeit hat, der da wohnt in einem Licht, da niemand hinzukommen kann. Dem sei Ehre und ewiges Reich!« (1. Tim. 6-13-16).

26. Mai

Wachet und betet, dass ihr nicht in Anfechtung fallt.
Matthäus 26,41

Bei den Versuchungen ist es die Hauptsache, wo sie ihren Grund haben, wonach sich denn auch die Wirkung richtet. Es ist etwas Erschreckendes, wenn die Versuchung oder Anfechtung aus dem Zorn oder der Ungnade Gottes entspringt, denn da zieht sie zeitliches und ewiges Unheil nach sich, und der Mensch geht dann zugrunde nach Leib und Seele, wie Judas davon ein schreckliches Beispiel ist. Von solchen Versuchungen mag wohl gesagt und dabei empfohlen werden: Betet, betet, was ihr beten könnt, dass ihr nicht hineingeratet! Der Mensch reizt Gott durch seine eigene Schuld und Bosheit, solch' erschreckendes Unheil über ihn zu verhängen. Dann geht's nach dem Spruch: Weil ich denn rufe und ihr weigert euch, ich recke meine Hand aus und niemand achtet darauf, so will ich euer auch lachen in eurem Unglück. Darum sehe sich ein jeder wohl vor! Man kann sich in Versuchung wohl einlassen, gerät aber damit auf einen bezauberten Boden, wo man seine Besinnungskraft je länger, je mehr verliert. Eine Versuchung verkettet sich auch dermaßen mit der andern, und eine entspringt so aus der andern, dass, wer jetzt einen Fuß in das Labyrinth gesetzt, schon die Macht über den zweiten verscherzt hat und nicht mehr wissen kann, in was für Gräuel er noch geraten wird. Und die Versuchung ist so listig, dass sie sich in etwas mengen kann, was, wo es nicht eindeutig erlaubt, doch auch nicht geradezu untersagt, nicht verboten ist, in dieser Larve die Unvorsichtigen beschleicht und je länger, je fester umgarnt. Aber vor solcher Versuchung waren doch die Jünger sicher? Immerhin. Dennoch sagt Paulus: »Sei nicht stolz, sondern fürchte dich!« (Römer 11,20). Wer meint zu stehen, sehe zu, dass er nicht falle, denn euer Widersacher, der Teufel, geht umher wie ein brüllender Löwe und sucht, welchen er verschlinge.

Unser Herz freut sich seiner, und wir trauen auf seinen heiligen Namen. Psalm 33,21

Seelen, die anfänglich erquickt sind, müssen nicht denken, dass nun alles gut sei, sondern sie sollen sich die Erquickung zur Aufmunterung in der Nachfolge Jesu dienen lassen und keineswegs einen so frühen Stillstand machen. Die Ruhe in Christus ist noch etwas Größeres und Höheres, als bloß erquickt zu werden; sie besteht nämlich im Leben des Glaubens an den und in dem Sohn Gottes, Jesus Christus. dass ihr diese Erquickungen oft entbehren müsst, hat den Grund, dass ihr eure Beruhigung nicht in den Erquickungen, sondern allein in Christus und seiner stellvertretenden Genugtuung suchen sollt. Alle anderen Stützen müssen euch genommen werden, damit ihr an dem Namen Jesu besser studieren mögt, um so bleibende Ruhe für eure Seelen zu bekommen. Diese Ruhe ist es, wonach wir streben sollen. Darum betete auch David im 86. Psalm: »Erfreue die Seele deines Knechts, denn nach dir, Herr, verlangt mich.« Nur im Herrn haben wir Gnade und viel Vergebung. Wodurch sonst wurden die Kinder Israel gesund als durch die eherne Schlange und den Blick auf sie? Jesus Christus ist für uns ans Kreuz und in den Himmel erhöht worden, auf dass alle, die an ihn glauben, nicht verloren werden, sondern das ewige Leben haben. Aufsehen sollen wir auf ihn, den Anfänger und Vollender des Glaubens, auf ihn aber auch unser Vertrauen setzen, denn in uns haben wir nichts als Sünde und Elend. In dieser Ordnung und auf diesem Weg sollen wir denn auch erquickt werden und Ruhe finden für unsere Seelen.

Jesus-Nam', du Perl' der Seelen,
o wie köstlich bist du mir!
Dich will ich zum Schatz erwählen;
was ich such', ist ganz in dir:
Gnade, Kraft und Heiligkeit,
Leben, Ruh' und Seligkeit.
Dieser Name, dieser neue,
ewig meine Seel' erfreue!

28. Mai

Ringet danach, dass ihr stille seid.

1. Thessalonicher 4,11

Es ist in der Tat ein jämmerlich Ding, bald freudig glauben und dann wieder so mutlos sein zu müssen, so daniederliegen zu müssen. Darum sehnt sich dann die Seele nach einem festen Punkt. Aber dieses sind Erfahrungen, die nicht durch das Studieren, sondern durch demütigen Glauben gemacht werden. Da lernt die Seele allein auf und in Christus trauen durch den Heiligen Geist, da findet sie den Schatz im Acker und die Perle von hohem Wert. In diesem Zustand nun ruht sie nur im Willen ihres Erbarmers und ist mit seinen Fügungen zufrieden. Ihre Sprache ist nun: »... als die Traurigen, aber allezeit fröhlich; als die Sterbenden, aber siehe, wir leben; als die nichts innehaben und doch alles haben« (2. Korinther 6,10). Wenn ich schwach bin, dann bin ich stark, stark in dem Herrn und in der Macht seiner Stärke. Dahin muss es mit dem Christen kommen. Dieses kann aber nur geschehen durch die Gnade um Christi Willen und durch ihn, denn ohne ihn können wir nichts tun und mit ihm alles. Er ist der Baum des Lebens, und unter seinem Schatten kann man sicher ruhen. Dann ist das Christentum nicht mehr schwer, wie es dem Fisch nicht schwer wird, im Wasser zu leben, und dem Vogel nicht schwer ist, in der Luft zu fliegen, weil es ihr Element ist. Eine solch erquickte und beruhigte Seele lässt sich alles geben aus der Fülle Jesu Christi, eine Gnade um die andere. Solche Seelen ruhen aus von ihrer Arbeit und leben im Glauben des Sohnes Gottes, der sie geliebt und sich selbst für sie aufgeopfert hat. Sie besitzen einen völligen Glauben, haben Freudigkeit zu Gott und kindliches Zutrauen zu ihm als Vater, sind selig in Hoffnung.

29. Mai

Wer aber Christi Geist nicht hat, der ist nicht sein.

Römer 8,9

Ein wahrer Christ ist nur derjenige, welcher den Heiligen Geist empfangen hat, und kein anderer, denn wer Christi Geist nicht hat, der ist nicht sein, und nur die sind Gottes Kinder, welche der Geist Gottes treibt. Wer aber hat den Heiligen Geist? Das lässt sich nur an den Wirkungen erkennen, die jedoch bei dem einen deutlicher ans Licht treten als bei dem andern. Der Herr aber kennt die Seinen. Wo aber der Geist des Herrn ist, da schafft und wirkt er auch. Er hat dem vorher sorglosen, eigengerechten Menschen sein Sündenelend und Verlorensein aufgedeckt und fährt damit fort, wie Christus sagt: Er wird die Welt überzeugen von der Sünde. Er fängt das Heilen mit dem Verwunden an und das Gesundmachen damit, dass er den Menschen krank macht, oder vielmehr sein Kranksein fühlen und merken lässt. Der Geist, der ein heiliger ist, flößt ferner dem bisher mit der Sünde befreundeten Menschen einen ernstlichen Hass gegen die Sünde ein, die dieser dann aus allen Kräften flieht. Nun begehrt der Mensch seine Erlösung von dem Leib des Todes aufs herzlichste. Der Heilige Geist zeigt ihm nun auch weiter Jesus Christus als den Weg und den einzigen und vollkommenen Heiland der in sich selbst verlorenen Sünder, der eben um ihretwillen in diese Welt gekommen ist. Er treibt ihn an, zu ihm seine Zuflucht zu nehmen und zu flehen: Mach mich auch selig! Der Mensch hungert und dürstet nach seiner Gnade. Es wird ihm auch wohl verliehen, sich Christus mit aller Zuversicht und Freude zuzueignen, selbst seines Heils in ihm ganz gewiss zu sein und so zu glauben, dass er nicht zweifelt. Und nun setzt der Heilige Geist das Geschäft der Erleuchtung, Demütigung, Züchtigung, das Geschäft des Tröstens, der Heiligung, der Erneuerung fort und macht die Seele tüchtig zu dem Erbteil der Heiligen im Licht, wo sie zu seiner Zeit auch aufgenommen wird. Und dies sind Geisteswirkungen, wodurch aus einem Menschen ein Christ wird, die deswegen jeder erfahren muss und erfährt, der selig werden soll.

Kommet her zu mir alle, die ihr mühselig und beladen seid; ich will euch erquicken.

Matthäus 11,28

Lieblich begegnen sich hier der Erquicker und der Erquickungsbedürftige, so wie in Lukas 10 der Samariter dem unter die Mörder Gefallenen. Wie dieser, so kommt Jesus zu euch, ihr Mühseligen und Beladenen, ihr geistlich Verwundeten und Todkranken, um euch zu helfen, zu trösten und zu erquicken. Unter diesen »euch« werden also die Traurigen zu Zion verstanden, die über ihre Sünden trauern und sie bereuen; die bereuen, dass sie die Lehren und Gebote des Herrn Jesu nicht geachtet und befolgt haben, die durchs Gebet zum Glauben, zur Liebe und Gottseligkeit gelangen, die erkennen und fühlen, dass nichts Gutes in ihnen wohnt, dass sie ein Gesetz in ihren Gliedern haben, das da widerstreitet dem Gesetz in ihrem Gemüt und sie gefangen hält unter der Sünde Gesetz; die deshalb seufzen: Ach, ich elender Mensch, wer wird mich erlösen von dem Leib des Todes? Diese traurigen Seelen gehören zu den »euch«, denen Jesus verspricht: »Ich will euch erquicken.« Es sind ferner diejenigen, von denen Petrus sagt, dass sie »traurig sind in mancherlei Anfechtungen« (1. Petrus 1,6), traurig sind, weil sie versucht werden, alles aufzugeben; wie denn der Feind sie anficht, es würde ihnen so nicht helfen, aus ihnen würde so nichts werden; in die er seine feurigen Pfeile, allerlei Lästerungen abdrückt; die traurig sind wegen der Entbehrungen des göttlichen Lichts, seiner gnädigen Tröstungen und deshalb zweifeln, ob ihr Christentum rechter Art und ihr Glaube echtes Gold sei; die verlegen sind, ob sie sich nicht am Ende noch ganz betrogen finden würden, wenn sie ihren Pilgerlauf vollendet haben. Alle diese sind es, die zu den »euch« gehören. Diese will Jesus erquicken. Ihnen soll aufgehen die Sonne der Gerechtigkeit, obschon sie mit David öfters sagen: »Wann tröstest du mich?« (Psalm 119,82) und sich nicht zufriedengeben können, bis Jesus zu ihnen sagt: Seid getrost, ich will euch erquicken.

31. Mai

Derselbe (der Geist der Wahrheit) wird mich verklären.

Johannes 16,14

Der Heilige Geist ist ein Geist der Heiligung, und o, wie gedeiht unter seinem lebendigmachenden Odem die Frucht des Geistes und entsprosst von selbst dem vorher gedemütigten und zerschlagenen Herzen, in welchem der Hohe und Erhabene wohnt! Er leitet in alle Wahrheit, er verklärt Christus. Und was erblickt die Seele dann für eine Herrlichkeit! Sie sieht das Lamm Gottes, das der Welt Sünde trägt, und welch ein Gesicht ist das für einen armen Sünder! Sie sieht Gott als einen solchen, der Gottlose gerecht spricht. Welch ein Anblick! Sie versteht die Vollkommenheit der Versöhnung, welch ein Verstand ist das! Gott war in Christus und versöhnte die Welt mit ihm selber und rechnete ihnen ihre Sünden nicht zu und hat unter uns aufgerichtet das Wort von der Versöhnung. O gewiss, wer das zu verstehen bekommt im Licht des Heiligen Geistes, der mag nichts anderes wissen als Jesus Christus, den Gekreuzigten, durch welchen ihm die Welt gekreuzigt ist und er der Welt; der wird mit David ausrufen: »Der Vogel hat sein Nest gefunden, die Schwalbe ihr Haus« (Psalm 84,4). Er ist ein Geist, der Zeugnis gibt, dass man ein Kind Gottes ist, und dies versiegelt er mit einer solchen alles überwindenden Festigkeit, dass alle Engel und Menschen sie nicht ins Wanken bringen können.

1. Juni

Derselbe Geist gibt Zeugnis unserm Geist, dass wir Gottes Kinder sind.

Römer 8,16

Der Heilige Geist tröstet die zerschlagenen Herzen, indem er ihnen den Glauben schenkt, das Evangelium auf sich zu deuten, ihr Jawort, ihr Amen dazu zu sagen; zu versiegeln, dass Gott wahrhaftig ist; zu bekennen: Auch mir ist sein Sohn gegeben, durch den Glauben ist er mein; zu schwören: In dem Herrn habe ich Gerechtigkeit und Stärke. So wird ihr Weg bis zu dem Herzen Gottes gebahnt, um mit Freimütigkeit zu dem Gnadenthron hinzuzutreten, sich da Vergebung der Sünden und alles, was sie bedarf, zu holen. Ach, wie werden dann das Joch ihrer Last und die Rute ihrer Schulter und der Stecken ihres Treibers zerbrochen! So wird man stille, so hat man Ruhe, so erquickt man die Müden. O ein seliger Stand, oder wenigstens, wenn es noch nicht zum bleibenden, befestigten Stand geworden ist: o seliger Genuss, Vorgeschmack des Himmels, Ruhen des wiedergefundenen Schafes auf den Schultern des guten Hirten, von seiner starken Hand gehalten! Wer will nun noch anklagen? Welche Sünde darf nun noch herrschen? Welcher Feind noch siegen? Überwinden wir denn nicht weit in allem? Wodurch denn? – durch den, der uns geliebt hat.

Wenn ich traurig sitze
in Versuchungshitze,
Tröster, tröste mich!
Laß die Ströme fließen,
in mein Herz sich gießen
stets und mildiglich,
die das dürre Erdreich laben
mit den reichsten Himmelsgaben!

2. Juni

Ich will euch ein neues Herz und einen neuen Geist in euch geben; und will das steinerne Herz aus eurem Fleisch wegnehmen und euch ein fleischernes Herz geben.

Hesekiel 36,26

Unser Herz wird steinern genannt, und also als etwas Hartes und Widerstrebendes dargestellt. Es muss aber wächsern, bieg- und bildsam werden. Das geschieht durch Gnade. Aber sie braucht, sowohl im Anfang als im Fortgang, verschiedene Mittel dazu. Die beiden Hauptmittel sind Gesetz und Evangelium. Das Gesetz macht das Herz wohl eigentlich nicht mürbe, es deckt ihm aber seine Härtigkeit und seine Sünden auf und nötigt es dadurch, von seinem Trotz und von der Einbildung einer eigenen Kraft und Gerechtigkeit abzusehen. So ging's dem Paulus. Wie gebeugt machte das Gesetz diesen stolzen Pharisäer, dass er auch fragte: Wer wird mich erlösen von dem Leib des Todes? Wird aber der armen Seele das Evangelium vom Heiligen Geist gepredigt, gepredigt, wie Gott in Christus ein Gott aller Gnaden, wie bei ihm viel Vergebung ist, wie Christus unsere Gerechtigkeit und wir in ihm vollkommen sind, so dass er dies auf seine eigene Person anwenden kann, dann wird er mürbe und sein Herz zerfließt wie Wachs, und die Liebe Christi fängt an, ihn zu drängen.

O du Gottesstärke,
komm, zerbrich die Werke
Belials in mir!
Durch des Wortes Hammer
schaff, dass ich mich klammer'
inniglich an dir;
deinem Trieb mich ganz ergebe
und nach deinem Willen lebe!

3. Juni

Wollte Gott, dass all das Volk des Herrn weissagte und der Herr seinen Geist über sie gäbe!

4. Mose 11,29

Wer Christi Geist nicht hat, ist auch nicht sein; wo er aber hinkommt, da wirkt er eine deutliche, merkliche Veränderung. Man kann sagen, er fängt an zu weissagen. Freilich nicht so, als dass er anfängt, zukünftige Dinge vorhersagen zu wollen, sondern so, dass er von sich selbst und göttlichen Dingen auf eine dem Wort gemäße Weise zu reden anfängt und zugleich andere Seelen zu Christus zu führen sucht. Da ist's denn oft auch für alte Christen eine höchst erfreuliche Sache, zu sehen und zu hören, wie der neue Wein in den alten Schläuchen rumort und arbeitet, und den Seelen selbst sind die Sachen, die in ihnen vorgehen, um so überraschender, je neuer und ungewohnter sie ihnen sind. Wie munter und mutig hört man sie der Welt, der Sünde, dem Teufel den Krieg ankündigen! Was wollen sie nicht alles leiden und tun! Was ist das für eine Inbrunst der Liebe, für eine Freudigkeit der Hoffnung, für eine Lebendigkeit des Glaubens, für eine Standhaftigkeit der Geduld! Was für ein Licht im Worte Gottes, was für eine Einsicht ins Evangelium, was für ein Preisen der Gnade! Es gibt einen natürlichen Frühling; es gibt auch einen Frühling in der Seele, und der entsteht dann, wenn die Gnadensonne in und über derselben aufgeht mit Heil unter ihren Flügeln.

4. Juni

Gott ist es, der uns versiegelt und in unsere Herzen das Pfand, den Geist, gegeben hat.

2. Korinther 1,22

Der Heilige Geist ist das Pfand und Siegel, wodurch diejenigen, die da glauben, versiegelt werden bis auf den Tag ihrer vollkommenen Erlösung, mit anderen Worten: wodurch sie bewahrt werden und von dieser Bewahrung in ihrer Seele eine süße Versicherung empfangen. Diese Versicherung ist die völlige Gewissheit der Seele über ihren unbezweifelten Anteil an der Versöhnung Christi und am ewigen Leben, so dass sie mit Hiob sagen kann: »Ich weiß, dass mein Erlöser lebt« (Hiob 19,25), und mit Paulus: »Ich bin gewiss« (Römer 8,38) Diese Gewissheit liegt schon in der Natur des Glaubens, der nach des Apostels Beschreibung eine gewisse Zuversicht ist, die nicht zweifelt, und sie gedeiht zur völligen Gewissheit, wenn der Heilige Geist die Hindernisse dieser gewissen Zuversicht in besonderem Maße wegräumt und sie in den Stand setzt, Paulus nach in Freudigkeit zu fragen: »Was will uns scheiden von der Liebe Gottes, Trübsal oder Angst oder Verfolgung oder Hunger oder Blöße oder Gefahr oder Schwert?« (Römer 8,35) und dann zu bekennen: »In dem allen überwinden wir weit um deswillen, der uns geliebt hat« (Vers 37). Es ist wahr, auch der schwache Glaube ist genug zur Seligkeit, jedoch unter dem Vorbehalt, dass stets nach Stärkung des Glaubens getrachtet wird. Wie sollte es auch möglich sein, dass eine wirklich wiedergeborene Seele sich ganz zufrieden gibt, ehe sie durch den Heiligen Geist des ewigen Lebens völlig versichert ist! Aber wie sollte ein trotzig und verzagt Ding, wie unser Herz ist, ein Herz, das unter dem Unglauben verschlossen ist, das seiner Natur nach nicht anders kann als fürchten, zweifeln, wanken, sich zu einer völligen Gewissheit erheben können, als nur durch den Heiligen Geist? Er gibt aber eine Gewissheit, wie es sonst gar keine Gewissheit gibt und die für die Zeit selbst die Möglichkeit des Zweifelns wunderbar ausschließt, ohne jedoch die Natur des Herzens aufzuheben.

5. Juni

Also eines so viel besseren Testaments Ausrichter (o. Bürge) ist Jesus geworden.

Hebräer 7,22

Was sollte aus uns ohne diesen Bürgen werden, da es mit dem Menschen im Stand der Unschuld so übel ablief, da er für eigene Rechnung stand? Welch ein gar viel besserer Bund, der auf einem solchen Bürgen beruht! Hätte Gott noch so manchen Bund mit uns Menschen gemacht, ohne ihn auf einen solchen tüchtigen Bürgen zu gründen, er würde, wie es gleich am Sinai sich auswies, gebrochen worden sein. »Ich wusste wohl«, sagte er Jesaja 48,8, »dass ihr ganz treulos handeln würdet, und ihr heißt mit Recht Übertreter von Mutterleib an. Aber um meinetwillen, ja um meinetwillen will ich es tun.« Darum bestellte er Hilfe bei einem Helden: »Zieh einher der Wahrheit zugut!« (Psalm 45,5).

Wer unter der ganzen Menge der Gläubigen wird nicht solche Abwechslungen und Veränderungen in seinem Inneren gewahr, dass ihm nicht einleuchte, seine vollkommene Festigkeit beruhe auf einem Bürgen! Niemand – um die Worte eines anderen zu den meinigen zu machen – niemand kann, außer diesem, den Grund angeben, warum er den Bund nicht schon längst gebrochen hat. Jede Verdorbenheit, jede Versuchung, jede sündliche Regung beweist unsrerseits eine Fähigkeit, von Gott abzufallen, ständen wir auf eigenen Füßen. Nur der Glaube, der auf die Verbürgung Jesu sieht, entdeckt die Ursache, warum wir bisher bewahrt sind, und öffnet uns die Aussicht zu einem endlichen, vollkommenen Sieg.

6. Juni

Gott ist Geist, und die ihn anbeten, die müssen ihn im Geist und in der Wahrheit anbeten.

Johannes 4,24

Die wahre Anbetung im Geist entspringt auf der einen Seite aus einer lebendigen Erkenntnis und einem tiefen Eindruck von der unermesslichen Größe und Majestät des Bundesgottes und besonders von seiner in Christus geoffenbarten, unergründlichen Liebe sowie von seinem allerseits unbegreiflichen und unerforschlichen Wesen und Regieren – und auf der andern Seite aus der deutlichen Einsicht in unser gänzliches Nichts, in unsere Armut, Blöße und Sünde. Kommt dazu eine kräftige Erkenntnis seiner Huld und Gnade, so zerfließt die Seele in Anbetung, wie's bei David der Fall war: »Wer bin ich, Herr Gott, und was ist mein Haus, Herr! … Es ist deinesgleichen nicht und ist kein Gott als du!« (2. Samuel 7,18.22).

Die Anbetung äußert sich durch eine tiefe Selbsterniedrigung und Verleugnung seiner selbst, in einem gänzlichen Verlieren seines Willens in den allein guten Willen Gottes, auch da, wo sich sein Fuß in dunkle Wolken hüllt. Die Anbetung begehrt ausdrücklich nichts von Gott und nimmt sich nichts vor und ist ein Stillesein vor dem Herrn, ein Verlieren in ihn. »Gott, man lobt dich in der Stille« (Psalm 65,2). »Aber sei nur stille zu Gott, meine Seele; denn er ist meine Hoffnung« (Psalm 62,6). Ich will schweigen und hören, was der Herr zu mir reden wird.

Ich habe ihm mich ganz ergeben,
und dies ist nun mein innig Flehn,
dass doch in meinem ganzen Leben
sein Wille mög' an mir geschehn.
So wird jetzt und in künft'gen Jahren
mir niemals was widerfahren,
als was sein Rat mir hat ersehn.

7. Juni

Darum siehe, ich will sie locken und will sie in eine Wüste führen und freundlich mit ihr reden.

Hosea 2,14

Der Herr sei gelobt, dass er's übernommen hat, die Seelen zu locken und zu überreden, dass sie ihm ihr Herz schenken, dass sie sich an ihn übergeben und ihren Augen seine Wege wohlgefallen lassen. Wer vermag sie sonst zu locken, selbst wenn man ihnen alle Herrlichkeiten des Himmels zeigte! Wer vermag sie zu überreden, wenn man auch alle Beweggründe auseinandersetzte, welche des Menschen eigenes Wohlergehen oder Elend so reichlich darbieten! Wer vermag sie zu überzeugen, da der Unglaube und des Herzens Härtigkeit alle Mühe vereitelt!

Wohl mochte Paulus schreiben: »Weil ich tückisch war, habe ich euch mit Hinterlist gefangen« (2. Korinther 12,16). Und es mag wohl mancher sein, welcher, nachdem er von der Gnade gefangen war, hinterher in Umstände kam, wo er mit Rebekka hätte sagen mögen: »Da mir's also sollte gehen, warum bin ich in diese Lage gekommen?« (1. Mose 25,22). Der Herr weiß sich aber schon den Eingang zu den verschlossenen Herzen zu verschaffen und so zu klagen, dass man weint, oder so zu singen, dass man tanzt. Und er ist's freilich, der so wie das Vollbringen auch das Wollen wirkt (Philipper 2,13) und das gute Werk anfängt, wie er es vollendet (Philipper 1,6).

Jesu, Stärke der Verzagten,
der du gibst den Matten Ruh';
wahre Zuflucht der Geplagten,
zwing mein Herze, zwing's dazu,
dass die ganze Kreatur
nichts in meinen Augen scheine,
und ich darauf denke nur,
wie ich ewig sei der Deine!

8. Juni

Selig ist der Mann, der die Anfechtung erduldet; denn nachdem er bewährt ist, wird er die Krone des Lebens empfangen, welche Gott verheißen hat denen, die ihn liebhaben.

Jakobus 1,12

Die Heilige Schrift gedenkt oft der Anfechtung, und Jakobus preist den Mann selig, welcher sie erduldet. Wenn er aber will, dass man es für lauter Freude halten soll, so fordert er etwas, das alle natürlichen Kräfte übersteigt. Es ist keine Zusicherung so fest, dass sie nicht heftig bezweifelt werden kann, es sind keine Gaben so groß, dass sie nicht wieder entzogen werden können, wie der Herr sagt: »Ich will meinen Most und mein Korn wieder zu mir nehmen, und ich will ein Ende machen mit ihren Freuden, Festen und Feierlichkeiten« (Hosea 2,9.11). Er kann sein Angesicht verbergen, und wenn er es verbirgt, so erschrickt jeder, er sei, wer er wolle. Die Ausrottung unserer Eigenliebe, unserer geistlichen Hoffart und Anmaßung, unserer Eigengerechtigkeit, der tiefgewurzelten Einbildung, selbst etwas zu sein, mit einem Wort, das Verlieren des eigenen Lebens, das notwendig ist, um das ewige Leben zu finden, geschieht sehr häufig unter grausamen Kämpfen. Die Psalmen geben davon reichliches Zeugnis, so wie bei Hiob und in den Klageliedern davon vieles vorkommt. So kommt die Seele in eine Wüste, wo ihr nichts als der Herr bleibt. Aber, o wie wohl tut's dann, wenn der Herr darauf freundlich mit der Seele redet!

Wohl dem, der mit Jeremia sagen kann: »Du hast mich überredet, und ich habe mich überreden lassen, du bist mir zu stark gewesen und hast gewonnen. Du hast mich je und je geliebt und mich zu dir gezogen aus lauter Güte« (Jeremia 20,7; 31,3). Zieh uns, Herr, so laufen wir.

9. Juni

Wo aber der Geist des Herrn ist, da ist Freiheit.

2\. Korinther 3,17

Wo dieser Geist nicht ist, da ist also Sklaverei, Knechtschaft, Gefangenschaft. In diesem Zustand befindet sich von Natur der Mensch, bis er wiedergeboren wird und der Geist des Herrn über ihn kommt. Es ist ihm auch unmöglich, sich selbst loszumachen und die Freiheit zu erringen. Das Gesetz kann ihm wohl seine Sklaverei fühlbar machen, indem es ihm vorhält, wie er sich zu verhalten, wie er Gott und seinen Nächsten zu lieben habe. Mag er sich dann zwingen wollen, es ist alles fruchtlos und er fühlt nur immer mehr, wie hart er gebunden ist. So ist's auch recht, und so muss es anfangs einem Menschen gehen, der zur wahren Freiheit eines Christen gelangen soll. Er muss seine Gefangenschaft fühlen und darunter schmerzlich nach Freiheit seufzen. Wie gelangt er aber zu derselben? Durch Christus. Denn wo Christus ist, da ist und entsteht Freiheit, weil er gekommen ist, den Gefangenen zu verkündigen, dass sie los sein sollen. Er gibt Freiheit von Fluch, Zorn, Tod, Sünde, Gesetz, Unglauben, knechtischer Furcht, Blindheit und allem, was gefangen hält und was der Christ in täglicher Buße erkennt. Er gibt Licht, Kraft, Frieden und Trost und macht geschickt zu allem guten Werk. Ja, er macht sich endlich alles so untertänig, dass sie sagen dürfen: »Ich lebe, doch nicht ich, sondern Christus lebt in mir« (Galater 2,20). Das ist dann ein so seliger Freiheits- und Friedensstand, dass alle Freiheit liebenden Herzen danach seufzen und schmachten. Jedoch müssen sie diese Freiheit allein bei Christus suchen, denn in Johannes 8,36 heißt es: »So euch nun der Sohn frei macht, so seid ihr recht frei.« Dann werden sie immer mehr zur völligen Freiheit durchbrechen, und alle, die das nicht suchen, sind umso elendere Sklaven, je weniger sie's von sich selbst glauben und je weniger sie davon empfinden, sondern ihre Ketten lieben und nicht frei werden wollen.

10. Juni

Das Gesetz ist unser Zuchtmeister gewesen auf Christus, dass wir durch den Glauben gerecht würden.

Galater 3,24

Die Gebote sollen uns zu Erweckungsmitteln dienen, zu fleißig wiederholtem, ja beständigem Hinwenden zu dem Herrn Jesus, zum steten Zufluchtnehmen zu ihm, zum Bleiben in ihm. Dienen sie uns dazu, was wird das für eine fleißige Korrespondenz, Gemeinschaft und Umgang mit Jesus Christus veranlassen, wie unentbehrlich wird er uns werden, wie werden wir uns genötigt sehen, in ihm bleiben zu müssen und stets auf ihn zu schauen, wie dort die Kinder Israel! Wie werden wir dann in jedem Gebot eine Aufforderung zum Glauben an *den* Jesus finden, ohne den wir nichts und durch den wir alles vermögen! Und wenn wir so verfahren, wie werden wir dann auch viel Frucht bringen, wodurch nicht wir, sondern der Vater gepriesen wird! So stehen denn die Gebote da als Beweggründe, Jesus Christus und seine Gnade desto höher zu schätzen, desto inniger zu lieben und ihm desto unverrückter anzuhängen. Das Fleisch wird fortwährend wider den Geist gelüsten, sowie den Geist wider das Fleisch. Der alte Mensch wird sich sträuben und sich nicht unter das Joch beugen wollen. Wir werden mannigfache Ursache finden, wie Jakobus zu bekennen: »Wir alle fehlen mannigfaltig« (Jakobus 3,2). Und ach, wie köstlich wird uns das den Gekreuzigten machen, der um unserer Sünde willen dahingegeben und um unserer Gerechtigkeit willen auferweckt ist! Wie wird uns das ins Evangelium treiben, worin »die Gerechtigkeit offenbart wird, die vor Gott gilt und die da kommt aus Glauben in Glauben, wie geschrieben steht: Der Gerechte wird seines Glaubens leben!« (Römer 1,17) Wie teuer wird uns derjenige werden, der des Gesetzes Ende ist! Wie teuer wird uns werden, dass, wer an ihn glaubt, gerecht ist! Wie werden wir uns in ihm erfinden lassen, um in ihm eine zugerechnete Gerechtigkeit zu haben!

11. Juni

Und ob jemand sündigt, so haben wir einen Fürsprecher bei dem Vater, Jesus Christus, der gerecht ist.

1. Johannes 2,1

Was ist ein Fürsprecher? Eigentlich ein Advokat, der eines anderen Sache bei Gericht führt. Und dieser Advokat führt unsere Sache so geschickt, dass diejenigen, für die er spricht, nimmer ins Gericht kommen, dass alle Verdammung, ja alle Beschuldigung abgewandt, ihnen aber alle Gnade, Licht und Kräfte und was sonst zum göttlichen Leben und Wandel dient, erwirkt, zuerkannt und mitgeteilt wird. Herrlicher Advokat, Ursprung alles Heils! Unsere Augen sehen auf dich. Was sind das für Geschenke, die dieser Fürsprecher dem Richter macht und wodurch er die Rechtfertigung zum Leben Sündern verschafft, ohne ihn zu bestechen? Es ist die Gabe und das Opfer seiner heiligen Menschheit, geweiht und geheiligt durch die in ihm wohnende Fülle der Gottheit, dargebracht in dem allervollkommensten Gehorsam bis zum Tode, ja bis zum Tode am Kreuz, dargebracht mit der unbegrenztesten Verleugnung seiner selbst, dargebracht an dem verfluchten Holz des Kreuzes, sonderlich während jener drei großen Stunden des Verlassenseins von seinem Gott. Da hat er eine Gabe gebracht Gott zum süßen Geruch, köstlicher als alles Gold, welche ewiglich gilt, und hat uns dadurch Gott erkauft. Diese Gabe ist es, die den gerechten Richter bewegt, denen, die nicht mit Werken umgehen, glauben aber an den, der die Gottlosen gerecht macht, ihren Glauben zur Gerechtigkeit zu rechnen. Es war eine große Kunst, solch eine Gabe zu erfinden. Da aber dieser in die Welt kam, sprach er: »Opfer und Gaben hast du nicht gewollt, den Leib aber hast du mir bereitet« (Hebräer 10,5).

Die Verdienste deiner Leiden
stellst du deinem Vater dar
und vertrittst mit Macht und Freuden
deine teu'r erlöste Schar.

12. Juni

Über das Haus Davids und über die Bürger zu Jerusalem will ich ausgießen den Geist der Gnade und des Gebets.

Sacharja 12,10

Wenn der Heilige Geist recht als ein Geist des Gebets in und über eine Seele kommt, so findet sie ihr Herz, wie David sich ausdrückt, in nicht gewöhnlicher Weise ein Gebet zu tun: ein Gebet der Inbrunst, das lange fortlodert, das nicht ablässt, das dem Himmelreich Gewalt tut; ein Gebet des Glaubens, wovon Christus sagt: Alles, was ihr bittet in eurem Gebet, glaubet nur, so werdet ihr's empfangen; ein Gebet voll heiliger Andacht, welches die Welt und sich selbst vergessen macht; ein Gebet der Verleugnung, wo die Seele nichts und alles begehrt; ein Gebet voll himmlischer Salbung, wo weder Tränen noch Loben mangeln und das gewiss durchdringt und wie Noahs Taube mit dem Ölblatt des Friedens im Mund zurückkehrt. »Herr, lehre uns so beten!«

Insbesondere wirkt er auch eine kräftige Fürbitte. Vermag überhaupt das Gebet des Gerechten viel, wenn es ernstlich und vom Geist gewirkt ist, so gilt das auch von der Fürbitte in solchem Maß, dass selbst ein Eliphas von Theman in Hiob 22,23 sich äußert: »Wirst du dich bekehren zu dem Allmächtigen, so wirst du aufgebaut werden.« Wird man jemand erniedrigen und du wirst sagen, dass er erhöht werde, so wird der Niedrige erhalten werden. Er wird auch den erhalten, der nicht unschuldig ist, um der Fürbitte willen, welches Eliphas selbst erfahren musste. So tut denn Bitte, Gebet und Fürbitte für alle Menschen!

13. Juni

Wer aus Gott geboren ist, der tut nicht Sünde, denn sein Same bleibt bei ihm; und kann nicht sündigen, denn er ist von Gott geboren.

1. Johannes 3,9

Auch dieses Evangelium wird nur den Armen gepredigt, nur solchen, welche aller Sünde von Herzen feind sind und Lust zu aller Gerechtigkeit haben; welche die Erstlinge besitzen des Geistes, den wider das Fleisch gelüstet; deren Zweck die Heiligkeit ist und die so weit entfernt sind, auf irgendeine Weise eine Erlaubnis zum Sündigen zu begehren, dass sie es vielmehr für einen sehr wesentlichen Teil ihrer Seligkeit ansehen, dass der Sohn Gottes sie wahrhaftig von allem Sündendienst frei macht, was sie auch immer mehr an sich selbst gewahr werden; welche durch den wahren Glauben mit Christus verbunden sind, der ihnen zur Heiligung gemacht ist.

Von solchen heißt es in gewisser Hinsicht: Sie sündigen nicht, ja sie können nicht sündigen. Nicht in dem Sinn, wenn sie etwas Böses sagen oder tun, so ist's ihnen nicht böse, da es dies ja den andern sein würde. Das wäre eine höchst gräuliche und verabscheuungswürdige Meinung, welche nur ein Werk des Teufels sein könnte. Wer in solchem Sinn sagt: »Wir haben keine Sünde«, der betrügt sich selbst und die Wahrheit ist nicht in ihm. Jenes gilt von der neuen göttlichen Natur, der sie durch die Wiedergeburt teilhaftig geworden sind, von dem Sinn, den sie empfangen haben, zu erkennen den Wahrhaftigen, und sie sind in dem Wahrhaftigen, in dem Sohn Jesus Christus. Derselbe sündigt nicht und kann nicht sündigen. Es ist die pure Unmöglichkeit selbst. Solche sündigen auch nicht so, dass sie darin umkommen. Der Gerechte fällt, aber er wird nicht weggeworfen.

Darum will ich ihm große Menge zur Beute geben, und er soll die Starken zum Raube haben, darum dass er sein Leben in den Tod gegeben hat und den Übeltätern gleichgerechnet ist und er vieler Sünde getragen hat und für die Übeltäter gebeten.

Jesaja 53,12

»Er hat für die Übeltäter gebeten«, und da er wusste, dass ihn sein Vater allezeit hört, hat er, zwar nicht für die Welt, wohl aber für diejenigen gebeten, welche ihm sein Vater gegeben hat; er hat gebeten, dass seine Freude in ihnen vollkommen sei, dass sie geheiligt, dass sie bewahrt werden vor dem Übel, dass sie da seien, wo er ist. Das muss ihnen auch werden. Seine Beredsamkeit, die er zugunsten der Seinigen aufbot, bestand in seinen beredten Tränen, die er mit starkem Geschrei vergoss, damit uns gesagt werden könnte: Weinet nicht, sondern freuet euch; damit er abwischen könnte alle Tränen von ihren Augen und ein Jerusalem baute, wo die Stimme des Weinens nicht mehr gehört würde. Den Donner seiner Beredsamkeit ließ er hören in dem gewaltigen Geschrei: »Mein Gott, mein Gott, warum hast du mich verlassen?«, in dem großen Ruf: »Es ist vollbracht!« – worüber alle Vorhänge rissen, die Gott und uns voneinander schieden, worüber es zu ihm hieß: Komm herein, du Gesegneter des Herrn, du und deine Kinder, denn du hast eine ewige Erlösung erworben. Er ließ seine Beredsamkeit hören, da sein rauchendes Blut zum Himmel schrie, und zwar um bessere Dinge als das Blut Abels, nämlich um Gnade für uns und um Rache für unsere Feinde, und setzte sie bei seiner Ankunft in dem Himmel fort, da er sprach: Siehe, hier bin ich, Vater, und die du mir gegeben hast.

Du gedenkest stets der Deinen,
bleibest ihnen ewig treu,
zählst die Tränen, die sie weinen
und stehst ihnen mächtig bei.

15. Juni

Ich bin arm und elend, der Herr aber sorgt für mich. Du bist mein Helfer und Erretter; mein Gott, verziehe nicht!

Psalm 40,18

Lernt diese heilsame Wahrheit verstehen, besonders ihr bekümmerten Seelen! Was steht ihr hier und seht immer die Erde an, die doch der Herr verflucht hat und die nur Dornen und Disteln trägt? Hinauf die Herzen, hinauf die Blicke! Wie jene Weiber den erstorbenen Jesus im Grab, so sucht ihr euren Geliebten, eure Liebe, eure Heiligung, eure Rettung bei euch selbst, nährt euch mit Mühe euer Leben lang, und die Erde, die ihr bearbeitet, trägt ihrer Natur nach nur Dornen. Wie kann es anders sein? Meint ihr, euer Lazarus, der doch die Verheißung hatte, müsse notwendig tot bleiben, weil er nun im Grab liegt und verwest? Meint ihr, ihr müsstet ebenso elend, ebenso unartig, so ungläubig, so schwach bleiben, weil ihr keinen Rat seht, wie es anders gehen könne? Kennt ihr also den nicht, der Rat und zugleich Kraft heißt? Haben wir nicht einen Fürsprecher, Jesus Christus, der gerecht ist? Wir haben ihn, ja wer will uns das streitig machen? Er darf ja nur ein Wort sprechen, so seid ihr gesund. Und ihr wollt gesund werden? O, er spreche dieses Wort! – Ist wohl geredet. Aber lasst ihn auch die beste Stunde wählen! Euer Herz sei demnach wohlgemut, ob ihr auch voll Gebrechen seid.

16. Juni

Vertritt du deinen Knecht und tröste ihn, dass mir die Stolzen nicht Gewalt tun.

Psalm 119,122

Seht, einen solchen Bürgen haben wir. Hast du ihn auch für deine Person? Bestätigt dir dieses der Friede, den du in deinem Gewissen spürst? Bestätigt es dir dein Herz, dass in demselben die Liebe Gottes ausgegossen ist? Bist du ein Kind, ein Kind ohne Falsch? Hast du Christus in dir wohnen und spürst sein Wohnen, Leben und Wirken in dir? Ohne dies ist all dein Ruhm eitel Betrug und Verblendung. Denn wer Christi Geist nicht hat, der ist nicht sein. Hast du ihn, so hat er dich getrieben und treibt dich noch. Er hat dich getrieben in die Buße, in die Reue und Traurigkeit über die Sünde, er hat deinen Geist geängstigt und dein Herz zerschlagen, er hat dich getrieben zum Gebet, zum Suchen des Herrn Jesu und seiner Gnade, zum Kämpfen, Ringen und Arbeiten, zum Zufluchtnehmen zu ihm.

Hast du Christi Geist, so hat er dich getrieben und treibt dich noch. Er deckt dir immer tiefer den Abgrund deines Verderbens auf, aber auch immer mehr den Reichtum der Gnade. Er treibt dich immer mehr von dir selbst und aller Sünde ab, um immer völliger deine Hoffnung ganz auf ihn zu setzen. Du nimmst ab, er wächst. Du erfährst es mit der Tat, wie treu dein Bürge seine dem himmlischen Vater gegebene Verheißung »sie sind Kinder ohne Falsch« in dir ausführt und hast an dem Geist ein Unterpfand, dass der Bürge im Himmel dein Haupt ist. Wir haben einen Bürgen. Fasse also Mut, heilsbegierige Seele! Jawohl, such Heiligkeit, sonst geht's nicht gut!

17. Juni

Unsere Trübsal, die zeitlich und leicht ist, schafft eine ewige und über alle Maßen wichtige Herrlichkeit.

2. Korinther 4,17

Wie sollten wir des Kreuzes nicht als eines gesegneten Förderungsmittels mit dem Wort und Geist gedenken! Gewiss, nicht um sie zu plagen, legt der Hirte seinen Schafen das Joch des Kreuzes auf, sondern ihnen zum Nutzen, dass sie zwar nicht ihre eigene, aber seine Heiligkeit erlangen. Seid ihr ohne Züchtigung, so seid ihr entweder keine Kinder und Gott lässt euch laufen oder sie wartet euer noch. Ihr braucht euch keine zu wünschen, sie wird schon kommen, wenn der Herr euch lieb hat, wie er denn hat. Euer Glaube, der viel köstlicher ist als vergängliches Gold, wird durchs Feuer müssen und dadurch bewährt werden. Es kann dir wohl nützlicher sein, wenn du einmal nicht sonderlich glauben, beten, lieben kannst, als wenn du es nach Herzenslust vermöchtest. Traurigkeit mag dir für diese Zeit besser sein als Freude und Schwachheit besser als Stärke. Ein Kranker muss den Arzt rufen. Komm her, lass dich verbinden! Du hast's mit Jesus nur zu tun und er mit deinen Sünden. Alles, was er macht, gerät wohl.

Zuletzt vollendet sich der Segen in ewige Seligkeit und Herrlichkeit. Mögen sie denn auch aus großer Trübsal kommen, so schafft diese doch eine ewige, über alle Maßen wichtige Herrlichkeit.

Es sind wahrlich alle Frommen,
die des Himmels Klarheit sehn,
aus viel Trübsal hergekommen.
Darum siehet man sie stehn
vor des Lammes Stuhl und Thron,
prangend mit der Ehrenkron'
und mit Palmen ausgezieret,
weil sie glücklich triumphieret.

18. Juni

Einer jeglichen Waffe, die wider dich zubereitet wird, soll es nicht gelingen.

Jesaja 54,17

»Einer jeglichen Waffe«, heißt es. Hier ist also nichts ausgeschlossen. Und könnte es irgend etwas gelingen, so wäre ja alle Sicherheit dahin. Freilich kann es der Waffe wohl gelingen, dass aller fühlbare Trost aus dem Herzen schwindet, dass die Seele wie in einem tiefen Schlamm versinkt und mit Angst und Schrecken umlagert wird, dass Stricke des Todes sie umfangen. Es kann der Waffe gelingen, einen Petrus so weit zu schleudern, dass er seinen Herrn dreimal in einer Stunde verleugnet, sogar mit Fluchen und Schwören, so dass äußerlich zwischen ihm und den offenbaren Feinden Christi kein Unterschied erscheint. Es kann der Waffe gelingen, dass alles Vertrauen wie verschwunden ist und die Seele keinen Funken Glauben, keinen Funken geistliches Leben spürt und mit David ausruft: Meine Hoffnung am Herrn ist vergangen, ich bin vor seinem Angesicht verstoßen. Es kann dem Satan gelingen, die Seele mit Faustschlägen ins Angesicht zu schlagen, feurige Pfeile auf sie abzudrücken, deren brennendes Gift den Geist austrinkt, dass es dürre wird wie im Sommer. Es kann der Welt gelingen, dass das Volk des Herrn unterliegt. Doch wer kann die Grenzen bestimmen, bis wie weit es der Waffe gelingen kann, bevor es heißt: Bis hierher und nicht weiter! Es gelingt ihr denn doch so wenig bei den Knechten, wie es ihr bei dem Herrn gelang, obschon man ihn tötete; mit welchem Felsen sie als ein Haus so verbunden sind, dass die Pforten der Hölle dasselbe nicht überwältigen können.

Und wenn die Welt voll Teufel wär',
und wollt' uns gar verschlingen,
so fürchten wir uns nicht so sehr,
es muss uns doch gelingen.

19. Juni

Wer das Reich Gottes nicht empfängt wie ein Kindlein, der wird nicht hineinkommen.

Markus 10,15

Kinder sind aufrichtig; sie sagen's so, wie sie's meinen und wissen nichts von Verstellung. Die Einfalt und Aufrichtigkeit ist die vornehmste Eigenschaft der Untertanen Jesu. »Legt denn ab alle Heuchelei und werdet unschuldig, einfältig und aufrichtig wie die Kinder«, ruft uns Jesus zu. Ein Kind ist ohne Misstrauen. »O seht doch das Wunder an, ein Herz, das gar nicht zweifeln kann!« ruft deswegen ein frommer Dichter darüber aus. So soll unser Herz durchaus kein Misstrauen gegen Gott haben, sondern vielmehr voll Zuversicht zu ihm durch Christus sein wie ein Kind gegen seine Mutter, von der es nichts als lauter Liebe erwartet. Und was ist Mutterliebe gegen die in Christus geoffenbarte Liebe Gottes gegen uns! Darum vergleicht sich auch Gott nicht nur mit einer Mutter, sondern preist seine Liebe noch höher. O süßes Vertrauen! O heilige Kindlichkeit! Kinder haben die Welt nicht lieb, sie wissen nichts von Pracht und Reichtum und Ehre und Wohlleben und begehren davon nicht das Geringste. Wenn sie nur bei der Mutter sind, und die Mutter bei ihnen ist, so haben sie alles genug. Ach, lasst uns ihnen nachahmen! Christen sollen die Welt so wenig lieben wie ein kleines Kind. Nur den Vater sollen sie lieben. Sein Trost, seine Liebe, sein Friede soll ihr einziges Gut sein. Genießen sie dieses, so mögen sie sich hoch freuen, verbirgt er sein Angesicht, so sollen sie so lange weinen und rufen, bis seine mütterliche Liebe sie wieder umfasst.

20. Juni

Gott sei uns gnädig und segne uns; er lasse uns sein Antlitz leuchten.

Psalm 67,2

Das Erleuchten des Angesichts Gottes schildern die Heiligen als das größte Gut. Über die Verbergung seines Angesichts führen alle, die sie erfuhren, die bittersten Klagen, und eine der herrlichsten Verheißungen ist die: Ich will mein Angesicht nicht mehr vor dir verbergen. Er verbarg es einst drei Stunden lang vor seinem Sohn, und dieser erschrak. Dieser Verlassenheit Christi am Kreuz verdanken wir's, so wir wirklich an seinen Namen glauben, dass wir nimmermehr von Gott verlassen werden, möchte es auch so scheinen, sondern dass er sein Angesicht über uns erleuchtet, so oft es seiner Weisheit und Liebe gefällt, und dann genesen wir. Hier auf Erden kann unsere sterbliche, schwache, ja sündige Natur eine völlige Mitteilung der ganzen Herrlichkeit und Freundlichkeit unseres himmlischen Vaters so wenig ertragen, als unser Auge den Blick in die Sonne am Mittag. Es hat schon Heilige gegeben, welche so von himmlischer Erquickung durchströmt wurden, dass sie ohnmächtig niedersanken und ausriefen: »Mindere es oder ich sterbe!« Und es gilt noch, was Gott zu Mose sagt: Kein Mensch würde am Leben bleiben, wenn er mein Angesicht sähe. Dazu gehört außer einer vollkommen gereinigten Seele auch ein verklärter Leib, und beides ist nicht für diese, sondern für die zukünftige Welt.

21. Juni

Mein Fleisch ist die rechte Speise, und mein Blut ist der rechte Trank.

Johannes 6,55

Speise und Trank begegnen einem unabweislichen Bedürfnis, dem Hunger und dem Durst. Diese starken Naturtriebe lassen sich nicht durch Vorstellungen abweisen oder durch Gründe beschwichtigen. Gewiss ist es aber, dass wir Christus noch weit mehr bedürfen als Kleider, Speise und Trank für den Leib. Wohl der Seele, in welcher dieses Bedürfnis erwacht! Speise und Trank sind geeignete Mittel, diesem Bedürfnis abzuhelfen. Ist, wie David redet, all unser Heil und Tun, dass nichts wächst, so ist in diesem Bund alles wohl geordnet. »Was soll ich dir tun?« fragt Jesus und überlässt uns gleichsam die Wahl und Bestimmung, wiewohl er seine Gaben nicht stückelt und teilt, sondern mit einem alles gibt. Ruft darum dieser: Herr, dass ich sehen möge! – jener: Komm zu Hilfe meinem Unglauben! – der andere: Herr, hilf mir! – jener: Sei mir Sünder gnädig! oder was sich sonst gerade besonders aus der Menge unserer Anliegen herausstellt, es ist für alles gesorgt, alles bereitet. Es stillt jegliches Verlangen. Er macht satt.

Wie nützlich ist es endlich, einen ausreichenden Vorrat von Speise und Getränk zu besitzen! Wie nützlich und gut ist es, *diese* Speise und *diesen* Trank zu haben! Dieses Brot verschimmelt nicht. O, wie nützlich ist es uns, dass wir einen Christus haben, ohne welchen es aus mit uns wäre! Aber mag's nun auch unsrerseits aus sein, so ist's doch von dieser Seite nicht aus, sondern Hülle und Fülle, alles, was zum Leben, zur Gesundheit und Freude dient.

22. Juni

Ihr Erbarmer wird sie führen und wird sie an die Wasserquellen leiten.

Jesaja 49,10

Ihr Erbarmer wird sie führen. Dies ist kein Führen, wie wir es meinen oder wie wir es wollen. Das Ziel ist herrlich, es sind Wasserquellen, aber der Weg ist zerstörend und scheint oft lange kein Erbarmen, sondern Zorn und Ungnade zu sein. Mit der alten, bösen Natur lässt sich Gott in keinen Bund ein. Die wird gekreuzigt und getötet – und siehe, ich mache alles neu. Törichte Menschen, die von einem Erbarmen, von einer Gnade träumen, die, ich weiß nicht was für ein unfruchtbares, totes Ding ist. Nein, das Erbarmen führt kräftig und lebendig in die Erkenntnis der Sünde, zu den Wasserquellen, zu Christus. Es macht nicht leichtsinnig und verwegen; es leitet niemand an, in der Sünde zu beharren oder auf Erbarmen hin zu tun, was seinen Augen gefällt. Und wo das der Fall wäre, so gälte das, was Christus in Johannes 5 sagt: Ihr habt nie, weder seine Stimme gehört, noch seine Gestalt gesehen, und sein Wort habt ihr nicht in euch wohnend. Redet von Erbarmen; solange es nicht in euch ist, hilft das Lippenwerk nichts. Ist es aber in euch, so werdet ihr auch gewahr werden, welch ein Leben es mit sich führt. Die müden Seelen aber will ich erquicken und die Hungrigen will ich sättigen. Was zählt ihr denn Geld dar? Kauft umsonst!

O selige Herzen, die den König des Himmels als ihren Erbarmer begrüßen können! Die, die haben die nie versiegende Quelle gefunden, woraus Leben und volle Genüge rinnt, und ewig werden sie den Erbarmer preisen.

23. Juni

Selig sind, die da hungern und dürsten nach der Gerechtigkeit, denn sie sollen satt werden.

Matthäus 5,6

Und wohl ist der schon selig zu preisen, weil er anfängt, aus dem Lügen- und Trugreich heraus- und in das Reich der Wahrheit und Wirklichkeit Jesu Christi überzugehen. Aus Epheser 2,8 aber wissen wir, dass das Seligsein nicht aus uns, sondern Gottes Gabe ist, folglich auch die Seligkeit, wovon Christus redet, der Hunger und Durst nach der Gerechtigkeit, den niemand aus sich selbst hat. O, wohl dem Menschen, in welchem ein Sehnen und Suchen, ein Treiben und Verlangen nach etwas entzündet und angeregt worden ist, das durch nichts Sinnliches, Irdisches und Sichtbares gestillt und befriedigt werden kann, sondern, weil es aus Gott gekommen ist, auch wieder zu seinem Ursprung geht, wie das von oben herabgekommene Feuer auch wieder aufwärts strebt, während sich alles andere zur Erde herabsenkt! Wohl dem, in welchem ein Leben rege wird, dem man vergeblich die ganze Welt böte und schenkte, der mit dem gekrönten David sagt: »Mich dürstet nach Gott, nach dem lebendigen Gott; wann werde ich dahin kommen, dass ich Gottes Angesicht schaue?« (Psalm 42,3) und mit dem Propheten: »Des Herzens Lust steht zu deinem Namen; von Herzen begehre ich dein, mit meinem Geist in mir suche ich dich« (Jesaja 26,8-9). Jetzt erst wird dem Menschen sein Mangel an dem einzigen und wahren Trost auf eine empfindliche Weise offenbar. Seine bisherigen Trostquellen versiegen und zeigen sich als selbst gegrabene, als löchrige, als kein Wasser gebende. Kein Wunder, wenn er dann sich selbst als ein Elender vorkommt und als ein Trostloser, über den alle Wetter gehen. Aber glückliches Elend! Heilsame Trostlosigkeit! »Denn ich will Wasser gießen auf die Durstigen und Ströme auf die Dürren« (Jes 43,20). Und dies ist der Weg zur Erfüllung der Zusage.

24. Juni

Schaffet, dass ihr selig werdet, mit Furcht und Zittern.

Philipper 2,12

Es ist überhaupt mit der Gottseligkeit und dem Seligwerden ein großer Ernst; denn was betrifft es? Das bedenke man doch! Nicht unsere Ehre und unseren guten Namen bei den Menschen, nicht unser zeitliches Bestehen und Durchkommen durch diese Welt, nicht unsere Gesundheit und unser Leben. Denn wie bedeutend und wichtig dies auch in Bezug auf diese Welt ist, so ist das Seligwerden doch etwas unendlich Wichtigeres. Durch diese Welt kommt man denn doch endlich hindurch, mag es auch nicht auf eine gemächliche Weise geschehen, mag man auch mehr durchkriechen als durchwandeln müssen. Aber was soll's hernach werden? Wer im Blick auf diese große Frage leichtsinnig ist, der ist es ganz und gar an der unrechten Stelle. Wenn's denn leichtsinnig gehandelt sein soll, so handle lieber leichtsinnig im Blick auf dein Vermögen oder auf deine irdischen Unternehmungen. Wenn's dann auch schief damit geht, so geht's schief damit. Aber, wenn du die ganze Welt gewönnest und nähmest Schaden an deiner Seele, was hülfe es dir? Wie steht's also mit deiner Seelen Seligkeit? Wundert euch gar nicht darüber, wenn ihr auf Personen trefft, die, da ihnen sonst nichts fehlt, eben über diese hochwichtige Sache in ernsthafter Überlegung, in Kummer und Verlegenheit stehen! Es ist der Mühe wert, und soll's gut mit euch werden, so muss es euch auch so gehen. Es ist und bleibt ein hoher und gewaltiger Ernst um diese große Sache, mögen wir sie auch noch so verkehrt behandeln. Und sind wir klug, so werden wir allen Leichtsinn aus unserem Gemüt verbannen und ernsthafte Sachen ernsthaft behandeln, sollte auch Furcht und Zittern daraus werden, womit wir nach Paulus' Anweisung wirklich unsere Seligkeit schaffen sollen.

25. Juni

Er heilt, die zerbrochenen Herzens sind, und verbindet ihre Schmerzen.

Psalm 147,3

Er kann heilen. Und wie sollte er's nicht können? Hat er doch Tote – und solche Tote, die schon vier Tage im Grab gelegen haben – lebendig gemacht, und das bloß durch ein Wort. Ist er doch ein allmächtiger Arzt, was muss dem nicht gelingen? Und du willst ihn dadurch beschimpfen, dass du sorgst, deine Heilung übersteige seine Kraft, deine Krankheit sei größer als seine Macht? Nein, begib dich in seine Kur, denn siehe, die Blinden sehen, die Lahmen gehen, die Toten stehen auf und den Armen wird das Evangelium gepredigt. Jesus ist der Arzt. Er will heilen. Sollte er nicht? Wozu ist er denn als das Brot des Lebens vom Himmel gekommen? Wozu hat er sich denn martern und schlagen lassen? Warum sollten wir nicht ein ganz unumschränktes und unbeschreibliches Vertrauen zu ihm fassen? Sind wir etwa allzu krank oder nicht krank genug? Weiß Jesus etwa nur für vieles, aber nicht für alles Rat? Kann er etwa wohl anderen, aber dir nicht helfen? Jesus ist Arzt. Aber die Starken bedürfen des Arztes nicht, sondern die Kranken. Werde also recht krank, nicht halb, sondern ganz, nicht in einem Stück, sondern in allen Stücken; nicht, dass du dieses selbst heilen zu können meinst und jenes ihm übergibst, sondern dass du ihn allein und ganz als Arzt ehrst! Weißt und kannst du selbst noch etwas, so lehrt Jesus es dich nicht und so weißt du es nicht recht, so tut Jesus es in dir nicht und so machst du es nicht recht. Jesus ist Arzt und jeder bedarf ihn.

26. Juni

Wohl dir, Israel! Wer ist dir gleich? O Volk, das du durch den Herrn selig wirst, der deiner Hilfe Schild und das Schwert deines Sieges ist!

5. Mose 33,29

Ein wahrer Christ ist das Allervortrefflichste, was es unter den Menschen gibt. Es gibt keinen äußeren Rang, keinen Stand und keine Würde, bis zur königlichen und kaiserlichen hinauf, die damit verglichen werden könnte. Alles Gold und die auserlesensten Edelsteine sind ein gehaltloser Schatten gegen den geringsten, aber wahrhaftigen Anteil an den Gütern des Hauses Gottes, sollte derselbe auch mit den Trübsalen eines Hiob durchflochten sein und den Christus eine Dornenkrone umgeben. Der Lazarus, welcher ganz arm, hungrig und voller Geschwüre vor des Reichen Tür liegt, ist glückselig; der gesunde und fröhliche Bewohner des prachtvollen Palastes aber ein elender, beklagenswerter Bettler; mögen auch andere als fleischliche Augen dazu erforderlich sein, dies zu sehen, und andere als irdisch gesinnte Herzen, um so zu urteilen. Der wahre Glaube, wodurch man Christi und aller seiner Wohltaten teilhaftig wird – selbst wenn er noch nicht die Höhe erreicht hat oder sich darauf erhalten kann, wo er sich alles, was Christus erworben hat, mit völliger Zuversicht zueignen kann, sondern noch mit mancherlei Zweifeln zu ringen hat und sich mehr in Fragen nach dem Herrn kundgibt als in dem freudigen Ruf: »Ich habe ihn, den meine Seele liebt, ich halte ihn und will ihn nicht lassen« (Hohelied 3,4). Dieser wahre Glaube, auch in seiner geringsten Stufe, ist mehr wert und bringt unendlich mehr ein als die ganze vergängliche Welt, und Christus fordert durchaus nichts Unangemessenes, wenn er will, dass wir um desselben willen allem entsagen sollen.

27. Juni

Es wird Freude im Himmel sein über einen Sünder, der Buße tut.

Lukas 15,7

Von allen Arbeiten ist die Arbeit der Buße leider eine der seltensten und unbekanntesten, aber auch häufig eine der schwersten, wenn sie auch nicht unmittelbar die körperlichen Kräfte in Anspruch nimmt, die aber auch nicht selten darunter leiden. »Meine Gestalt ist verfallen vor Trauer«, sagt David in Psalm 6,8 und 31,10. Es ist wahr, die Buße ist nicht bei allen, denen sie geschenkt wird, mit gleich durchdringenden und heftigen Bewegungen verknüpft. Im Ganzen wird aber doch das Gemüt kräftig und zugleich schmerzlich aufgeregt. Die allerwichtigste Sorge bemeistert sich desselben, nämlich die Sorge seiner ewigen Seligkeit, die Sorge, wie man vor Gott, dem Richter über alle, bestehen und wie man das erlangen soll, was vor ihm gilt. Es entstehen die wichtigsten Kämpfe; der Kampf, sich loszureißen aus den Verstrickungen der Welt, darin man sich verwickelt sieht; der Kampf des Gebets, um so lange mit Gott zu ringen, bis er gesegnet hat; der Kampf wider den Unglauben und unzählige Bedenken. Dazu kommen die fürchterlichen Drohungen wegen der Sünde und die Vorhaltung des endlosen Elends, welches dies nach sich zieht. Jetzt ist die Seele wohl eine Elende, über die alle Wetter gehen. Fährt auch zuweilen ein Trost wie ein Blitz durch die Seele, so ist die darauffolgende Nacht desto finsterer. Wollen andere ihr tröstlich zusprechen, es haftet nicht; wollen sie selbst mit bebender Hand einen Trost auf sich deuten, es entfällt ihnen. So durchschneidet gleichsam eine scharfe Pflugschar den Acker ihres Herzens, um dasselbe fürs Evangelium desto empfänglicher zu machen, und wirft alles um und um. Den Trost der Vergebung der Sünden haben sie noch nicht, wiewohl sie nach Gerechtigkeit hungert und sie eben deswegen schon selig gepriesen werden, als die da satt, als die da getröstet werden sollen.

28. Juni

Wie ihr nun angenommen habt den Herrn Christus Jesus, so wandelt in ihm.

Kolosser 2,6

Hat man Christus angenommen, so heißt's nun weiter: Wandelt so in ihm, wie ihr ihn angenommen habt. Unter diesem Wandeln versteht man das gesamte Verhalten eines wahren Christen, welches erfordert, dass man im Guten beharrt, auf dem Lebensweg, den man einmal betreten hat, stets fortgeht und sich nicht davon abwendig machen lässt, weder durch die Leiden, die dabei vorfallen, noch durch die Lüste und Güter der Welt, weder durch Versuchungen noch durch Irrtümer. Durch den Zusatz »in ihm« zu wandeln, lehrt der Apostel, dass dieses Wandeln in der Kraft Christi und durch den Beistand seines Geistes geschehen muss. In ihm zu wandeln schließt auch ein, stets im Aufsehen auf Jesus zu wandeln, im Vertrauen auf seinen Schutz, Beistand und seine Fürbitte und sonderlich im gläubigen Aufsehen auf seine Genugtuung, welche wir bei den mannigfaltigen Abweichungen, Übereilungen, Begehungs- und Unterlassungssünden unablässig bedürfen und wodurch wir geschickt werden, Gott ohne knechtische Furcht in einem kindlichen und heiteren Gehorsam zu dienen. Paulus setzt noch hinzu, so zu wandeln, wie sie Christus angenommen hatten. Wie nimmt man aber Christus an? Als ein ganz armer Sünder, der in sich selbst nichts hat, womit er vor Gott bestehen oder sonst sein Heil auswirken könnte, sondern der alles bei Christus zu finden hofft und es deswegen bei ihm sucht. In dieser einfältigen Spur soll man beständig fortfahren. Man soll stets ebenso arm im Geist bleiben, wie man am Anfang war; nie auf den Gedanken kommen, als sei, könne, wisse und habe man selbst etwas, sondern mache es gleich wie die Kinder Israel, die täglich aufs Neue das Manna zur nötigen Speise sammelten. Unser geistliches Manna aber ist Christus und seine Gnade, dessen bedürfen wir täglich.

29. Juni

Ich habe Lust an der Liebe und nicht am Opfer.

Hosea 6,6

Will man sich selbst mehr auf die Spur kommen und gewahr werden, ob man auch die Liebe besitzt und wirklich etwas ist, so frage man sich selbst: Würdest du wohl so leben und so handeln, wie du tust, wenn du davon keinen eigentlichen Vorteil und vom Gegenteil weder Schimpf noch Schaden hättest? – wenn du vielmehr eben deswegen von anderen beschimpft, beleidigt, verfolgt, für einen Narren und abgeschmackten Menschen gehalten würdest; wenn du wüsstest, Gott achte es alles für nichts, es bringe dich seiner Gnade um nichts näher und alle deine Gerechtigkeit sei vor ihm nur Unflat, den er dir wieder ins Angesicht werfen wird, und hättest du's dir noch so sauer darum werden lassen? Ob's einerlei ist, wie man lebt, die Frage kann weder im Ernst gestellt, noch braucht sie bloß aus der Schrift beantwortet zu werden, da schon die Vernunft einem jeden sagt, dass kein Unkeuscher in den Himmel kommt. Fragt man: Was soll denn helfen? so ist die Antwort: die Liebe. Wenn ich Liebe habe und weiß auch kaum meine Muttersprache, so bin ich echtes Gold, das im Feuer geläutert ist. Wenn ich Liebe habe und meine Erkenntnis ist auch gering und meine Wissenschaft von göttlichen und irdischen Dingen eingeschränkt, so gelte ich viel. Wenn ich Liebe habe und es mangelt mir auch an Kraft, Vermögen und Gelegenheit, etwas Bedeutendes auszurichten, so sind auch meine geringen Werklein angenehm und wert geachtet, wenn sie auch niemand beachtete. Außer derselben werden wir als unnütze Knechte angesehen, und hätten wir auch alles getan, was uns befohlen war. Die Liebe schließt zwar alle diese Rücksichten nicht einfach aus, aber sie berücksichtigt sie nicht allein, nicht einmal hauptsächlich. Die Mutter liebt ihr Kind. Warum? Hofft sie auf Lohn? Nein, ihr Herz dringt sie dazu, und sie denkt kaum an die Zukunft. Ist's doch ihr Kind, und das ist genug.

30. Juni

Betet ohne Unterlass.

1. Thessalonicher 5,17

Das Gebet gehört zur Dankbarkeit; es ist ein Stück derselben, es fließt aus der Liebe her. Christen werden sagen: Wir können es ja nicht lassen, mit unserem Vater zu reden. Selbst wenn's gar nicht geboten wäre, so haben wir ja am Tag unserer Erlösung den Geist des Gebets, den kindlichen Geist empfangen, und unser Herz ruft, von diesem Geist dazu aufgefordert und tüchtig gemacht: Abba, lieber Vater! Das betrachten wir nicht als Pflicht allein, sondern als Lust, Freude, Vergnügen und Ehre. Beten wir, so denken wir nicht: Nun hast du etwas Gutes vollbracht, das dir wieder Gutes einbringen wird. Das fällt uns nicht ein, sondern wir freuen uns, wenn wir unser Herz geneigt finden, mit unserem Vater zu reden.

Sobald der Mensch geboren wird, fängt er seiner Natur nach an zu atmen, und sobald der geistliche Mensch geboren wird, heißt es wie über den soeben bekehrten Saulus: »Siehe, er betet« (Apostelgeschichte 9,11). Das lässt sich unmöglich voneinander trennen. Es geht damit nicht anders als mit jenem Blinden am Wege, dem man auch zu schweigen befahl, der aber umso mehr schrie. Besonders aber ist das Gebet deswegen das Vornehmste, weil es die gefühlte Abhängigkeit von Gott beweist, dem Herrn aber nichts angenehmer ist als des Menschen Selbsterniedrigung. Den Demütigen gibt er Gnade, den Müden Stärke, den Unvermögenden Kraft genug. Er sieht auf das Niedrige. In den Schwachen ist er mächtig. Was nichts ist, das hat er erwählt. Was etwas ist, das macht er zuschanden.

1. Juli

Der Herr hat sein Volk getröstet und erbarmt sich seiner Elenden.

Jesaja 49,13

Das Mittel, wodurch der Herr tröstet, ist vor allem sein Wort, namentlich das Evangelium, diese fröhliche Botschaft für Betrübte, wodurch er ihre Geduld und Hoffnung stärkt, ihre Zweifel auflöst bis die wirkliche Hilfe hinzukommt. Das Abendmahl, erbauliche Lieder, Unterredungen mit anderen Frommen und die Predigt sind oft Mittel, ein trauriges Herz aufzurichten. Die Zeit, wann diese Tröstungen sich ereignen, behält sich der Herr vor. Sie geschehen erst einmal nach der anfänglichen Traurigkeit der Buße, und später sind sie besonders durchdringend nach langwierigen und schweren Trübsalen, wo ihnen die Sonne der Gerechtigkeit mit doppelter Lieblichkeit aufgeht. Zuweilen gehen sie auch vor den Trübsalen her. Die Zeit des Gebets, der Betrachtung und Anhörung des göttlichen Wortes, des Genusses des Abendmahls sind oft Stunden des Trostes. Endlich aber werden die Traurigen im Himmel vollkommen getröstet und alle Tränen abgewischt von ihren Augen.

Das Maß unserer Tröstungen ist so verschieden wie die Dauer derselben. Je tiefer jemand gedemütigt worden ist, desto reichlicher pflegt er auch erfreut zu werden, wie Paulus sagt: Haben wir der Trübsale viel in Christus, so werden wir auch reichlich getröstet. Die Psalmen zeigen hin und wieder eine ungemein große Freude, so dass David nicht weiß, wie hoch er Gott loben und preisen soll. Einige Gläubige empfinden nicht ein so hohes Maß an Wonne sowie auch nicht eine so tiefe Traurigkeit. Bei einigen dauert die Freude im Herzen länger, bei anderen wird sie oft unterbrochen und bestritten, wie es dem Herrn gefällt.

2. Juli

Das Himmelreich ist gleich einem verborgenen Schatz im Acker, welchen ein Mensch fand.

Matthäus 13,44

Ein Schatz ist ein Inbegriff mehrerer Güter, und der Gnadenbund umfasst alle wahrhaftigen Güter und enthält alles, was uns zur Seligkeit nötig ist, als da ist: Vergebung der Sünden, Erleuchtung des Verstandes, Heiligung des Herzens, Friede mit Gott und im Gewissen, beständige Bewahrung sowie Buße, Wiedergeburt und den Glauben selbst, wodurch man dieses alles empfängt. Ein Schatz ist etwas Vortreffliches, und der Mensch, welcher ihn fand und nun hinging vor Freuden über denselben und alles verkaufte, was er hatte, um desselben teilhaftig zu werden, handelte sehr klug und vorteilhaft.

Ein solcher Schatz war da, sonst hätte er nicht gefunden werden können. Er ist auch da, der wahrhaftige Schatz, das ist gewiss. Alles kommt nur aufs Finden an. Der Herr Jesus sagt uns nichts vom Suchen dieses Mannes, sondern bloß vom Finden. Und wirklich geht das Finden dem Suchen voraus wie die Ursache der Wirkung, obschon es uns der Erfahrung nach ganz anders vorkommt. Eigentlich aber findet uns der Schatz zuerst und macht dadurch, dass wir ihn suchen und finden. Es ist aber ein verborgener Schatz im Acker. Der Acker ist die Schrift, namentlich das Evangelium. Da liegt der Schatz, aber verborgen. Natürliche Augen sehen und entdecken ihn nicht, denn sie vernehmen nichts vom Geist Gottes. Ja, die natürlichen Menschen verachten wohl den Acker, wie viel mehr den Schatz, den man auch wirklich, wenigstens einigermaßen, gefunden haben muss, um seine Vortrefflichkeit zu verstehen, worin der Schatz selbst uns unterweist. Das Finden desselben bringt Freude hervor und mit derselben Mut und Kraft, es so zu machen, wie Jesus von jenem Menschen sagt. O selig der, dem jener Schatz nicht verborgen bleibt.

3. Juli

Eins aber ist not. Maria hat das gute Teil erwählt; das soll nicht von ihr genommen werden.

Lukas 10,42

Christus muss im Glauben ergriffen werden. Dies setzt notwendigerweise voraus, dass einer seinen elenden, hilflosen Zustand in seiner verdammlichen Sündhaftigkeit lebendig und herzlich erkennt und empfindet, dass man daran gänzlich verzagt, sich selbst rein und selig machen zu können und die Unzulänglichkeit aller seiner Werke und Bemühungen von Herzen eingesteht, dabei aber auch inniglich begehrt, aus allen Sünden und allem Elend durch Christus erlöst und befreit zu werden, so dass uns dieses mehr am Herzen liegt als alles andere in der Welt, was es auch sei. Der Glaube zeigt sich ferner darin, dass sich der Mensch begierig zu Christus wendet, der uns im Evangelium als unser Retter angewiesen wird, dass er Zuversicht zu ihm fasst, er werde auch seiner sich erbarmen, damit er ihn als seine Gerechtigkeit und Stärke ergreife und sich ihm mit Leib und Seele getrost anvertraue, während er von ihm allein sein ganzes Heil erwartet.

So erwählte Maria Christus im Glauben als ihren Arzt und Heiland, durch den sie Vergebung ihrer Sünde, Erneuerung und ewiges Leben zu erwarten hoffte. Und so wenig die Jünger wussten, wohin sie sich außer ihm wenden sollten – da er allein Worte des ewigen Lebens hat – so wählte sie ihn auch als das gute Teil und einzige Mittel, wodurch ein Sünder selig werden kann. Maria sah von allem anderen ab, um ihm sich getrost anzuvertrauen und anzuhangen. Sie machte sich weder Mühe noch Sorge, setzte sich nur zu Jesu Füßen und ließ sich alles von ihm schenken. Das war eine Klugheit der Gerechten. O, eine edle, nachahmungswürdige Seele! Wohl hatte sie das beste Teil erwählt, das nicht von ihr genommen werden konnte.

4. Juli

Ich will einen ewigen Bund mit ihnen machen, dass ich nicht will ablassen, ihnen Gutes zu tun.

Jeremia 32,40

Christus ist für uns gut, ist das gute Teil aller in sich selbst verlorenen, heilsbegierigen Sünder, denn er macht alles für sie gut. Alle ihre Sünden hat er gut gemacht und bezahlt durch das blutige Lösegeld seines Todes und durch die herrliche Gerechtigkeit seiner Verdienste. Er macht ihnen Gott gut und geneigt, dass er ihnen alle ihre Sünden vergibt und sie um seinetwillen als Kinder liebt und beseligt. Er macht ihnen die Engel gut, dass sie ihnen dienen als eine Leib- und Ehrenwache. Er macht ihre Leiden und Trübsale für sie gut, dass sie eine gesegnete Frucht und Ernte für die Ewigkeit werden, wo sie das mit Freuden ernten, was sie hier in Tränen säten. Selbst das innere Elend, worunter sie so oft seufzen, die Sündhaftigkeit, die sie noch mit Unlust und wider ihren Willen in sich fühlen, ja sogar ihre vorsätzliche Übereilung macht Christus wunderbar zum Segen für sie, und sie werden dadurch klein, gebeugt und dankbar. Auch den Tod macht er für sie gut, weil er sie dadurch vollends von aller Sünde sowie von allem Leid erlöst. Das Grab, das für sie nur eine Ruhekammer ist, macht er für sie gut wie den Tag des Gerichts, wo er sie vor aller Welt als Gesegnete seines Vaters erklärt und ihnen die Erwerbung seines Reiches zuerkennt. Er macht auch uns selbst gut, fromm und heilig, und obschon die Sünde für unsere eigene Kraft viel zu stark ist, so ist sie es doch keineswegs für unseren Herrn Jesus, und er will sie aus Gnaden für die Seinigen anwenden, um sie endlich von allem Mangelhaften zu säubern und sie ganz zu heiligen. Dessen dürfen wir sicher sein, dass er endlich die Heiligung vollenden wird, ohne welche niemand den Herrn sehen wird.

Wir glauben, durch die Gnade des Herrn Jesu Christi selig zu werden. Apostelgeschichte 15,11

Von der Weise, aus Gnaden selig zu werden, lassen sich ganz entgegengesetzte Dinge als wahr behaupten. Es ist schwer, aus Gnaden selig zu werden, weil der Mensch den Grund davon durchaus in sich selbst finden will und verzagen will, wenn er lauter Unwürdigkeit in sich entdeckt. Es ist sehr leicht, weil alles, alles bereitet ist, weil man nichts mitzubringen braucht als sein Elend und sich alles, alles schenken lassen darf; weil man nichts zu sein braucht, als was man wirklich ist, ein Sünder, und doch ein Heiliger wird. Aus Gnaden ist es sehr beschwerlich und widerlich für die stolze Natur, die Gott durchaus etwas bringen will, das ihr vergolten werde; der es unerträglich ist, dass alle ihre Arbeit für vergeblich erklärt und alle ihre Gerechtigkeit ihr als ein Unflat ins Angesicht geworfen wird. Aus Gnaden ist es sehr lieblich und süß, denn man wird auf einmal ganz reich, vollkommen und selig, auf einmal aller Sorgen und Verlegenheiten los, bekommt auf einmal den erquickendsten Frieden, ruht von aller Arbeit und genießt nur die Früchte des Verdienstes Christi. Aus Gnaden selig zu werden, scheint sehr unsicher. Niemand scheint dann sein Heil mit Zuversicht erwarten zu können, weil in ihm selbst kein Grund vorhanden ist, und es ist doch wiederum so sicher, dass derjenige, der diesen Weg versteht, von gar keinem Zweifel weiß. Es scheint der Heiligkeit und dem Fleiß in guten Werken nachteilig, und doch ist die Seligkeit auf keinem anderen Weg als auf diesem zu erlangen. Hier wird eben der Mensch mit Gott einverstanden, hier gibt er ihm alle Ehre, hier tritt er aus dem Werk- in den Gnadenbund. Hier erniedrigt der Mensch sich selbst und wird also erhöht nach den Grundsätzen des Reiches Christi.

Mein Heiland, dass ich ohne dich
nichts hab' noch kann, des freu' ich mich;
und alles, was du tust an mir,
beugt meine Seel' in Staub vor dir.

6. Juli

Erquicke mich durch dein Wort.

Psalm 119,154

David wusste es aus Erfahrung, was für eine liebliche Sache es um diese innerliche Erquickung und Belebung ist, wie er, vom Herrn getröstet, den Weg der Gebote lief; er wusste aber auch aus Erfahrung, was für eine missliche Sache die Entbehrung dieser belebenden Einflüsse ist, wie die Seele dann im Staub liegt, wie sie einer Haut im Rauch ähnlich wird, wie einen da wohl wieder Angst und Not trifft, Ausdrücke, die der Dichter im Vorhergehenden gebraucht. Freilich soll der Christ nicht so von seinen Empfindungen abhängen, dass er danach seinen Stand bestimmt. Aber wie sollte es ihm gleichgültig sein, ob er seinen Seelenfreund, ob er seine Sonne, sein Lebensbrot und Wasser fern oder nahe spürt! Das wäre unchristlich. David war oft in einer solchen Gemütslage, die ihn beten machte: »Erquicke mich«; und es ist eine teure Verheißung Christi: »Ich will euch erquicken« (Matthäus 11,28). Wodurch geschieht das denn? »... durch dein Wort« (Psalm 119,154). Ein verdunkeltes Wort kann es nicht, darum sagt er auch: »Wenn dein Wort offenbar wird, so erfreut es« (Vers 130). Als Jesus den Jüngern das Verständnis öffnete, dass sie die Schrift verstanden, da entbrannten ihre Herzen. Gewiss, wenn wir bei dieser Lampe das Evangelium lesen können, dann fehlt es uns auch nicht an Erquickung, an Leben, Mut und Kraft. Das steht aber in unsrer Macht nicht, sondern hängt vom Herrn ab. An ihn wendet sich also David. Seine Bitte werde auch an uns erfüllt!

7. Juli

Du leitest mich nach deinem Rat und nimmst mich endlich mit Ehren an.

Psalm 73,24

Schlägt der Mensch einen Weg ein, wie kann er sicher sein, ihn auszuführen? Woran sollen wir uns denn halten? Wer wird uns auf rechter Bahn leiten, die uns gewiss zu einem erwünschten Ziel führt? Wer wird uns Einsicht verleihen, das Rechte zu erkennen, und Kraft geben, das auszuführen, was zu tun ist? Wo finden wir ein Gut in Leiden, in Versuchungen, in Not und Tod, ja, was uns in der zukünftigen Ewigkeit nottut, von welcher wir – wie unbekannt sie uns auch übrigens sein mag – doch dieses mit Zuverlässigkeit wissen, dass wir keines von den Dingen antreffen, welche wir hier haben, und wo wir, um vergnügt zu sein, eines Guts bedürfen, welches nicht in unsere Sinne fällt? Durchdringt uns diese Vorstellung lebhaft, so werden wir darin eine erwünschte Stütze finden, dass Christus ein Fels, dass er unveränderlich und eben deswegen zuverlässig ist. Mag der eine dies von Christus halten und der andere jenes – ich werde sein, der ich sein werde, und bleiben, der ich bin. Mögen Menschen sagen: Dies ist der Weg zur Seligkeit – er allein bleibt doch die Tür und der Weg. Mögen sie von Weisheit reden – es ist doch keine andere Weisheit als er. O wohl dem, der mit Salomo alles, was nicht Gott ist, für Eitelkeit ansehen kann, davon sein Vertrauen abziehen und auf den lebendigen Gott setzen gelernt hat und in Wahrheit mit David sagen kann: »Herr, mein Fels, meine Burg, mein Erretter, mein Gott, mein Hort, auf den ich traue, mein Schild und Horn meines Heils« (Psalm 18,3).

Führe mich, o Herr, und leite
meinen Gang nach deinem Wort;
sei und bleibe du auch heute
mein Beschützer und mein Hort!
Nirgends, als bei dir allein,
kann ich recht bewahret sein.

8. Juli

Niemand kann Jesus einen Herrn heißen außer durch den Heiligen Geist.

1. Korinther 12,3

Niemand kann es. Wir für uns sind dazu viel zu blind, viel zu ungläubig, zu gefangen unter der Herrschaft des Unglaubens, des Satans und der Sünde, und das muss erkannt, empfunden und erfahren werden. Es gibt aber ein Mittel, zwar nur ein einziges, aber auch ein vollkommen ausreichendes, mittels dessen es allerdings möglich, ja leicht wird, Jesus auf eine seligmachende Weise Herr zu heißen. Und dieses Mittel ist der Heilige Geist. So unmöglich es jemand ohne ihn vermag, so leicht wird es durch denselben. Er gibt die Einsicht, die Gesinnung, den Glauben, den Mut und die Kraft, welche dazu erforderlich sind, in dem Maße wie es ihm gefällt.

Seht, so notwendig, so selig ist der Heilige Geist! Wer aber Christi Geist nicht hat, der ist nicht sein. Erkennt das wohl, dass ihr ohne ihn alles, selbst tugendhaft und brav, aber keine wahren Christen sein könnt! Dazu ist er unentbehrlich. Ihr könnt euch freilich den Heiligen Geist nicht selber nehmen. Er muss euch gegeben werden. Aber dem Heiligen Geist widerstreben, das könnt ihr, und von vielen gilt das Wort des Stephanus: »Ihr widerstrebt allezeit dem Heiligen Geist, wie eure Väter, also auch ihr« (Apostelgeschichte 7,51). Vielen wäre es leid, wenn der Heilige Geist über sie käme, um sie von der Sünde, von der Gerechtigkeit und dem Gericht zu überzeugen. Zu euch aber, die ihr seinen Namen kennt, zu euch, die ihr nach dem Wasser des Lebens dürstet, die ihr so glücklich seid, den Heiligen Geist zu begehren, heißt es: »Wenn nun ihr, die ihr böse seid, könnt euren Kindern gute Gaben geben, wie viel mehr wird der Vater im Himmel denen seinen guten Geist geben, die ihn darum bitten!« (Lukas 11,13). Bittet denn, dass euch gegeben werde, Jesus einen Herrn zu heißen! Ja, lernt das einfach aussehende, aber hochwichtige Werk in der Schule des Heiligen Geistes immer völliger üben! Werdet immer völliger Knechte unseres Herrn Jesu Christi! Er siege über alles und herrsche in uns von nun an bis in Ewigkeit!

9. Juli

Der Herr sei dir gnädig!

4. Mose 6,25

Jahwe sei dir nur gnädig, so bist du geborgen. Will das »dir« und will der Blick auf dich selbst dich entmutigen, siehe, so heißt es ja »gnädig«! Das schließt ja allen Verdienst und alle Würdigkeit aus und ermutigt dich, ja dich, zum völligsten Glauben, ohne Geld, umsonst zu kaufen. Jahwe sei dir gnädig! O Seele, zu welchem Ziel führt dich das! Die höchsten und innigsten Erquickungen, die du hier genießen magst, sind zwar des Geistes Erstlinge, aber was muss die volle Ernte sein! Sind die Vorhöfe so schön, was muss erst der Tempel selber sein! Es gibt dafür keine menschliche Sprache, und als Paulus aus demselben zurückkam (2. Korinther 12,2-4), konnte er keinen Bescheid darüber geben, weil er dazu unaussprechliche Worte bedurft hätte. Ist auf Tabor gut sein, wie gut muss es vollends da sein, wohin Mose und Elia doch bald zurückkehrten, mag auch ein Gethsemane, ein Golgatha, ein Grab, möchten auch Hiobs und Hemans Leiden dazwischen liegen! – Jahwe sei dir gnädig! Höheres gibt's nicht, denn es umfasst alles in einem.

So sei uns denn gnädig, Herr, und lass es uns wissen, so genügt uns! Amen!

10. Juli

Euch aber, die ihr meinen Namen fürchtet, soll aufgehen die Sonne der Gerechtigkeit und Heil unter ihren Flügeln.

Maleachi 3,20

Die Gläubigen hier auf Erden stehen nicht alle auf derselben Linie. Bei einigen steht die Liebe im Vordergrund, weil sie aus Gnaden tief in die lebendige Erkenntnis der Vollkommenheit der Versöhnung eingeführt sind, also los sind von dem bösen Gewissen und kein Gewissen mehr haben von den Sünden, weil sie einmal gereinigt sind. In Kraft des empfangenen kindlichen Geistes schreien sie deshalb das »Abba, Vater«. Bei anderen Kindern Gottes, die noch nicht so viel Einblick in die Versöhnung Jesu Christi empfangen haben, steht die Furcht im Vordergrund, und sie werden sich ihrem Standpunkt gemäß lieber der allerehrfurchtsvollsten Ausdrücke gegen Gott bedienen als der vertraulichen, welche ihnen, als den Untertänigen, beleidigend erscheinen werden. Ein »Herr, Herr Gott« stimmt mehr zu ihrem Gemüt als ein »Abba, lieber Vater«. Während diejenigen, in deren Herz die Liebe Gottes ausgegossen ist durch den Heiligen Geist, auf eine wunderbar vertrauliche, kindliche Weise beten und reden, entsetzen sich die andern vor seiner Rechten, dass ihnen die Haut schaudert, und unterstehen sich nicht, ihre kleinen Angelegenheiten als zu unbedeutend der allerhöchsten Majestät vorzutragen, wogegen jene ihm jede Kleinigkeit sagen dürfen und auch wunderbar erfahren, wie er sich derselben so freundlich, so väterlich annimmt und für alles sorgt, so dass es sich kaum erzählen lässt. Die Furcht untersteht sich nicht anders, wie es auch recht ist, als in der Gerechtigkeit Christi zu erscheinen, die Liebe umarmt sie. Jene zittert über jeden Fehler, diese beweint ihn, ohne die Freimütigkeit aufzugeben, und unternimmt um so mehr einen Anlauf des Glaubens auf Jesu Herz, je deutlicher sie durch ihre Fehler an ihre Abhängigkeit von ihm und an die Unmöglichkeit erinnert wird, ohne ihn durchzukommen. So wie diese ihr Haupt fröhlich erhebt, senkt jene es untertänig nieder. Von allen wahren Christen gilt es aber, dass sie Gott fürchten.

11. Juli

Der Herr wird für euch streiten, und ihr werdet still sein.

2. Mose 14,14

O wie biblisch klug verfahren wir alle, wenn wir unseren geistlichen Streit beileibe nicht auf eigene Klugheit und Kraft beginnen, sondern den Herrn selbst durch Glauben und Gebet mit in unseren Streit hineinziehen. Dann wird er für uns streiten, während wir stille sind. Denn wer ohne Christus nichts kann, vermag durch ihn alles, und es ist dem Herrn einerlei zu helfen, durch viel oder durch wenig. Er vertraut aber auch nicht auf den zerbrechlichen Stab eigener Kraft und kann es freilich nicht, denn der ist zerbrochen. Die Vernunft zeigt ihm nichts als Untergang und Tod, und die Natur fürchtet sich, aber der Glaube hilft ihm durch. Durch denselben ehrt er Gott als denjenigen, der da helfen kann, wo andere Hilfe aus ist; und obschon er nicht versteht, durch welches Mittel ihm geholfen werden könne, so stellt er das Gottes allumfassender Weisheit anheim. Er fragt: »Wirst du es nicht tun, Herr? Ich weiß nichts mehr und kann nichts mehr und sehe mich genötigt, mich dir und deinem Wohlgefallen mit allen den Meinigen und dem, was du mir sonst geschenkt hast, zu übergeben. Tue denn, was dir wohlgefällt!«

12. Juli

Meine Schafe hören meine Stimme, und ich kenne sie; und sie folgen mir.

Johannes 10,27

Jesus schreibt seinen Schafen zwei Eigenschaften zu. Die erste ist: »Sie hören meine Stimme«, diese gewalthabende Stimme, welche, wenn sie von denen gehört wird, die in den Gräbern sind, bewirkt, dass sie hervorgehen. Sie hören sie nicht durch einen Schall in den Ohren, sondern durch eine Kraft im Herzen, die daselbst wunderbar wirkt. Von der Lockstimme der Welt wenden sie ihr Ohr weg, sowohl wenn die Welt sie zu ihren Grundsätzen als auch zu ihrem Verhalten verführen will. Darum ist auch die zweite Eigenschaft der Schafe: »Sie folgen mir.«

Auch im Natürlichen ist ein Schaf ein gegen seinen Hirten sehr folgsames Geschöpf. Sie folgen dem Hirten nach, wohin er geht, und würden ihm durch Wasser und Feuer folgen und eher ertrinken und verbrennen als zurückbleiben. Seht die Sulamith, wie sie ihm nacheilt und nachschreit, mögen die Töchter Jerusalems sie deswegen auch für närrisch achten und die Wächter sie schlagen. Hört den Asaph sagen: »Dennoch bleibe ich stets an dir … wenn mir gleich Leib und Seele verschmachtet!« (Psalm 73,23.26). Seht das kanaanäische Weib ihm unabweislich nachsetzen! Und Petrus kann das Folgen auch nicht lassen, obschon Jesus sagt: Diesmal geht's nicht (Johannes 13,36).

13. Juli

Den Armen wird das Evangelium gepredigt.

Matthäus 11,5

Arme, das sind diejenigen, welche ihre Sünde und Strafbarkeit mit Scham und Schmerz erkennen, die darüber bekümmert und niedergeschlagen sind, die für sich allein kein Durchkommen sehen, die nach Vergebung der Sünden, nach Gerechtigkeit, Trost und Heiligung hungert und dürstet, die es auf allen Seiten gewahr werden, wie sehr sie eines Seligmachers bedürfen und ihn deshalb aufs lebhafteste suchen und begehren. Diese sind es, denen nicht das Gesetz, sondern das Evangelium gepredigt wird, denen man keine Last auflegen darf, sondern Erleichterung verschaffen muss, die man nicht mit Forderungen ängstigen darf, deren sie ohnehin schon genug an sich selbst stellen, sondern die man mit den Verheißungen erquicken muss. Sie sind es, vor deren betränten Augen man den unausforschlichen Reichtum der Schätze Christi auseinanderlegen, die man als Mühselige und Beladene aufs Freundlichste herbeilocken, ja, sie gewissermaßen nötigen und zwingen soll, in den Hochzeitssaal zum Abendmahl hereinzukommen, zu essen und zu trinken, trunken zu werden von den reichen Gütern seines Hauses und sich durch keine Bedenken zurückscheuchen zu lassen, von welcher Art dieselben auch sein möchten. Wer da die Harfe Davids am lieblichsten zu spielen und die Trauergeister zu verscheuchen vermag, dass der Freudenmeister Jesus hereintritt, ist der Beste. Da soll kein Gesetzeston misslautend dazwischentönen, der diese Armen ängstigt, sondern ihnen als den jetzt geborenen Kindlein die unverfälschte, lautere Milch des Evangeliums dargeboten werden, dass sie dadurch wachsen mögen.

14. Juli

Die Gnade des, der in dem Busch wohnte, komme auf das Haupt Josephs.

5. Mose 33,16

Sie, die Gnade, ist das kostbarste Gut an sich selbst – in ihrer *Beschaffenheit,* denn sie ist unwiderstehlich und macht sich Raum und Bahn und zerbricht eherne Tore und eiserne Riegel. Sie ist mächtig, ja allmächtig, so dass derjenige, der sie hat, alles vermag und in allem weit überwindet. Sie ist unwiderruflich, und wo sie einmal ihre Wohnung genommen hat, da weicht sie nie wieder hinweg. Sie ist allgenugsam, um alle unsere auch noch so großen und weitgehenden Bedürfnisse zu erfüllen, die sie eben darum erregt. Es ist Gnade, welche unsererseits keine Würdigkeit voraus erfordert, ja sie ganz ausschließt. Es ist Gnade, Wohlwollen Gottes. Und ist der für uns, wer oder was mag dann wider uns sein? Hier ist also ein dauerhaftes, über alle Wechsel und Zufälle der Zeit erhabenes, ewiges Gut, ein Gut, das alle die weiten Räume der Seele vollkommen ausfüllt und nichts zu wünschen übrig lässt, denn sie ist auch das allerköstlichste Gut in ihrer *Wirkung.* Sie beseitigt nach und nach und zuletzt vollkommen alle innerlichen und äußerlichen, physischen und moralischen Übel. Sie ist die einzige Arznei und Salbe wider den sonst aller Heilmethoden spottenden Aussatz der Sünde und des Unglaubens. Sie schenkt alle wahrhaftigen innerlichen und äußerlichen, physischen und moralischen Güter und Seligkeiten. Sie macht gerecht und heiligt zugleich. Sie bestrahlt, ein erleuchtendes Licht, den Verstand, dass er sieht, was sonst nicht zu sehen ist, wenn wir in diesem Licht nicht stehen. Sie überschattet den Willen als eine Kraft Gottes, dass er voll festen Glaubens, voll alles verleugnender Hoffnung, voll alles überwindender Liebe wird, erfüllt wird mit Früchten der Gerechtigkeit, die in uns geschehen durch Jesus Christus zum Preis und Lob Gottes. Sie senkt sich ins Gemüt wie ein salbungsvoller Tau und erquickt es mit dem süßesten Frieden, welcher höher ist als alle Vernunft.

15. Juli

Da sie aber ihre Augen aufhoben, sahen sie niemand denn Jesus allein.

Matthäus 17,8

Mit der Zeit verlieren sich auch wohl gewisse Gaben, die sonst den Christen zierten, z. B. die Gabe des Gedächtnisses und der Mitteilung, die Gabe der Belebtheit, wo alles eine interessante Lebendigkeit und etwas Ergreifendes hat, sei es in Wehmut oder Freude, wo das Gemüt auf die eine oder andere Weise kräftig angeregt wird, so dass entweder das Angesicht von Heiterkeit erglänzt oder die Liebe zu dem Herrn sich in süßen Tränen Luft macht. Das Lesen, das Hören des göttlichen Wortes, der Genuss des Abendmahls, die Betrachtung der Leiden Christi, das Gebet kann die Seele in eine Art von Verzückung versetzen, dass sie mit Johannes sagen möchte: »Ich war im Geist an des Herrn Tag.« Aber dies kann sich verlieren, so dass er das nicht mehr kann oder nicht mehr so genießt wie früher oder auch selbst den Geschmack nicht mehr daran findet, sondern mehr trocken wird. »Aber meine Gnade ist dir genug, und meine Kraft ist in den Schwachen mächtig.« Jesus will's allein sein. Er entzieht euch nichts, ohne es nachher veredelt wieder zu verleihen. Man gefällt sich auch leicht in den Gaben und vergisst den Geber. An deiner Gnade allein ich kleb.

Ihn, ihn selber will ich haben
und in ihm erfunden sein.
Sagt mir nichts von hohen Gaben,
noch von guter Werke Schein!
Das, was mich so hoch erfreut,
ist nicht eigne Heiligkeit.
Nichts gibt mir ein Recht zum Leben,
er muss mir's aus Gnaden geben.

16. Juli

Fülle uns frühe mit deiner Gnade, so wollen wir rühmen und fröhlich sein unser Leben lang.

Psalm 90,14

Gnade ist das Notwendigste. Niemand kann sie zum Seligwerden entbehren, ja der eine ebenso wenig wie der andere; eigentlich auch keiner mehr als der andere, möchte es auch so scheinen. Jedoch wendet sie eine solche Kraft an, wie zur Erreichung ihres Zwecks nötig ist. Niemand darf daher denken, er habe von Haus aus Verstand genug, Kraft und Tugend genug, so dass ihm die Gnade gar nicht oder doch nicht so nottue wie anderen. Niemand darf meinen, er wolle das schon durch eigenen Fleiß ersetzen, denn wie in der Gnade alles Gute und Heilsame zusammengefasst ist, so ist außer ihr nichts als Schein. Wie könnte sonst Petrus empfehlen, vollkommen auf die Gnade zu hoffen? Sie ist aber notwendig zum Anfang der Gottseligkeit sowie zum Wachstum und zur Vollendung. Siehe also hier das eine, was not ist! Es ist Gnade.

Sie hat ferner die erwünschte Eigenschaft, dass sie erlangbar ist. Wie deutlich versichert uns auch das Wort: Kommt – heißt es ja ganz allgemein in den Haufen der Zuhörer hinein – kommt, denn es ist alles bereit! Wer da will, der komme und nehme das lebendige Wasser umsonst! Wer bittet, empfängt; wer sucht, findet; wer anklopft, dem wird aufgetan. Schon der Seele, die nach dem Herrn fragt, ist er freundlich. Niemand hat also Ursache, im Geringsten zu zweifeln, ob er willkommen sei, wenn er um Gnade fleht, wenn er mit voller Zuversicht zu Jesus kommt, möchte er auch gleichsam noch von Sünden triefen und wie der verlorene Sohn ohne Kleider und Schuhe sich aufmachen und zum Vater kommen, denn Gnade ist erlangbar.

Ach, was hör' ich? Gnade, Gnade,
Gnade schallet in mein Ohr,
und mich Sündenwurm, mich Made
hebt ein sanfter Zug empor.

17. Juli

Wie gar unbegreiflich sind seine Gerichte und unerforschlich seine Wege!

Römer 11,33

Es liegt uns ziemlich nahe, bei unangenehmen Verhältnissen nach dem Warum, den Ursachen und Zwecken zu fragen, wie auch in Psalm 79,10 gefragt wird: »Warum lässt du die Heiden sagen: Wo ist nun ihr Gott?« Zuerst einmal ist es sonderbar, ist es übel, dass man diese Fragen selten bei angenehmen Ereignissen hört, selten fragen hört: Warum verschont mich der Herr? Warum lässt er das Unglück nicht über mich kommen? Warum geht's mir so gut? Warum segnet er mich? Warum habe ich's doch besser als andere? Man hört diese Fragen wohl einmal, aber selten, und das ist übel. Wir undankbaren Menschen scheinen zu glauben, es müsse so sein, es geschehe uns darin unser Recht, Gott sei uns das schuldig. Wir sind blind gegen das Gute, das wir genießen, bis wir's entweder verloren haben oder zu verlieren in Gefahr sind. Aber die Liebe, die freie Güte, die unverdiente Gnade des Herrn erkennt und versteht man nicht, ja, man wird wohl trotzig, übermütig, aufgeblasen dadurch, oder es ist einem immer noch nicht genug. O ihr undankbaren Menschen, wartet nur, bis die Gerechtigkeit über euch an die Stelle der Güte tritt und euch alle Wohltaten, und so auch allen Anlass zum Danken entreißt! Solche Sünder wie wir sollten nicht über das geringste Gute erstaunen, das wir genießen? Gewiss haben wir große Ursache dazu, mögen wir's auch verkennen. Es wird sich aber einmal ausweisen, ihr Satten, denn ihr werdet hungern. Wehe euch, die ihr hier lacht, denn ihr werdet weinen!

Zum andern kann Gott uns nicht allezeit unser Warum beantworten, teils weil die rechte Zeit noch nicht da ist, es also nur schaden würde, teils weil wir viel zu kurzsichtig sind, um ihn begreifen zu können – denn wie gar unbegreiflich sind seine Gerichte und wie unerforschlich seine Wege! – teils weil vieles der Zukunft und das meiste der Ewigkeit vorbehalten ist, und sonderlich, weil wir uns ans Unterwerfen und Gehorchen gewöhnen sollen.

18. Juli

Alles, was dir vor die Hände kommt zu tun, das tue frisch.
Prediger 9,10

Hast du irgendwo gesündigt, nur schnell dein Abweichen anerkannt, nur ungesäumt dem Herrn deine Sünde bekannt! So ist er treu und gerecht, dass er uns die Sünde vergibt und reinigt uns von aller Untugend. Nur hurtig hungernd und dürstend zu Jesus geeilt und nicht vor ihm geflohen, dem einzigen Arzt! Als David in dieser Beziehung nicht eilte, sondern säumte, vertrockneten seine Säfte, wie es im Sommer dürre wird. Als er aber sprach: »Ich will dem Herrn meine Sünde bekennen«, da vergab er ihm die Missetat seiner Sünde. Es ist ja ein freier, offener Born da wider die Sünde und Unreinigkeit. Wascht euch in demselben, dass ihr rein werdet, und lasst kein Stäubchen Unrat auf eurem Herzen und Gewissen liegen!

Überhaupt soll man bei jedem guten Werk an Salomos Anweisung denken, wo er sagt: »Was dir vor die Hände kommt zu tun, das tue frisch«; und an die des Paulus: »Seid brünstig im Geist, seid nicht träge, was ihr tun sollt« (Römer 12,11). Ergreift die bequeme Gelegenheit, die sich euch darbietet, ein gutes Wort zu reden, eine gute Handlung zu verrichten! Spürt ihr euch aufgelegt zum Gebet, dann betet und macht's nicht wie jener König, der nur viermal schlug, da er's sechs- bis siebenmal hätte tun sollen! Könnt ihr Christus einen Gefallen erweisen, schiebt's nicht auf! »Kaufet die Zeit aus, denn es ist böse Zeit!« (Epheser 5,16).

19. Juli

Denn also spricht der Hohe und Erhabene, der ewiglich wohnt, des Name heilig ist: Der ich in der Höhe und im Heiligtum wohne und bei denen, die zerschlagenen und demütigen Geistes sind, auf dass ich erquicke den Geist der Gedemütigten und das Herz der Zerschlagenen.

Jesaja 57,15

Demütig werden oder erkennen lernen, wie groß unsere Sünde und unser Elend und wie noch viel größer des Herrn Gnade und Huld ist, ist ein und dasselbe. Und ein Herz, in welchem sich diese beiden Stücke begegnen oder, wie der 85. Psalm redet, Gerechtigkeit und Friede sich küssen, ist seliger, als ein natürlicher Mensch sich vorstellen kann, wie es auch eine Seligkeit ist, wonach ihn nicht gelüstet. Das Demütigen hat also eine raue und eine liebliche Seite, ist teils betrübend, teils erfreuend. Ersteres, das Raue und Betrübende, geht voran und macht dem anderen Bahn. Erst Johannes mit seinem: »Ihr Schlangen- und Otterngezüchte, wer hat denn euch gewiesen, dass ihr dem zukünftigen Zorn entrinnen werdet? Sehet zu, tut rechtschaffene Früchte der Buße!« (Lukas 3,7-8). Dann Jesus mit seinem: »Kommt her zu mir, die ihr mühselig und beladen seid; ich will euch erquicken« (Matthäus 11,28). Durch Erniedrigung führt er zur Erhöhung, durch den Tod zum Leben, durch Schwachheit zur Kraft. Er macht wohl zu nichts, aber nur um in allen alles zu sein; beraubt, um alles besser, veredelter, vervielfältigt wiederzugeben; macht schwach, damit er in dem Schwachen mächtig ist. Gott, wer ist dir gleich? (Psalm 71,19).

20. Juli

Ich eile und säume mich nicht, zu halten deine Gebote.

Psalm 119,60

Es gibt Dinge, die keinen Aufschub dulden und durch denselben verschlimmert werden. Die Buße ist ein solches. Sie ist der Anfang der Bekehrung und somit des Lebens. Wie sollte nicht jeder damit eilen! Solange ihr mit dieser notwendigen und wichtigen, aber auch heilbringenden Sache nicht im Reinen seid, solltet ihr für nichts anderes Zeit haben. So ist es Christi Gebot gemäß, am ersten nach dem Reich Gottes und seiner Gerechtigkeit zu trachten. Eilt jemand in dieser Beziehung nicht, gibt er sich ans Verschieben, so wandelt er auf einem äußerst gefährlichen Weg, und es ist sehr unwahrscheinlich, dass er je davon abkommen wird. Die Schwierigkeiten werden sich nicht mindern, sondern häufen. Es ist ein Strick des Satans, worin er ja leider viele gefangen hält. Hier heißt es aber wie zu Lot: Eile und rette deine Seele und stehe in der ganzen Gegend nicht still! Wie übel handelte Felix, dass er, da er über Paulus' Predigt erschrak, ihn gehen hieß, bis er ihn zur gelegenen Zeit wieder rufen lassen würde – eine Zeit, die nie kam! Und wie übel ist es, dass er so viele Nachfolger hat! Es gibt Menschen, welche die Notwendigkeit der Bekehrung nicht leugnen. Nur wollen sie nicht zugeben, dass es damit eilt, wollen sich nicht entschließen, jetzt gleich Hand ans Werk zu legen, jetzt gleich um den Heiligen Geist zu bitten. Das hat ihrer unseligen Meinung nach noch Zeit, bis sie erst noch dies Geschäft ausgerichtet, jene Lust genossen haben und weiter an Jahren vorgerückt sind. Nein, du hast keine Zeit zu verlieren. Auf heute bist du angewiesen. Heute verstocke dein Herz nicht, oder es wird dir morgen noch weniger gelingen!

Wer diesen Tag sein Heil verträumet,
hat eine Gnadenzeit versäumet,
die wohl nie wieder kommen kann.
Heut' komm! Heut' nimmt dich Jesus an.

21. Juli

Ich sehe an den Elenden und der zerbrochenen Geistes ist und der sich fürchtet vor meinem Wort.

Jesaja 66,2

Dieses »Ich« ist der mächtige Heiland, der sich alle Dinge nach seiner Kraft untertänig machen kann. Sollte er sich denn nicht auch unsere Herzen untertänig machen können? Sollten wir ihm nicht alle zurufen: Nun denn, so überwinde denn auch in mir alles, was wider dich ist und sich wider dich erhebt! Nimm aus meinem Herzen alle Widerspenstigkeit! Du hast es ja versprochen: Wenn ich erhöht bin von der Erde, so will ich sie alle zu mir ziehen. Dieses »Ich« ist auch die allergrößte Freundlichkeit, das alle Mühseligen und Beladenen zu sich einlädt, ihnen zuruft: »Herbei, herbei ihr Mühseligen und Beladenen, ich will euch erquicken!« Deswegen verkündet dieses »Ich« den Armen im Geist seinen vom Vater erhaltenen Auftrag: Ich bin gekommen, zu suchen und selig zu machen, was verloren ist; predigt ihnen das Evangelium selber, behandelt sie aufs freundlichste, nimmt die Sünder an und isst mit ihnen, nennt sie seine Kinder, seine Söhne und Töchter. Dieses »Ich« ist die Sonne der Gerechtigkeit, deren Strahlen nicht versiegen noch ermatten, unter deren Flügeln Heil ist. Dieses »Ich« ist der Heilsbrunnen für alle, die denselben benutzen wollen, ist das Brot des Lebens, ist Speise und Trank unseres unsterblichen Geistes, ist unser Schild und sehr großer Lohn, ist unser Schwert im Streit, mit welchem wir die Feinde unserer Seele zerhauen können, ist Jesus Christus, unsere Hoffnung. Darum ist die Losung seiner ganzen Schar: »Beredet euch, und es werde zunichte; beschließt einen Rat, und es werde nichts daraus, denn hier ist Immanuel« (Jesaja 8,10). In uns sind und haben wir nichts, aber in ihm alles.

22. Juli

Ich sitze unter dem Schatten, des ich begehre, und seine Frucht ist meiner Kehle süß.

Hohelied 2,3

Sehet da, das Bild eines wahren Christen! Abgearbeitet, müde und abgemattet, nicht nur unter dem Gesetz und dessen Forderungen, sondern auch von den Bekümmernissen, welche ihm sogar das Evangelium verursacht, weil er seinen Mangel an den Eigenschaften, die dieses angibt, und welche die haben müssen, denen es seine Tröstungen mitteilt, lebhaft fühlt, als: dass er noch nicht so zerknirscht, nicht so leidtragend über seine Sünden ist, wie er meint sein zu müssen; so zermürbt er sich in der Menge seiner eigenen Wege und spricht nicht: Ich lasse es. Dies ist ein mühseliger Zustand und dauert, bis man zu Christus kommt, zu ihm, dem Baum des Lebens, bis man seine Früchte genießt. O glückseliges »Endlich«, wenn man sagen kann: Ich sitze unter dem Schatten, des ich begehre, unter dem Lebensbaum, durch welchen ich geschützt bin vor dem brennenden Zorn Gottes! O süßes »Endlich«, sagen zu können: Des Lebensbaumes köstliche Frucht ist meiner Kehle süß. Nun ruht er von seiner mühevollen Arbeit aus. Sein Gewissen fühlt Aussöhnung in dem Opfer Jesu Christi, durch welches alle, die geheiligt werden, in Ewigkeit vollendet sind. In der Erkenntnis dieses vollkommenen Seligmachers, dieses allgenugsamen, treuen Heilandes kommt er in eine biblische Wirksamkeit und zu dem Vertrauen, dass derselbe auch in ihm sein angefangenes Werk vollbringen werde, so wie er ihn im Gericht Gottes schon längst durchgebracht hat. Unter diesem Baum des Lebens fühlt er sich erquickt, kann er ausruhen, findet er Leben und volles Genüge und eine solch innige Gemeinschaft mit dem Herrn Jesus, dass er unter seinem Schatten trauen, innig stille sein und sich ganz beruhigen kann.

23. Juli

Jesus spricht zu ihr (zu Martha): Habe ich dir nicht gesagt, so du glauben würdest, du solltest die Herrlichkeit Gottes sehen?

Johannes 11,40

Der Herr übt die Seinigen in der großen Glaubenskunst, und nur der kann von ihren Glaubensübungen geringe Gedanken hegen, der sie entweder gar nicht oder nur wenig kennt. Der Herr hat Mittel und Wege genug, um die Seinigen in allerhand Gedränge von innen und von außen geraten zu lassen. Er weiß sie auf mancherlei Weise zu züchtigen und kann allerlei Not über sie verhängen. Er versteht es schon, sie aller sichtbaren und empfindbaren Stützen zu berauben, so gänzlich zu berauben, dass ihnen in der Tat und Wahrheit nichts übrig bleibt, als Gott allein, seine Verheißungen, seine Macht, seine Treue und seine Allgenugsamkeit; dass ihnen nichts übrig bleibt, als auf ihn, den Lebendigen, zu hoffen, auch wenn er sie sollte töten wollen. Eine solche Lage scheint so bedenklich, dass man mit Petrus sagen möchte: »Das widerfahre dir nur nicht!« (Matthäus 16,22). Aber solche Umstände müssen vorhergehen, wenn Jesus sich als ein Meister im Helfen, als ein wirklicher Nothelfer, wie er bei Daniel 6,28 heißt, soll erweisen können. Und da dankt man ihm wohl, wenn er uns treulich gedemütigt hat; treulich, das ist mit seiner verborgenen Unterstützung, so dass man es ertragen konnte, wenn man auch besorgte, umzukommen. Er macht's immer wohl, er mag betrüben oder trösten, töten oder lebendig machen. Führt er in die Hölle, so führt er auch wieder heraus (1. Samuel 2,6). Lässt er viele und große Angst erfahren, er macht auch wieder lebendig (Psalm 71,20), sagt der in Gottes Wegen geübte David.

24. Juli

Ihr seid meine Freunde, wenn ihr tut, was ich euch gebiete.

Johannes 15,14

Welch ein Glück ist es, Jesus zum Freund zu haben! Was kann uns da fehlen? Je größer die Not ist, worin wir stecken, desto heftiger wird sein Eifer sein, uns zu retten. Sein Reichtum ist unausforschlich. Je ärmer also jemand unter seinen Freunden ist, desto geneigter ist er, ihn zu beschenken. Im Himmel und auf Erden ist alle Macht sein; wovor sollten also seine Freunde sich fürchten? Seine Liebe hat ihresgleichen nicht, und er hat den höchstmöglichen Beweis davon dadurch abgelegt, dass er sein Leben gelassen hat für seine Feinde. Eine größere Liebe hat niemand. Was ist das für ein Freund, der so hoch ist und mit uns weinen kann! Wer sollte ihm nicht trauen, wer ihn nicht lieben, wer nicht seine Freundschaft suchen! Er ist nicht engherzig in seiner Freundschaft, so dass es der Fall sein könnte, dass man sich vergeblich um dieselbe bewürbe. Ach du lieber Heiland, du bewirbst dich um unsere Freundschaft zuerst und allermeist. »Gib mir, mein Sohn, dein Herz!« »Kommt doch her zu mir alle, die ihr mühselig und beladen seid, ich will euch erquicken.« »Wer zu mir kommt, den werde ich nicht hinausstoßen.« »Ich bin gekommen, zu suchen und selig zu machen, was verloren ist.« Er bittet sogar, denn Christus bittet durch uns: »Lasset euch versöhnen mit Gott!« Was heißt das anders als: Werdet seine Freunde, denn er ist schon euer Freund. Ist Freude im Himmel über einen Sünder, der Buße tut, so ist keines Freude größer als die des Hirten selber, der alles zusammenruft mit der Aufforderung: »Freuet euch mit mir, denn ich habe mein Schaf gefunden, das verloren war!« O wie wohl tut ihr, die ihr dem Heiland diese Freude macht!

25. Juli

Jesus spricht zu ihm: Ich bin der Weg und die Wahrheit und das Leben; niemand kommt zum Vater denn durch mich.

Johannes 14,6

Christus nur ist der Weg. Er ist der Weg, aus all unserem Elend, aus unseren Sünden, aus dem Fluch, aus dem Zorn Gottes, aus besonderen Ängsten und Nöten herauszukommen und zur Gnade Gottes, zur Vergebung der Sünden, zur Gerechtigkeit, zu einer heiligen Natur, zu Leben und Seligkeit zu gelangen. Wir bedürfen dazu ihn und nichts anderes als ihn.

Freilich aber kann kein Weg uns nützen, es sei denn, dass wir ihn einschlagen und darauf wandeln. Das gilt auch von Christus. Wie wir uns durch leibliches Wandeln mit einem natürlichen Weg in Verbindung setzen, so müssen wir auch in geistlicher Weise mit diesem lebendigen Weg in Verbindung treten, welches durch den Glauben geschieht, den die Schrift auch ein Annehmen Christi, ein Hungern und Dürsten nennt.

Aber was sind die ebensten und besten Wege für einen Lahmen? Nichts, denn es wird ein Vermögen bei ihm vorausgesetzt, welches er nicht besitzt. So ist's bei diesem Weg nicht. Er heißt sogar auch deswegen der Weg, weil er zuerst zu der Seele kommt und dadurch sofort dieses Lahmsein, soweit es nötig ist, wegnimmt. Eine Mutter ist auch für ihr neugeborenes Kind der Weg zum Leben, zur Erhaltung, zum Wachstum, und das eben dadurch, dass sie sich des Kindleins annimmt; – so auch Christus.

Das einzige Notwendige
ist, Christi teilhaft sein,
und dass man ihm aushändige
Geist, Seele und Gebein.
Dann geht man seinen Gang gewiss
und weiß, dass man durch keinen Riss
sich von der Hand, die nie lässt geh'n,
getrennet werde seh'n.

26. Juli

Philippus spricht zu ihm: Komm und sieh es!

Johannes 1,46

Was siehst du an Christus? Ich sehe in ihm die Gabe Gottes an mich, eine Gabe Gottes, welche alles in sich schließt, was erforderlich ist, um mich unaussprechlich reich, glückselig, heilig und herrlich zu machen, der Sonne vergleichbar, welche nebst Licht und Wärme so unzählig viele andere Segnungen spendet, die sich durch nichts anderes ersetzen lassen; eine Perle, für welche ein Verständiger alles verkaufen wird, was er hat, um ihrer teilhaftig zu werden, alles für Schaden und Kot achten wird, wenn er nur Christus gewinnt. Wer aber irgendetwas, wie köstlich es auch sonst sein möchte, mehr liebt und wert erachtet als ihn, der ist sein nicht wert. Wie gerne wird sich aber derjenige alles rauben lassen, welcher erkennt, dass er in dieser Gottesgabe alles hundertfältig ersetzt bekommt! Wie bereitwillig wird er ein Narr vor der Welt und seinen Augen werden, um in ihm weise zu werden, alle seine Gerechtigkeit für ein unflätig Kleid achten, um ein solches Ehrenkleid, wie Christus ist, dafür zu bekommen, sich am liebsten seiner Schwachheit rühmen, damit die Kraft Christi in ihm wohne, sich gern für nichts, für einen Gottlosen, für eine unzeitige Geburt halten und halten lassen, damit nur die Gnade in ihm sei. Er wird aber auch mit Freuden bekennen, dass wir vollkommen sind in Christus und außer oder neben ihm keine Kraft noch Weisheit, keine Würdigkeit noch Gerechtigkeit bedürfen, weil wir vollendet sind in ihm. O, erkenntest du die Gabe Gottes, gewiss bätest du ihn und er gäbe dir lebendiges Wasser, das in dir ein Quell des Wassers würde, der ins ewige Leben fließt. Wie selig, wie getrost und heiter sind diejenigen schon hier auf Erden, welche diese Gabe im Glauben gelten lassen können, annehmen können, welche dieses Wasser trinken, dieses Kleid anziehen, diese Gabe sich zueignen können! Darauf sollen wir zusteuern.

27. Juli

Ihr seid abgewaschen, ihr seid geheiligt, ihr seid gerecht geworden durch den Namen des Herrn Jesu und durch den Geist unseres Gottes.

1. Korinther 6,11

Offenbar ist die Heiligung eines der allervortrefflichsten Gnadengüter, das vergleichsweise die beiden anderen übertrifft. Sie ist vortrefflicher als die Wiedergeburt, denn durch sie gewinnt Christus eine Gestalt in der Seele, vortrefflicher als der Glaube, denn eben durch dieselbe wird das Herz gereinigt. Wir werden geheiligt durch den Glauben an ihn. Sie ist in mancher Hinsicht köstlicher als die Rechtfertigung, so wie diese in anderen Stücken vortrefflicher ist als die Heiligung. Vortrefflicher als die Heiligung ist die Rechtfertigung hier auf Erden, denn sie ist hier schon vollkommen, da jene mangelhaft bleibt. Sie gibt dem Gewissen einen völligen Frieden gegen Gott, den die Heiligung aus der genannten Ursache der Unvollkommenheit nie gewähren kann oder soll. Sie verleiht rechtliche Ansprüche an die reichen Güter des Hauses Gottes. Wer dürfte die aber auf seine Heiligung gründen, ohne sie augenblicklich einzubüßen? Die Rechtfertigung weist alle Beschuldigungen und Anklagen zurück. Wie könnte eine Gottseligkeit die Stelle dieses Schildes vertreten, welche bei Leibes Leben bekennen muss: Wir fehlen mannigfaltig! Sie naht sich freimütig zu Gott, die Heiligung aber ruft: Gehe nicht ins Gericht! Wiederum aber ist die Heiligung vortrefflicher als die Rechtfertigung, denn indem diese das Recht gibt, führt jene zum Genuss. Die Rechtfertigung befiehlt, die Gefangenen und Gebundenen loszulassen, die Heiligung öffnet den Kerker, löst die Bande und führt in weiten Raum. In der Rechtfertigung wird dem Sünder die Kindschaft gerichtlich zuerkannt, durch die Heiligung wird er wirklich mit dem Bilde Gottes geziert. Jene ist der Rechtsspruch, diese die Ausführung. Jene legt den Grund und entwirft den Plan, diese führt ihn aus und errichtet den Tempel, in welchem Gott wohnt und wandelt.

28. Juli

Heute, so ihr seine Stimme hört, so verstockt euer Herz nicht.
Psalm 95,8

Wird ein Mensch gerührt, geweckt, geschreckt, kommt des Herrn Wort ihm nahe – wie sich denn der Herr nicht unbezeugt lässt an einem jeglichen –, vernimmt er seine Stimme, die ihm zuruft: Wache auf, der du schläfst und stehe auf von den Toten. Schaffe auch du, dass du selig wirst. Wird auch ihm sein Seelenheil wichtig gemacht, tut der Herr dies vielleicht zum zweiten oder gar zum dritten Mal, dass er seine Seele herausholt vom Verderben und ihn beleuchtet mit dem Licht der Lebendigen, wie Elihu in Hiob 33,30 sagt – so heißt es denn insbesondere: »Merke auf, Hiob!« (Vers 31). Es kommt vielleicht nie wieder, da versäume ja nicht, in ernstlichem Gebet dich zu dem Herrn zu wenden, dass er durchgreifen möge, es möchte sonst auf immer mit dir vorbei sein, und das wirst du wohl nicht dabei wagen wollen. Aber ach, wie viele treten in Jerusalems Fußtapfen, lassen die Tage des Heils unbenutzt vorbeistreichen und kommen erst an, wenn die Türen schon verschlossen sind und auf alles Pochen nicht mehr geöffnet wird, sondern es heißt: Ich kenne euch nicht und weiß nicht, wo ihr her seid, weicht von mir, ihr Übeltäter! Vor diesem schrecklichen Ausgang hüte sich ein jeglicher allen Ernstes, sonderlich diejenigen, die etwas von den Rührungen und dem Anklopfen des Geistes bei sich gewahr werden, damit das Letzte nicht ärger bei ihnen werde als das Erste.

Wacht auf, wacht auf, ihr Christen!
Die Stunde kommt herbei,
die Lampen auszurüsten;
man höret ein Geschrei
erschallen weit und breit:
Du musst dich fertig machen
mit Beten und mit Wachen
in dieser letzten Zeit.

29. Juli

Wer sich lässt dünken, er stehe, mag wohl zusehen, dass er nicht falle.

1. Korinther 10,12

Wie häufig fehlt's an der Mäßigkeit, die man doch im Glauben darreichen soll. Das eine Mal sind Christen zu fröhlich, allzu fertig und singen: Ich kann alles tragen, ich darf alles wagen, und wenn des Teufels Heer mir ganz entgegen wär', in allem überwinden wir weit; – und haben dann gar kein Ohr dafür, wenn das Wort Gottes sagt: Sei nicht stolz, sondern fürchte dich; freut euch mit Zittern; wer meint zu stehen, sehe wohl zu, dass er nicht falle; ich will mich am liebsten meiner Schwachheit rühmen. Sie nehmen den Mund sehr voll, und eingenommen für die Sache, wie sie sind, verwerfen sie alles, was von der Art gesagt wird, als gesetzlich, als unbiblisch, als eigengerecht und gehen wohl hart und schnöde dagegen an, so dass sie sich oft sehr übertrieben vernehmen lassen, dass es ordentlich gesetzlos klingt. Auch wollen sie's nicht an sich kommen lassen, dass der Herr wohl noch andere demütigende Wege mit ihnen einschlagen könne und dass ihr Gold noch geläutert werden müsse. – Kein Wunder, wenn sie das andere Mal ganz zaghaft sind, wenn der Herr sein Angesicht zu verbergen für gut findet. Dann benehmen sie sich, als ob alles, was in ihnen vorgegangen, nichts gewesen, als ob sie nie wieder aus ihrem Gefängnis befreit werden würden und schreien mit den Jüngern: »Wir verderben«, da es doch noch weit entfernt davon ist. Besser wäre es, mit David sich mit Zittern zu freuen, und wenn man sich fürchtet, auf den Herrn zu hoffen. Gutes und Barmherzigkeit werden den Gläubigen allerdings folgen ihr Leben lang. Aber jeder, der als Sohn aufgenommen wird, wird auch gezüchtigt und alle werden dem Herrn nicht nur dafür danken, »dass du mich wieder tröstest«, sondern auch »dass du zornig gewesen« bist, dass du mich »treulich gedemütigt« hast (Sacharja 1,2.7; Psalm 119,75).

30. Juli

Tröste mich wieder mit deiner Hilfe und mit einem freudigen Geist rüste mich aus.

Psalm 51,14

Jemand, der den Herrn fürchtet und Lust hat, in seinen Wegen zu wandeln, seine Rechte zu halten und danach zu tun, wird wohl von einem Fehltritt übereilt. Er strauchelt, er fällt, er sündigt. Da entsteht nun große Not und ein Herz durchbohrender Jammer. Es erweist sich auch jetzt, dass er nicht von der Welt, sondern anderen Sinnes ist. Er steht von ferne und mag auch seine Augen nicht aufheben gen Himmel. Gewöhnlich ist nun der nächste Weg, den solch ein verrenktes Glied einschlägt, der, dass man's besser machen, dass man sich selbst reinigen will von aller Befleckung des Geistes und des Fleisches. Das Zutrauen zu dem Herrn hat große Not gelitten. Man sieht in ihm einen beleidigten Herrn und in sich selbst einen schlechten, untreuen Knecht, der Strafe verdient und nicht wert ist, seinem Herrn unter die Augen zu treten und sich vor ihm sehen zu lassen. Da zermürbt man sich in der Menge seiner Wege und wird indessen immer ärmer, dürrer, trostloser, ohne doch im Geringsten besser zu werden. Ja, das Gesetz, zu welchem man sich wendet, erweist sich wohl als die Kraft der Sünde, das allerlei Lust erregt, statt sie zu dämpfen, und bringt die Seele in die Erfahrung, welche im 7. Kapitel des Römerbriefs verzeichnet steht. Endlich erbarmt sich der Herr ihrer wieder. Es heißt: Zurück zu ihm, der da gerufen hat: »Her zu mir, die ihr mühselig und beladen seid, ich will euch erquicken!« »Wo soll ich hin?« Ich will zum Bundesgott, ich will zum Arzt, der Kranke pflegt. Wie ihr angenommen habt den Herrn Jesus Christus, so wandelt in ihm! Glaube an den Herrn Jesus Christus, so wirst du selig! Und so klammert sich denn die Seele desto inniger an Christus, je mehr sie überzeugt und durch Schaden klug wird, dass sie ohne ihn nichts tun und gegen ihre abgesagten Feinde keinen Augenblick bestehen kann.

31. Juli

Der Herr macht arm und macht reich, er erniedrigt und erhöht.

1. Samuel 2,7

Es gibt ernstliche Seelen, denen ein gewöhnliches Alltagschristentum nicht genügt. Sie wollen etwas Rechtes leisten. Das Armsünderwesen ekelt sie an. Das stete Klagen über sich selbst ist ihnen zuwider. Das Christentum ist eine ganz erhabene Sache, und so soll's sich wenigstens an ihnen zeigen. Mögen andere auf ihre Gefahr hin es weniger genau nehmen, sie jedenfalls wollen es besser machen, wollen nichts versäumen. Löblicher Vorsatz! Oft gelingt's ihnen eine lange Zeit so wohl, dass sie Gefallen an sich selbst bekommen und sich dem Ziel nahe zu sein dünken, bald auch fragen zu dürfen, was fehlt mir noch? Aber nun geht's nach Jesaja 57,12: »Ich will dir deine Werke anzeigen, dass sie dir nichts nützen sollen.« Da müssen sie wohl schreckliche Anfechtungen erleiden. Der Abgrund ihres Herzens öffnet sich ihnen, dass sie nun auch wie Paulus in Römer 7,24 ausrufen müssen: »Ach, ich elender Mensch, wer wird mich erlösen von dem Leibe dieses Todes?« Sie müssen zu dem roten Meer der Blutversöhnung Jesu Christi kommen, wovon sie früher nur wenig wissen wollten, müssen sich entschließen, als ganz arme Sünder zu wimmern: Das Blut Jesu Christi, des Sohnes Gottes, mache mich rein von allen Sünden; um Gnade zu betteln, um lauter Gnade, und dürfen von Würdigkeit – wovon sie sonst den Mund gern voll nahmen – auch kein Wörtlein sprechen und mögen es nicht nennen hören. Nun geht's dann auch nach dem Spruch: »Aber da ich ihre Wege ansah, heilte ich sie und gab ihnen wieder Trost« (Jesaja 57,18). Denn zuvor gilt: »Denn also spricht der Hohe und Erhabene, der ewiglich wohnt, des Name heilig ist: Der ich in der Höhe und im Heiligtum wohne und bei denen, die zerschlagenen und demütigen Geistes sind, auf dass ich erquicke den Geist der Gedemütigten und das Herz der Zerschlagenen« (Vers 15). Wer auf mich traut, wird das Land erben.

1. August

Der Herr, dein Gott ist es, der dir Kräfte gibt, solch mächtige Taten zu tun.

5. Mose 8,18

Welch einen Krieg haben wir zu führen! Nicht genug, in einer Welt zu leben, welche uns von allen Seiten mit Versuchungen und Stricken umringt und uns zum Tausch unseres Goldes gegen ihre wertlosen Scherben mit zauberischen Künsten zu verleiten sucht, durch vielfaches Gelingen dreist gemacht – haben wir sogar mit Fürsten und Gewaltigen, mit den bösen Geistern unter dem Himmel zu streiten, wo wir ja den Kampf, so zu reden, schon verloren haben, indem wir ihn beginnen, wenigstens nehmen wir's mit giftigen Schlangen und brüllenden Löwen auf.

Ist dies alles wohl geeignet, unseren natürlichen Mut, der auf das sieht, was vor Augen ist, niederzuschlagen, so ist es auch ein Sporn, den recht ins Auge zu fassen, der hier Kraft, ein Mann, ein Held, ein Überwinder heißt. Diesen Namen führt er nicht bloß deswegen, was er wirklich und in sich selbst ist, sondern vielmehr deswegen, was er uns ist, in deren Schwachheit er seine Kraft vollbringt. Was hat es denn nun zu sagen, ob wir schwach sind! Sind wir schwach, so sind wir auch stark. Wir rühmen uns deswegen am liebsten unserer Schwachheit, damit die Kraft Christi in uns wohne. In diesem Geber, in diesem Helden ist die Gemeinde wohl versorgt, denn er ist's, der sie mächtig macht. Dieses Verhältnis gewährt ihr Sicherheit und Sieg. Mit Gott wollen wir Taten tun. In allem überwinden wir weit um deswillen, der uns geliebt hat.

Mit unsrer Macht ist nichts getan,
wir sind gar bald verloren;
es streit für uns der rechte Mann,
den Gott selbst hat erkoren.
Fragst du, wer er ist?
Er heißt Jesus Christ!

2. August

Gott hat uns nicht gesetzt zum Zorn, sondern die Seligkeit zu besitzen durch unsern Herrn Jesus Christus.

1. Thessalonicher 5,9

Soll ein Mensch selig sein, so muss ihn kein Übel mehr drücken, so muss es ihm an keinem Guten fehlen. Soll ein Mensch selig sein, so darf er nicht schuldig und strafbar, sondern er muss untadelig, unsträflich und gerecht sein, und das alles vor den Augen des Allwissenden selbst. Soll ein Mensch selig sein, so darf er nicht schwach, sondern er muss stark, und zwar so stark sein, dass er zu allem Guten tüchtig und imstande ist, alles wohl auszurichten und stets als Sieger das Feld zu behalten, Kampf und Feinde mögen sein, welche sie wollen. Soll ein Mensch selig sein, so darf er nicht unheilig, nicht zum Bösen geneigt sein, sondern heilig muss er sein in allem seinem Wandel, ja vollkommen, wie der Vater im Himmel selbst vollkommen ist. Er muss glauben können, lieben können, kein Gebot muss ihm mehr schwer, und noch weniger beschwerlich, sondern seine Freude und Seligkeit sein. Müssen wir nun nicht bekennen, dass diese großen Dinge erhabene Zwecke sind? Ja, müssen wir nicht, wenn wir einigermaßen mit uns selbst bekannt geworden sind, mit den Jüngern ausrufen: »Ja, wer kann dann selig werden?« (Matthäus 19,25). Aber seht, für alle diese großen Dinge, für alle diese erhabenen, menschlichem Wollen und Laufen unerreichbaren Zwecke reicht die eine Gabe des Sohnes Gottes aus. Wer sie hat, dem wird gegeben, der wird durch dieselbe ganz zuverlässig gerecht, heilig und selig, und zwar ohne sein Zutun, allein durch sie.

Was wollen wir denn hierzu sagen? Ist Gott für uns, wer mag wider uns sein?

Römer 8,31

Lernen wir dies im Heiligen Geist sagen und aussprechen: Immanuel – das heißt »Gott mit uns«! Dann finden wir auch da gebahnte Wege, wo kein Weg sonst ist. Was will uns da an unserer Seligkeit hindern? Der Satan? Und den sollten wir mit unserem Immanuel nicht schlagen und jagen können? Die Sünde? Ist sie denn nicht vollkommen gebüßt und bezahlt? Gott? Hat er uns denn nicht so lieb, dass er seinen eigenen Sohn nicht verschont, sondern ihn für uns alle dahingegeben hat? Wie sollte er uns mit ihm nicht alles schenken? Unser Unvermögen? Wird er uns denn nicht seine göttliche Kraft senden, die uns kräftig dazu machen wird? Unsere Verdorbenheit? Unser Unglaube? Unsere Unart? Will er denn nicht wie ein Süßteig der Lauterkeit und Wahrheit in uns wohnen und alles ausstoßen und hinwegnehmen, was ihn und mich trennen kann? Sollen nicht seine Schafe volle Genüge haben? – »Sie werden ihn Immanuel heißen.« Das geschieht denn sonderlich durch den Glauben, der sucht und findet hier sein ganzes Heil. Und ach, welch eine Seligkeit ist dieser zustimmende Glaube, der Gottes Zeugnis annimmt! Er erblickt mit einer Gewissheit, die nicht zweifelt, Gott sei auf seiner Seite, Gott als einen Gott, der gerecht spricht, als einen Gott, der das, was nicht ist, ruft, dass es sei, als einen Gott von vollkommener Seligkeit. O, so gebe sich denn unser einer nicht eher zufrieden, bis er in Kraft des Heiligen Geistes den uns gegebenen Sohn, das uns geborene Kind, welches heißt: »Wunderbar, Rat, Kraft, Held, Ewig-Vater, Friedefürst« (Jesaja 9,5), als seinen Immanuel begrüßen kann, bis er's auf alle seine Umstände verdolmetschen und anwenden und klar, mit vollem Herzen und ganzer Zuversicht und freudiger Liebe, rufen kann: Immanuel, das heißt Gott mit uns!

4. August

Wie um des Einen Sünde willen der Tod geherrscht hat durch den einen, wo werden viel mehr die, die da empfangen die Fülle der Gnade und der Gabe zur Gerechtigkeit, herrschen im Leben durch einen, Jesus Christus.

Römer 5,17

Von dem ersten Menschen kommt die Sünde, die Übertretung, der Ungehorsam und dadurch das Unheil, alles Verderben, der Tod, die Verdammnis, welche zu allen seinen Abkömmlingen durchgedrungen ist, so dass sie alle Sünder, Ungerechte, Verurteilte geworden sind. Auf die Rechnung des zweiten Menschen, dieses Herrn vom Himmel, setzt der Apostel Paulus den Gehorsam, die Gnade, die Gerechtigkeit, das Leben, die Rechtfertigung des Lebens, jedoch so, dass die Rechnung des letzteren Menschen ein großes Übergewicht über die des ersteren hat, wodurch gerecht wird aller Same Jakobs, ja vollkommen, ja Geweihte Gottes werden in ihm, weshalb Paulus uns in Vers 20 sagt: »Wo die Sünde mächtig geworden ist, da ist doch die Gnade viel mächtiger.«

An diesem gebenedeiten Haupt nun werden wir Glieder, freilich nicht durch die natürliche, sondern durch die geistliche Geburt, durch die Wiedergeburt, durch den Heiligen Geist, mittels des Glaubens, der uns Christus einverleibt, dass wir eins werden mit ihm. Aus diesem Haupt fließt uns dann alles zu, was in dem Haupt selbst ist, das sich in den beiden Wörtern »Gerechtigkeit« und »Leben« zusammenfassen lässt, oder wie Paulus sagt: »Eine Fülle der Gnade und Gabe zur Gerechtigkeit.« An dieses Haupt haben wir uns zu halten und daran sollen wir wachsen hinan zur göttlichen Größe, indem zugleich alles, was in uns etwas ist, zunichte wird, auf dass Christus alles in uns sei. In diesem Haupt – wir sagen etwas Anbetungswürdiges – in diesem Haupt liegt allen Gläubigen zugut die wesentliche Fülle der Gottheit selbst und also ein unausforschlicher Reichtum. In diesem Immanuel hat uns also Gott eine Gabe gegeben, der wir uns in Ewigkeit werden zu erfreuen haben, so wir wirklich an seinen Namen glauben.

5. August

An mir soll man deine Frucht finden.

Hosea 14,9

Gibt es auch außer Christus Weisheit und Verstand, Rat und Stärke, Tugend und Heiligung, so ist dies alles schon darum verwerflich, von ihrer sonstigen Unechtheit und Falschheit abgesehen, weil es nicht aus dem einzigen Brunnen geschöpft ist, welcher allein lebendiges Wasser gibt. Dient dies den Reichen zum Verdruss, weil sie sich dadurch herabgesetzt und ihre selbstgeprägte Münze verrufen sehen – der sie deshalb einen bedeutenden Wert beilegen, weil es ihr eigenes Gepräge ist – so dient es jenen Armen zu einer bedeutenden Aufmunterung, welche sich so dürr und leer finden. Sei denn immerhin dürr, leer und kraftlos, o Seele, so ist's doch dein Herr Christus nicht. Was du nicht hast, hat er. Kannst du es nicht, so kann er's doch und überschwänglich, über dein Bitten und Verstehen. Denn: »Wir haben einen Christus« heißt so viel wie: »Wir haben alle Fülle«. Mag uns alles genommen werden, so bleibt er uns doch und das ist genug.

6. August

So finde ich in mir nun ein Gesetz, der ich will das Gute tun, dass mir das Böse anhängt.

Römer 7,21

Wenn du das Gute willst tun, wirst du dich so finden, dass das Böse dir anhängt, wie Paulus sagt, dass du mit ihm wirst ausrufen müssen: Wer wird mich erlösen von dem Leibe dieses Todes? Es wird dir in denjenigen deiner Werke, die du für deine vorzüglichsten achtest, so viel Armseliges, Unlauteres, Selbstsüchtiges, Verkehrtes aufgedeckt werden, dass du sie kaum mit Augustin für verzeihliche Sünden achten, sondern lieber mit dem Apostel sagen wirst: »In mir wohnt nichts Gutes« (Römer 7,18). Oder, wenn dir auch die Vortrefflichkeit deiner Werke nicht bestritten würde, wird dir's doch begreiflich gemacht werden, dass es nicht aus den Werken sei und niemand durch dieselben vor Gott gerecht wird. Indem du bemüht bist, die Tür deiner Sinne zu verriegeln, damit von außen nichts Eitles und Verunreinigendes in dich eingehe, wirst du sehr wahrscheinlich oder vielmehr gewiss gewahr werden, dass es von innen ausgeht und dass du keinen schlimmeren Feind hast als dein eigenes Herz. Zwar möchte man sagen: Das widerfahre dir nur nicht! Dieser Prozess ist auch schmerzhaft genug. Indessen muss es nach und nach dahin kommen, wohin es mit Paulus gekommen war, als er sagte: »Ich achte alles für Schaden, auf dass ich Christus gewinne und in ihm erfunden werde, dass ich nicht habe meine Gerechtigkeit, die aus dem Gesetz, sondern die durch den Glauben an Christus kommt, nämlich die Gerechtigkeit, die von Gott dem Glauben zugerechnet wird« (Philipper 3,8-9).

Nichts kann ich vor Gott ja bringen
als nur dich, mein höchstes Gut.
Jesu, es muss mir gelingen
durch dein teu'r vergossnes Blut.

7. August

Wachset aber in der Gnade und Erkenntnis unsers Herrn und Heilandes Jesu Christi.

2. Petrus 3,18

Petrus sagt: »Wachset in der Gnade!« Jedoch kann niemand seiner Länge eine Elle zusetzen noch ein Haar schwarz oder weiß machen. Ohne Jesus können die Gläubigen nichts tun, nicht einmal etwas Gutes denken. Gott ist es, der in uns wirkt das Wollen und Vollbringen des Guten. Auch ist unserer Natur nie zu trauen, wenn sie sich noch so fromm stellt, ja dann am wenigsten. Sie kann auch aus purer Eigenliebe und Selbstgefälligkeit nach Wachstum, nach etwas Vorzüglichem trachten, deswegen heißt es auch: »Trachtet nicht nach hohen Dingen!« (Römer 12,16). Wir sollen nicht Gefallen haben an uns selbst. Unsere Eigenliebe ist verschmitzt genug, um gern mit Gaben, Gnade und hohen Ständen zu prangen, sie als einen Raub anzusehen und sich von anderen dafür ansehen zu lassen. Sie will gern mit Simon, dem Zauberer, für etwas Besonderes gelten. Diese Begierde, etwas zu werden, kann die Quelle vieler Bemühung, Anstrengung und Befleißigung in Dingen sein, die an sich heilig und gut sind, und es vergeht wirklich oft lange Zeit, ohne dass der Mensch es selbst merkt. Man kann in seinen eigenen und anderer Augen ein vorzüglicher Christ sein oder zu werden suchen, und es ist doch alles nichts; denn was groß ist bei den Menschen, ist vor Gott ein Gräuel. Gottes Gnadenweg ist aber immer der: zunichte zu machen, was etwas ist, damit er alles in allem sei.

Wären wir doch völlig seine!
Regte sich doch keine Kraft,
da der Heiland nicht alleine
was sie wirkt, in uns geschafft!
Jesu, richte unsern Sinn
lediglich auf dich nur hin!
So lebt's Herz in deiner Wahrheit,
und das Auge wird voll Klarheit.

8. August

Und ihr seid vollkommen in ihm.

Kolosser 2,10

Das Evangelium bietet die Vollkommenheit an, und zwar in Christus Jesus. Denn ihr seid vollkommen in ihm, so dass ihr keinen Mangel habt. Dieser Blick setzt die Seele, die ihn erlangt, in Erstaunen und Bestürzung, dass sie ausrufen muss: Solches ist nie in eines Menschen Herz gekommen, was Gott bereitet hat denen, die ihn lieben. Uns hat es Gott geoffenbart durch seinen Geist, und nicht allein in seinem Wort. Es ist nicht bloß Vergebung aller Sünden, sondern noch viel mehr. Es ist eine übermäßige Vollkommenheit, so dass Luther nicht mit Unrecht sagt: »Ich weiß nicht, wo ich mit aller der Gerechtigkeit hin soll, die ich habe in Christus Jesus.« Die Seele kann sich so in ihrer Vollkommenheit in Christus Jesus erblicken, dass sie nicht nur rühmen kann: Mir sind meine Sünden vergeben, sondern sagen kann: Was fehlt mir noch? Ich habe nie irgendeine Sünde begangen, noch gehabt. Ich habe einen Gehorsam geleistet, wogegen die Unschuld Adams im Paradies nichts und die Heiligkeit der Engel ein Schatten ist. Nichts habe ich mehr zu tun. Ich bin schon längst gestorben und wieder auferstanden, ja ich bin schon längst im Himmel, wenngleich jetzt nur im Glauben, auf Hoffnung, wo, wenn ich mich ansehe, nichts zu hoffen ist. Ich habe nichts mehr, weder zu streiten noch zu überwinden, sondern ich habe schon längst überwunden durch des Lammes Blut, obschon ich lieg' im Streit und widerstreb' – drum hilf, o Herr, dem Schwachen!

Kurz, mit einer Opfergabe
hat das Lamm so viel getan,
dass das Volk von seiner Habe
sich vollendet nennen kann.

9. August

Meine Seele erhebet den Herrn, und mein Geist freuet sich Gottes, meines Heilandes; denn er hat die Niedrigkeit seiner Magd angesehen.

Lukas 1,46-48

Sieht er das Elend seiner Magd, seines Knechtes an wie er bei Maria tat, so erhebt die Seele den Herrn auf eine wunderbare Weise. Der Weihrauch muss erst auf der Glut zerschmelzen, dann dampft er wohlriechend empor. Nie ist der Dank inniger, nie ehrfurchtsvoller, heiliger und seliger, als wenn er aus einem ganz zerknirschten und zerbrochenen Herzen, das nun von dem Herrn getröstet wird, hinaufwallt. Das ist dann ein überfließender Lohn. Und endlich werden die, welche aus großen Trübsalen kommen, erfahren, dass ihre Trübsal, die zeitlich und leicht ist, eine ewige und über alle Maßen wichtige Herrlichkeit schafft.

So seid denn geduldig, liebe Brüder, und weint das euch bestimmte Maß voll! Wie finster sich auch alles gestaltet, so ist's doch gar nicht nötig, dass ihr euch dem Unglauben überlasst. Kämpft vielmehr dagegen aus aller Macht! Sagt mit Hiob: »Wenn er mich töten wollte, sollte ich nicht auf ihn hoffen?« (Hiob 13,15). Entschließt euch mit Asaph und sprecht: »Dennoch bleibe ich stets an dir!« (Psalm 73,23). Und glaubt mit Abraham auf Hoffnung, wo nichts zu hoffen ist (Römer 4,18). Der Gott, der euch ins Finstere gelegt hat, wird zur rechten Zeit einen hellen Schein in eure Herzen geben, und über die, so im Dunkeln wohnen, wird es hell scheinen. Lass denn leuchten dein Angesicht, so genesen wir.

Der Herr wird kein Gutes mangeln lassen den Frommen.

Psalm 84,12

Die wahren Christen besitzen alles. Sie sind vollendet, sie sind gestorben, begraben, auferstanden und sogar in die himmlischen Welten versetzt; haben es aber doch noch nicht ergriffen, sondern jagen ihm nach, ob sie's ergreifen mögen, nachdem sie von Christus Jesus ergriffen sind. Ihr Besitztum ist gewiss. Es sind gewisse Gnaden Davids. Es ist ein unverweslicher Bund wie ein Salzbund (4. Mose 18,19). Die Pforten der Hölle können sie nicht überwältigen. Alle Verheißungen sind in Christus Ja und sind Amen in ihm. Es kommt alles und fehlt an keinem, weder Kleinem noch Großem. Jedoch haben sie's auch zuweilen oder oft und fortwährend zum süßen Genuss. Der Geist gibt auf eine nachdrückliche Weise Zeugnis ihrem Geist, dass sie Gottes Kinder sind. Die Liebe Gottes wird durch den Heiligen Geist ausgegossen in ihr Herz. Sie sind überschwänglich in Freuden (2. Korinther 7,4). Sie sind sich ihres Gnadenstandes mit Zuversicht bewusst. Es bestrahlt sie das helle Licht des Evangeliums, dass sie bekennen können: Wir sind vollkommen in ihm. Sie feiern einen Sabbat, der ihnen eine Lust ist, wo sie auf eine höchst erquickliche Weise ruhen von aller Arbeit und sagen können: Dein Geist tut's, was ich tue – mein Beten ist Genießen. Mit einem Wort: Es geht ihnen ungemein wohl. Der Herr tut, was sie begehren, ja, er antwortet, ehe sie rufen. Er geht mit ihnen nach Nazareth und ist ihnen untertan. Nichts wird ihnen schwer, sondern alles kommt wie von selbst.

Du Ursprung alles Lichts,
von dir muss deinen Frommen
ja alles Gute kommen;
wir selber haben nichts.

11. August

Durch Demut achte einer den andern höher denn sich selbst.
Philipeper 2,3

Es gibt Kinder in Christus, welche Milch bedürfen und starke Speisen von sich weisen, auch nicht vertragen können, so dass nicht alle Wahrheiten gerade auch für alle sind. Es gibt Jünglinge, die stark sind und den Bösewicht überwunden haben, sowie Väter, die den kennen, der von Anfang ist. Dies muss uns bescheiden machen, nicht nur im Urteil über andere, so dass wir tragfähig sind, sondern auch im Urteil über uns selbst; vor allem zwar, dass wir uns ja nicht zu hoch ansehen, was beweisen würde, dass wir gar schlecht stünden – denn wer da meint, er sei etwas, da er doch nichts ist, der betrügt sich selbst – sondern auch, dass wir der Vollkommenheit nachjagen, damit Christus recht Gestalt in uns gewinne. Aber die ängstlichen Seelen sollten doch auch nicht deshalb das Dasein der neuen Kreatur in ihrem Herzen bezweifeln, weil diese noch schwach ist, und zwischen der Vollkommenheit der Teile und des Maßes einen gehörigen Unterschied machen lernen und bedenken, dass man Frucht bringe in Geduld.

Herr, wenn Trübsal da ist, so sucht man dich; wenn du sie züchtigst, so rufen sie ängstlich.

Jesaja 26,16

Die Leidenswege sind rechte Schulen und Übungen des Gebets. Es ist wahr, in den dunklen Wegen scheint auch der Geist des Gebets von der armen Seele gewichen zu sein; aber es scheint nur so. Mag die bedrückte Seele auch nur selten in einem ausführlichen Flehen Luft schöpfen und ihr Anliegen vor Gott kundwerden lassen können, so dass es ihr nach dem Ausdruck Davids »wie ein Mord in den Gebeinen« (Psalm 42,11) ist, so sind der unaussprechlichen Seufzer umso mehr. Obschon Mose am Roten Meer kein Wort sprach, sagte doch der Herr zu ihm: »Was schreist du zu mir?« Wie einem Mutterherzen jeder Blick, ja jeder schwere Atemzug ihres Kindes eine vernehmliche Rede ist, so ist dem, der sich auch über ein Mutterherz erhebt, jedes Stöhnen bedrängter Seelen. Wie mitleidig werden auch diejenigen mit anderer Seelen Bedrängnissen, welche selbst in diesem Mörser zerstampft worden sind! Ja, ist nicht unser Herr selbst eben durch seine Leiden zu einem mitleidigen Hohenpriester geworden, welcher Mitleiden haben kann mit unserer Schwachheit? Gesunde wissen nicht, wie Kranke fühlen, und wer nie gedarbt hat, wie armen Leuten zumute ist. Gott will aber, dass wir auch herzliches Erbarmen anziehen sollen und lehrt es durch eigene Erfahrung.

Du, mein Vater, mein Erretter,
mein Nothelfer, mein Vertreter,
mein Erlöser und mein Mann,
der allein mir helfen kann:
Komm zu Hilfe deinem Kinde!
Keinen Rat und Trost ich finde.
Setz die Hilf' nicht weit hinaus!
Komm, sonst ist es mit mir aus!

13. August

Denke an das Wort, das du deinem Knecht gabst, und lass mich darauf hoffen.

Psalm 119,49

Dein Wort ist von weitem Umfang, sagt David, und es kommt viel darauf an, ob wir es im höchsten oder geringen Sinn erfassen. Glauben wir das Höchste und Beste, so geschieht uns, wie wir geglaubt haben. Glauben wir das Geringere, er tut mehr, als wir zu bitten wagen und verstehen, weil er reich ist über alle, die ihn anrufen, und beschämt dadurch unseren schwachen Glauben. Glauben wir das Eigentliche, es kommt. Christus sagt z. B., es falle kein Haar von unserem Haupt ohne den Willen seines Vaters. Er will uns dadurch ermuntern, alle unsere Anliegen auf ihn zu werfen. Je eigentlicher wir das nun glauben, desto mehr werden wir die Fußtritte Gottes spüren. – Oder es heißt: Wer will verdammen? Je völliger wir das annehmen, desto mehr werden wir los von allem bösen Gewissen und voll Freimütigkeit zu Gott sein. – Oder noch eins: Je völliger wir das im Glauben annehmen, was in Römer 6 steht – mit Christus ist unser alter Mensch gekreuzigt, damit der sündliche Leib aufhöre –, desto völliger werden wir es in der wirklichen Erfahrung auch so innewerden. O wohl dem, der Salomos Herz hat, so weit wie Sand am Meer, dessen Glaube so weit reicht, wie die göttlichen Zusagen reichen! Dem ist nichts unmöglich.

14. August

Seid gewurzelt und erbaut in Christus und fest im Glauben, wie ihr gelehrt seid, und seid in demselben reichlich dankbar.

Kolosser 2,7

Christus ist der Eckstein, ist das Fundament, worauf das ganze Gebäude unserer Seligkeit und Hoffnung ruht. Auf ihm erbaut man sich, wenn man sich auf ihn als seinen Stab stützt, von ihm allein alles Gute erwartet. Und das ist die Festigkeit im Glauben. Fest im Glauben sollen wir festhalten an der biblischen Wahrheit im Gegensatz zu allen menschlichen Einfällen, wenn sie auch einen noch so großen Schein haben; festhalten an der Gnade bei allen menschlichen Anfechtungen, Dunkelheiten und Versuchungen; festhalten an der Verheißung, auch wenn ihre Erfüllung nicht so bald erfolgt; festhalten an unserem guten Vorsatz und kämpfen den Kampf, der uns verordnet ist, bis wir vom Glauben zum Schauen gelangen und die Krone der Ehre bekommen. Ist man nun so in Christus gewurzelt und erbaut, ist man so fest im Glauben, so kann man in demselben auch reichlich dankbar sein. Das erleuchtete Auge des Paulus erblickte in Christus Jesus eine ungemeine Fülle des Heils und der Gnaden. Daher wollte er, dass man sich nicht mit Wenigem zufrieden geben sollte, sondern darauf bedacht sein, von dieser Gnadenfülle recht viel zu bekommen. Ist nun der Glaube recht lebendig, so entsteht daraus auch eine fröhliche Dankbarkeit für die vielen und unschätzbaren Wohltaten, die man durch den Glauben empfängt. Man muss darum nicht verzagen, wenn man sich noch so weit zurück sieht, aber auch dabei nicht stille stehen, dass man einige Gnade empfangen hat. Doch ist das auch die Art der echten Gnade, dass sie gerne vorwärts will.

Freuet euch in dem Herrn allewege! Und abermals sage ich: Freuet euch!

Philipper 4,4

In der Tat eine sehr angenehme Pflicht – zu deren wirklicher Ausübung gar mancherlei erfordert wird –, die von den Gläubigen in sehr unterschiedlichem Maß geübt wird. Es gibt allerdings unter ihnen solche, welche auf ebener Bahn geführt werden, deren äußere und innere Stellung, deren Temperament und körperliche Konstitution, sowie die Gnade, die in ihnen lebt, samt ihren Verhältnissen, zusammenwirken, um sie in einer gleichförmigen Heiterkeit fortwandern zu lassen. Sie sind ebenso entfernt von besonderen Leiden als auch von ausgezeichneten Freudenbewegungen und halten sich auf einer gewünschten Mittelstraße. Wie selten aber sind solche Seelen, welche, wie Jakobus sagt, so durchschauen in das Gesetz der Freiheit, dass sie in demselben beharren, bei denen ein festes und einträchtiges Wesen begründet ist! Da ist's freilich nur Gott, der uns im Christentum befestigt. Es ist aber doch nichts Unmögliches, sondern kann uns wohl von der Gnade verliehen werden, dass wir wirklich Paulus auf eine bleibende Weise nachsagen können: Ich bin guten Mutes in Schwachheiten, in Misshandlungen, in Nöten, in Verfolgungen und in Ängsten um Christi willen, denn wenn ich schwach bin, so bin ich stark. Es bedarf nur des Gebots: »Schöpft nun!«, so wird Jesaja 12,6 erfüllt: »Jauchze und rühme, du Einwohnerin zu Zion, denn der Herr ist groß bei dir.«

Weicht, ihr Trauergeister,
denn mein Freudenmeister
Jesus tritt herein.
Denen, die Gott lieben
muss auch ihr Betrüben
selbst zum Segen sein.
Duld' ich hier schon Spott und Hohn,
dennoch bleibst du auch im Leide,
Jesu, meine Freude.

16. August

Was Gott verheißt, das kann er auch tun.

Römer 4,21

Gewöhnlich unterstützt der Herr den Glauben durch das Licht seines Worts der Verheißung. Genießt der Gläubige auch gerade nichts besonders Tröstliches und Erquickendes, so kann er dennoch eine solche Zuversicht erzeugende Einsicht in die göttlichen Verheißungen haben, die in Christus Jesus Ja und Amen sind, dass er jene Empfindungen gegen diese gutwillig entbehrt, da dies weit dauerhafter ist. Dies Licht kann ihm so nahe liegen, dass er auch anderen rät, es so zu machen wie er, und auf das bloße Wort zu trauen. Der Weg ist ganz richtig. Was der Herr zusagt, hält er gewiss. Man kann sich fest darauf verlassen, mag sich auch ereignen, was da will. Haben wir ein Wort Gottes für uns, so gehe es wie es will. Was er verheißen hat, das kann, das wird, das will, das muss er halten. Aber was fängt man mit den Verheißungen an, wenn man im Dunkeln wandelt und einem kein Licht scheint? In der Nacht sieht man wohl die höchsten Bäume und Türme nicht. Wenn Abraham nach empfangener Verheißung doch vor der Geburt eines Sohnes sorgt, ums Leben gebracht zu werden, so leuchtete ihm die Verheißung nicht so ein, dass er recht damit wirksam sein konnte. Können sie nicht auch einen gesetzlichen Charakter annehmen und sich auf solche Bedingungen stützen, die allen Trost rauben, der sonst darin liegt? Überhaupt muss man den Geist aus Gott empfangen, um wissen zu können, was uns von ihm gegeben ist.

17. August

Und (die Sünderin) trat hinten zu seinen Füßen und weinte und fing an, seine Füße zu netzen mit Tränen.

Lukas 7,38

Solchen Tränen mag der barmherzige Herr nicht widerstehen. Der Erzvater Jakob bekämpfte und besiegte ihn mit diesen Waffen. Hiskia weinte sehr, und so kam das Wort des Herrn zu Jesaja, der noch nicht halb aus der Stadt war, und musste ihm sagen: »Der Herr hat deine Tränen gesehen. Siehe, ich will dich gesund machen, erretten und beschirmen« (nach Jesaja 38,5). Nichts Schöneres als ein weinender Sünder! Über einen solchen Anblick freuen sich selbst die Engel. Wie süß ist es auch, sich an den Füßen des Heilandes auszuweinen, süßer oft als ein eigentlicher Trost. Die Beugung, die Zerknirschung, die Wehmut, deren Frucht diese Tränen sind, sind etwas gar Liebliches. Und wie gern weinte sie manche Seele, deren geängstigter Geist keine Luft schöpfen, keinen Atem holen kann, die sich hart, dürr und verstockt fühlt und aus deren Brust sich nur beklommene Seufzer loswinden. Aber auch diese Seufzer sind dem Herrn eine liebliche Musik. Er hört »das Seufzen des Elenden und schaut das Elend und den Jammer« (Psalm 10,14). Das geängstigte und zerschlagene Herz will er nicht verachten, vielmehr ist's ein Opfer, das ihm gefällt.

Der Herr verzieht nicht die Verheißung, wie es etliche für einen Verzug achten; sondern er hat Geduld mit uns und will nicht, dass jemand verloren werde, sondern dass sich jedermann zur Buße kehre.

2. Petrus 3,9

Die Jünger fragten kurz vor der Himmelfahrt, ob jetzt die Zeit da sei, wo Christus das Reich Israel wieder aufrichten wolle, welches sie zugleich sehr wünschten. Sie bekamen aber die bekannte Antwort: Euch gebührt nicht zu wissen Zeit und Stunde, welche der Vater seiner Macht vorbehalten hat. Damit sollte man sich stets begnügen und sich, statt aller Berechnungen, angelegen sein lassen, zu jeder Zeit wachend und mit brennenden Lampen oder wenigstens genügend Öl in den Gefäßen erfunden zu werden. Um gegründete Rechnungen anzustellen, ist nach der ausdrücklichen Versicherung des göttlichen Wortes Weisheit erforderlich, und die ist sicherlich bei denen nicht anzutreffen, die sie zu besitzen meinen, wie das nämliche Wort ebenfalls versichert. Habakuk sagt: »Hier stehe ich auf meiner Hut und trete auf meine Feste und schaue und sehe zu … Die Weissagung wird ja noch erfüllt werden zu seiner Zeit und wird endlich frei an den Tag kommen und nicht ausbleiben. Ob sie aber verzieht, so harre ihrer: sie wird gewiss kommen und nicht verziehen« (Habakuk 2,1.3). Nicht nur Glaube, sondern auch Geduld wird für notwendig erklärt, die Verheißung zu empfangen, und Petrus verbindet das Warten mit dem Eilen.

19. August

Wie wart ihr dazumal so selig!

Galater 4,15

Paulus erinnert die Galater an die Vorzeit, an den damals genossenen Frieden, die früher empfundene Liebe. Die meisten Gläubigen haben dergleichen merkwürdige Punkte in ihrer Lebensbahn, deren Andenken ihnen Freude machen kann. Dies ist sowohl ihr Zug zu dem Herrn überhaupt, als auch einzelne Rettungen und Tröstungen insbesondere. Wie Hiskia sich vor der erfahrenen Betrübnis seiner Seele selbst scheuen wollte sein Leben lang, so blieb es ihm auch unvergesslich, wie herzlich der Herr sich seiner Seele angenommen und alle seine Sünden hinter sein Angesicht zurückgeworfen hatte. Wenn David sagt: »Da vergabst du mir die Schuld meiner Übertretung« (Psalm 32,5), so blieb ihm dies lebenslänglich ein merkwürdiges und seiner Rückerinnerung süßes »Da«, welches Ort und Zeit bezeichnet. Unvergesslich – und auf eine angenehme Weise unvergesslich – bleibt vielen jene Schriftstelle, welche ihnen mit besonderer Kraft ins Gemüt geprägt wurde, sei es der Spruch: »Es ist gewisslich wahr und ein teuer wertes Wort, dass Jesus Christus gekommen ist, Sünder selig zu machen« (1. Timotheus 1,15); oder die Stelle: »Die Sünde wird nicht über euch herrschen können, denn ihr seid nicht unter dem Gesetz, sondern unter der Gnade« (Römer 6,4); oder eine andere. Auf eine süße Weise unvergesslich bleibt es ihnen, wie es ihnen zum ersten und andern Mal verliehen wurde, Christus mit voller Zuversicht des Glaubens anzunehmen und sich zuzueignen und Paulus durch den Heiligen Geist das große Wort nachzusagen: »Ich bin gewiss.« Darum sagt auch David: »Vergiss nicht, o meine Seele, was der Herr dir Gutes getan hat« (Psalm 103,2); und Gott selbst versichert: »Ich denke daran, was ich zu ihm geredet habe, darum bricht mir mein Herz gegen ihn, dass ich mich seiner erbarmen muss« (Jeremia 31,20).

20. August

Gleichwie wir des Leidens Christi viel haben, also werden wir auch reichlich getröstet durch Christus.

2. Korinther 1,5

Ein Christ hat so wenig Ursache zu glauben, er werde vor Leiden gesichert sein, dass er sich vielmehr auf neue und ungewohnte Leiden gefasst halten mag, und muss eher auf Zu- als Abnehmen derselben denken. Wie sollte er auch nur begehren, von Leiden in der Gemeinschaft Christi verschont zu bleiben? Dann müsste er ja verzichten auf eins der deutlichsten Zeichen der göttlichen Liebe und Kindschaft, verzichten auf eine Hauptähnlichkeit mit Christus und auf eine ewige, über alle Maßen wichtige Herrlichkeit, welche die Trübsal wirkt. Die Gemeinde rühmt sich auch der Trübsale (Römer 5,3). Versuchungen sind eine sehr schmerzhafte Art von Leiden, obgleich Gott kein Versucher zum Bösen ist, sondern ein jeder wird von seiner eigenen Lust versucht. Sie bestehen in Reizungen zum Bösen, welche einem wahren Christen ein umso empfindlicheres Leiden sind, je mehr er in der Heiligung gefördert wird. Davon befreit zu sein, würde ihm der Himmel auf Erden sein, wie ihm der Himmel eben mit aus dieser Ursache so köstlich ist. Es gibt mancherlei Versuchungen, und unter diesen manche erschrecklichen. Doch ist nicht nötig, sie näher zu bezeichnen. Genug, es gibt keine Lehre, keine Verheißung zu deren Bezweifeln, kein Gebot, zu dessen Übertretung, nichts Verbotenes, zu dessen Begehren gereizt, der Christ nicht heftig versucht werden kann. Davon wäre nun ein jeder Christ ungemein gern frei. Aber diese gänzliche Befreiung ist für diese Welt nicht zugesagt. In welche Versuchung kamen Abraham, Jakob, Joseph, Hiob, ja unser Herr selbst! Aber »der Herr weiß die Gottseligen aus der Versuchung zu erlösen« (2. Petrus 2,9).

Darum, meine lieben Brüder, seid fest, unbeweglich und nehmet immer zu in dem Werk des Herrn, weil ihr wisst, dass eure Arbeit nicht vergeblich ist in dem Herrn.

1. Korinther 15,58

Wir sollen uns eifrig angelegen sein lassen, immer zuzunehmen in dem Werk des Herrn, immer mehr und völliger abzulegen die Sünde, die uns immer anklebt und träge macht, auszuziehen den alten Menschen, der durch Lüste im Irrtum sich verderbt, und sollen uns erneuern in dem Geist und anziehen den neuen Menschen, der nach Gott geschaffen ist in rechtschaffener Gerechtigkeit und Heiligkeit. Nicht zufrieden, nur einen Anfang im Guten gemacht zu haben, oder gar dafür zu halten, als seien wir schon vollkommen und hätten es schon ergriffen, sollen wir ihm unausgesetzt nachjagen, ob wir's ergreifen mögen, nachdem wir von Jesus Christus ergriffen sind. Wer aber Sünde tut, ist vom Teufel. Wer Jesus nicht ebenso begierig zur Weisheit und Heiligung als zur Gerechtigkeit und Erlösung annimmt, ist darauf aus, den Unteilbaren zu teilen, und bekommt ihn gar nicht. Wo Christi Blut wirklich hinkommt, da reinigt's, und wo es diese Wirkung nicht hat, da ist es auch nicht. »Jagt deshalb nach der Heiligung, ohne welche niemand den Herrn sehen wird!« (Hebräer 12,14). Ja lasst uns fortfahren mit der Heiligung in der Furcht Gottes und uns reinigen von aller Befleckung des Fleisches und des Geistes!

22. August

Mein Sohn, achte nicht gering die Züchtigung des Herrn und verzage nicht, wenn du von ihm gestraft wirst.

Hebräer 12,5

Die Züchtigung entspringt aus der Liebe und Sorge für das Kind und je inniger und verständiger sie ist und je wichtiger die Bestimmung des Kindes, um so genauere Zucht. Soll jemand etwas gründlich erlernen, so wird man ihm auch den geringsten Fehler nicht übersehen, und das liebste Kind wird die genaueste Aufsicht erfahren. Züchtigungen haben allerdings etwas Schmerzhaftes, mehr oder weniger. Bald betreffen sie äußere Verhältnisse, bald sind's innere Leiden, Verbergung des göttlichen Gnadenantlitzes, Mangel an Freudigkeit und Trost, Zurückziehung der Gabe des Heiligen Geistes, ja Empfindung des göttlichen Missfallens. Gott macht die Seinen auserwählt in einem Ofen des Elends. Die Züchtigung setzt Unarten voraus. Und die haben auch Kinder Gottes noch an sich, und sie haben es mit einem Vater zu tun, der es genau nimmt. Dulden wir den Staub auf unserem kostbaren Hausrat am wenigsten, wie viel weniger Gott an den Seinen. Es handelt sich hier aber nicht bloß um Handlungen und Worte, sondern um Gedanken, Gesinnungen, Beweggründe und Absichten. Nichts Unlauteres geht hier auf die Dauer durch, und der Apostel setzt es in 1. Korinther 3,13 als eine allgemeine Regel fest, ein jedes Werk, welcherlei es sei, werde durchs Feuer bewährt. Ihre Absicht und Wirkung ist die Ausmerzung dieser anklebenden Unarten. Sie demütigen, sie läutern, sie machen verständig, sie bewahren. Mit einem Wort, sie sind neben dem Wort das Mittel, seine Heiligung zu erlangen. Und diese ist das Höchste, was wir erlangen sollen.

23. August

Lass dir an meiner Gnade genügen, denn meine Kraft ist in den Schwachen mächtig.

2. Korinther 12,9

Überhaupt kann das Christenleben schon wegen der beständigen und immer zunehmenden Abhängigkeit von dem Herrn und seiner Gnade der Natur nicht entsprechen. Verbot Christus nicht aus diesem Grunde seinen Jüngern, weder vorrätiges Geld noch sonst etwas mit auf die apostolische Missionsreise zu nehmen, noch sich auf das, was sie reden sollten, vorzubereiten? »Es soll euch zur Stunde gegeben werden.« Wer dies für eine leicht zu befolgende Verhaltensregel hält, der muss sich selbst noch wenig kennen. Nicht bloß zur Stunde, wo man es bedarf, sondern im Voraus hätte man es gern, und zwar nicht im Glauben, sondern in eigentümlichem Besitz. Es wäre in der Tat der Natur etwas sehr Angenehmes, so viel Vortrefflichkeit in sich selbst zu haben, dass man davon bestehen und damit ausreichen könnte. Aßen unsere Eltern nicht eben deshalb von dem Baum? Es steht uns nicht an in Christus; lieber wollten wir in uns selbst vollkommen sein. Aber das gibt nichts. Willst du ein Jünger Jesu sein, so sorge nur für ein leeres Gefäß und bequeme dich zur geistlichen Armut! Erhebe dich zu einem mächtigen Vertrauen, dass eher junge, starke Löwen werden Hunger leiden, als dass die, so den Herrn fürchten, nicht sollten genug haben! Lerne die großen biblischen Worte verstehen, wo es heißt: »… als die Armen, die doch viele reich machen, als die nichts haben und doch alles haben!« (2. Korinther 6,10). Bist und bleibst du auch stets in einer Armut, weißt du diesmal so wenig durchzukommen wie das andere Mal, so sei seine Gnade dir genug, denn seine Kraft ist in den Schwachen mächtig.

Der Vater, der uns hat erwählt,
der weiß am besten, was uns fehlt.

Der Herr behüte deinen Ausgang und Eingang, von nun an bis in Ewigkeit.

Psalm 121,8

Der Zweck des Behütens ist die Fortsetzung des Segens vom kleinen Beginnen bis zur Vollendung aller seiner Bereiche und Teile nach Leib und Seele. Was kann herrlicher, erwünschter sein! Gleich beim ersten Tritt auf dem Wege schon so gut wie ganz gewiss am Ziel zu sein – und an welchem! Wo findet sich das außer dem Reich Gottes? Der Zweck der Behütung ist ja, wie gesagt, die glückliche Beseitigung aller Gefahren selbst oder die Erhaltung in denselben – und wäre es ein feuriger Ofen oder eine Löwengrube oder der Palast eines Potiphar oder Kaiphas –, er ist die Beschaffung alles Nützlichen und Heilsamen. Wie man die Vorsehung eine fortgesetzte Schöpfung, so mag man das Behüten ein fortgesetztes Segnen nennen. Liegt der Grund, warum der Segen sich zu uns wendet, nicht *in* uns, sondern *außer* uns, in der Gnade, so liegt auch keiner in uns, die wir nichts als Sünder und von Natur geneigt sind, Gott und unseren Nächsten zu hassen, warum er nach Gottes Vorsatz und Gnade aufhören sollte. Das ist der Zweck, dass Christus nichts verliere von dem, was ihm sein Vater gegeben hat, sondern dass er es auferwecke am jüngsten Tage.

Breit aus die Flügel beide,
o Jesu, meine Freude,
und nimm dein Küken ein!
Will Satan mich verschlingen,
so lass die Engel singen:
Dies Kind soll wohl bewahret sein.

25. August

Gott hat mein Herz mutlos gemacht, und der Allmächtige hat mich erschreckt.

Hiob 23,16

Es ist gar keine ungewöhnliche und seltene Erscheinung, dass auch solche Personen, welche die kräftigsten und durchdringendsten Versicherungen von ihrer bei dem Herrn erlangten Gnade empfangen haben, doch hernach von heftigen Zweifeln angefochten werden, welche jedoch nichts gegen die Richtigkeit ihrer Begnadigung beweisen. Denn Zweifel sind keine Beweise. Gnade haben und wissen, dass man Gnade hat, ist zweierlei, und Ersteres kann gar wohl ohne Letzteres sein und ist es nicht selten. Zwar sollte man es kaum für möglich halten, dass jemand, der ein- oder gar mehrmals von der erlangten Gnade Versicherung empfing, die jeden Zweifel daran, so zu reden, unmöglich machte, doch wieder tüchtig daran zweifeln könne. Es geschieht aber doch wohl, bald wegen eines begangenen Fehlers, bald auch ohne dies. Und das ist auch heilsam aus vielen Ursachen. Der Christ soll nicht auf seine erlangte Versicherung, sondern auf Christus allein sein Vertrauen setzen, und sobald jene daran hindert, ist es nützlich und nötig, dass sie angefochten wird. Es dient auch zu seiner Demütigung. Er lernt seine Schwachheit kennen, um auch nur das festzuhalten, was er doch so fest zu haben meinte, seine Abhängigkeit von dem Herrn, da er nichts nehmen kann, was ihm nicht von oben herab gegeben wird. Es ist aber etwas ungemein Köstliches und Nötiges, mit David sagen zu können: »Da« – zu der Stunde, unter den Umständen, nachdem das und das vorgegangen war – »da vergabst du mir die Missetat meiner Sünde«, und das hatte bei mir die und die fröhlich-, heilig- und seligmachende Wirkung und brachte eine ganze Umänderung bei mir zuwege. Mag das dann auch nachher bestritten werden, so bleibt es doch fest, sollte die Seele sich auch gerade nicht daran halten können.

26. August

Der Wandel sei ohne Geiz; und lasset euch genügen an dem, das da ist, denn er hat gesagt: Ich will dich nicht verlassen noch versäumen.

Hebräer 13,5

Lasset euch genügen an dem, was da ist, heißt es, und Paulus sagt: »Ich habe gelernt, bei welchem ich bin, mir genügen zu lassen« (Philipper 4,11). Man lerne die große Kunst, zufrieden zu sein. Sie hängt gar nicht von äußeren – ich weiß nicht, ob ich hinzusetzten darf: und von inneren – Umständen ab. Sie ist ein Gut für sich. Wer's hat, der hat's; wer's nicht hat, wie wird der darankommen? Denkt jemand: wenn dies oder jenes anders wäre, so würde ich zufrieden sein, der verrechnet sich; denn die Zufriedenheit musst du in dir selbst finden, oder du findest sie gar nicht. Lies in dieser Beziehung das merkwürdige Buch Prediger, worin du auch unter anderem finden wirst, dass ein fröhlicher und guter Mut eine Gabe Gottes sei (Prediger 3,13). So ist es. Das Entbehren der Kreatur kann uns Gott ersetzen, aber das Entbehren Gottes ersetzt alle Kreatur nicht. Dürstet deshalb nach Gott! Das Manna des Evangeliums ist vielen auch ebenso sehr zum Ekel geworden wie den Juden ihr Manna. Wenn euch die Barmherzigkeit widerführe, dass euch euer Sündenelend drückte, o, wie geflissentlich würdet ihr euch – seid ihr, wer ihr wollt – nach dem verachteten Evangelium umsehen und wie ein Bienlein aus dieser Blume etwas Honig zu saugen suchen.

Gib, dass Ägyptens Fleischtopf nie
von dir, o Himmelsbrot, mich zieh'
zum Lockaas böser Lüste.

27. August

Aber das Jerusalem, das droben ist, das ist die Freie, die ist unser aller Mutter.

Galater 4,26

Dies ist das neue Jerusalem, welches Johannes sah von Gott aus dem Himmel herabfahren, zubereitet als eine geschmückte Braut ihrem Mann. Und er hörte eine große Stimme von dem Stuhl, die sprach: »Siehe da, die Hütte Gottes bei den Menschen! Und er wird bei ihnen wohnen, und sie werden sein Volk sein, und er selbst, Gott mit ihnen, wird ihr Gott sein; und Gott wird abwischen alle Tränen von ihren Augen, und der Tod wird nicht mehr sein, noch Leid, noch Geschrei, noch Schmerz wird mehr sein« (Offenbarung 21,3-4). Dies ist ein Bild der Gemeinde Jesu Christi nach demjenigen betrachtet, was sie schon hier auf Erden in ihm ist, welches sich in künftiger Zeit noch näher erweisen wird, da es bis jetzt nur im Glauben wahrgenommen wird. Sie ist himmlisch, denn ein nicht geringer – wenn nicht gar der größte Teil – ist schon im Himmel, wiewohl noch eine Zahl wird hinzugetan werden, die niemand zählen kann, aus allen Völkern, wenn ihm Kinder geboren werden wie der Tau aus der Morgenröte. Obschon hier auf Erden, hat sie doch ihren Ursprung und ihre Wurzel, ihr Bürgerrecht, ihre Heimat und ihren Schatz im Himmel, wohin auch ihr Sehnen gerichtet ist, und von dort wartet sie auf ihres Leibes Erlösung. Ja, in Christus Jesus ist sie schon ins himmlische Wesen versetzt, wiewohl sie noch hier auf Erden wallt und traurig ist in mancherlei Anfechtungen, doch so, dass der Gott aller Gnade sie wird vollbereiten, stärken, kräftigen und gründen.

Ich reise nach dem Vaterland,
nach dem Jerusalem, das droben
Gott selbst als eine feste Stadt
auf Bundesblut gegründet hat,
da werd' ich meinen Gott stets loben.

28. August

Ich habe Lust an Gottes Gesetz nach dem inwendigen Menschen.
Römer 7,22

Das Herz der Gläubigen ist ebenso beschaffen wie das Herz anderer Menschen, nur mit dem wichtigen Unterschied, dass bei den Gläubigen ein göttlicher Same ist, der sich allem Sündlichen kräftig und nachdrücklich widersetzt, es mehr und mehr und zuletzt ganz vollkommen verdrängt und überwindet. Dazu sind sie berufen. Ihr tägliches Geschäft ist es, nicht dem alten Menschen seinen Willen zu lassen, sondern ihn aus- und den neuen Menschen anzuziehen und sich stets zu erneuern in dem Geist ihres Gemüts. Nicht sollen sie, mit sich selbst vergnügt, untätig und unwirksam sein und sich einbilden, als wären sie schon am Ziel. Sondern weil sie so teure Verheißungen haben, sollen sie fortfahren mit der Heiligung, nicht meinen, sie hätten's schon ergriffen und seien vollkommen, sondern ihm nachjagen, ob sie's ergreifen möchten, nachdem sie von Christus Jesus ergriffen worden sind (Philipper 3,12-14). Auf diesem Weg wird ihnen erst recht kundwerden das tiefe Verderben ihres Herzens, die schreckliche Ohnmacht ihres Fleisches, die schreckliche Kraft der Sünde, die Unzulänglichkeit des Gesetzes und aller eigenen Bemühungen, die List des Teufels und die unaussprechliche Notwendigkeit der Gnade unseres Herrn Jesu Christi sowie namentlich seiner uns zugerechneten Gerechtigkeit und die siegende Macht seines Geistes.

29. August

Er heißt Herr, und freuet euch vor ihm.

Psalm 68,5

Gewiss hat das wahre Christentum die erhabensten Freuden, aber sie sind nur dem bekannt, der es besitzt. Nur der kann ausrufen: Herr, du hast Worte des ewigen Lebens! Selig sind also die Leute und Knechte dieses Herrn. Ist er doch der Herr über alles, und alles, was er hat, haben auch sie. Er ist nicht nur ihr Herr, sondern auch ihr erhabener Bruder und schämt sich nicht, uns seine Brüder, seine Söhne und Töchter zu nennen, er, vor dem die höchsten Herren der Welt nur Knechte sind. Vor ihm brauchen sie deshalb nicht zu kriechen, sondern sie finden sein Gnadenzepter immer huldvoll ihnen zugeneigt, so dass er mit Jauchzen über ihnen fröhlich ist (Zephania 3,17). Geschieht es auch, dass sie bisweilen etwas versehen und den Richter fürchten, so legt er für sie Fürsprache ein, gegen welche auch die größten Beschuldigungen, die boshaftesten Ränke ihrer Feinde nichts vermögen, wobei es für sie heißt: »Keiner Waffe, die wider dich zubereitet wird, soll es gelingen, und jede Zunge, die sich wider dich erhebt, sollst du im Gericht verdammen« (Jesaja 54,17).

Groß sind demnach die Vorzüge der Knechte dieses Herrn sowohl in diesem als in jenem Leben. Denn was haben auch die begünstigtsten Knechte der reichen Herren dieser Welt am Ende von der Gunst ihrer Herren? Entweder dauert sie nicht bis an ihr Ende, oder die Herren sterben vor ihnen weg, sowie die Knechte das auch vor ihren Herren tun können, und was kann dann die Gunst und Gnade solcher Herren ihren Knechten helfen? Dann sind Herren und Knechte alle gleich. Aber die Knechte des Herrn Jesu können rühmen: »Leben wir, so leben wir dem Herrn, sterben wir, so sterben wir dem Herrn. Darum, wir leben oder sterben, so sind wir des Herrn« (Römer 14,8).

30. August

Er hat viele Kinder zur Herrlichkeit geführt.

Hebräer 2,10

Um seinen Erlösten zum Besitz und Genuss seiner unaussprechlichen Herrlichkeit als seinen Miterben zu verhelfen, hat Jesus von seiner allerhöchsten Höhe bis in die tiefste Tiefe sich erniedrigt. Aber nachdem er die Reinigung unserer Sünden durch sich selbst gemacht hat, hat er sich auch wieder emporgeschwungen zur Rechten der Majestät in dem Himmel, hat einen Namen empfangen, der über alle Namen ist, in welchem sich beugen sollen alle Knie und bekennen, dass Jesus Christus der Herr sei, zur Ehre Gottes des Vaters. Schon im Stand seiner Erniedrigung strahlte zuweilen seine Herrlichkeit durch die schwarzen Wolken derselben, da ihm jede Krankheit auf sein bloßes Machtwort weichen, sogar Sturmwind und des Meeres Wellen samt Legionen Teufel gehorchen mussten. Wie muss seine Herrschaft denn nun erst groß sein, da ihm alle Gewalt im Himmel und auf Erden gegeben worden ist. Johannes hörte seine Gewalt, seine Macht und Herrlichkeit besingen. Mit großen Stimmen sprachen die Himmelsbewohner: »Es sind die Reiche der Welt unsers Herrn und seines Christus geworden. Und er wird regieren von Ewigkeit zu Ewigkeit« (Offenbarung 11,15). Als Herr der Herrlichkeit hat sich Christus besonders gezeigt in dem Werk seiner Erlösung. Dafür lobt ihn die unzählige Schar seiner Erlösten und ruft ihm zu: »Du bist würdig, zu nehmen das Buch und aufzutun seine Siegel; denn du bist erwürgt und hast uns Gott erkauft mit deinem Blut aus allerlei Geschlecht und Zunge und Volk und Heiden und hast uns unserm Gott zu Königen und Priestern gemacht« (Offenbarung 5,9-10).

31. August

Ja, ihr Menschen sollt die Herde meiner Weide sein, und ich will euer Gott sein, spricht der Herr.

Hesekiel 34,31

Der Herr ist als Hirte verbunden – jedoch nur aus Glauben – eine beständige, genaue Aufsicht über seine Schafe und alles, was ihnen nützlich oder schädlich werden kann, zu führen, sie zu schützen, für sie zu sorgen, sie zu pflegen und wenn sie krank sind, sie zu heilen, wenn sie unartig sind, sie zu züchtigen, die Ratlosen zu beraten, die Schwachen zu stärken, denen, die sich in Gefahr befinden, beizustehen. Und er ist treu, er wird es auch tun. Sie mögen sich in diesem allem ganz ihm anvertrauen, all ihr Anliegen auf ihn werfen und selbst nichts sorgen, weil er für sie sorgt. Seine Weide ist teils eine Weide der Gnade in dieser Welt. Da sind's vornehmlich seine Verheißungen, oder vielmehr, er ist selbst sowohl die Weide als der Hirte, denn alle Verheißungen sind in ihm Ja und Amen, und sie wandeln im Glauben. Deswegen heißt es auch gleich vor unserem Text: »Ich will ihnen eine berühmte Pflanze erwecken, und sie sollen nicht mehr Hunger leiden« (Vers 29). Diese Weide trägt bald bittere Kräuter, die den Seinen bitter, aber der Gesundheit förderlich sind. Es gibt mitunter Tränenbrot und Wasser der Trübsal. Es gibt auch Öfen des Elends, worin das Gold geläutert und von seinen Schlacken befreit wird. Es gibt Ruten, womit die Kinder ebenfalls mit Strenge gezüchtigt werden. Und das tut sehr not, damit sie sich nicht erheben, wozu sie so geneigt sind, und damit sie fein, klein, demütig und biegsam bleiben und nicht in stoßende Böcke ausarten. Es geschieht ihnen selbst zu Nutz, damit sie seine Heiligung erlangen.

Weil ich Jesu Schäflein bin,
freu' ich mich nur immerhin
über meinen guten Hirten,
der mich wohl weiß zu bewirten,
der mich liebet, der mich kennt,
und bei meinem Namen nennt.

1. September

Selig sind, die da Leid tragen, denn sie sollen getröstet werden.
Matthäus 5,4

Welch ein seliger Wechsel, wenn ein Mensch, der in der Buße nichts anderes vernahm als die strenge und genaue Forderung des Gesetzes, begleitet von den schrecklichsten Drohungen, so dass er mit David bekennen musste: »Ich fürchte mich vor dir, dass mir die Haut schaudert und entsetze mich vor deinen Gerichten« (Psalm 119,120) – ohne durch diesen tötenden Buchstaben Kraft zu bekommen, die Liebe in sich hervorzubringen, die des Gesetzes Erfüllung ist, was diesen Gott, für den es Liebe fordert, zugleich mit einer solch furchtbaren Majestät und Heiligkeit umgibt, dass die Sünder, und wenn sie so heilig wie Mose wären, Schrecken und Zittern ankommen muss, – wenn dieser Sünder die durchbohrten Hände dessen im Licht des Heiligen Geistes erblickt, der um unserer Sünden willen dahingegeben und um unserer Gerechtigkeit willen auferweckt ist. Welch ein Wechsel, wenn er – geängstigt in sich, zerschlagenen Herzens, voll Unruhe und Not und nahe bei der Hölle – zwar zu Christus flieht, aber von einem ihm unbegreiflichen Unglauben wie gebunden, das Heil nicht ergreifen kann, das ihm dargeboten wird, wie gern er's wollte, und Jesus nun auch zu ihm gleichsam wie zu Thomas sagt: »Sei nicht ungläubig, sondern gläubig« und er nun mit jenem geheilten Blinden anbetend ausrufen kann: »Ich glaube, Herr!« Wurden jene gebissenen Israeliten heil, wenn sie die erhöhte Schlange, das Vorbild Christi, anschauten, gewiss wird der heil, der nach Paulus' Anweisung aufsieht auf Jesus, heil von dem quälenden Angstgewissen, heil von Gesetz, Sünde und Tod.

2. September

Und Jakob hieß die Stätte Pniel, denn ich habe Gott von Angesicht gesehen, und meine Seele ist genesen.

1. Mose 32,30

Auch der Christen Weg ist manchmal wie an Kanaans Grenzen. Sie genießen unaussprechliche Mitteilungen und Einflüsse des Heiligen Geistes. Es strahlt ihnen ein Licht, dass sie mit Jakob sagen können: Ich habe den Herrn von Angesicht gesehen, und meine Seele ist genesen. Es durchweht sie ein Friede Gottes, der wirklich höher ist als alle Vernunft und ihr Herz und ihre Sinne bewahrt in Christus Jesus. Sie spüren ein solches Einverständnis, eine solche Übereinstimmung mit Gott, dass ihre ganze Seele zu allem »ja« sagt und wie ein unmündiges Kind in seinen Armen, ja von der Mutter her auf ihm liegt (Jesaja 46,3), und sich von ihm heben und tragen lässt. Alle Schatten des Zweifels verkriechen sich vor diesem Licht. Die Liebe durchgeht wie ein besänftigendes Öl das ganze Gemüt und übt ihre sanfte und mächtige Kraft aus, indem sie alle Herbheit abstößt. Sie verzeiht, sie duldet alles. Sind sie im Leiden, das Herz schmiegt sich unter alles mit freundlicher Gelassenheit. Das ganze Joch Jesu wird sanft, seine ganze Last leicht. In seinem ganzen Dienst ist nichts Schweres noch Beschwerliches, und so schwört das ganze Herz mit Freuden, dass es die Rechte seiner Gerechtigkeit halten will und hält sie auch wirklich. Die Welt mit allem, was darinnen ist, wird ganz unbedeutend, groß aber die Sehnsucht, vollends bei dem Herrn daheim zu sein.

3. September

Ihr liefet fein. Wer hat euch aufgehalten, dass ihr der Wahrheit nicht gehorcht?

Galater 5,7

Den Galatern sind viele unter den Begnadigten sehr ähnlich. Ziehen sie auch etwa ihre Begnadigung nicht sonderlich in Zweifel, so werden sie doch selten innig froh. Sie haben noch mancherlei Bedenken, die ihnen Mühe machen, und obschon sie die Erlaubnis haben, alle ihre Sorgen auf den Herrn zu werfen und die Zusicherung haben: »... denn er sorgt für euch« (1. Petrus 5,7), obschon ihnen die Ermächtigung, ja das Gebot gegeben ist, nichts zu sorgen – denn der Herr ist ihnen nahe – so ist es ihnen bei aller Pein, die sie bei ihrer eigenen Sorge haben, doch noch nicht gegeben, sie auf ihm liegen zu lassen, ohne sie wieder zu nehmen. Fast sollte man glauben, sie wären darauf bedacht, ihm seinen Heilands-Titel und sein Amt streitig zu machen, weil sie klagen, dies und jenes Gute nicht zu vermögen, da doch entweder Jesus kein vollkommener Heiland ist, oder, die diesen Jesus mit wahrem Glauben annehmen, müssen alles in ihm haben, was zu ihrer Seligkeit vonnöten ist. Jesus ist gewöhnlich nicht der erste, den man anspricht, wie man's tun sollte, sondern der letzte, und das Ansprechen geschieht weit öfter ängstlich als mit völliger Zuversicht, und darum fehlt's überall. Bei einem so reichen und milden Herrn bleibt man doch zu seiner eigenen Schande nicht im Verstand arm, weil man nicht arm genug sein will, um bloß von seinen Gaben zu leben. Wer hat – nicht zuweilen, sondern immer – den auf nichts Eigenes, sondern auf das Opfer Christi sich stützenden Mut, das Abba zu schreien? Nur wenige, aber doch immer noch einige, die da schwören: In dem Herrn habe ich Gerechtigkeit und Stärke; die nicht nur dann vor gutem Mut jauchzen, wenn er ihr Herz besonders erquickt, sondern auch dann ruhig seiner harren, wenn er es für gut findet, sie zu demütigen, bis er sich ihnen wieder aufs Innigste mitteilt, anders kann man nicht begreifen, wie der Meister sein Joch für sanft und seine Last für leicht erklären und seine Jünger behaupten konnten, seine Gebote seien nicht schwer.

4. September

Unsere Missetat drückt uns hart, du wollest unsre Sünde vergeben.

Psalm 65,4

Der erbarmungswerte Zustand, worin wir von Natur verstrickt sind, wird dann erkannt und empfunden, wenn der Herr dem Menschen Buße gibt, welches zugleich der erste Schritt ist, um zur Offenbarung seines Sohnes in der Seele zu gelangen. Der Mensch fängt an, sich zu sorgen wegen seiner Sünde. Als eine schwere Last fängt sie an, ihn zu drücken, und da sie ihm nach und nach zu schwer wird, nötigt sie ihn, sich nach einem Retter umzusehen. Jesus fängt an, für ihn eine Wichtigkeit zu bekommen, welche er bis dahin so wenig für ihn hatte wie ein Arzt für einen sich vollkommen gesund dünkenden Fieberkranken. Oft wird ein Mensch in dieser Lage mit heftigen Zweifeln bestürmt, ob er wohl je fromm und selig werden könne und betrachtet es als ein wahres Unglück, dass er auf das Nachdenken über sein Verhältnis zu Gott gekommen ist, da er allenfalls Wollen des Guten hat, aber das Vollbringen nicht findet. Er betrachtet sich wohl als einen der unglückseligsten Menschen auf Erden, da er auf der einen Seite zwar nicht mehr in sorgloser Sicherheit hinleben, auf der andern Seite aber nicht göttlich beruhigt werden kann. Er kann der Sünde nicht mehr dienen, aber ihrer auch nicht ledig werden. Er kann nicht zurück zur Welt und nicht vorwärts ins Reich Gottes. Dies gibt ihm keine Freude und jenes auch nicht. »Ich elender Mensch, wer wird mich erlösen von dem Leib dieses Todes?« (Römer 7,24).

Freilich ist im Himmel schon Freude über solche Seelen, aber noch nicht in ihnen selbst. Sie gehören zu den Traurigen Zions, von welchen es heißt: »Tröstet, tröstet mein Volk!« (Jesaja 40,1). Sie gehören zu den Gedemütigten, die sich fürchten vor seinem Wort und die erquickt werden sollen.

5. September

Ihr seid gekommen zu dem Berge Zion und zu der Stadt des lebendigen Gottes.

Hebräer 12,22

Zion ist die Gemeinde, die Gemeinde Gottes in ihrer neutestamentlichen Vollkommenheit, besonders hier auf Erden. Zu dem Berg Zion gekommen sein heißt also, der wahren Gemeinde einverleibt sein und teilhaben an allen herrlichen Vorrechten, die ihr im Worte Gottes zuerkannt, an allen herrlichen Verheißungen, die ihr gegeben sind; teilhaben an all der Liebe und Sorgfalt Gottes für Zion, an aller Herrlichkeit, die demselben zugewendet wird, folglich höchst glückselig sein. Zu diesem Zion sagt Petrus: »Ihr seid das auserwählte Geschlecht, das königliche Priestertum, das heilige Volk, das Volk des Eigentums, dass ihr verkündigen sollt die Tugenden des, der euch berufen hat von der Finsternis zu seinem wunderbaren Licht« (1. Petrus 2,9). Gemäß dieser Verheißung sollen alle Bürger zu Zion mit Gott ringen, wie David tat, da er in Psalm 27,8 sprach: Du hast gesagt: »Ihr sollt mein Antlitz suchen.« Darum suche ich auch, Herr, dein Antlitz. Mag ihr äußerlicher Stand auch sein, welcher er will, mögen sie noch so arm und klein sein, mögen sie gedrückt, verfolgt, verhöhnt werden, mag nicht nur der Teufel, sondern sogar Gott selbst für eine Weile ihnen zuwider sein, so sind doch alle Herrlichkeiten Zions die ihrigen und in Gottes Augen schon an ihnen erfüllt. Sie alle sind Könige, und müssen sie ihr Königtum hier auf Erden auch meistens im Kriegführen beweisen, so muss ihnen dennoch alles zum Besten dienen, Niederlage und Sieg. Darum »fürchte dich nicht, du Würmlein Jakob und du armer Haufe Israel!« (Jesaja 41,14).

6. September

Wir liegen vor dir mit unserm Gebet, nicht auf unsere Gerechtigkeit, sondern auf deine große Barmherzigkeit.

Daniel 9,18

Daniel sagt: »Wir liegen«; und wirklich lag dieser große Prophet auf der Erde, als er betete. Die Gebärden machen es freilich nicht aus. Aber wenn die innere Inbrunst, wenn die Heftigkeit des Verlangens, wenn die tiefe Demut uns auf die Knie oder gar aufs Angesicht niederwirft, so ist dies ein Bild des inneren Sinnes. Auch wüsste ich nicht, was ich von dem sagen sollte, der nie auf solche Weise betet, da doch Jesus selbst es also tat. Daniel betete. Aber was war der Grund, worauf er es wagte, sein Anliegen vor den Thron des Allerhöchsten zu bringen? Er meinte keineswegs, dass das Beten an sich ihn schon dazu berechtige, Gehör zu verlangen. Er sagt: »Wir liegen nicht auf unsere Gerechtigkeit.« Wer's auf seine Gerechtigkeit wagte, dem würde der Herr leicht seine Werke und seine Gerechtigkeit als eine solche anzeigen, die nichts nütze ist. Jedoch machte ihn dieser Mangel einer eigenen Gerechtigkeit auch nicht mutlos. Gott Lob, dass es derselben auch nicht bedarf, sondern dass es einen anderen und ganz vollkommenen Grund der Freimütigkeit zu Gott gibt! Denselben fand Daniel und findet der gedemütigte Sünder nicht in seinem Gebet, nicht in dessen Inbrunst und Dringlichkeit, sondern in der großen Barmherzigkeit des Herrn. Das ist ja etwas sehr Erwünschtes, dass auch die Barmherzigkeit zu den Eigenschaften Gottes gehört.

Daniels Sinn sei auch der unsere, dass des Herrn Heiligkeit uns zerknirsche, seine große Barmherzigkeit uns aber tröste!

Wir liegen vor dir in dem Staube,
o Vater, mit zerknirschtem Geist,
uns unterstützt allein der Glaube,
dass du noch ein Erbarmer seist.

7. September

Schaue die Güte und den Ernst Gottes.

Römer 11,22

Die ausschließliche Betrachtung der Güte ohne den Ernst ist bei unserer Unvollkommenheit hier auf Erden auf die Dauer nicht nützlich, sondern bedenklich und könnte Leichtsinn und Üppigkeit erzeugen. Freilich ist das in jenen ausgezeichneten Augenblicken nicht zu befürchten, wo, wie die Bilder im Hohenlied lauten, der Herr die Seele in den Weinkeller führt, wo sie unter dem Schatten sitzt, des sie begehrt, und seine Frucht ihrer Kehle süß ist, wo seine Tröstungen die Seele erquicken und alle Furcht und alles Misstrauen vertreiben, wo Schmerz und Seufzen weg müssen. Da ist an keinen Leichtsinn zu denken, weil die Liebe Gottes ausgegossen ist in unsere Herzen durch den Heiligen Geist, und so die ganze Frucht des Geistes lieblich dasteht. Wir wandeln hier aber nicht im Schauen, sondern im Glauben. Jene Tabors, wo man gerne Hütten bauen würde, sind nicht ein beständiger Wohnort. In dem alltäglichen Leben darf man nicht nur die Güte Gottes in Gedanken haben, sondern soll neben dem Frieden auch Salz bei sich haben, will man bewahrt bleiben vor Abwegen, Höhen und der Leichtfertigkeit, die es nicht genau nimmt, sich manches zugut hält, was ernstlich bestritten werden sollte, manches Auge schont, das ausgerissen, manche Hand und manchen Fuß schont, welche abgehauen werden sollten. Wird aber Ernst und Güte gehörig miteinander verbunden, so leitet dies auf den rechten, sicheren Weg. Die Erwägung des Ernstes bewahrt vor Leichtsinn, die der Güte vor Misstrauen und Ängstlichkeit. Indem jener das Herz zusammenzieht, erweitert diese es und gibt ihm so seine rechte Gestalt. Der eine flößt Ehrerbietung, die andere Zutrauen ein. Diese bewahrt vor dem Verzagen, jener vor Selbsterhebung.

8. September

Der Herr ist barmherzig und ein Erbarmer.

Jakobus 5,11

Dieser Name eines Erbarmers schlägt freilich, indem er die Elenden aufrichtet, alles eigene Verdienst, alle eigene Würdigkeit und Kraft danieder. Erbarmen setzt lauter Jammer und Elend voraus, denn es bezeichnet eben Liebe gegen Elende. Und auf unserer Seite ist nichts anderes als Jammer und Elend, Blindheit und Tod, ja Feindschaft gegen Gott, so dass, wenn uns geholfen sein soll, es nicht anders als durch Erbarmen geschehen kann. Er findet uns so hilflos, elend und verächtlich, so wie es uns Hesekiel 16 unter dem Bild eines neugeborenen, ungewaschenen, in seinem Blut aufs Feld hingeworfenen, dem sicheren und unausweichlichen Tode preisgegebenen Kindes dargestellt wird, so dass den Erretteten nichts anderes übrig bleibt, als was am Schluss in Hesekiel 16,54 gesagt wird: »Du wirst dich schämen, wenn ich dir alles vergeben werde, was du getan hast, spricht der Herr.«

Tut außer diesem Erbarmen mit dem trotzigen Sünder, was ihr vermögt. Führt ihn an den Sinai und lasst ihn Gott selbst donnern und reden hören. Lasst alle Plagen über ihn ergehen. Ängstigt ihn um und um, ja werft ihn in den Feuerofen. Lasst ihn Jesus selber predigen hören und seine Wunder sehen! Ihr werdet nicht vermögen, der Distel eine einzige Feige zu entquälen. Aber wird dieses Totengebein angehaucht von dem lebendigen Odem des Erbarmers – seht, wie es sich aufrichtet, wie es lauter Willigkeit wird, wie es der Sünde entsagt, wie dieser spricht: »Ich bin des Herrn!« und jener sich mit seiner Hand Gott zuschreibt. Dieses Erbarmen, das aus Jesu geöffneter Seite floss, ist unsere einzige Rettung.

9. September

Ich will die müden Seelen erquicken und die bekümmerten Seelen sättigen.

Jeremia 31,25

Hier tönt eine heilbringende Lockstimme von dem Herrn. Es ist bekannt, wie nachdrücklich und freundlich Jesus zu sich einlädt. Wie anlockend ist es, wenn er sich als den Arzt und Hirten, wenn er sein Geschäft als ein Suchen und Seligmachen, wenn er Sünder und Verlorene als diejenigen hinstellt, welche er beabsichtigt und meint. Er sandte seine Apostel an alle Enden der Erde, um zu locken, wen sie fanden, bis sein Haus voll werde, und noch erschallt seine Stimme unter Christen und Heiden, sowie unter den Juden die Botschaft des Friedens ausgetragen wird, mögen sie sich auch fortwährend des ewigen Lebens unwert achten.

Ertönt diese Stimme, wodurch der Herr von allem ab, zu sich hinlockt, ertönt sie nicht in den Mühseligkeiten dieses Erdenlebens, das mit so mannigfachen Wehen durchflochten ist, und dessen Annehmlichkeiten tausend Gefahren unterliegen, bis der gewisse und doch ungewisse Tod alle sichtbaren Verbindungen zerreißt? Liegt nicht in jedem »Ach« eine Aufforderung, uns zu dem zu neigen, der da sagt: Ich will euch erquicken, bei mir ist Ruhe für die Seele zu finden? Und o wie heilsam sind die trüben Tage, wenn sie uns nach dieser Sonne verlangend machen!

10. September

Das ist die Botschaft, die ihr gehört habt von Anfang, dass wir uns untereinander lieben sollen.

1. Johannes 3,11

Paulus schildert das Leben des natürlichen Menschen als »in Bosheit und Neid, sich untereinander hassend und hassenswert« (Titus 3,3), und möchte die Erfahrung ihn widerlegen, statt zu bestätigen, dass die Menschen noch sind, wie sie waren. Die Klagen über den Mangel der Liebe in der Welt und selbst unter den Christen sind wohl nur allzu begründet. Indessen mögen diejenigen, welche sie führen, wohl zusehen, ob sie nicht selbst auch ihren Anlass dazu geben. Die Liebe aber ist von der größten Wichtigkeit, denn wer in der Liebe bleibt, der bleibt in Gott und Gott in ihm. Sie ist aber von Gott und nicht von uns selber, und nur wer von Gott geboren ist, hat wahre Liebe. Paulus gibt ihr in 1. Korinther 13 selbst vor dem Glauben und der Hoffnung wenigstens den Vorzug, dass diese aufhören, die Liebe aber bleibt. Sie macht das eigentliche Ebenbild Gottes aus, denn er ist Liebe. Dieses Ebenbild haben wir aber verloren und sind stachelige Dornen geworden, wie sich auch bei Gelegenheit zeigt, wir dürfen sie aber nicht bleiben, sondern müssen ein Süßteig werden und uns untereinander herzlich lieben lernen.

11. September

Herr, deine Gedanken sind so sehr tief.

Psalm 92,6

Der Gläubigen Schar sind, nachdem die Grund-, Fundamental- und Hauptverheißung durch die Sendung Christi erfüllt worden ist, auch große Dinge verheißen, z. B. die ganze Vernichtung des alten Menschen, eine vollkommene Heiligung, ein vollkommener Trost, die Bekehrung der Heiden. Aber wie sieht's doch in der Wirklichkeit durchgängig aus? Geht's im Gnadenleben wie in der Natur, deren Fortschreiten von Tag zu Tag nachgewiesen werden kann? Nach dem Winter zeigen sich Augen. Sie schwellen zu Knospen an. Diese brechen auf und gestalten sich zu Blüten und Blättern. Jene fallen ab und setzen kleine Früchte an. Diese nehmen zu, bis sie ihre Größe und Reife erlangt haben. Lässt sich das Gnadenwerk in einer Seele auch so in einer Stufen- und Reihenfolge nachweisen? Das tut's nicht. Kurz, die göttlichen Verheißungen sind allerdings Ja und Amen in Christus. Zwischen ihnen, zwischen dem gläubigen Ergreifen und der ganzen Erfüllung derselben liegen Wüsten, Berge, Abgründe, Ströme und Seen. Nicht selten häufen sich die Schwierigkeiten, je näher die Zeit der Erfüllung heranrückt, und im Ganzen erfüllt Gott sie so, dass ihm die ganze Ehre davon zufällt und man bekennen muss: Das hat der Herr getan.

O ja, das hat der Herr getan;
wir staunen auch dies Wunder an
und stehen da und sehn erfreut
auf ihn, den Herrn der Herrlichkeit,
der den Gefang'nen Freiheit sendet,
an allen bald sein Heil vollendet.

12. September

Das ist gewisslich wahr und ein teuer wertes Wort, dass Christus Jesus gekommen ist in die Welt, die Sünder selig zu machen.

1. Timotheus 1,15

Es ist gar keinem Zweifel unterworfen, dass Gott uns seinen Sohn gegeben hat, damit wir durch ihn leben sollen. Es ist so gewiss, als etwas gewiss sein kann, dass Gott uns das Leben gegeben hat, und solches Leben ist in seinem Sohn. Nehmen wir glaubwürdiger Menschen Zeugnis an, so ist Gottes Zeugnis unbedenklich größer. Wie viel mehr sollen wir das dann annehmen, wodurch wir unser Siegel mit dazu abgeben, dass er wahrhaftig ist! Glauben wir nicht, so behandeln wir Gott, als ob er ein Lügner wäre, beleidigen ihn demnach aufs äußerste, da wir ja schon Menschen, die doch in der Schrift als Lügner angegeben werden, nicht empfindlicher und ehrenrühriger beleidigen können, als wenn wir sie wie Lügner, wie allen Glaubens und Vertrauens unwürdige Personen behandeln und etwas, das sie gesagt haben, eben deswegen bezweifeln, weil sie es gesagt haben. Doch hebt der Menschen Unglaube Gottes Glauben auf? Und ob »etliche nicht an das glauben, was Gott geredet hat, was liegt daran« (Römer 3,3)? Es bleibe vielmehr so, dass Gott allein wahrhaftig sei. Wollte aber jemand wohl sehr gern mit aller Zuversicht glauben, kann es aber noch nicht oder doch für diesmal nicht, so bleibt er doch treu und hört es gern, wenn wir ihn anschreien: Ich glaube, lieber Herr, hilf meinem Unglauben! Und wer würde überhaupt je zum Glauben gelangen oder darin beharren, käme er nicht gnädig unserem Unglauben zu Hilfe. Mag es das Gesetz, mag es ein böses, geängstigtes Gewissen, mag es die Beschaffenheit, Menge und Größe unserer Sünden, mag's der Unglaube selbst sein, der's für ungewiss, für unwahrscheinlich, ja für unmöglich verschreien will, es ist dennoch »gewisslich wahr und ein teuer wertes Wort, dass Christus Jesus gekommen ist in die Welt, die Sünder selig zu machen«. Dennoch essen die Hündlein von des Herrn Tisch. Dennoch bleibe ich stets an dir.

Ich bin dein Schild und dein sehr großer Lohn.

1. Mose 15,1

Ich bin dein Lohn. Gott, der Allgenugsame, will also alles aufbieten, was, wenn ich so reden darf, in seinen Kräften ist, um den Seelen das zu erstatten, was sie etwa um seinetwillen – doch wie darf man sagen um seinetwillen? – was sie um ihres eigenen Heils willen verleugnen, was sie an Kampf, Ungemach und Mühe übernehmen. Er will's ihnen hier auf Erden schon erstatten, und sollte das etwa fehlen, doch dort desto gewisser und vollkommener. Petrus' Frage: »Was wird uns dafür?« (Matthäus 19,27) ist keineswegs verwerflich, vielmehr äußerst beherzigenswert und wichtig. Was wird dir dafür, was bekommst du dafür, dass du der Welt und Sünde dienst, dass du dem allem so unersättlich nachjagst, was sie dir an Scheingenüssen anbietet? Und was wird dir dafür, wenn du der Welt und was dem Fleisch gefällt, ganz absagst und Christus zusagst? Lege dies bedächtig auf die Waagschale gegeneinander und bestimme danach deine Wahl! Auf kurze Lust folgt schwere Last, auf kurze Müh' ein ewig Glück. Wer das einigermaßen zu würdigen weiß, was es heißt, Gott ist mein Lohn, der wird sich nicht viel an die Beschwerden der Wüste kehren, sondern nachjagen dem vorgesteckten Ziel, dem Kleinod, welches vorhält die himmlische Berufung in Christus Jesus. Bringt's *ein* Tag doch wieder ein.

14. September

Der Herr, dein Gott, ist ein barmherziger Gott; er wird dich nicht lassen noch verderben.

5. Mose 4,31

Er ist *barmherzig*, inniglich liebhabend. Das gilt den Elenden, den Trostlosen, über die alle Wetter gehen. Sein Herz bricht ihm über dem Seufzen dieser mit mannigfachem Elend ringenden Herzen, wo hier eine Tiefe und da eine Tiefe braust, dass er sich ihrer erbarmen muss. Seine Barmherzigkeit, rühmt Maria, währt immer für und für bei denen, die ihn fürchten. Was ist köstlicher, als wenn man sich eines anderen, besonders eines solchen, welcher nach der Strenge mit uns verfahren, aber auch uns mächtig helfen kann, wenn man sich seines zarten Mitleids bewusst sein darf, nach welchem unsere Not und unser Kummer ihm nahegehen! Und siehe, wir haben einen Hohenpriester, welcher mitleiden kann mit denen, die da schwach sind und versucht werden, als der da selbst mit Schwachheiten umfangen gewesen und in allem versucht worden ist gleichwie wir, doch ohne Sünde, auf dass er barmherzig und ein treuer Hoherpriester würde, die Angelegenheiten wahrzunehmen, welche bei Gott zu besorgen waren (Hebräer 4,15). Bist du denn elend, o Seele, schaue aus der Grube des Jammers hinauf zu dem am Gnadenfirmament flimmernden Stern, Barmherzigkeit genannt! Ein Abgrund von Barmherzigkeit verschlingt ein Meer voll Herzeleid.

15. September

Ich kenne meine Schafe, und ich gebe ihnen das ewige Leben; und sie werden nimmermehr umkommen, und niemand wird sie mir aus meiner Hand reißen.

Johannes 10,27-28

Der Vorteile, welche die Schafe Jesu genießen, sind vier. – Erstens: »Ich kenne sie.« Das ist die Sache, darauf kommt's an. Kennt er uns nur, so geht alles gut, möchte es auch noch so wunderlich gehen. – Sodann: »Ich gebe ihnen ewiges Leben.« Welch ein Geschenk! »Ich gebe es.« Welch eine Person! Nicht sie, er hat's verdient und gibt's, wem er will, und niemand erlangt's, als dem er's gibt, und dem gibt er's umsonst. – Ferner: »Und sie werden nimmermehr umkommen.« Und doch scheint es oft so, dass sie umkommen, geschieht aber nimmermehr und auf keinen Fall, wie gefährlich es auch oft aussieht und wie ängstlich sie schreien: Wir verderben! – Und endlich: »Niemand wird sie mir aus meiner Hand reißen.« Es reißen genug daran, nicht allein Fleisch und Blut und Unglaube und böse Begierden, sondern noch etwas Ärgeres, nämlich Fürsten und Gewaltige. Aber »niemand«, sagt Jesus, wer es auch sei. Seine Hand ist stärker als alles.

16. September

Du bist der Trost Israels und sein Nothelfer.

Jeremia 14,8

Mit diesen lieblichen Worten redet der Prophet Jeremia den Herrn an, und wollten wir sie noch genauer übersetzen, so hieße es: »O Israels Erwartung, sein Erlöser zur Zeit der Not!« Es ist doch in der Tat ungemein lieblich, dass wir dem allgenugsamen Gott in Christus Jesus solche Namen geben dürfen. Die Gemeinde der Gläubigen drückt in diesen Worten dreierlei aus. Erstens: tiefe Armut des Geistes. Von sich selbst erwartet sie kein Heil. In uns ist keine Kraft, kein Licht, kein Mut, keine Weisheit noch Heil; auf dich sind wir hingeworfen, auf dich sehen unsere Augen. Dagegen bezeugt die Gemeinde in diesen Worten die Allgenugsamkeit des Herrn: »O du Erwartung Israels!« In dem Herrn haben wir Gerechtigkeit und Stärke. Christus ist gekommen, dass seine Schafe Leben und volle Genüge haben. In ihm ist eine Fülle, die nicht versiegt, und aus derselben haben wir genommen Gnade um Gnade. Das Wasser, das er gibt, wird in dem Menschen ein Quell des Wassers, der in das ewige Leben quillt. Sind nur Arme da, sie können reich, Hungrige, sie können satt werden. O herrlicher Überfluss! Herzen her! Herzen her! Die Gemeinde der Gläubigen bezeugt mit diesen Worten: »O du Erwartung Israels, mein Erlöser zur Zeit der Not«, ihr Vertrauen. Herr, was sollte uns bei dir fehlen? Je mehr wir unsere Armut empfinden, desto mehr Freude macht es uns, weil der Herr desto mehr Gelegenheit hat, seinen Reichtum an uns zu verherrlichen. Wenn ich schwach bin, so bin ich stark. Also kann man auch sagen: Wenn ich töricht bin, so bin ich klug, wenn ich arm bin, so bin ich reich. Wer ist weise, der dies verstehe, und klug, der dies merke?

Wer bin ich, wenn es mich betrifft?
Ein Abgrund voller Sündengift.
Wer bin ich, Lamm, in deiner Pracht?
Ein Mensch, der Engel weichen macht:
so rein, so weiß, so schön, erwählt,
dass mir's dazu an Worten fehlt.

17. September

Aller Augen warten auf dich, und du gibst ihnen ihre Speise zu seiner Zeit. Du tust deine Hand auf und erfüllst alles, was lebt, mit Wohlgefallen.

Psalm 145,15-16

Irdische Wohltaten sind auch eine Art von Segen, den man nicht übersehen soll. Dieses Jahr lenkt die gegenwärtige Erntezeit unsere Aufmerksamkeit lebhaft darauf hin. Felder und Gärten halten uns eine Predigt von der Güte Gottes, indem sie uns den Genuss derselben darreichen, gegen welchen wir nicht unempfindlich sein dürfen, sondern aufheben sollen unsere Augen zu dem Segensgott, der seine milde Hand auftut, und von dem unsere zeitliche Wohlfahrt ebenso gut abhängt als unsere geistliche. Alles aber, was zu dieser zeitlichen Wohlfahrt gehört, nennen wir dennoch nur eine Art von Segen, weil auch Gottlose desselben teilhaftig werden und Gottselige nicht selten wenig davon bekommen. Gott lässt seine Sonne aufgehen über die Bösen und über die Guten und lässt regnen über Gerechte und Ungerechte. Gottlosen gereicht das zeitliche Gut nur zum Fluch, und sie geraten auf die Dauer doch in die bitterste Armut, wie an dem reichen Mann zu sehen ist. »Was hülfe es auch dem Menschen, wenn er die ganze Welt gewönne und nähme doch Schaden an seiner Seele?« (Matthäus 16,26). Was hilft aller Anteil an der gegenwärtigen Welt beim Mangel des Anteils an der zukünftigen? Und wie beweinenswert ist die Torheit, über dem Trachten nach einem augenblicklichen Gut ewige Güter zu versäumen, und wie alltäglich ist das leider!

18. September

Wenn du mein Herz tröstest, so laufe ich den Weg deiner Gebote.

Psalm 119,32

Jede Erquickung ist wie ein Handgeld, ein Vorgeschmack des Kleinods, welches am Ziel der Laufbahn aufgestellt ist, ein Vorgenuss dessen, was man dafür wieder bekommt, wenn man der Welt und was dem Fleisch gefällt, ganz ab- und Christus zusagt. Denn wenn du mich tröstest, dann laufe ich den Weg deiner Gebote. Der Trost geht nach dem Evangelium der Heiligung voraus, das Gesetz stellt diese voran. Zur rechten Stunde lernt der zerschlagene Sünder gewiss erkennen und dafürhalten, dass Gott nicht ein harter Herr ist, der da ernten will, wo er nicht gesät hat, sondern ein überaus guter Vater, welcher in Treue gibt; er lernt fest dafürhalten und glauben, dass Gott nicht ein solcher ist, dem man durch ein vorhergehendes oder nachfolgendes eigenes Wohlverhalten etwas abverdienen muss, sondern der hier alles umsonst um Christi willen schenkt und überschwänglich tut über Bitten und Verstehen. Als einen Gott lernt er ihn kennen, der Missetat, Übertretung und Sünde vergibt, der Gottlose so gerecht spricht, dass fortan sie niemand verdammen darf, als einen Gott von vollkommener Seligkeit. Er steht unter den erleuchtenden Strahlen seines Angesichts und glaubt aufs gewisseste, dass er durch Christi Blut aufs vollkommenste versöhnt, abgewaschen, gereinigt ist, dass die gesamte Handschrift seiner Sündenschuld ans Kreuz genagelt und weggeschafft ist. Der Heilige Geist macht dieses alles kräftig, so dass sein Glaube eine gewisse Zuversicht wird.

Gibst du schon so viel auf Erden,
ach, was wird's im Himmel werden!

19. September

Der Herr behüte dich vor allem Übel, er behüte deine Seele!
Psalm 121,7

Freilich gestaltet sich das Reich der Gnade hier auf Erden wie eine Rose unter den Dornen. Durch viele und mancherlei Trübsale müssen wir in das Reich Gottes gehen. Christus kündigt jedem, der sein Jünger sein will, an, er müsse sein Kreuz auf sich nehmen, und zwar täglich, so dass wohl Leichteres und Schwereres abwechseln. Er selbst hat uns ein Vorbild gelassen, dass wir nachfolgen sollen seinen Fußstapfen. Indessen, wie dem auch sei, *eigentliche* Übel, d. h. solche Übel, die auch nichts als üble Folgen haben, treffen diejenigen nicht, die unter der Gnade sind. Vielmehr muss ihnen alles zur Seligkeit mitwirken. So groß der Vorteil ist, der in diesen Worten zugesichert wird, so wenig Sicherung gegen irgendeine Unannehmlichkeit bieten sie dar. Wem alles zum Besten dienen muss, dem kann auch alles widerfahren. Wir werden geachtet wie die Schlachtschafe, als dem Tod übergeben, ein Schauspiel der Welt, den Engeln und den Menschen. Ob das aber auch, was diese Welt angeht, bis ans Ende derselben so fortdauern wird, kann man nicht behaupten. Wir gehen einer herrlichen Zeit der völligen Entwicklung des Seins unter der Gnade entgegen, einer völligen Offenbarung der Kinder Gottes, wie sie bisher noch nie stattgefunden hat, und in dem Maß, wie sie diesseits der Ewigkeit stattfinden kann. Darauf hoffen wir, danach sehnen wir uns, darum beten wir. Wir sehnen uns nach der Kindschaft und warten auf unseres Leibes Erlösung. Wir sind wohl Kinder, aber es ist noch nicht erschienen, was wir sein werden.

20. September

Meine Seele ist stille zu Gott, der mir hilft; denn er ist mein Hort, meine Hilfe, mein Schutz, dass mich kein Fall stürzen wird, wie groß er ist.

Psalm 62,1-2

Der Herr will sorgen, er will abwaschen unsere Sünden, er will lehren und trösten. Also dürfen wir nur stille sein, und können wir nicht stille sein, so will er auch das geben. Alle unsere Sorgen dürfen wir auf ihn werfen; und können wir des Sorgens nicht los werden, dürfen wir fragen: »Wie lange soll ich sorgen in meiner Seele und mich ängstigen in meinem Herzen täglich« (Psalm 13,3)? Was ist doch das für ein Bündnis, wo alles versprochen wird! Wohl mag's da heißen, wie ein Jakob in Pniel betete: »Ich bin zu gering aller Barmherzigkeit und aller Treue, die du an mir getan hast« (1. Mose 32,11). Wer sollte nicht Lust an einem solchen allerliebsten Bündnis bekommen, wo es heißt: Selig sind die Armen, denn das Himmelreich ist ihr; selig sind, die hungern und dürsten nach Gerechtigkeit, denn sie sollen satt werden, und an welchem nur die Satten, die Reichen, die Weisen und Frommen keinen Anteil haben können! Dies recht einzusehen, versetzt in die süßeste Scham und in eine Dankbarkeit von ganz eigener Art; – denn ich sah dich in deinem Blut liegen und sprach: Du sollst leben. – Wunderbare Barmherzigkeit!

Der Geist des Herrn Herrn ist über mir, darum dass mich der Herr gesalbt hat. Er hat mich gesandt, den Elenden zu predigen, die zerbrochenen Herzen zu verbinden, zu verkündigen den Gefangenen die Freiheit, den Gebundenen , dass ihnen geöffnet werde, zu verkündigen ein gnädiges Jahr des Herrn und einen Tag der Rache unsres Gottes; zu trösten alle Traurigen.

Jesaja 61,1-2

Je mehr sich jemand als Sünder fühlt und erkennt, desto mehr mag er vertrauen, Jesus werde ihn von allen seinen Sünden selig machen.

Wie tröstlich ist nun der Name der Gottlosen – denn Gott spricht sie gerecht; der Verlorenen – denn Jesus sucht sie; der Elenden – denn er leitet sie recht; der Betrübten – denn er tröstet sie; der Gefangenen – denn er macht sie frei. Kurz, können wir nur Jesus dabei fassen, so wandeln wir alle jene Namen in lauter Ermutigungen um. Fragt Jesus uns also: »Wie heißt du?« – und wir können in Einfalt, mit gründlicher Zustimmung antworten: »Sünder«, so wird's uns wie dem Jakob ergehen, dem bei Nennung seines Namens ein liebliches Licht aufging. Sollten wir uns aber sträuben, sollten wir das Seligmachen noch mit verwalten und es Jesus nicht allein anvertrauen wollen, ist lauter Unfall und Herzeleid in unserem Weg. Aber die Übung hiervon ist nicht so leicht, wie sich's ansieht. Man versuche es nur. Wir sind dazu viel zu selbstklug, stolz und selbstgerecht, und es gehört mancher Schlag mit dem Hammer des Gesetzes dazu, ehe der Fels unseres Herzens zerschmettert ist.

Allein zu dir, Herr Jesu Christ,
mein' Hoffnung steht auf Erden!
Ich weiß, dass du mein Heiland bist,
kein Trost mag mir sonst werden.

22. September

In uns ist nicht Kraft gegen diesen großen Haufen, der wider uns kommt. Wir wissen nicht, was wir tun sollen, sondern unsre Augen sehen nach dir.

2. Chronik 20,12

Freilich erzittert da die Natur, wenn sie sich genötigt sieht, bei Gott die Hilfe zu suchen, weil sie sonst nirgends mehr zu finden ist, und ist mehr geneigt, sich zu sorgen, dass sie ganz untergeht, als Rettung und Hilfe zu erwarten. Doch gibt der Heilige Geist hier den Ausschlag. Er hält die Seele fest, dass sie wie einst Jakob erklärt: Ich lasse dich nicht, du segnest mich denn! Dies sind die eigentlichen inneren Kämpfe und Geburtswehen, während welcher die Seele aus der Tiefe ihrer Not zu Gott schreit und sodann in die Höhe emporsteigt, wenn die Zeit gekommen ist. Es ist dies in der Tat kein Scherz, und man kann fragen: Einen niedergeschlagenen Geist, wer will den aufrichten? Es sind dies aber auch zugleich Wege, die auf das Ziel hinauslaufen: Der Herr hat Großes an mir getan, des bin ich fröhlich. Gott pflegt die Seinen stufenweise zu leiten und diejenigen, welche er zu schweren Kämpfen berufen hat, vorher in leichteren zu üben. Eine Zeitlang können sie durch eigene Kraft und Überlegung noch vieles ausrichten. Endlich aber geht beides zugrunde. Wellen bedecken das Schifflein, und es erhebt sich das Geschrei: »Meister, wir kommen um!« Und dann ist die Hilfe am nächsten.

Gott, der wird's wohl machen;
mächtig in den Schwachen
ist er allezeit.
Wem hat's je gefehlet,
der sich Gott erwählet
in dem Herzeleid?

23. September

Wenn du mich demütigst, machst du mich groß.

Psalm 18,36

Nicht selten pflegt es denjenigen, denen der Herr sich näher offenbaren will, eine Zeitlang sehr misslich und widerwärtig zu gehen und ihnen endlich ein Esau in den Weg zu treten, der's ihnen zu sauer macht; ja nicht ein Esau allein, sondern der Herr selbst. Sie selbst werden gering gemacht, damit der Herr groß werde. Sie wollen heilig, stark, gerecht, weise, gläubig, gut werden. Sie beten und wirken nach aller Möglichkeit, und siehe, statt vorwärts zu kommen, geht's mit ihnen zurück. Was sie angreifen wollen, flieht vor ihnen. Was sie halten wollen, verschwindet; was sie suchen, kriegen sie nicht. Ohne Barmherzigkeit macht Jesus Sünder aus ihnen, die überaus sündig sind, durchs Gebot, wie sehr sie auch darüber jammern und stöhnen. Endlich wird ihnen ihre bisherige Art zu bestehen unmöglich gemacht und ihnen nichts übrig gelassen, als sich dem Sohn Gottes auf Gnade oder Ungnade zu übergeben, als Küklein unter seine ausgebreiteten Flügel zu kriechen. O herrlicher Ausgang, aber unangenehmer Weg für die Natur, der nichts übrig gelassen wird, aber auch nichts übrig gelassen werden soll und muss! Hier, hier erweist sich's, dass das Geheimnis der Gottseligkeit groß ist.

24. September

Ich will euch trösten, wie einen seine Mutter tröstet.

Jesaja 66,13

Gewöhnlich pflegt der bußfertigen Seele ein köstliches Willkommen im Reiche Jesu Christi zuteil zu werden, abgebildet durch das Freudenmahl und die anderen Fest- und Feierlichkeiten wegen der Rückkehr des verlorenen Sohnes; durch die Freude über das wiedergefundene Schaf, das der Hirte auf seine Achseln nimmt und nach Hause trägt; über den wiedergefundenen Groschen, wo die Nachbarinnen zur Mitfreude zusammengerufen werden, wovon Jesus in Lukas 15,9 redet. Freilich ist dies nicht bei allen Seelen gleich groß, wie es auch die Arbeit der Buße nicht ist, und das eine richtet sich gewöhnlich nach dem anderen. Aber jede Seele empfängt doch einige liebliche Gnadenbröcklein, welche ihr lebenslang unvergesslich bleiben. Dies alles ist der vorhin so geängstigten Seele etwas ganz Neues, das sie nie gekannt hat. Es ist das, was nie in eines Menschen Herz gekommen ist und das Gott bereitet hat denen, die ihn lieben. Alle Weltfreude ist dagegen nicht nennenswert, sondern mit Freuden ginge jeder hin und verkaufte alles, was er hat, um diese Perle zu kaufen, die reicher macht als alle sonstigen Schätze, prächtiger ziert als jeder andere Schmuck.

25. September

Wir sahen seine Herrlichkeit, eine Herrlichkeit, als des eingeborenen Sohnes vom Vater, voller Gnade und Wahrheit.

Johannes 1,14

Jesus Christus ist der Mittelpunkt, in welchem sich die zerstreuten Strahlen als in ihrem Brennpunkt vereinigen und in dessen Angesicht sich die Herrlichkeit Gottes spiegelt, dessen Betrachtung daher auch das Nötigste und Heilsamste ist. Sünde und Gnade recht kennenlernen, ist unsere Aufgabe, und beides wird am besten in ihm erkannt, der zur Sünde und zur Gerechtigkeit gemacht ist. Wollen wir recht anschauen, was die Sünde ist, so haben wir nicht so sehr unsere Augen zu richten auf jene erste gottlose Welt, die ganz und gar mit Alten und Kindern in den Wasserfluten ersäuft wurde. Sondern wenn wir sehen, wie Gott selbst seines eigenen Sohnes, nachdem er ihn zur Sünde gemacht hat, so gar nicht schont, weder dem Leib noch der Seele nach und ihn ohne Barmherzigkeit in des Todes Staub legt, so sehen wir erst vollständig, was die Sünde in Gottes Augen sein muss, da er eine solche Rache darüber nimmt und ein solches Opfer fordert. Wie tief werden wir dadurch gedemütigt, zu welcher Buße und Selbstverleugnung aufgefordert! Aber wo erblicken wir auch einen solchen Gnadenglanz wie in dem Angesicht Jesu Christi? Welch ein unergründliches Meer an Tiefe und unübersehbar an Umfang bietet die Gnade aller Gnaden dar, dass Gott die Welt so liebte, dass er seinen eingeborenen Sohn gab!

26. September

Gehet hin in alle Welt und predigt das Evangelium aller Kreatur.

Markus 16,15

Was heißt »das Evangelium predigen«? Es heißt, kundmachen und zeigen, was wir an Jesus Christus haben, was er uns ist, was für ein Geschenk uns der Vater mit seinem eingeborenen Sohn gemacht hat. Gottlob, ein weites Feld, voll der köstlichsten Früchte! Grüne Auen an sanft fließenden Wassern, eine volle Mahlzeit, ja ein königliches Hochzeitsmahl, wo alles Angenehme, Nötige und Nützliche im größten Überfluss angetroffen wird für die Genesenen und die wirksamste Arznei für Kranke! Evangelium predigen heißt, bekannt machen, was wir, so wir glauben, in ihm sind, welches ungemein viel bedeutet und vom Apostel in Kolosser 2,10 in dem einen, alles umfassenden Ausdruck zusammengestellt wird, wenn er sagt: »Ihr seid vollkommen in ihm!« So dass ihr keinen Mangel habt, fügt er bei den Korinthern hinzu. Evangelium predigen heißt, nachweisen, welche Rechte und Hoffnungen wir um seinetwillen haben, als da ist das Recht und die Hoffnung vollkommener Erlösung, beides, des Leibes und der Seele, das Recht des völligen Sieges über alle Feinde, zuletzt auch über den Tod, das Recht des freien Zutritts zum Gnadenthron, das Recht der Kind- und Erbschaft, sowie das Recht, dass alles uns zum Besten dienen muss. Evangelium predigen heißt, alle die herrlichen Verheißungen des Gnadenbundes auseinanderlegen, wie sie vom Kleinsten bis zum Größten fortschreiten und dem zurückkehrenden verlorenen Sohn gleichsam Kleider, Ring und Schuhe entgegentragen und einen Hut auf sein Haupt setzen. Kurz, Evangelium predigen heißt, das Allerfreundlichste, Lieblichste und Erwünschteste verkündigen, was ein Mensch nur hören kann: Gutes predigen, Heil verkündigen, nichts fordern, sondern alles anbieten, nichts befehlen, sondern alles schenken, nicht schrecken, sondern trösten, nicht niederschlagen, sondern aufrichten und Mut machen.

27. September

Ich weiß, an wen ich glaube, und bin gewiss, er kann mir bewahren, was mir beigelegt ist, bis an jenen Tag.

2. Timotheus 1,12

Ein echter Christ ist seiner Seligkeit gewiss. Er ist dies nicht durch Erinnerung an das, was vor Zeiten in seinem Herzen vorgegangen ist und was der Seele oft nur eine schwache Stütze gewährt. Er ist es nicht durch die Kennzeichen, denn wie sehr können diese verdeckt und verdunkelt werden! Wer ist immer zu diesen verstandesmäßigen Überlegungen aufgelegt, und wer kann dadurch nicht ebenso leicht verwirrt als beruhigt werden? Er ist es nicht durch besondere Tröstungen und Erquickungen, diese können und sollen nicht immerzu andauern. Viel weniger aber ist er's durch ein eigenmächtiges Verfahren, wo er sich selbst ohne Buße und ohne Glauben der Seligkeit versichert, weil ja Gott barmherzig und Christus für uns gestorben ist, welches in einem solchen Mund und in einem solchen Herzen eine grobe Unwahrheit und Lüge ist. Sondern der echte Christ ist seiner Seligkeit gewiss, weil er das Pfand des Geistes hat, womit er versiegelt ist auf den Tag der Erlösung. Dieser Geist versichert ihn des ewigen Lebens, wie er ihn von Herzen willig und bereit macht, dem zu leben und zu sterben, der für ihn gestorben ist und nun lebt von Ewigkeit zu Ewigkeit. Er wirkt in seinem Herzen die Empfindung des Anfangs des ewigen Lebens und die Gewissheit, dass nichts ihn scheiden kann und wird von der Liebe Gottes, die da ist in Christus Jesus. Dieses Zeugnis ist kräftig durchdringend und verscheucht alle Zweifel, die dagegen gar nicht emporkommen können, oder wenn sie sich melden, besiegt werden. O seliger Stand eines echten Christen! O großer Reichtum! O Friedensborn! Wer denn will, der komme, und wen da dürstet, der nehme das Wasser des Lebens umsonst!

28. September

Wir wissen aber, dass das Gesetz gut ist, so es jemand recht braucht.

1. Timotheus 1,8

Die Gebote Gottes sollen an unsere Pflicht und Schuldigkeit mahnen, wie wir uns verhalten und uns überall erweisen sollen als Diener Gottes, als Heilige und Geliebte. Wir sollen uns keineswegs gehen lassen, sondern eifrig bedacht sein, abzulegen die Sünde, die uns immer anklebt und träge macht, fortzufahren mit der Heiligung, dem Ziel nachzujagen, ob wir's ergreifen möchten, nachdem wir von Jesus Christus ergriffen sind, auszuziehen den alten, anzuziehen den neuen Menschen. Deswegen stehen alle die Gebote in der Heiligen Schrift, uns zu einem werktätigen Christentum anzuspornen. Sie stehen da zu unserer Beschämung und Demütigung. Denn die Gebote werden sich unser bemeistern, wenn wir miteinander vergleichen, was wir sein sollten und was wir wirklich sind, wie wir uns benehmen sollten und wirklich benehmen, wie viel uns noch von dem alten Menschen anklebt und bei aller Gelegenheit durchblickt. Vergleichen wir die Liebe Gottes gegen uns mit unserer Liebe gegen ihn, erwägen wir Christi Gnade an uns, sein Leiden für uns und unsere Dankbarkeit gegen ihn, ja bedenken wir unseren Kaltsinn, unsere Gleichgültigkeit, unsere Ansprüche, die wir wohl noch machen wollen, unsere Ungeduld, Weltliebe, Trägheit, erwägen wir dies recht, so wird sich wohl die Gestalt jenes Zöllners, der seine Augen nicht aufheben mochte (Lukas 18,13), für uns ziemen. Wie gering nur ist der Anfang! Wie häufig bleibt's beim Wollen, das auch manchmal gar nicht so brennend ist! Wie ist des Kriechens soweit mehr als des Laufens! Und wie zahlreich ist die Menge derer, die nicht einmal kriechen, die nicht einmal wollen, denen so gut wie gar nichts an ihrer Seelen Heil gelegen ist! Also Beschämung und Demütigung von allen Seiten.

29. September

Wachet, stehet im Glauben, seid männlich und seid stark.
1. Korinther 16,13

Es ist ein schwacher Glaube, ähnlich einem zerstoßenen Rohr und einem glimmenden Docht. Es gibt aber auch einen starken Glauben, vergleichbar Eichenbäumen der Gerechtigkeit, Strebepfeilern im Hause Gottes. Jener kann als stark erscheinen, wenn die Umstände ihn begünstigen, wie ein leichter Nachen bei gutem Wetter sich weit in die See wagt, während ein starkes Schiff im Sturm Not leidet. Ist jemand voll Trost, voll angenehmer Empfindungen, voll Geistes, ist er in Sicherheit, ohne Mangel, ohne Anfechtungen, sind die Anstöße aus seinem Weg weggeräumt und Bahn gemacht, haben sich die Feinde heimlich vor ihm verborgen, ist sein Himmel ohne Wolken und seine Erde im Wonnemond, dann ist's kein Wunder, wenn der Schwächste ist wie David. Bei dem allem ist der Glaube an sich wohl noch sehr schwach und macht nicht so sehr die nackte Verheißung als vielmehr das, was er in sich selbst findet, zum Grund seines Muts. Sie schreien: »Nimmermehr werde ich daniederliegen!« (Psalm 10,6; 30,7). Aber was wird's werden, wenn er sein Angesicht verbirgt? Ein völliger Glaube weiß auch im größten Gedränge, was er an seinem Gott und Vater in Christus hat. Möchte ihm Leib und Seele verschmachten, dennoch bleibt er an ihm. Ist in ihm keine Kraft gegen den Haufen, der wider ihn kommt, seine Augen sehen doch unverwandt auf den Herrn. Josua in unreinen Kleidern, den Widersacher, den Satan zur Rechten, steht vor dem Bundesengel. Der Schächer begehrt von dem in tiefster Armut, Schmach und Erniedrigung, als ein Fluch am Kreuz hängenden König Israels, die Seligkeit; Jakob begehrt von dem die Nacht hindurch mit ihm ringenden Gottengel unabweislich den Segen. Abraham glaubt wider Hoffnung. Ein völliger Glaube folgt der Wolkensäule getrost durch die Quergänge der Wüste, an der Grenze wie am äußersten Meer, und ist gewiss, nach Kanaan zu gelangen.

Gott, der da hieß das Licht aus der Finsternis hervorleuchten, der hat einen hellen Schein in unsere Herzen gegeben.

2. Korinther 4,6

Ein echter Christ ist mit erleuchteten Augen des Verstandes begabt. Es geht ihm nicht mehr wie jenem zwar sehend gewordenen Blinden, der aber doch noch Menschen wie Bäume wandeln sah und erst dann die Gegenstände recht zu unterscheiden wusste, als Jesus ihm zum zweiten Mal die Hände aufgelegt hatte, sondern er ist gelangt zu allem Reichtum des gewissen Verstandes, zu erkennen das Geheimnis Gottes, des Vaters und Christi. Er hat, wie Paulus die Kolosser rühmt, erkannt die Gnade Gottes in der Wahrheit und ist erfüllt mit Erkenntnis seines Willens in aller geistlichen Weisheit und Verstand, wie der Apostel für sie erbittet (Kolosser 1,9). Er weiß es gar wohl, was er von sich selbst und den Menschen überhaupt, von seinem natürlichen Zustand und aller seiner Kraft, Weisheit und Gerechtigkeit zu halten hat. Er versteht gar wohl, was die Gnade ist. Er ist einer von dem Häuflein, von welchem Christus sagt: Ich bin bekannt den Meinen. Er versteht die Kraft und das Verdienst seiner Leiden, die Wirkung seines Blutes, die Kraft seiner Erhöhung, die Vollkommenheit und Fülle seiner Genugtuung und Versöhnung. Aufgeschlossen ist ihm das große Geheimnis der Gottseligkeit, aufgedeckt die Pracht der Rechtfertigung und das Wunder der Heiligung. Denn das Geheimnis des Herrn ist bei denen, die ihn fürchten, und seinen Bund lässt er sie wissen. Er weiß den Weg, wie Christus seinen Jüngern sagt, und den Ort, wo er mit seinem Anliegen bleiben soll. Seine Augen sind erleuchtet, denn Gott hat einen hellen Schein in sein Herz gegeben. Er weiß, an wen er glaubt. Ja, echte Christen sind von Gott gelehrt, sind erleuchtet und aufgeklärt und bedürfen nicht, dass jemand sie lehre.

Ja, »erleuchte meine Augen, dass ich sehe die Wunder an deinem Gesetz!« (Psalm 119,18).

1. Oktober

Wie nun? Sollen wir sündigen, weil wir nicht unter dem Gesetz, sondern unter der Gnade sind? Das sei ferne!

Römer 6,15

Das Evangelium ist durchaus entgegen dem sogenannten Antinomismus, d. h. der Lehrmeinung, welche vom Gesetz nichts wissen will. Der Antinomismus bleibt bei einem Teil der Wahrheit stehen, ohne den anderen Teil, der wesentlich dazugehört, anzuerkennen. Er hebt die Ausdrücke der Schrift hervor, wo gelehrt wird, Christus sei des Gesetzes Ende, das Gesetz sei nichts nütze, richte nur Zorn an, sei die Kraft der Sünde und von Christus für uns erfüllt, so dass uns nun, so wir wirklich glauben, seine Genugtuung, Gerechtigkeit und Heiligkeit geschenkt und zugerechnet werde. Dies ist wahr. Aber ebenso wahr ist es, dass das Gesetz gut ist, so man es recht gebraucht; dass es ein Spiegel ist, in welchem man die Gestalt unserer Geburt anschauen, ein Zuchtmeister, der uns zu Christus leiten soll, aber auch eine Regel, wonach wir in Christi Kraft unser Leben und Verhalten richten sollen, dessen Geist aus uns Menschen machen will, die in seinen Geboten wandeln, seine Rechte halten und danach tun, der sein Gesetz in ihr Herz gibt und in ihren Sinn schreibt. Menschen, die dies nicht anerkennen, Menschen, welche von keinen Geboten, von keiner Warnung, keinem Tadel, keiner Ermahnung wissen und hören mögen, beweisen damit, dass sie das Evangelium schlecht verstehen, dessen sie sich rühmen, und dass es keineswegs bei ihnen ins Leben getreten ist, sonst würden sie sich mit Freuden mit dem demütigsten und lieblichsten Sinn lehren, ermahnen, tadeln, befehlen lassen, wohl wissend, dass Christus, »reich über alle, die ihn anrufen« (Römer 10,12), uns »vollendet machen kann zu jeglichem guten Werk und in uns schaffen, was vor ihm wohlgefällig ist, zu tun seinen Willen« (Hebräer 13,21).

So hat es denn des Heiland's Macht
in unserm Fleisch dahin gebracht:
Kann man was Gut's tun, man tut's gern
und dankt es seinem lieben Herrn.

2. Oktober

Fürchte dich nicht, glaube nur!

Markus 5,36

Gesetzlich und nicht geistlich ist es, wenn man jemandes Gnadenstand nur unter der Bedingung anerkennen will, dass er eine ganz feste Gewissheit darüber mit großer Freudigkeit empfangen hat und imstande ist, Zeit, Umstände und Gelegenheit davon genau anzugeben. Was die lebendige Gewissheit anbetrifft, die man auch Versiegelung nennt, so ist sie unleugbar ein köstliches Gut, mehr wert als alle Güter der Erde. Sie ist sehr begehrenswert, sie ist erlangbar. Die Seele kann der Vergebung der Sünden, sie kann der göttlichen Gnade, ihres Anteils an Christus und an seinen Gütern so sehr gewiss werden, dass ihr nicht der geringste Zweifel, dass keinerlei Besorgnis übrig bleibt: Solltest du dich auch irren?

Allein wie dürfte man daraus eine allgemeine Regel oder das einzige oder doch das wichtigste Kennzeichen des Gnadenstandes machen? Wie dürfte man's wagen, denen alle Gnade abzusprechen, die sich dieser Gewissheit nicht zu rühmen wissen? Preist Jesus nicht auch diejenigen selig, die da hungert und dürstet nach Gerechtigkeit? Weidet er nicht auch die Lämmer? Schont er nicht den glimmenden Docht und das zerstoßene Rohr? Der Glaube, der sich auch als ein Verlangen, Hungern, Dürsten, Fragen nach dem Herrn Jesus und nicht immer als eine feste Zuversicht offenbart, der Glaube ist es, woran alles Heil geknüpft wird. Und dieser Glaube ist auch bei denen, die Gewissheit haben, noch wohl sehr schwach, wie sich daran erweist, dass mit den lebhaften Empfindungen auch ihr Vertrauen verschwindet. Das stille, unablässige Ankleben an Jesus hat einen größeren und dauerhafteren Wert als die lebhaften Empfindungen. Diese gehen vorüber, jenes bleibt. Wir wandeln nicht im Schauen, sondern im Glauben. In diesem Glauben aber sollen wir trotz aller Schwierigkeiten immer fester, unwandelbarer, zuversichtlicher werden, dass wir auch da glauben, wo wir nichts oder wo wir gar das Gegenteil sehen, selbst glauben auf Hoffnung, wo nichts zu hoffen ist. Nur, dass es ein echter Glaube sei, Gold, das mit Feuer durchläutert ist.

3. Oktober

Wandelt nur würdig des Evangeliums Christi.

Philipper 1,27

Das Evangelium bildet einen Gegensatz zur Sünde. Unter dem Gesetz herrscht die Sünde, unter der Gnade kann sie's nicht mehr, sondern wird beherrscht, zerschmettert, zertreten. Es ist eine große Gottlosigkeit oder eine große Blindheit oder beides zugleich, wenn das Evangelium beschuldigt wird, es mache sorglose und verruchte oder auch in gottseligem Leben und guten Werken träge, gleichgültige Leute, die viel vom Evangelium schwatzen und wenig üben. Nein, das Evangelium erweist sich als eine Kraft Gottes, selig und heilig zu machen alle, die daran glauben. Es widersetzt sich auf die nachdrücklichste Weise allem ungöttlichen Wesen und allen weltlichen Lüsten und macht Leute, die züchtig, gottselig und gerecht in dieser Welt leben. Es tut dies nicht so sehr darum, weil die Sünde verboten ist, weil sie verdammt, sondern es bewirkt dies dadurch, dass es in den Menschen einen Sinn und Samen legt, der nicht sündigt und nicht sündigen kann; dadurch, dass es den Menschen mit Christus vereinigt und eben dadurch heiligt, so dass es unmöglich ist und der Natur der Sache zuwider läuft, dass derjenige, dem Christus durch wahren Glauben eingepflanzt ist, nicht Frucht der Dankbarkeit bringen sollte. Von einer ganz vollkommenen Heiligung ist nicht die Rede. Wir fehlen alle noch mannigfaltig. Es ist nur ein geringer Anfang, doch so, dass die Gläubigen anheben, nicht allein nach etlichen, sondern nach allen Geboten Gottes zu leben. Das Evangelium bahnt dazu den Weg, aber so, dass seine Gebote ihnen nicht schwer werden, sondern ein sanftes Joch und eine leichte Last sind.

4. Oktober

... und hat uns vergeben alle Sünden.

Kolosser 2,13

Und hat uns vergeben alle Sünden – die Worte sind so klar, dass sie keiner Erläuterung bedürfen, und die Sache ist so herrlich, dass sie keiner Empfehlung bedarf. Und hat uns geschenkt alle Sünden. Es fällt mir dabei der Römer Cato ein, welcher, er mochte auch im Staatsrat vorgetragen haben, was er wollte, immer mit den Worten schloss: »Karthago muss zerstört werden!«, bis schließlich Karthago wirklich zerstört wurde. So möchte und muss der Christ immer wieder darauf zurückkommen: »Und hat uns vergeben alle Sünden«, bis das große Wort völlig kleben bleibt, bis es das ganze Haus seines Herzens mit lauter Friede und Ruhe, mit lauter Zuversicht und Liebe Gottes erfüllt, dass in ihm nichts als das »Abba, lieber Vater!« erschallt. Eine solche Erkenntnis wird niemanden unfruchtbar sein lassen. Und dies geht auch allem andern vorher, denn dies macht Mut, sich aufzumachen und zum Vater zu gehen und ihm zu sagen wie der verlorene Sohn: »Vater, ich habe gesündigt gegen den Himmel und vor dir« (Lukas 15,21).

Der Apostel redet auch vom Glauben. So lerne man das denn zuvor recht von Herzen glauben: Und hat uns geschenkt alle Sünden – so wird sich auch das übrige schon regeln und wir werden die Schuhe anziehen, in welchen wir den Weg laufen können, der uns verordnet ist. Da nun Gott es ist, der den Glauben wirkt, so wolle er denselben kräftig wirken in den Herzen aller, die über ihre Sünden Leid tragen und das Erlassen derselben von ganzer Seele begehren.

Sünder bin ich, ja das weiß ich,
ein geborner Jesusfeind;
Brüder, sagt, ach sagt mir fleißig
von dem Armensünderfreund.
Sagt mir andres nichts als Jesus,
der mein Heil worden ist
und sein Blut gab zur Erlösung,
welche nun mein Herz genießt.

Gott ist treu, durch welchen ihr berufen seid zur Gemeinschaft seines Sohnes Jesu Christi, unsers Herrn.

1. Korinther 1,9

Die allerherrlichste und beseligendste Gemeinschaft, in welche wir kommen können, ist die mit Gott, welche das einzige und höchste Gut ist. Wir kennen aber keinen anderen Gott als den, der Vater, Sohn und Heiliger Geist ist. Niemand kommt zum Vater, es sei denn durch den Heiligen Geist. Insbesondere haben wir ohne den Sohn keinen Gott, wenigstens keinen zugänglichen, genießbaren, erfreulichen Gott. Die Geschichte des Sohnes ist auch zugleich die Geschichte unseres Heils, unserer Errettung und Seligkeit.

Die Schrift lehrt uns nun die rechte Gemeinschaft mit Christus und offenbart uns diese als ein großes, höchst folgen- und segensreiches Geheimnis, das zu erfahren wir aus allen Kräften begehren sollen. Sie stellt uns Christus überhaupt nicht als eine Person für sich dar, welche selbst der Hauptzweck ihres Daseins und Tuns ist, sondern deren Dasein, Tun und Geschichte einen allgemeinen, einen für andere bestimmten Zweck hat. Sie lehrt uns in wunderbarer und befremdender Weise, dass, als Christus gekreuzigt wurde, starb, begraben ward und auferstand, es nicht so sehr er selbst war, mit dem dieses alles vorging, sondern es vielmehr andere waren, denen dieses in seiner Person widerfuhr.

Die Schrift lehrt uns eine solche Vereinigung der Gläubigen mit Christus, dass sie Fleisch von seinem Fleisch genannt werden und sagen können: Ich lebe eigentlich nicht, sondern Christus lebt in mir (Galater 2,20). In seinem hohenpriesterlichen Gebet bittet Christus für sie: »... ich in ihnen, auf dass sie vollkommen eins seien« (Johannes 17,23), und Paulus sagt: »Christus in euch ist die Hoffnung der Herrlichkeit« (Kolosser 1,7), sowie: »Euer Leben ist verborgen mit Christus in Gott« (3,3), und redet von sich selbst als von einem Menschen in Christus (2. Kor. 12,2). Ja, in Kolosser 2,10 sagte er: »Ihr seid vollkommen in ihm.« Wunderbare, geheimnisvolle Lehre, welche in ihrer beseligenden, heiligenden, umwandelnden Wirkung als wahrhaftig erkannt wird. Mit Recht begehren wir deswegen mit Paulus in Christus erfunden zu werden.

Du bist meine Zuversicht, Herr Jahwe, meine Hoffnung von meiner Jugend an. Psalm 71,5

Kein Herz ist ohne Sehnen, richtet es sich auch nach der guten oder bösen, geistlichen oder fleischlichen Beschaffenheit, die es angenommen hat. Freilich, solange es nicht zusammengefasst ist in der Liebe, solange es nicht vereinigt ist in der Furcht des Herrn, treibt's sich umher wie ein Kreisel auf der Erde. Es malt sich allerhand Bilder: Hätte ich dieses, besäße ich jenes, würde mir's so gut gehen! – während des Frommen Seele spricht: Der Herr ist mein Teil allein.

Ohne Hoffnung ist niemand. Sie ist's, die jedermann belebt und aufrechterhält. Mit ihr fällt alles, und sie ist wie der Puls und der Atem des Lebens. Durch sie gewinnt der trübe Tag einen heiteren Schimmer und der heitere Tag verschönert sich durch sie. In das Gewirr weiß sie eine Ordnung zu bringen und reicht einen Faden dar, um sich an seiner Leitung aus dem Labyrinth herauszufinden. Was ihr die Gegenwart versagt, spiegelt ihr die Zukunft vor, und wenn dieser Augenblick kein Mittel weiß, erwartet sie es vom folgenden. Wie es dem Schiff nicht am Anker fehlen darf, selbst wenn dieser meistens auf dem Verdeck ruht, da ihm gerade keine unerhörten Stürme gebieten, in See gelassen zu werden, so darf's uns nicht an Hoffnung fehlen. O dreimal glückliches Volk, das den sicheren und festen Anker hat, der hineingeht in das Inwendige des Vorhangs, wohin Jesus für uns eingegangen ist!

Ohne Vertrauen ist's ebenso unmöglich zu sein, als ohne Sehnen und Hoffen. Auch natürlich betrachtet gibt's kein Leben ohne Glauben, ohne Vertrauen. Ich rede nicht von eurem Handel, welcher ja mit dem Glauben, den ihr Kredit nennt, enden müsste. Auch die innigsten Familienbande verdanken nur dem Glauben ihre Innigkeit und lösen sich mit demselben auf. Je innigeres Vertrauen, desto herzlichere Liebe, desto größeres Einssein. Aber auch im Ganzen können wir abhängige, uns selbst nicht genugsame Geschöpfe nicht ohne Vertrauen sein, sei es ein gottloses und verfluchtes Vertrauen auf andere Menschen, auf unseren Fleiß, Verstand und Kraft, auf unser Vermögen; sei es ein heiliges Vertrauen, welches sagt: »Du bist unsere Zuversicht.«

7. Oktober

Seid fröhlich in Hoffnung, geduldig in Trübsal, haltet an am Gebet.

Römer 12,12

Ich will dir einen Weg zeigen, sagt Salomo, dass dir dein Gang nicht sauer werde. Verschaffe dir nur recht viel Glauben und Zutrauen zu dem Herrn Jesus, so dass du nicht zweifelst – was er verheißt, das kann und wird er auch tun! Habe ihn inbrünstig lieb, der dich geliebt und sich selbst für dich dahingegeben hat! Deine Geduld bleibe bis ans Ende! wie Jakobus ermahnt. Übe unverdrossen ein gelassenes Harren! Sei fröhlich in Hoffnung, geduldig in Trübsal, halte an am Gebet, so wirst du dir deine Pilgerreise ungemein erleichtern. Endlich erwäge das herrliche Ziel deiner, wenn auch mühseligen, doch kurzen Pilgerschaft! Welch ein Kleinod ist am Ziel der Laufbahn aufgesteckt, und wie sehr verdient dasselbe Kampf, Anstrengung und Mühe! Was wird es sein, wenn Jerusalems Tore sich dir öffnen, wo Streit und alle Mühe verschwinden! Der erste Ton der himmlischen Harfen, der deine Seele durchbebt, wird jede Falte von deiner Stirn und jeden Schweißtropfen wegwischen und dich mit Himmelsfreuden füllen.

Unsere Trübsal, die zeitlich und leicht ist, schafft eine ewige und über alle Maßen wichtige Herrlichkeit. Und dann, unter welchem Geleit reisen wir! Jesus ist der Herzog und Heerführer, der Anfänger und Vollender des Glaubens. Umgeben uns feindselige Kräfte wie die Bienen, so umlagern uns auch die heiligen Engel, und derer, die mit uns sind, sind mehr als derer, die wider uns sind. Bei unserer Reise und zur glücklichen Fortsetzung und Beendigung derselben kommt es erwünschterweise weder auf unsere eigene Würdigkeit, noch auf unsere Weisheit und Kraft an. Jesus ist uns zu allem gemacht, und in ihm haben wir alles. Wenn wir schwach sind, so sind wir stark in ihm. Darum sind wir guten Muts. Zieh uns, zieh uns nur, so laufen wir.

8. Oktober

Und ich gebe ihnen das ewige Leben, und sie werden nimmermehr umkommen, und niemand wird sie mir aus meiner Hand reißen.

Johannes 10,28

Nach solchen Verheißungen sollten wir ja nun sagen: Was hindert's, dass mein Gemüt lauter Glauben und Zuversicht werde und sich nicht anders betrachte, als sei schon alles überwunden, als seien wir wirklich schon so gut wie im Himmel; zumal da, wenn wir einmal in das Glaubensschifflein eingetreten sind, nichts dasselbe an dem vollen Eingang in den Hafen hindern kann. Denn aus Gottes Macht werden die Gläubigen bewahrt zur Seligkeit. O verständen wir das nur recht, was zu unserem Frieden dient, wir würden vor gutem Mut jauchzen und der Arge würde es nicht wagen, uns anzutasten. Jakob verstand's vortrefflich, so vortrefflich, dass er überwand, da der Allmächtige sich selbst in einen Kampf mit ihm einließ, jedoch nicht eher einließ, bis er sich selbst mit den starken Seilen der Liebe und den festen Stricken seiner wahrhaftigen Verheißungen die Hände gebunden hatte; der Allmächtige, dessen Allmacht auf die Seite des Kämpfers getreten war, um ihn durch alles durchzubringen. O gewiss, alle Dinge sind möglich dem, der da glaubt. Gewiss, so du glauben würdest, solltest du die Herrlichkeit Gottes sehen. Hast du nur eine Verheißung auf deiner Seite, so ist ein herrlicher Sieg ganz gewiss, und schiene er noch so unmöglich.

Unter deinem Schirmen
bin ich vor den Stürmen
aller Feinde frei.
Lass von Ungewittern,
rings die Welt erzittern,
mir steht Jesus bei.

9. Oktober

Die Hoffnung, die sich verzieht, ängstigt das Herz; wenn's aber kommt, was man begehrt, das ist ein Baum des Lebens.

Sprüche 13,12

Einen Aufschub müssen sich gläubige Seelen oft gefallen lassen. Sie meinen leicht, wenn sie ein- oder etlichemal mit Ernst und Drang um ein Heil, eine Gnadenwohltat gebeten haben, so müsste sie nun alsbald erfolgen, oder sie sorgen sich, ihr Gebet sei nicht rechter Art und ihr Gnadenstand ungewiss, wenn's nicht geschieht. Aber, lieber Mensch, ohne dein Wissen magst du vielleicht noch nicht arm genug, noch nicht genug gedemütigt sein. Vermutlich hat's der Herr mit dir dahin angelegt, dass du dich schämen und vor Scham deinen Mund zu keinem Prahlen mehr auftun sollst, wenn er dir alles vergeben wird, was du getan hast. Da wirst du dich also schicken müssen, du magst wollen oder nicht. So kann's auch scheinen, als bekümmere sich Jesus um den Jammer der Seele nicht, als wenn sie darin stets bleiben müsse. Aber die Absicht des Herrn ist nur die, den Menschen gründlich die eigentliche Quelle kennen zu lehren, woraus alles Gute quillt, und ihn tief von der Unzulänglichkeit alles Selbstbesserns zu überzeugen und davon zu heilen.

Ich freue mich im Herrn, und meine Seele ist fröhlich in meinem Gott, denn er hat mich angezogen mit Kleidern des Heils und mit dem Rock der Gerechtigkeit gekleidet.

Jesaja 61,10

Nachdem Christen die erste Station der Buße durchgegangen, nachdem sie durch die enge Tür ins Reich Gottes gedrungen sind, nachdem sie der Vergebung der Sünden fröhlich versichert worden sind und an Christus und seine Gnade glauben, genießen sie viel. Der Bräutigam ist bei den Hochzeitsleuten – wie können sie Leid tragen? Die Versicherung vom Gnadenstand ist groß, die Freude innig. Man spürt eine Kraft, dass man schon des Paulus' Ruhmsprache führt: »In allem überwinden wir weit um deswillen, der uns geliebt hat« (Römer 8,37); einen Mut, der keine Schmach der Welt, kein Kreuz, keinen Tod, keinen Teufel scheut; eine himmlische Gesinnung, die alles auf Erden anekelt; einen Geschmack am Lesen der Heiligen Schrift, dass man selbst dem Schlaf einige Stunden abbricht; einen Einfluss zum Beten, dass Stunden verfliegen wie Augenblicke; Mitteilungen der Gnade, dass man sie kaum aushalten kann; einen Abscheu an der Sünde, der an Zorn grenzt; eine Leichtigkeit zu allem guten Werk, dass man Jesu Joch von Herzen als sanft und seine Bürde als leicht preist. O, wie ist man jetzt so selig! Man meint, man müsste es allen Menschen sagen, dass sie sich doch auch aufmachten, und ruft: »Komm, ganze Welt, ach komm herbei!« Dies ist gleichsam der Willkommensgruß im Reiche Gottes.

O süße Lust, die man empfindet,
wenn man zu ihm das Herze lenkt
und sich im Glauben dem verbindet,
der sich uns selbst zu eigen schenkt;
der Engel Heer
hat selbst nicht mehr
an Reichtum, Ehre, Freud' und Lust,
als Christi Freunden wird bewusst.

11. Oktober

Ich bin der Herr, dein Arzt.

2. Mose 15,26

Es ist doch jammerschade, dass Jesus nicht mehr auf Erden ist! – Ei, warum denn? Konnte er aus der Entfernung Kranke gesund machen, so wird er's auch noch können, seitdem er erhöht ist. Wir bedürfen alle seiner ärztlichen Hilfe, seiner gesundmachenden Kraft für unsere Seele. Ihre Krankheit heißt Sünde, sie zieht, ihrer Natur gemäß, den Tod nach sich, und zwar den ewigen Tod. Notwendigerweise müssen wir davon geheilt werden. Wir können es auch, obschon wir's nicht selbst zustande bringen können, auch nicht sollen. Wir haben einen Arzt, Jesus, voll heilender Kraft, so dass er zugleich die Arznei ist. Wollen wir gesund werden, so müssen wir wenigstens den Saum seines Kleides anrühren (Matthäus 14,36). Der Saum seines Kleides ist seine Sanftmut und Demut, die ihn geschickt macht, der Arzt solcher Kranken zu sein, wie wir nun einmal sind. Seine Einladungen, seine Verheißungen sind der Saum, den sollen wir anrühren. Wir können es, wenn wir ihn darum bitten. Wir rühren ihn wirklich an schon durch die Empfindung unseres Elends und durch das aufrichtige Sehnen und Verlangen nach der Seelen Heilung, durch Gebet und durch gläubige Zuversicht. Jesus behält den Ruhm, dass er ein vollkommener und dabei der einzige Seelenarzt ist.

Heile mich, o Arzt der Seelen,
wo ich krank und traurig bin!
Nimm die Schmerzen, die mich quälen,
nimm den ganzen Schaden hin,
den mir Adams Fall gebracht
und ich selber mir gemacht!
Wird, o Arzt, dein Blut mich netzen,
wird sich all mein Jammer setzen.

12. Oktober

Es ist aber der Glaube eine gewisse Zuversicht des, das man hofft, und ein Nichtzweifeln an dem, das man nicht sieht.

Hebräer 11,1

Der Glaube hat mancherlei Stufen. Jetzt ist's ein Glaube, weil man sieht, fühlt, schmeckt und sich der Herr in seiner Freundlichkeit und Gnade so zu der Seele bekennt, dass sie sagen möchte: Ich glaube nicht bloß um des Wortes willen, sondern ich erfahre es an mir selbst, dass Jesus Sünder selig macht. Das sind teure Erfahrungen, süß in der Empfindung, köstlich in der Frucht. Aber dieser Glaube ist doch im Grunde sehr schwach, er geht am Stab der Empfindung. Die Freude am Herrn, die aus dieser Empfindung kommt, ist seine Stärke, und so sinkt er oft zur äußersten Mutlosigkeit herab, wenn die Entzückung nachlässt.

Eine höhere Stufe ist nicht sehen und doch glauben; dem Wort gemäß beten und an Erhörung glauben, obschon man sie nicht mit Fingern zeigen kann; glauben, dass des Herrn Wege eitel Güte und Wahrheit sind, obschon es die Vernunft nicht sieht. – Noch weiter aber geht es, wenn man glaubt auf Hoffnung, wo nichts zu hoffen ist, ja wider die Hoffnung, wider die Empfindungen. So glaubte selbst der »Anfänger und Vollender des Glaubens« (Hebräer 12,1) sich durch, da er von Gott verlassen, voll Schmerzen an Leib und Seele am Kreuze hing. Gott legte ihn in des Todes Staub, und dennoch nannte dieser ihn im Glauben seinen Gott. Das ist das Höchste im Glauben.

13. Oktober

Gelobt sei Gott und der Vater unseres Herrn Jesu Christi, der uns gesegnet hat mit allerlei geistlichem Segen in himmlischen Gütern durch Christus.

Epheser 1,3

Der geistliche Segen ist ein vollkommen beruhigtes Gemüt, ein alles erkennender Verstand, ein durch und durch vergöttlichtes Herz, welches ganz mit Gott eins ist, wovon schon hier auf Erden ein gutes Maß erfahren werden kann. Freilich lebt man hier noch im Glauben und nicht im Schauen, ist selig und heilig in der Hoffnung, noch nicht im vollkommenen Besitz und Genuss. Jedoch der Segen, das Leben, das hier beginnt, ist ein ewiger Segen, ein ewiges Leben, und wird in uns ein Quell des Wassers, welches fließt in das ewige Leben. Genug, dass ihr aus Gottes Macht bewahrt werdet zur Seligkeit. Genug, dass denen, die Gott lieben, alle Dinge zum Besten dienen. Freuet euch, dass eure Namen im Himmel angeschrieben sind, dass euch die Stätte schon bereitet, dass alles in Richtigkeit ist! Der himmlische Josua wird euch schon durch die Wüste zu führen wissen und es euch weder an Wasser, noch an Brot in derselben fehlen lassen. Und müsst ihr einmal Fleisch haben, so weiß er auch dafür Rat. Nur müsst ihr der Welt ihren Knoblauch und ihre Zwiebeln lassen.

14. Oktober

Bei dir ist die lebendige Quelle, und in deinem Licht sehen wir das Licht.

Psalm 36,10

»In deinem Licht sehen wir das Licht«, sagt David und betet: »Öffne mir die Augen, dass ich sehe die Wunder an deinem Gesetz!« (Psalm 119,18). Er bekennt auch im selben Psalm: »Wenn dein Wort offenbar wird, so erfreut es und macht klug die Einfältigen« (Vers 130). Petrus aber spricht: »Wachset in der Gnade und Erkenntnis unseres Herrn und Heilandes Jesu Christi!« (2. Petrus 3,18). Dies geschieht nun eben nicht durch Nachdenken, Studieren und Lesen. Dadurch kann man den Kopf wohl voll rechtgläubiger Begriffe und Gedanken bekommen. Allein dies ist nur, wie Paulus sagt, die Form der Erkenntnis und der Wahrheit. Es gleicht den nicht verdauten Speisen, die wohl aufblähen, aber nicht stärken und ernähren. Deswegen sagt derselbe Apostel: »Das Wissen bläht auf, aber die Liebe bessert« (1. Korinther 8,1). Der Unterricht, den Jesus erteilt, wird durch den Heiligen Geist auf dem Weg der Erfahrung geschenkt durch das Mittel von allerhand Führungen des Kreuzes und der Tröstungen, der Mitteilung und Beraubung, der Angst und des Friedens, der Stärke und der Ohnmacht. So leitet er die Sünder auf dem Weg, er leitet die Elenden recht und lehrt die Elenden seinen Weg. So unterweist er sie von Sünde und Gnade, bis sie mit Hiob dahin kommen, dass sie sich selbst ganz verwerfen und Gott alle Ehre geben. Da wird der Weg einförmig und eben, wie er bisher höckrig war.

15. Oktober

Ich erkenne die Meinen und bin bekannt den Meinen.

Johannes 10,14

O, eine herrliche Bekanntschaft, in welcher alles anzutreffen ist, was uns stark, vergnügt, heiter und ruhig machen kann, welche Jesus mit Recht für das ewige Leben erklärt; eine Bekanntschaft gleich einer unerschöpflichen Fundgrube, aus welcher eine Gnade um die andere genommen wird; eine Bekanntschaft, außer welcher es keine Ruhe gibt für die Seele. Wer sollte nicht nach einer solchen Bekanntschaft schmachten, zumal wir die Verheißung haben: »Du wirst den Herrn erkennen« (Hosea 2,22). Gewiss ist dies eine Perle, unserer armseligen Habe wert; ein Schatz, um deswillen wir wohl alles verkaufen mögen, um ihn zu erlangen. Aber nur in deinem Licht sehen wir das Licht. Selig sind die Augen, die da sehen, was ihr seht! Nicht Fleisch und Blut hat dir das geoffenbart, sondern der Vater im Himmel. Solange aber der Christ mit seinem Herrn und Haupt noch nicht recht bekannt geworden ist, geht's ihm auch wie Noahs Taube, die nicht fand, wo ihr Fuß ruhen konnte. Hat er einmal Ruhe, sie wird bald wieder gestört; meint er etwas zu haben, es wird ihm bald wieder genommen, weil er's noch in sich selbst und nicht in Christus besitzen will. Kommt ein Gedränge, so findet sich die alte Verlegenheit auch wieder ein, denn man sieht noch auf sich selbst, weil Mose und Elia noch nicht verschwunden sind, dass Christus allein übrig bleibe.

Bleibet in mir und ich in euch. Gleichwie die Rebe kann keine Frucht bringen von sich selber, sie bleibe denn am Weinstock, also auch ihr nicht, ihr bleibet denn in mir.

Johannes 15,4

Im Anfang des Christentums kann man gewöhnlich noch viel, wie man wenigstens glaubt. Petrus gürtete sich selbst, solange er jung war, und ging, wohin er wollte. Später aber musste er seine Hände ausstrecken und ein anderer gürtete ihn und führte ihn, wohin er nicht wollte. Er wollte mit Jesus sterben und hielt sich für stark genug, sein Versprechen zu halten. Wir hören aber in der Folge nicht mehr, dass er sich erkühnt hätte, viel zu geloben. Wohl aber sagte er: »Haltet fest an der Demut!« (1. Petrus 5,5) und weiter: »Der Gott aller Gnade, der uns berufen hat zu seiner ewigen Herrlichkeit in Christus Jesus, derselbe wird euch, die ihr eine kleine Zeit leidet, vollbereiten, stärken, kräftigen, gründen« (Vers 10). Das eigene Können verliert und verzehrt sich je länger, je mehr. Ach, Israel, wie wirst du im Glauben leben müssen, wenn du erst in die Wüste kommst, wo nicht einmal Wasser ist! Doch der Herr ist mit dir, und das ist genug. So wirst du endlich auf die Frage: »Habt ihr je Mangel gehabt?« antworten: »Herr, niemals« (Lukas 22,35).

Selig sind, die Demut haben
und sind allzeit arm im Geist,
rühmen sich gar keiner Gaben,
dass Gott werd' allein gepreist.

17. Oktober

So wir sagen, wir haben keine Sünde, so verführen wir uns selbst, und die Wahrheit ist nicht in uns.

1. Johannes 1,8

Das Sagen: »Wir haben keine Sünde«, muss uns sehr naheliegen. Es schmeichelt auch unserer Eigenliebe, von uns selbst zu halten und zu glauben, wir selbst vermögen es auszurichten, wir besäßen Weisheit, Güte und Kraft und dürften unser Vertrauen auf uns selbst setzen. Dagegen ist es sehr demütigend und schmerzhaft, das Gegenteil zu hören. »Ich bin barmherzig«, spricht der Herr, »und will nicht ewiglich zürnen; allein erkenne deine Missetat, dass du wider den Herrn, deinen Gott, gesündigt hast« (Jeremia 3,13); dies Letztere wird also als das einzige Erforderliche angegeben, um jenes zu erfahren. Liegt nicht dasselbe in der Äußerung Jesu, wo er sagt, er sei gekommen, die Sünder zur Buße zu rufen und nicht die Gerechten, die Starken bedürften des Arztes nicht, sondern die Kranken? War nicht sein Geschäft, Blinde sehend zu machen? Und hat nicht Christus selbst in Johannes 16 dies als das erste Geschäft des Heiligen Geistes angegeben, dass er die Welt überführen werde von Sünde? Ja, über diesem Tal war gleichsam der ganze Tempel des Christentums erbaut, und Jesus hat eben daher seinen Namen, dass er uns selig macht von unseren Sünden. Wie irren sich also diejenigen, welche meinen, so bald fertiggeworden zu sein mit dieser Erkenntnis, die doch von so großer Wichtigkeit ist! Selbst diejenigen irren sich, die das Ganze in die sogenannte erste Buße verweisen, als ob's da für einmal abgemacht sei. Wie völlig Recht aber haben die, die sich die rechte Sündenerkenntnis nicht zutrauen, sondern begehren, darin noch immer besser belehrt zu werden! Denn »es ist des Menschen Herz ein trotzig und verzagt Ding, wer kann es ergründen?« (Jeremia 17,9).

18. Oktober

Aber also wird er viele Heiden besprengen.

Jesaja 52,15

Besprengt, besprengt müssen wir werden mit dem Blut Christi und dem Wasser des Geistes zu unserer Reinigung, besprengt am Verstand, dass derselbe eine ganz andere Einsicht von der Wahrheit, von sich selbst, von Jesus Christus und dem Heilsweg bekommt, als er bisher besaß, mochte er auch noch so gelehrt sein, eine Einsicht, wodurch er ein nichtswürdiger Sünder, Christus aber der vornehmste, ja der einzige Gegenstand seines Verlangens und seines Vertrauens wird; – besprengt am Herzen, dass dasselbe mit neuen Empfindungen des Leidwesens über die Sünde und der Traurigkeit nach Gott, mit Liebe zu Gott in Christus, mit einem Sinn erfüllt wird, der allem entsagt, um Christus zu gewinnen: – besprengt im Gewissen, so dass es von den toten Werken, von der Anklage und Verdammung, von der Sünde gesäubert und mit Freudigkeit zu Gott erfüllt wird; – besprengt am Willen, dass er sich mit dem göttlichen Willen vereinigt und wie warmes Wachs sich leicht in jede Form schmiegt; – besprengt an den Gemütsbewegungen, so dass Hass und Liebe, Verlangen und Abscheu die rechten Gegenstände treffen; – besprengt an den Gliedern des Leibes, welche zu Waffen der Gerechtigkeit dargestellt werden; – besprengt nach der ganzen Person, so dass vor uns wie vor den mit Blut besprengten Hütten Israels jeder Würgeengel, jedes Übel vorüber muss, ohne uns nahen zu dürfen, so dass Sünde, Satan, Tod uns, als einem anderen Herrn angehörig, losgeben müssen, welche Anfälle sie auch noch machen mögen; – besprengt ein für alle Mal und für immer, bis die Besprengung in ihrer siebenfachen Wiederholung wie bei den Sündopfern in 3. Mose 4 und 16 ihre himmlische Vollendung erlangt. Sie gibt einen mächtigen Freibrief, ein herrliches Diplom, einen hohen Adel und ein ewiges Heil. Es ist wahr, sie hat ihre Stufen. Sie hebt hier an und geht durch, bis sie dort das Stückwerk abtut und zur Vollkommenheit gelangt.

19. Oktober

Wasche mich wohl von meiner Missetat.

Psalm 51,4

Den wichtigsten Schritt zur Heiligung wirst du tun, wenn du die Reinigung der Seele von allen ihren Sünden von Herzen suchst und begehrst. So war's bei David, der in Psalm 51 betete: »Wasche mich wohl von meiner Missetat und reinige mich von meiner Sünde ... Entsündige mich mit Ysop, dass ich rein werde, wasche mich, dass ich schneeweiß werde ... Schaffe in mir, Gott, ein reines Herz und gib mir einen neuen, gewissen Geist.« Was verdient mehr von uns gesucht zu werden als jenes weiße Kleid der Unschuld und Heiligkeit, als die Reinigung unserer Seele durch die Vergebung der Sünden und Wiedergeburt! Dieses Kleid berechtigt zugleich zur Teilnahme an dem himmlischen Hochzeitsmahl. Sollten wir unseren Leib schmücken, wohl mit Sorgfalt zieren und unsere Seele vernachlässigen? Sollten wir ungern an unserem Körper den Schmutz oder ein entstellendes Malzeichen dulden und wollen, dass unsere Seele mit allerlei Makeln und Flecken bedeckt und entstellt bleibt? Das würde ja höchst unverständig sein und schreckliche Folgen haben. Wer verständig ist, sucht mit dem größten Ernst die Reinigung seiner Seele von allen seinen Sünden, der betrachtet die Vergebung der Sünden und die Erneuerung unserer Herzen als den allerkostbarsten Schatz.

Ach, wollst die Runzeln und die Flecken,
die uns die Sünd' hat angehängt,
mit der Gerechtigkeit bedecken,
die Christus uns aus Gnaden schenkt!

20. Oktober

Wenn ich nur dich habe, so frage ich nichts nach Himmel und Erde.

Psalm 73,25

Du warst es, auf den alle Gläubigen sich verließen, und du bist es auch noch immerdar, zu dem alle Elenden ihre Zuflucht nehmen. Du bist es, stets derselbe an Macht und Güte, an Huld und Gnade. Wie man dich bisher erfuhr, so erfährt man dich noch. Wie du bisher halfst, stärktest, tröstetest, heimsuchtest, so tust du es noch. Wie man sich bisher an dich wenden durfte, so darf man's auch noch. Du bist es, auf den alles ankommt, von dem alles abhängt. Wärst du nicht, so gäbe es kein Volk Gottes, so gäbe es kein Überwinden, keine Weisheit, keine Gerechtigkeit, keine Heiligkeit, keine Seligkeit; so gäbe es kein gutes Werk, ja keinen guten Gedanken, sowie keine Gnade bei Gott, keine Vergebung der Sünden, kein Heil. Du bist es, dem wir's zu verdanken haben, dass es dies alles gibt, dass es Überwinder gibt, die in allem weit überwinden; Weise gibt, gegen deren Weisheit niemand stehen kann, die alles wissen; Starke gibt, denen alle Dinge möglich sind; Gerechte, an denen keine Verdammnis zu sehen ist; Heilige, an denen kein Flecken ist; und Selige, die sich allewege freuen. Dies alles, sowie jedes gute Werk, jede gute Gesinnung, ja jeder taugliche Gedanke, entsteht von ihm. Wohl mag's zu demjenigen heißen: Du bist's, du bist's, den ein jeglicher für sich haben muss.

21. Oktober

Ich will rühmen Gottes Wort, ich will rühmen des Herrn Wort.
Psalm 56,11

Was für geistliche Schönheiten entdeckt die Seele in dem Wort Gottes! Von allen Seiten fühlt sie sich auf die angenehmste Weise angezogen und findet oft hinter den am wenigsten versprechenden Blättern die köstlichsten Früchte. Was da gesagt wird, ist ihr nicht nur köstlich, sondern auch die Art und Weise, wie es gesagt und angedeutet, klar gezeigt oder verhüllt wird, bewunderungswürdig und entzückend. Was für Entzücken oder Schönheiten stellen sich ihr in dem Bundesgott dar, in seiner Liebe, die allen Verstand übersteigt und die uns nicht in ihrem vollen Glanz ins Gemüt strahlen dürfte, sonst würde uns der Atem ausgehen; in seiner Treue, die auch dann fortdauert, wenn wir untreu sind, dass eher Berge weichen und Hügel hinfallen sollen, ehe seine Gnade von uns weicht und der Bund seines Friedens hinfällt; in seiner Barmherzigkeit und Gnade, die Missetaten, Übertretungen und Sünden vergibt. »O du alte und neue Schönheit«, rief Augustin aus, »warum habe ich dich so spät erkannt!« Und was für Schönes enthält sein Gnadenbund, der, wie David in 2. Samuel 23 sagt, ewig ist, worin alles wohlgeordnet und gehalten wird – wiewohl all *mein* Heil und Tun ist, dass nichts wächst – ein Bund, der nichts fordert und alles schenkt, der aus lauter Verheißungen besteht, der nie wieder gebrochen wird! O, öffne mir die Augen! Lass mich deine Herrlichkeit sehen!

22. Oktober

Kann auch ein Weib ihres Kindleins vergessen, dass sie sich nicht erbarme über den Sohn ihres Leibes? Und ob sie desselben vergäße, so will ich doch dein nicht vergessen.

Jesaja 49,15

Die Gläubigen scheinen wohl manchmal wie vergessen, teils von anderen Christen, die sie nicht besuchen, sich nicht nach ihnen umsehen, keine Teilnahme, kein Mitleid bezeugen, und dies ist schmerzhaft; oder sie fühlen sich auch einsam, weil sie keinen finden, gegen welchen sie ganz offen sein können. »Ich bin wie ein einsamer Vogel auf dem Dach«, klagt David Psalm 102, »oder gar wie eine Nachteule, worüber sich die anderen Vögel hermachen.« Solange man noch mit Asaph sagen kann: »Du bist dennoch meines Herzens Trost« (Psalm 73,26), geht's wohl noch an. Aber wie schmerzhaft ist es, wenn es den Anschein gewinnt, als habe der Herr die Seele vergessen. So klagt Zion hier in Jesaja 49 und David fragt in Psalm 13: »Wie lange willst du mich ganz vergessen, während ich so traurig hingehe und mein Feind mich drängt?« Oder wie Asaph in Psalm 80 sagt: »Sein Zaun ist zerbrochen, dass ihn alles zerreißt, was vorübergeht«, so dass das Herz nicht anders denkt, als dies und jenes würde sich nicht ereignen können und dürfen, wenn der Herr sich nur etwas um seine Angelegenheiten bekümmere und sie regiere. Der Herr aber spricht: »Kann auch ein Weib ihres Kindleins vergessen, dass sie sich nicht erbarme über den Sohn ihres Leibes? Und ob sie desselben vergäße, so will ich doch dein nicht vergessen. Siehe, in die Hände habe ich dich gezeichnet.« Zur rechten Zeit geht es wieder, wie es in 5. Mose 2,7 heißt: »Der Herr hat dein Reisen durch die große Wüste zu Herzen genommen, dass dir nichts gemangelt hat«, auch das Kreuz nicht, desto süßer ist dann sein Andenken.

23. Oktober

Wir, die wir glauben, gehen in die Ruhe.

Hebräer 4,3

Der Apostel sieht uns in dem Vers vorher im gleichen Verhältnis wie die Kinder Israel, wenn er sagt: »Es ist uns auch verkündigt gleich wie jenen.« Was wird uns verkündigt? Die Verheißung, einzugehen in seine Ruhe. Das Evangelium von Christus, die frohe Botschaft von der Gnade Gottes wird uns verkündigt. Da heißt's nun aber auch zu uns: »Seht zu, dass ihr nicht in dasselbe Beispiel des Unglaubens fallt« (Hebräer 4,11), sondern glaubt an den Herrn Jesus, so werdet ihr selig, gerecht, rein, stark, fröhlich! Jedoch ist hier kein toter Mundglaube gemeint, sondern ein lebendiger, ein sich selbst und die Welt verleugnender Herzensglaube. Der erste Schritt zu demselben ist die Erkenntnis des Unglaubens, in welchem wir alle von Natur so tief stecken, verschlossen und begraben sind. O, wie ungeschickt werdet ihr euch zum Glauben finden, wenn's euch erst um den rechten Glauben zu tun ist! Wie viele große und kleine Hindernisse werdet ihr antreffen und wie oft euch genötigt sehen, auch eurerseits zu schreien: Komm zu Hilfe meinem Unglauben! Herr, stärke uns den Glauben! Welch einen Kampf des Glaubens werdet ihr wahrscheinlich zu kämpfen bekommen! Aber kämpft ihn! Ringt um den wahren Glauben so lange, bis ihr auch mit jenem Blindgeborenen niederfallen, anbeten und sagen könnt: Ich glaube! O, wie glückselig werdet ihr dann sein, denn wir, die wir glauben, gehen ein in die Ruhe! »Wer glaubt, hat das ewige Leben, wird selig; wer aber nicht glaubt, wird verdammt werden«, »denn ohne Glauben ist's unmöglich, Gott zu gefallen«. So glaubt denn, damit ihr gerecht und Erben werdet des ewigen Lebens!

24. Oktober

Meister, wir wissen, dass du bist ein Lehrer, von Gott gekommen.
Johannes 3,2

Wenn Christus sagt: »Lernet von mir«, so ist das ein Rat, den wir nicht nur im Anfang unserer Bekehrung, sondern auch im Fortgang derselben, ja unser ganzes Leben lang zu befolgen haben. Christus war nicht nur während seines Wandels auf Erden der von Gott gesandte Lehrer, wie ihn Nikodemus nannte, sondern er bleibt es immerfort und lehrt uns, was nützlich ist. Jesus selbst muss also unser Lehrmeister sein. Das will er wohl sein, denn sonst ermahnte er uns nicht zum Lernen, wenn er nicht lehren wollte. Wir müssen aber auch gern lernen wollen und uns nicht selbst für klug halten, denn dann bleiben wir in der Blindheit. In der Schule Jesu aber lernt man zuerst sein Elend erkennen und wird darüber mühselig und beladen, bedrückt und bekümmert. Das ist eine höchst wichtige und nötige Lektion, die zum wahren Christentum ebenso notwendig ist wie den Kindern, die lesen lernen sollen, die Kenntnis der Buchstaben. Sieht der Mensch dies erst, so ist er von selbst begierig, weiter zu lernen, wo er nun Trost und Hilfe gegen sein Elend finden soll. Und da lernt er auch Jesus erkennen, und das macht ihn sehr fröhlich und selig. Aber er hat jetzt noch lange nicht ausgelernt, obschon er dann wohl meint, er wäre nun fertig. Es kommen nun auch noch andere Lektionen. Er muss lernen, sich selbst und die Welt verleugnen, lernen Geduld und Glauben üben, lernen kämpfen, sein Kreuz auf sich nehmen und Jesus als ein gutes Schaf nachfolgen. Ja, jeder Tag hat seine eigene Plage und Aufgabe. Auch mit den beiden erstgenannten Stücken, nämlich Erkenntnis seiner selbst und Christi, wird man nie fertig. Es gibt da immer noch etwas Neues zu lernen. Man muss also stets ein Schüler bleiben; denn was man in etwa weiß, kann man noch besser lernen.

25. Oktober

Mir ist gegeben alle Gewalt im Himmel und auf Erden.

Matthäus 28,18

Er herrscht über alles, denn ihm ist gegeben alle Gewalt im Himmel und auf Erden. Ohne seine Einwilligung kann die Sünde selbst nicht durchbrechen, und ein Judas, obschon der Satan in ihm ist, kann ihn nicht verraten, bis er ihm seine Erlaubnis erteilt und spricht: »Was du tust, das tue bald.« Aber noch viel mehr ist er gekommen, von Sünden alle diejenigen zu erlösen, die begehren, erlöst zu werden, und ihnen das Gute zu gewähren, das sie sich erbitten. Drückt jenen Gichtbrüchigen die Schuld wegen seiner begangenen Sünden mehr noch als das Leiden, das ihn an sein Lager fesselt, dieser Herr befiehlt nur: »Sei getrost, deine Sünden sind dir vergeben«, und sie sind vergeben und die Last ist aus dem Gemüt und dasselbe los und frei. Als er den Unglauben und die Herzenshärtigkeit seiner Jünger schilt, so fliehen sie aus ihrer Seele, und als er dem Thomas gebietet, nicht ungläubig zu sein, sondern gläubig, da ruft dieser aus: »Mein Herr und mein Gott!« Er gebietet seinen Jüngern, wenn sie wegen des Evangeliums zur Verantwortung gezogen werden, sollen sie nicht vorher sorgen, sondern es wird ihnen zur Stunde gegeben werden. Und so ist er in allen Stücken ein Herr, reich für alle, die ihn anrufen, und vermögend, überschwänglich zu tun über unser Bitten und Verstehen. Durch diesen Herrn mächtig gemacht, überwindet der schwache Mensch, der ohne Jesus nichts tun kann, in allem weit und vermag alles. Keine Anfechtung ist so schwer, wovon er nicht befreien, kein Elend so groß, welches er nicht ändern, kein Kampf so heiß, worin er nicht unterstützen, kein Gefängnis so hart, das er nicht zerbrechen, keine Fessel so fest, dass er sie nicht lösen kann. Er und sonst keiner. Er allein und außer ihm niemand. Nur welche der Sohn freimacht, die sind recht frei. Er ist der Herr.

26. Oktober

Herr, wir wollten Jesus gerne sehen.

Johannes 12,21

Wer ihn sieht mit erleuchteten Augen des Gemüts, der sieht die höchste Schönheit, die höchste Anmut und Liebenswürdigkeit, Majestät und Pracht. Wer ihn so sieht, der fühlt sich auf eine höchst kräftige und ebenso angenehme Weise zu seiner Liebe, zu seiner Furcht, zu seinem Lob wie hingerissen, der kann nicht anders und will nicht anders, als mit der auserwählten Schar niederfallen und anbeten, kann und will nicht anders, als vor ihm zerfließen, sich ganz ihm hingeben, wozu es auch sei, der sieht Gott auf eine ähnliche Weise wie Mose als gnädig, barmherzig, von großer Güte und Treue, der sieht ihn in Christus als einen versöhnten Gott und gnädigen, freundlichen Vater, wenngleich auch als einen heiligen Vater, welcher ohne Ansehen der Person richtet und einen jeden Sohn, den er aufnimmt, züchtigt. Der hat ihn aber auch gesehen, wie David ihn sah, da er einen geängstigten Geist, ein geängstigtes und zerschlagenes Herz bekam (Psalm 51,19); wie Paulus, da er mit Zittern fragte: »Herr, was willst du, dass ich tun soll?« (Apostelgeschichte 9,6). Soviel kann ein sündiger Mensch von ihm sehen und im Licht des Heiligen Geistes erkennen, wie dazu nötig ist, ihn vollkommen zu befriedigen, zu beseligen und zu heiligen. Die Fülle des Wassers, das Christus gibt, kann kein einzelner in sich aufnehmen. Wer aber etwas davon trinkt, in dem wird's ein Quell werden, der bis ins ewige Leben fließt.

27. Oktober

Es ist aller zumal ein Herr, reich für alle, die ihn anrufen.
Römer 10,12

Der Sohn Gottes, Jesus Christus, unser Herr und Gott, ist uns gemacht von Gott zur Weisheit, zur Gerechtigkeit, zur Heiligung und zur Erlösung, deswegen sollen wir alles nur bei ihm suchen. Mit allen unseren Angelegenheiten sind wir an ihn gewiesen. Er kann und will uns auch nach seiner Liebe in allem raten und helfen und sich in uns verherrlichen als ein Herr, der reich ist für alle, die ihn anrufen. Ja, Jesus Christus, unser Herr und unser Gott, ist allein unser einziges und ewiges Gut und Teil. Ihn zu besitzen, muss unser vorzüglichstes Anliegen sein.

Ohne Gott können wir nicht zufrieden sein, weil unser ewiger Geist nur mit ewigem Gut befriedigt werden kann, und dieses ewige Gut ist allein der ewige, selige und beseligende Gott. Wohl uns also, dass wir einen Jesus haben, der uns ein Führer zum rechten Ziel, zur ewigen Glückseligkeit sein will! Denn da er ist vollendet, ist er geworden allen, die ihm gehorsam sind, eine Ursache ewiger und vollkommener Seligkeit. Durch ihn wird wieder hergestellt, was wir in Adam verloren haben. »Das ist das ewige Leben«, sagte er in seinem hohenpriesterlichen Gebet zu seinem himmlischen Vater, »dass sie dich, der du allein wahrer Gott bist, und den du gesandt hast, Jesus Christus, erkennen« (Johannes 17,3). Zu dieser Erkenntnis und dem anfänglichen Genuss des ewigen Lebens gelangen wir in seiner Schule.

Was acht' ich doch das Gut der Welt,
wonach so viele rennen,
da jetzt mein Glaube Macht erhält,
mich Gottes Kind zu nennen.
Denn du bist mein und ich bin dein,
so ist mit dir auch alles mein,
was ich, dein Kind, nur brauche.

28. Oktober

Da dieser Elende rief, hörte der Herr und half ihm aus allen seinen Nöten.

Psalm 34,7

Der Weg zu Christus ist die Not, ist das Elend, und so wenig es einem Gesunden, der bei guter Vernunft ist, einfallen wird, einen Arzt zu gebrauchen, so wenig wird ein Mensch von Christus Gebrauch machen können, der nicht einsieht, wozu er seiner bedarf. Und dies ist der einfache Grund, warum der König, der ein Helfer ist, in der Welt so wenig gilt. Die Erkenntnis von Sünde und Gnade hält gleichen Schritt, so dass das eine ohne das andere nicht recht eingesehen wird. Je tiefer jemand in sein Elend blickt, desto tiefer wird er nachher in die Gnadenfülle schauen, die viel mächtiger ist. O, würde dies recht eingesehen, wie ganz anders würde man sich bei der Empfindung seines Elends verhalten! Man würde glauben, man würde auf den Herrn harren, bis man seine Herrlichkeit sieht. Doch hört der Herr auch das Seufzen der Elenden, die nicht den Glauben, sondern ihre Not empfinden, denn diese Not ist es eben, welche dem Herrn Gelegenheit gibt, die Herrlichkeit seiner Macht an denen zu erweisen, die da glauben. Einer besonderen Verheißung bedürfen wir nicht. Es ist uns genug, dass uns im Evangelium die teuerste und allergrößte Verheißung erteilt worden ist, nämlich dass wir der göttlichen Natur teilhaftig werden sollen; Verheißungen, die die Form eines Testaments annehmen und durch den Tod des Mittlers unveränderlich geworden sind; Verheißungen, die durch den Eidschwur Gottes bei sich selbst bekräftigt sind, Verheißungen also, an denen wir Anteil erlangen können.

29. Oktober

Sende dein Licht und deine Wahrheit, dass sie mich leiten.

Psalm 43,3

Je mehr Licht zur Selbsterkenntnis wir von Gott aus seinem Wort empfangen, desto mehr werden wir durch die Entdeckung unserer Finsternis gedemütigt. Je mehr er, wie Mose sagt, unsere unerkannte Sünde ins Licht vor sein Angesicht stellt, desto mehr sehen wir uns veranlasst, zu bekennen, dass in uns nichts Gutes wohnt, ja, dass das Dichten und Trachten des menschlichen Herzen böse ist von Jugend auf und immerdar. Je mehr wir in der Erkenntnis wachsen, desto mehr werden wir bekennen, dass sie nur Stückwerk ist. Je mehr wir in der Heiligung zunehmen, desto größer wird uns der Abstand vom Ziel der Vollkommenheit erscheinen. Je gläubiger wir sind, desto unbedeutender wird uns unser Glaube vorkommen und als nicht nennenswert; und je mehr ich lieb', je mehr ich find', dass ich dich lieben sollte. Ohne dieses Licht kann uns ein über das andere Mal verkündigt werden, dass es ganz gewiss wahr sei, dass Jesus in die Welt gekommen ist, Sünder selig zu machen, und wir fassen dennoch kein Zutrauen. Die Güte Gottes geht an uns vorüber, aber ohne sein Licht bleibt uns das Licht selbst unsichtbar. Was ist ohne dieses Licht die Heilige Schrift? Ein versiegeltes Buch; kein Buch für elende, sündige Menschen, keine Arznei für Kranke, sondern ein Arbeitsfeld für Gesunde. Aber wie lieblich gestaltet sich dieses alles um, wenn uns die Augen geöffnet werden, die Wunder in seinem Gesetz zu sehen! Dann bedürfen wir keines Auslegers mehr, sondern wir haben nun selbst seine Herrlichkeit gesehen. Dann leuchten uns die Glaubensgründe in ihrer stärkenden, zuverlässigen Festigkeit so ein, dass wir nicht zweifeln können. Dagegen bleibt nichts als Finsternis und Schmerzen in dem Herzen, wenn sein Gnadenglanz gebricht.

30. Oktober

Der König wird Lust an deiner Schönheit haben, denn er ist dein Herr, und du sollst ihn anbeten.

Psalm 45,12

Jesus ist aller Könige König, und alle Engel sollen ihn anbeten, wie viel mehr alle Menschen! Was ist er für ein unvergleichlicher König, da ihm alle Gewalt gegeben ist im Himmel und auf Erden, da alles unter seine Füße getan ist! Was ist das für eine Kraft, die er besitzt, wodurch er alle Dinge sich untertänig machen kann, wodurch er alle Dinge trägt, wodurch er alle seine Verheißungen erfüllt, und die er in den Schwachen mächtig sein lässt, so dass sie durch ihn alles vermögen! Aber die Gläubigen aller Zeiten fanden etwas an ihm, das sie zur Ehrerbietung lockte, so dass sie von selbst vor ihm auf die Knie sanken, wie die Weisen aus dem Morgenland taten, obwohl er nur ein kleines, neugeborenes Kindlein war, das von ihren Ehrenbezeugungen nichts verstand. Aber zu dieser Ehrfurcht gesellt sich die milde Empfindung eines oft grenzenlosen Zutrauens, das auch in tiefster Not bekennt: »Ich weiß, an wen ich glaube«; »Sprich nur ein Wort!« oder gar: »So du willst!« – die Empfindung einer unaussprechlichen Anhänglichkeit, die da sagt: »Wenn sich auch alle ärgern, ich nicht, ich will mit dir in den Tod gehen«; – die fragt: »Herr, wohin sollen wir gehen? Du allein hast Worte des ewigen Lebens« – die, wenn auch alle weggehen, unterm Kreuz stehen bleibt und am Grabe weilt, und die schon aus Hiob sprach: »Wenn du mich auch töten wolltest«, und aus Asaph und aus allen, die sich um seinetwillen erschlagen ließen. Es sind die Empfindungen einer brünstigen Liebe, die da wie Petrus zum Herrn sagen kann: »Herr, du weißt alle Dinge, du weißt auch, dass ich dich lieb habe.«

31. Oktober

Israel zieht hin zu seiner Ruhe.

Jeremia 31,2

Zur völligen Ruhe ist erforderlich, dass man sich im Besitz all der Güter befindet, die alle unsere Begierden so befriedigen, dass uns nichts zu wünschen übrig bleibt. Denn solange uns noch etwas zu wünschen übrig bleibt, haben wir keine Ruhe. Solange man nicht alles hat, kann man nicht ruhen. Jakob aber hatte alles genug, und Paulus hatte alles und überflüssig. Kein Wunder, wenn sie Ruhe hatten. Wer nicht alles bekommen kann, dem kann etwas, und wenn's auch noch so viel wäre, nicht genügen, wiewohl man auch mit wenig, ja mit nichts zufrieden sein kann. Von Jesus lehrt uns die Schrift, dass alle Schätze in ihm verborgen sind, sein Reichtum unausforschlich ist, ja alle Fülle der Gottheit in ihm leibhaftig wohnt. Es wird von reichen Gütern seines Hauses geredet. Das, was man bei ihm finden kann, wird unter dem glänzenden, alles Herrliche in sich schließenden Bild eines königlichen Hochzeitsmahls dargestellt und gesagt, er ist reich über alle, die ihn anrufen. Er wird als derjenige dargestellt, welcher der Kanal ist, wodurch sich alle Segnungen von Gott auf uns ergießen, als der, dem alle Dinge übergeben sind, der der Pfleger der wahrhaftigen Güter ist. Wie reich und mildtätig er sein muss, das erhellt sich ja auch daraus, dass er ohne Einschränkung verspricht, alles zu tun, um was wir in seinem Namen bitten und: »So ihr in mir bleibt und meine Worte in euch bleiben, werdet ihr bitten, was ihr wollt, und es wird euch widerfahren« (Johannes 15,7).

1. November

Wer aber dem Herrn anhangt, der ist ein Geist mit ihm.
1. Korinther 6,17

Darauf kommt's an, dass wir ihm anhangen, welches nur mit unserem Sinn, mit unserem Herzen, mit unserem Verlangen geschieht, mit unserer Liebe und unserem Vertrauen. Sollen wir ihm anhangen, so müssen wir von allem anderen ablassen, denn »wer Vater oder Mutter mehr liebt denn mich, der ist mein nicht wert« (Matthäus 10,37). Freilich, wer sich als den armen, den elenden, verlorenen Sünder und Jesus als den einzigen und vollkommenen Seligmacher kennenlernt, wer keine andere Zuflucht, Rettung, Hilfe und Seligkeit zu finden weiß als bei diesem Heiland, bei dem wird sich auch schon das Anhangen finden. Wie hing ihm jener blinde Bartimäus an mit seinem Geschrei: »Jesus, du Sohn Davids, erbarme dich meiner!«, um von seiner Blindheit geheilt zu werden, mochte ihn schweigen heißen, wer wollte! Wie hing ihm jenes kanaanäische Weib an und ließ mit ihrem Flehen nicht ab, mochte es scheinen, dass sogar er selbst sie abweist! Werdet ihr erst eure Sündennot recht gewahr – und sie muss erst zu einer Not werden –, o wie wird sich da das Anhangen schon finden! Werdet ihr dann gewahr werden, wie sehr er mit Recht Schilo, Ruhegeber, heißt und wie er reich macht – gewahr werden, wie ihr arm in euch selbst seid und bleibt, o wie innig werdet ihr ihm anhangen! Sucht deshalb diese Seelengestalt, so werdet ihr innewerden: Die dem Herrn anhangen, sind ein Geist mit ihm.

2. November

Er heißt Friedefürst.

Jesaja 9,6

Jesus ist der rechte Friedensfürst. Er bringt den Frieden zwischen Gott und den Menschen, zwischen Himmel und Erde. Er bringt Frieden in die Seele, indem er sowohl das Gewissen beruhigt als auch die Gemütsbewegungen ordnet, dass das Herz nicht mehr einem ungestümen Meer gleicht, das nicht still sein kann, sondern einem stillen See, auf dessen spiegelglatter Oberfläche sich die Sonne und der ganze Himmel abbilden. Er zieht das Gemüt aus der Mannigfaltigkeit der Sorgen und Mühen in das allgenugsame, völlig befriedigende Eine, was not ist. Er sammelt die Seele, die sich in der Menge ihrer Wege aufreibt, dass sie in ihm Frieden hat, wenn sie auch in der Welt Angst hat. Und o, wo ist ein Friede, wie derjenige, den er gibt! Er ist höher als alle Vernunft. Wo ist ein Friede, der so begehrenswert wäre! Denn wo er ist, da hat man allenthalben Frieden, auf alle Weise, auch mit den Tieren auf dem Land, wie Eliphas sagt (Hiob 5,23). Und wenn er stillt, wer will beunruhigen? Ein fleischlicher Mensch versteht alles fleischlich, und so erträumten sich die Juden unter dem Reich des Messias ein Leben in lauter sinnlichen Wohltaten, und der natürliche Mensch vernimmt überhaupt nichts von den Dingen, die des Geistes Gottes sind. Die Worte Christi sind Geist und Leben. Werden wir nur innerlich mit den reichen Friedensgaben Christi erfüllt und gelabt, so ist es überaus leicht, dass uns das Äußere gut genug ist, was uns beim Mangel der innerlichen Fülle ohne ihn nicht zufriedenstellen kann, und wäre es noch so glänzend.

3. November

Will mir jemand nachfolgen, der verleugne sich selbst.

Matthäus 16,24

Die Nachfolge Christi setzt eine große Selbstverleugnung voraus und fordert sie so entschieden, dass Christus erklärt, dass, wer sich nicht verleugnen könne, auch nicht sein Jünger sei. Aber freilich, wie kann man nur seiner heilsamen Forderung »Lernet von mir!« (Matthäus 11,29) ohne Selbstverleugnung entsprechen? Denn, wollen wir von ihm lernen, so müssen wir uns von aller eigenen Weisheit leer achten, wiewohl man freilich auch im Natürlichen keine Kunst erlernen kann, es sei denn, dass man glaube, man verstehe sie nicht, der Meister aber verstehe sie. Jesu Lehre geht überhaupt so schnurstracks gegen den eigenen Willen, gegen die Eigenliebe und Eigengerechtigkeit, sogar gegen das eigene Tun und Wirken an, dass man tausendfachen Anlass zur Selbstverleugnung findet. Sie setzt überhaupt in Streit wider den ganzen alten Menschen, den sie ans Kreuz und in den Tod bringt und dem sie Schmerzen genug verursacht. Die Lehre Jesu bleibt aber in Ewigkeit, so dass er es sogar für leichter erklärt, dass Himmel und Erde vergehen als eins seiner Worte. Wie er es sagt, so verhält es sich, so wird es kommen und sich machen, es streite dagegen oder spotte darüber wer und wie es auch sei. Von der Apostelzeit her hat sich List und Gewalt, Bosheit und Klugheit gegen die Lehre Jesu aufgelehnt und unzählige Ketzereien sind entstanden. Wirklich ist sie auch aus Asien und Afrika, wo sie sonst blühte, ganz verdrängt. Aber immer hat sich ein Häuflein gefunden und wird sich eins finden, das ihm von ganzem Herzen anhängt, und endlich wird sie über alles triumphieren und alles *ein* Hirt und *eine* Herde werden.

4. November

Wer auf den Herrn sich verlässt, wird reich gesättigt. Wer sich auf sein Herz verlässt, ist ein Narr.

Sprüche 28,25-26

Derjenige also, auf welchen sich der arme, schwache Mensch verlassen soll, ist der Herr. Er ist ganz vertrauenswürdig, und auf ihn kann man sich verlassen, denn seiner Allmacht ist alles möglich, und unmöglich kann er je in die Lage kommen, dass er nicht helfen könnte. Er kann überschwänglich tun über Bitten und Verstehen. Dieses Sichverlassen auf den Herrn besteht darin, dass wir unser Vertrauen auf ihn setzen, nicht von unserem Verdienst und unserer Würdigkeit, sondern von dem Reichtum seiner Gnade die Vergebung der Sünden gläubig erwarten, und mit derselben Licht, Kraft, Beistand, Aushilfe, Trost und alles, was zum Leben und göttlichen Wandel dient. Was wir von ihm erwarten mögen, ist in den göttlichen Verheißungen enthalten und umfasst das ganze Heil. Und gewiss gibt das Vertrauen auf den Herrn Ruhe und Frieden, weil man da alles in einem findet. Was fett werden soll, dem darf's an guter Nahrung nicht fehlen. Und die wird demjenigen reichlich zuteil, der sich auf den Herrn verlässt. Ihm wird nichts mangeln, denn der Herr ist sein Hirte und führt ihn auf grüne Auen und an sanft fließende Wasserbäche. Bleibt denn auch hier auf Erden der böse Tag neben dem guten, was wird's doch einst werden, wenn er seine Diener mit Wollust sättigt wie mit einem Strom!

Hier sehen wir zugleich die Quelle unserer geistlichen Magerkeit, Dürre und Kraftlosigkeit, aber auch das Mittel, ihr abzuhelfen. Unser geistlicher Wohlstand richtet sich nämlich nach dem Maß unseres Vertrauens zu dem Herrn. Wer sich auf ihn verlässt, wird reich gesättigt.

5. November

Ich bin desselben in guter Zuversicht, dass, der in euch angefangen hat das gute Werk, der wird's auch vollführen bis an den Tag Jesu Christi.

Philipper 1,6

Das Vollführen bezieht sich teils auf dieses, teils auf das zukünftige Leben. In diesem Leben wird das Werk der Bekehrung in der Seele weiter fortgesetzt. Dem Verstand wird mehr Licht, dem Willen mehr Kraft zum Vollbringen mitgeteilt, das Gewissen gründlicher beruhigt, der Glaube völliger und fester, die Liebe stärker, die Verleugnung umfassender. Das Kind wächst mehr und mehr heran, indem es begierig ist nach der vernünftigen, lauteren Milch des Evangeliums, indem es betet und wacht, indem es sich an Christus als das Haupt hält, es lernt immer mehr feste Tritte tun mit seinen Füßen und jagt so nach der Heiligung, ohne welche niemand den Herrn sehen wird. Dabei wird der Gläubige aus Gottes Macht bewahrt zur Seligkeit. Gott lässt sein angefangenes Werk nicht wieder liegen, sondern führt es glücklich an das Ziel. Und das tut Gott und nicht der Mensch selber. Er tut es durch sein Wort, das die Milch für die Kinder und die starke Speise für die Erwachsenen enthält. Er tut es durch seine Gnade, die tröstet, um den Weg der Gebote laufen zu können. Seine Kraft ist in ihrer Schwachheit mächtig und rüstet sie aus zu einem siegreichen Kampf. Sein Licht und seine Freude gehen ihnen immer wieder auf, und indem sie auf den Herrn harren, bekommen sie neue Kraft, dass sie auffahren mit Flügeln wie die Adler, dass sie laufen und nicht matt werden, wandeln und nicht müde werden. Er tut es durch das heilsame Kreuz, welches bei denen nicht ausbleibt, in welchen das gute Werk angefangen ist. Es dient ungemein zur Förderung. Deswegen züchtigt der Vater auch einen jeden, den er lieb hat (Hebräer 12,6). Unter demselben wird der alte Mensch getötet. Es zerstört nach und nach die eigene Weisheit, Kraft und Gerechtigkeit und gründet das Herz im selben Maß im Glauben an unsern Herrn Jesus Christus, welcher der Sieg ist, der alles überwindet. Vom Kreuz zum Sieg.

6. November

Und die Jünger traten zu ihm und weckten ihn auf und sprachen: Herr, hilf uns, wir verderben! Da sagte er zu ihnen: Ihr Kleingläubigen, warum seid ihr so furchtsam?

Matthäus 8,25-26

Der Christ meint wohl oft, er müsse dem Elend ohne Rettung anheimfallen, wovor er sich fürchtet. Rettet Jesus nicht ganz und gar, ist er nicht Anfang, Mitte und Ende, ist's nicht lauter Gnade, dass wir selig werden, so ist weiter nichts zu hoffen. Nur der Name *Jesus*, nur das Wort *Gnade* hält den Menschen, da ihm aller sonstiger Boden weicht.

Aber was tut nun der treue Hirte? Nun ist's recht Zeit zum Erbarmen! O, was bekommt der arme Mensch zu sehen! Seinen Heiland, sein Evangelium. Er erkennt die höchste Treue des Herrn eben darin, dass er ihn so gedemütigt hat, obschon er meinte, sein Meister habe es wunderlich und übel mit ihm vor. Jetzt findet er, dass der Herr aus lauter Barmherzigkeit nichts gelingen ließ, da er vorher nicht fassen konnte, warum er sein ängstliches Flehen doch nicht erhören wollte. Nun versteht er, dass der Herr bloß darum seinen Weg mit Dornen verzäunte, um ihn den wahren einschlagen zu machen, und ihn deswegen in die Wüste führte, um freundlich mit ihm zu reden.

Wird uns auch nach Troste bange,
dass das Herz oft rufen muss:
Ach, mein Gott, mein Gott, wie lange?
Ja, so mache den Beschluss:
Sprich der Seele tröstlich zu,
Gott gibt Mut, Geduld und Ruh'.

7. November

Dass nicht jemand weich werde in diesen Trübsalen; denn ihr wisst, dass wir dazu bestimmt sind.

1. Thessalonicher 3,3

Die Zeit der Trübsal ist gleichsam ein geistlicher Winter, wo alles in Trauer eingehüllt ist, wo das Wachstum teils aufhört, teils sich nur in der Wurzel zeigt, also wesentlich, aber doch unmerkbar ist. Und wenn die Bekehrten in Schläfrigkeit und Trägheit geraten, statt zu stehen, liegen sie, und schlafen, statt zu wachen. Sie sitzen, statt dass sie wandeln, streiten und laufen. Statt fortzuschreiten, gehen sie zurück. Es ist kein rechtes Leben, keine Kraft und Munterkeit da, und die Gottseligkeit erweist sich nicht in der Kraft, sondern artet aus in ein Geschwätz oder Zank, so dass Jeremia ausruft: »Wie ist dein Gold so hässlich geworden« (Klagelieder 4,1), und Christus: »Gedenke, wovon du gefallen bist« (Offenbarung 2,5), und Paulus: »Ihr liefet fein, wer hat euch aufgehalten?« (Galater 5,7). Sie sitzen oder liegen in Ohnmacht, und wenn auch einige matte Versuche gemacht werden, sich aufzurichten und sich in Lauf zu setzen, so sind sie fruchtlos. Da regt sich allerlei Verkehrtes und Unlauteres, und dabei wird dieser Verfall nicht einmal bemerkt, sondern man ist obendrein voll Eigendünkel und Aufgeblasenheit, meint zu stehen, meint etwas oder auch gar viel zu sein, zu wissen, zu haben, womit man sich selbst betrügt. Dergleichen Verfall zeigte sich schon zu der Apostel Zeiten, wie die Briefe an die Korinther und Galater beweisen, und er ist in unseren Zeiten ohne Zweifel zu einem beklagenswerten Gipfel gesteigert, so dass, wenige Ausnahmen abgerechnet, alles Fleisch seinen Weg verkehrt hat und man wohl den Rat Christi in Ausübung bringen möchte: »So sei nun fleißig und tue Buße!«

Jesus gib in dunklen Wegen
deinen Segen,
weil die Nacht der Trübsal währt!
Lass mich alles auf dich wagen,
statt zu klagen,
weil dies nur die Kraft verzehrt!

8. November

Ich bin es, der Gerechtigkeit lehrt und bin ein Meister zu helfen.

Jesaja 63,1

Habt denn auch ihr seine Hilfe erfahren? Ist nicht zu besorgen, dass viele gar nicht einmal begreifen werden, was man durch diese Frage eigentlich will, und dass man zur Antwort erwarten muss: Die Zeit der Wunder ist ja vorüber? Du hast also bei diesem Meister im Helfen nichts zu suchen? Schlimm für dich! Hast du keine Seele? Fehlt dir nichts? Bist du dir selbst genugsam? Dir wäre kein neues Herz, kein neuer Geist nötig? Du hättest für diesen Meister nichts zu tun? Armer Mensch! Freilich daran fehlt's, woran es doch eigentlich gar nicht fehlt, an Bedürfnis für diesen Meister zu helfen. Wo das erst gefühlt wird, da wird man auch schon Hosianna schreien. Ihr Hilfsbedürftigen, ihr seid's demnach. Wohl euch, dass ein solcher Meister da ist! Er versteht seine Kunst. Meistert ihn deswegen nicht und besteht nicht hart darauf, dass dieser Meister sich nach eurem Gutdünken richten soll. Ihr könnt ihm wohl sagen wie einst die Schwestern des Lazarus: »Herr, den du liebhast, der liegt krank« (Johannes 11,3). Ob er sich aber dadurch bewegen lassen wird, zu eilen oder zu zögern, das weiß er als Meister am besten zu beurteilen, und ihr versteht es nicht. Will er ein Meisterstück an euch liefern, so habt ihr vorderhand nicht viel Erfreuliches zu erwarten.

9. November

Trachtet am ersten nach dem Reich Gottes und nach seiner Gerechtigkeit, so wird euch solches alles zufallen.

Matthäus 6,33

Im Reich Gottes ist es überall auf etwas Wesentliches abgesehen. Es ist ein Reich der Wahrheit, die Welt ist ein Reich der Lügen. Die Welt verspricht zwar Lust, Vergnügen, sogar Ruhe, aber sie hält nicht ihr Wort. Was die Welt gibt, ist Schein, der wohl eine Zeitlang täuschen kann, so dass der betrogene Mensch selbst meint, wunder-vergnügt zu sein. Aber ehe er sich versieht, wird ihm ein Strich durch die Rechnung gemacht, und am Ende lässt die Welt ihn gar im Stich. Im Reich Gottes dagegen verhalten sich die Sachen wirklich so, wie es sie schildert. Wenn es sagt: »Suche das!«, so ist es wahrlich der Mühe wert. Sagt es: »Trachtet danach nicht!«, so lohnt sich auch wirklich die Mühe nicht, danach zu ringen. Auch seine Versprechungen sind lauter Wahrheit. Sagt es: »Christi Blut macht uns ein fröhliches Gewissen und macht rein von aller Sünde«, erweist es sich auch so an unserem Gemüt. Sagt es: »Der Herr sorgt für euch«, erweist es sich so an allen, die es fassen mögen. Seine Freuden sind wirkliche Freuden in der Tat und Wahrheit, und wenn es einmal erscheinen wird, was wir sein werden, so werden alle unsere Erwartungen übertroffen sein.

Wer Erde sucht, find't Erdenlast
und geht auf Spreu und Wind zu Gast;
mit Müh und Streit, Verdruss und Leid
erjagt, bewahrt – und spät bereut.
Was du gefunden,
ist schon verschwunden;
Gott bleibt allein.

Rufe mich an in der Not, so will ich dich erretten, so sollst du mich preisen.

Psalm 50,15

Der Herr will die Gläubigen gewöhnen, lediglich auf ihn zu vertrauen. Es scheint, sie sollten sich gewöhnen, ohne ihn keinen Schritt zu tun, sowie auch nirgends mit ihm zu verzagen. Nie sollen sie meinen, nun sei alle Not für immer beseitigt. Sie sollen auch überzeugt sein, dass es keine einzige Not gibt, aus welcher der Herr nicht retten könne, wolle oder werde. Und aus diesem allen sollte sich ein Leben in einer gänzlichen Abhängigkeit von Gott und einer völligen Übergabe an ihn entwickeln, sowie ein wunderbares Vertrauen zu ihm, welches ja lauter wesentliche Stücke der Gottseligkeit sind. Jeremia setzt es als etwas Ausgemachtes fest, Gott plage die Menschen nicht von Herzen, nicht, um sie zu plagen, sondern ihnen zu nützen. Man soll ihn also machen lassen, sich beugen und der Hoffnung warten. Wirklich, wirklich muss bei uns Mangel entstehen, damit unser Vertrauen zu uns selbst vergeht, damit wir gründlich gewahr werden, wie sehr wir seiner bedürfen, und damit wir auf ihn, seine Macht und Treue hoffen lernen. Wir dürfen es uns gar nicht befremden lassen, wenn es bei uns meistens knapp hergeht und wir uns gedrungen sehen, Christus anzukleben wie eine Klette am Kleid, damit uns von Stunde zu Stunde dargereicht werde, was wir zum Leben und göttlichen Wandel bedürfen.

11. November

Beweise deine wunderliche Güte, du Heiland derer, die dir vertrauen.

Psalm 17,7

Als wunderlich gestaltet sich die Güte Gottes oft, wenn die ersehnte, verheißene und erbetene Hilfe lange und wohl so lange verzieht, dass sie unmöglich geworden zu sein scheint, und dagegen das Übel so lange drückt, als ob gar kein Aufhören wäre. Wie das Herz durch solche Wege zerrissen, mit welchen schmerzhaften Empfindungen und schweren Gedanken es durchbohrt werden kann, drückt Asaph in Psalm 77 mit erstaunlichen Worten aus, wenn er sagt: »Wird denn der Herr ewiglich verstoßen und fortan keine Gnade mehr erzeigen? Ist's denn ganz und gar aus mit seiner Güte, und hat die Verheißung ein Ende?« Wenn allerlei Heimsuchungen Stunden oder Tage dauern, möchte man sich noch darin fügen, wenn sie aber Monate und Jahre dauern, möchte man sich darüber wundern. Ein Hiob klagt: »Ich habe viele Monate hindurch vergeblich gearbeitet, und der betrübten Nächte sind mir viele geworden« (Hiob 7,3). Die Gemeinde hat wohl schon geklagt und wird vielleicht noch klagen: »Der Herr hat mein vergessen«, wiewohl der Herr antwortet: »Kann auch ein Weib ihres Kindleins vergessen? Siehe, in die Hände habe ich dich gezeichnet« (Jesaja 49,15-16). Gewiss lauter Güte. Aber, o wunderliche Güte! Zeigt sie sich wieder wie die Sonne nach dem Regen, o so ändert sich die Sprache, so heißt es dann: »Den Abend lang währt das Weinen, aber des Morgens ist Freude« (Psalm 30,6). Sein Zorn währt einen Augenblick und lebenslang seine Gnade. In einem Augenblick meines Zorns habe ich dich verlassen, aber mit ewiger Gnade will ich dich sammeln. O Güte, o wunderliche Güte!

Herr, du hast mich überredet, und ich habe mich überreden lassen; du bist mir zu stark gewesen und hast gewonnen.

Jeremia 20,7

Fängt der Herr sein Gnadenwerk in einem Menschen an, so ringt er auch so mit ihm, dass ihm zuletzt nichts übrig bleibt, als mit beiden Armen des Glaubens den Sohn Gottes zu umfassen, sich von ihm heben und tragen zu lassen. Er wird nach und nach von der alten Weise, zu bestehen und zu wirken, ganz abgebracht und in eine Weise übergeleitet, wovon er selbst gestehen muss, dass es ihm nicht von Fleisch und Blut geoffenbart ist, sondern dass eine wunderbare Gnade ihn erst unmündig gemacht und ihm dann das Geheimnis des Reiches Gottes zu offenbaren angefangen hat. Jetzt lernt er recht von Herzen den Schriftstellen glauben, wo es heißt: »So liegt es nun nicht an jemandes Wollen oder Laufen, sondern an Gottes Erbarmen« (Römer 9,16). Wo bleibt unsere Weisheit nach dem Ausspruch des Christentums, das dieses als den Weg der Wahrheit angibt, dass wir Narren werden nach dem Grundsatz der Welt? Wo bleibt unsere Kraft, da Christus nur in den Schwachen mächtig ist und wir ohne ihn nichts tun können, wo unsere Gerechtigkeit, da wir alle für Gottlose erklärt werden, unter denen kein Unterschied ist, als den die Gnade macht? Wo bleiben unsere Bemühungen, da wir aus Gnaden selig geworden sind? Herr, öffne uns die Augen, dass wir sehen die Wunder in deinem Gesetz!

13. November

Ich bin gekommen, zu rufen die Sünder zur Buße, und nicht die Gerechten.

Lukas 5,32

Freilich sind wir Sünder, da aber Jesus gekommen ist, Sünder selig zu machen, so wächst das Recht an den Seligmacher in dem Maße, wie wir unser Sündersein gewahr werden. Das müssen wir wissen, dass Gott nicht nur dem Volk Israel Kanaan nicht gab um seiner Gerechtigkeit willen, »denn ich weiß«, spricht er, »dass du ein halsstarriges und ungehorsames Volk bist« (5. Mose 9,6.13), sondern dass überhaupt seine Zusagen ihren Grund in der freien Gnade haben und in dem Blut Jesu Christi. Wenn jemand um seiner guten Eigenschaften und seines Wohlverhaltens willen an göttlichen Zusagen Ansprüche zu haben glaubt, so würde er deswegen wenig oder nichts bekommen, weil er nicht verstände, umsonst zu kaufen. Gott weiß viel besser als wir selbst, was für elende Sünder wir sind und hat uns in seinem Buch so signalisieren und bezeichnen lassen, dass wir Mühe haben, nicht höher von uns zu halten, als uns dieser Beschreibung gemäß geziemt. Aber dessen ungeachtet hat er zum Ruhm seiner herrlichen Gnade eben diesen die teuersten und allergrößten Verheißungen gegeben, und Christus hat durch seinen Gehorsam, durch sein Leiden und Sterben hinlänglich dafür gesorgt, dass die Gnade über uns walten kann, ohne dass sich die göttliche Gerechtigkeit und Heiligkeit derselben widersetzen könnte.

Bist du der Arzt, der Kranke trägt?
Auf dich will ich mich legen.
Bist du der Hirt, der Schwache pflegt?
Erquicke mich mit Segen!

14. November

Lasset uns wachsen in allen Dingen zu dem, der das Haupt ist, Christus.

Epheser 4,15

Am Anfang macht man sich oft seltsame und unbegründete Vorstellungen vom Christentum. Man bildet sich ein Wachstum ein, wie wir es an den Kindern wahrnehmen, welche der mütterlichen Pflege und Hilfeleistung immer weniger bedürfen, bis sie diese endlich ganz entbehren können. Christus aber vergleicht die Seinen lieber mit den Weinreben, welche nie aus sich selbst, sondern nur dadurch Frucht bringen, dass sie am Weinstock bleiben. Ein wahres Zunehmen, welches allerdings bei einem wahren Christentum stattfinden muss, besteht nicht darin, dass man aus und für sich selbst immer besser fertig werden kann mit den Pflichten der Gottseligkeit, sondern es ist vielmehr ein Zunehmen in der Gnade und Erkenntnis Jesu Christi, eine immer größere Fertigkeit, sich Christus so zu Nutze zu machen, wie und wozu er uns von Gott gemacht und gegeben ist, und dies kann natürlich nicht anders erlernt werden als dadurch, dass unsere eigene Weisheit, Gerechtigkeit, Heiligung und Erlösung zerstört wird, wodurch wir abnehmen, Christus aber wächst.

Ehe ich gedemütigt ward, irrte ich; nun aber halte ich dein Wort.

Psalm 119,67

Grundsätzlich müssen wir bedenken, dass ein wahres, rechtschaffenes Christentum in sehr wesentlicher Erfahrung von Sünde und Gnade, von eigenem Elend und Gottes Herrlichkeit, von eigener Ohnmacht und Gottes Kraft, von eigener Blindheit und Gottes Weisheit besteht; bedenken müssen wir, dass wir von demselben eigentlich nicht mehr verstehen, als wir davon erfahren. Wir müssen wissen, dass Gott das Kreuz in alle seine Führungen genau verwoben hat, und dass sich an und unter demselben der alte Mensch nach und nach verblutet. Die Schrift redet von einem heilsamen Getötetwerden und Sterben mit Christus sowie von Auferstehung und Lebendigmachen mit ihm. So wie dieses etwas sehr Heiliges und Herrliches ist, so ist dagegen jenes, wie jedes Getötetwerden, etwas, das nicht ohne Not und Angst hergeht.

Vom Christentum und hohen Ständen reden, ist das Leichteste, und die Eigenliebe kann sich darin sehr gefallen. Wo aber wesentliche Gnade ist, da hört unfehlbar alle Prahlerei auf, weil aller Grund dazu genommen wird, und wenn man sich selbst rühmen wollte, so müsste man sich seiner Schwachheiten rühmen. »Ich danke dir, dass du mich treulich gedemütigt hast und hilfst mir!« (Psalm 118,21.75). Das abhängige Leben im Glauben, wo man sich nur des Herrn rühmt, ist in Kraft und Wahrheit eine seltene Sache.

Ich bin unrein und verdorben,
du die höchste Heiligkeit;
ich verfinstert und erstorben,
du des Lebens Licht und Freud';
ich bin ein armes Bettelkind,
lahm und Krüppel, taub und blind,
du das Wesen aller Wesen,
ganz vollkommen auserlesen.

16. November

Das Reich Gottes ist nicht Essen und Trinken, sondern Friede und Freude im Heiligen Geist.

Römer 14,17

Friede und Freude in dem Heiligen Geist sind Erquickungen, welche im Reich Gottes genossen werden. Diese Erquickungen sind oft so groß, stark und anhaltend gewesen, dass der äußere Mensch, der sterbliche Leib, zu schwach war, sie tragen zu können. Dieses wird manchem, der diese Erquickungen nicht aus Erfahrung kennt, unglaublich sein. Aber nichtsdestoweniger ist es doch eine gewisse Wahrheit. Ja, was die Seele davon genießt, teilt sich auch den äußeren Sinnen mit. Man fühlt sich gedrungen, auszurufen: Tausend Welten können gegen dich nichts gelten! Diese Erquickten hört man das Lob Gottes verkündigen. Sie sind trunken von den reichen Gütern des Hauses Gottes und werden getränkt mit Wonne wie mit einem Strom. dass sie sich des Lächelns dabei nicht enthalten können, ist natürlich. Es geht ihnen wie Abraham, als ihm der Messias verheißen wurde – er lachte; oder, wie es in Sacharja 9,15 heißt, dass sie trinken und lärmen wie vom Wein und voll werden wie das Becken und wie die Ecken des Altars. Dabei kann die Welt, welche dieses Lärmen nicht kennt, wohl veranlasst werden, wie am ersten christlichen Pfingstfest geschah, zu urteilen: Sie sind voll süßen Weins. Diese Erquickungen sind aber von heiliger Natur. »Wenn du mich tröstest, dann laufe ich den Weg deiner Gebote«, sagt David in Psalm 119,32. Im Genuss dieser Erquickungen wird der Begnadigte es recht inne, dass er nicht bloß verleugnen, sondern auch genießen soll, aber auch welch eine glückliche Wahl er im Absagen der Sünde und der Welt und in der Annahme des Herrn Jesu getroffen hat – wiewohl wir nicht Jesus, sondern er uns erwählt hat.

17. November

So ist nun nichts Verdammliches an denen, die in Christus Jesus sind, die nicht nach dem Fleisch wandeln, sondern nach dem Geist.

Römer 8,1

Für diejenigen, die in Christus Jesus sind und die nicht nach dem Fleisch leben, gibt es keine Verdammung mehr. Dieses erschreckliche Ungeheuer, die Sünde, geht freilich mit wütendem Ungestüm auf Verdammung los. Aber es ist seines Stachels beraubt, nämlich des Gesetzes und des Fluchs desselben. O, herrliches Reich! In demselben zeigt sich Gott nicht wie auf Sinai auf einem Richterstuhl, der alles in Todesangst und Schrecken setzte, sondern auf einem Gnadenthron und bei demselben ein Lamm, das geschlachtet ist; – *einer,* der für alle gestorben ist, wo wir denn dafürhalten, dass sie alle gestorben sind; der uns vor demselben vertritt, wo man also, ohne die geringste eigene Würdigkeit, fragt: »Wer will verdammen, wer beschuldigen? Christus ist hier!« In diesem herrlichen Reich kann auch die Sünde nicht mehr *herrschen*, sie mag sich anstellen, wie sie will. Gott selbst hat die Sünde im Fleisch verdammt und sie vom Thron gestoßen, den sie sonst ewig innebehalten hätte. Sollten wir deswegen verzagen, weil unsere Sünde über unser Haupt gewachsen und groß geworden ist bis an den Himmel, weil alle unsere eigenen Vorsätze scheitern und es ein Gefecht wie mit dem Leviathan ist, welcher der bebenden Lanze spottet und Eisen wie Stroh und Erz wie faules Holz achtet (Hiob 41,19.21), sollten wir verzagen, weil in uns keine Kraft ist? O nein, »die Sünde wird nicht herrschen können über euch, denn ihr seid nicht unter dem Gesetz, sondern unter der Gnade« (Römer 6,14).

18. November

Ich sprach: Ich will dem Herrn meine Übertretungen bekennen. Da vergabst du mir die Missetat meiner Sünde.

Psalm 32,5

Halte mir nur alle meine Sünden vor, so betet der gedemütigte Sünder, entfalte und enthülle sie in ihrer ganzen Abscheulichkeit, decke mir jeden erschwerenden Umstand derselben auf, zeige mir meinen ganzen Lohn, ich gebe alles zu, ich entschuldige, ich bemäntele, ich verkleinere nichts. Aber das sage ich dir auch, ich stehe und liege hier nicht auf meine Gerechtigkeit, deren ich keine habe, sondern eben auf deine Barmherzigkeit. Bist du, ja bist du nicht selber, magst du dich auch noch so feindlich gegen mich stellen, bist du nicht eben Jahwe Zidkenu (d. h. »der Herr, unsere Gerechtigkeit«) und also auch meine Gerechtigkeit? Ist daran der geringste Flecken, Runzel oder Tadel? Nein, nein, du verstößt den armen Sünder nicht, der zu dir flieht. Hast du nicht dein Wort darauf gegeben, dass du gekommen bist, die Sünder zur Buße zu rufen und nicht die Gerechten? Solltest du bei mir anheben, dein Wort selber ungültig zu machen? Das leidet deine Wahrhaftigkeit nicht. Wider deine Gerechtigkeit reicht mir deine große Barmherzigkeit selbst die Waffen.

19. November

Darum will ich mich am liebsten meiner Schwachheit rühmen, auf dass die Kraft Christi bei mir wohne.

2. Korinther 12,9

Hat der Herr in einer Seele einen innigen Hunger nach einem rechtschaffenen Gnadenstand gewirkt, so führt er sie auch auf dem ihm wohlgefälligen Weg und durch die Mittel, die seine mannigfaltige Weisheit dazu ersieht, dem Ziele zu; Mittel und Wege, welche der Vernunft meistens so wenig als zweckmäßig einleuchten, dass sie vielmehr gerade das Gegenteil zu sein scheinen, denn sie sind dem Spruch gemäß: Wenn du mich demütigst, so machst du mich groß. Die an den Wegen Gottes blinde Vernunft macht sich die Hoffnung, man werde immer reicher, stärker in sich selbst werden und je länger, je weniger die Beihilfe des Herrn nötig haben. Aber gerade das Gegenteil! Christus wird je länger, je mehr das Ein und Alles, das A und das O, der Erste und der Letzte, so dass man außer ihm weder glauben noch lieben, weder Gutes denken noch begehren, weder hoffen noch geduldig sein kann, und doch dieses alles und noch mehr kann durch den, der uns mächtig macht, Christus. Und hier, hier ist es, wo das Beten ohne Unterlass recht in Gang kommt, wo also auch ohne Unterlass gegeben wird, was zum Leben und göttlichen Wandel dient, wo der Christ nichts und doch alles hat, schwach und doch stark ist, nichts und deswegen alles vermag.

20. November

Der Mensch kann nichts nehmen, es werde ihm denn gegeben vom Himmel.

Johannes 3,27

In der Freudigkeit seines Herzens und im Genuss der göttlichen Gaben meint der Mensch wohl, nun sei sein Berg so fest gesetzt, dass er nimmermehr daniederliegen werde. Und warum meint er das? Weil er heimlich für sich selbst etwas geworden zu sein glaubt und meint, er habe nun den Glauben bekommen, um welchen er so lange gebetet hat. Aber da kann es noch immer wieder mit ihm dahin kommen, dass er mit Jakob sich selbst ansieht und besorgt, seine mächtigen Feinde möchten ihn noch einst vertilgen samt seinem Hause. O, was hat Gott mit uns zu tun, um uns in die wahre Armut des Geistes einzuführen und darin zu erhalten! Immer und immer wollen wir groß, etwas in uns selbst werden, wachsen, stark, geschickt in uns selbst sein. Immer und immer muss uns daher der Herr von unserer Armut und unserem Elend überzeugen. Aber dieses alles würde auch nichts helfen, gäbe er's nicht endlich selbst einigen Seelen, ihm das Reich, die Kraft und Herrlichkeit zuzusprechen und sich in der Tat und Wahrheit für ein Nichts *selbst dann* zu achten, wenn sie der Gaben die Fülle haben; aber auch in der Tat und mit Beruhigung zu glauben und daran sich zu begnügen, dass in Christus alle Fülle der Gottheit leibhaftig wohnt. Wohl ist's wahr, dass niemand etwas nehmen oder behalten kann, es sei ihm denn gegeben vom Himmel.

Ach, zermalme das Verlangen,
das noch etwas Eitles will,
nimm den bösen Sinn gefangen,
der nicht hält in allem still!

Darum lasset uns hinzutreten mit Freudigkeit zu dem Gnadenstuhl, auf dass wir Barmherzigkeit empfangen und Gnade finden auf die Zeit, wenn uns Hilfe not sein wird.

Hebräer 4,16

Es ist nicht ein Richter-, sondern ein Gnadenthron, oder wenn es ein Richterstuhl ist, so ist es doch nur ein solcher, von dem gnadenvolle Urteilssprüche ausgesprochen werden. Freilich offenbart sich Gott der Seele zunächst als ein strenger Richter. Der Mensch muss vors Gericht, jedoch in Gnaden. Er wird aller eingebildeten Gerechtigkeit verlustig und der Strafe würdig erklärt. Seine Sünden werden wie in Schlachtordnung wider ihn vorgeladen. Er kommt in Jammer und Not. Das ist nötig und, obschon schmerzhaft, doch wohltätig, denn er wird dadurch gedemütigt, und den Demütigen gibt Gott Gnade. Was kann nun also dem gedemütigten Sünder willkommeneres widerfahren, als wenn Gott ihm nach dem Evangelium als in Christus – als auf dem Gnadenthron – offenbar wird! O, welch ein liebens-, welch ein vertrauenswürdiger Gott! Deswegen sagt er auch nicht: »Lasst uns fliehen«, sondern: »Lasst uns hinzugehen«, und das noch »mit Freudigkeit«! Was werden wir denn daselbst finden? Nichts anderes als Barmherzigkeit und Gnade auf die Zeit, wenn uns Hilfe not sein wird. Wie kommt man denn dahin? Nicht anders als so, wie man ist, nicht anders als mit seinen Sünden und seinem Elend.

Von dir hab' ich das Priestertum,
dass ich ins innerst' Heiligtum
darf unverhüllet gehen.
Den Vorhang riß dein Tod entzwei;
ich darf als Bundsgenosse frei
vor deinem Antlitz stehen.
Grämen, Schämen, hat ein Ende,
weil die Hände
sind durchgraben,
die für mich bezahlet haben.

Ihr seid jetzt, wo es sein soll, eine kleine Zeit traurig in mancherlei Anfechtungen, auf dass euer Glaube rechtschaffen und viel köstlicher erfunden werde denn das vergängliche Gold, das durchs Feuer bewährt wird.

1. Petrus 1,6-7

Wie Gold durchs Feuer, so muss der Glaube durch manche Proben und Anfechtungen gehen, um geläutert zu werden und den ihm bestimmten Grad der Läuterung zu erreichen. Es ist der Natur des Glaubens gemäß, nichts zu haben oder zu behalten als Gott allein. Alle sonstigen Stützen müssen brechen. Und das gibt Proben. Mit Israel kommt's bis vor das Rote Meer – und dann hindurch. Josaphat muss ausrufen: »In uns ist keine Kraft«, Hiskia: »Es ist keine Kraft da«, und dann der Sieg durch Gott. Das kranke Töchterlein musste erst sterben, Lazarus noch obendrein bis an den vierten Tag im Grab liegen, Paulus seiner festen Erwartung nach so gut wie tot, Abraham und Sara erstorbenen Leibes sein – dann hilft Gott. Du kannst, du weißt, du hast noch viel außer Gott, daher kannst, weißt, hast du noch so wenig und wirst so geplagt.

Der Grund, warum es uns oft schwer wird, zu glauben, liegt in der Größe der Dinge, welche dem Glauben vorgehalten werden. Dir, dem Missetäter, wird ein Geschenk frei, umsonst dargeboten, das, recht erwogen, fast zu groß und zu herrlich erscheinen möchte, um es anzunehmen und zu glauben, du seist in Wahrheit gemeint. Die völlige Vergebung aller deiner Sünden, eine Gottesgerechtigkeit, die ewige Herrlichkeit, und das *dir!* Wie darfst du dich unterstehen, solche Königreiche und Kaiserkronen als dir wirklich und unbezweifelt zugedacht anzusehen, ja anzunehmen? Ist das nicht unbescheiden, verwegen? Du, ein solcher Sündenwurm, sollst dich in Christus für einen solchen ansehen, der nie eine Sünde begangen noch gehabt hat? Ist das nicht gefährlich, entsetzlich, unerhört? Aber sollte das Blut Christi es nicht wert sein?

23. November

Dem aber, der nicht mit Werken umgeht, glaubt aber an den, der die Gottlosen gerecht macht, dem wird sein Glaube gerechnet zur Gerechtigkeit.

Römer 4,5

Sobald jemand glaubt, wird er auch gerecht vor Gott, und zwar so gerecht, wie Jesus Christus selber. Das ist freilich ein erstaunliches Wunder, wodurch aus Gottlosen auf einmal göttlich Gerechte, aus Unreinen mehr als Engelreine, aus Verfluchten Gesegnete werden, und das in einem Augenblick, in demjenigen nämlich, wo die Vereinigung zwischen Christus und der Seele durch den Glauben vollzogen wird, wo er sich mit der Seele verlobt, und sie den Herrn erkennt. Das ist ein rechter Wunderglaube, welcher Berge versetzt. Sind aber nicht dem, der da glaubt, alle Dinge möglich? Wie das zugehen mag, ist leicht erklärbar. Denn durch den Glauben wird ein Mensch, welcher bisher ohne Gott, ohne Christus war, mit Christus vereinigt, eine Pflanze, ein Leib mit ihm, irgendein Glied an ihm, eins mit ihm. Christus und er machen also eins aus, ja nicht er *und* Christus, sondern wie Paulus spricht, er nicht mehr, sondern Christus in ihm. Christus selbst wird seine Gerechtigkeit. Wollen wir dies durch ein entgegengesetztes Bild erläutern? Ist jemand auch nur leicht von einer Schlange gebissen, so nennt man ihn mit Recht vergiftet und er muss sterben. Ist jemand, auch nur den ersten Anfängen nach, von Christus berührt, so hat er die Rechtfertigung des Lebens und wird nicht sterben, sondern leben und des Herrn Ruhm verkünden.

Ich kleide mich in Jesus ein;
in ihm will ich erfunden sein;
er muss mich decken und erfüllen.
Hätt' ich der Engel Heiligkeit,
ich legte ab mein schönes Kleid,
und wollt' in Jesus mich verhüllen.

24. November

Jaget nach dem Frieden gegen jedermann und der Heiligung, ohne welche wird niemand den Herrn sehen.

Hebräer 12,14

Das Ziel, zu welchem die christliche Religion uns führen will, ist in den Worten ausgedrückt: Den Herrn zu sehen, d.h. ihn zu erkennen und eine vollkommene Gemeinschaft mit ihm zu haben. Dies ist die ewige Seligkeit. Sie wird niemand zuteil ohne Heiligung. Die Heiligung ist zweifacher Art. Die eine und hauptsächliche oder erste geschieht durchs Blut, und zwar durch das Blut Jesu Christi. Sie ist diejenige, die der Herr selbst in den Worten ausdrückt: »Ich heilige mich selbst für sie, auf dass sie geheiligt seien in der Wahrheit« (Johannes 17,19). Sie heißt sonst auch die Versöhnung und die Rechtfertigung zum Leben. Wer diese nicht hat, wird den Herrn nicht sehen, sei er auch, wer er wolle. Wir nennen sie die erste, denn sie muss vorab stattfinden. Auf diese Weise, durchs Blut oder durch ein Opfer, muss man von allen seinen Sünden gereinigt sein. Jagt ihr also nach, dass ihr euch mit nichts Geringerem begnügt, als mit einem so völligen Genuss derselben, wie der Hebräerbrief ihn andeutet, dass ihr los seid von dem bösen Gewissen, weil ihr einmal vollendet seid, dass ihr kein Gewissen mehr habt von den Sünden, sondern Frieden habt mit Gott durch unseren Herrn Jesus Christus. Daraus fließt nun her und ist unzertrennlich damit verknüpft die andere Heiligung, die durch Wasser und Feuer, den Heiligen Geist, bewirkt wird. Sie besteht in der Gleichförmigkeit unserer Gesinnung mit Gott, ohne welche es unmöglich ist, den Herrn zu sehen. Denn ohne dieses würden wir seine Feinde sein und keine Gemeinschaft mit ihm haben können nach seinem Willen.

25. November

Herr, lehre doch mich, dass es ein Ende mit mir haben muss und mein Leben ein Ziel hat und ich davon muss.

Psalm 39,5

Wir reisen alle. Wir reisen stets. Wir rücken immer, schnell, unaufhaltsam und ohne dass wir es merken wie auf einem Dampfboot vorwärts, wir mögen essen, trinken, uns beschäftigen oder ruhen. Es geht immer vorwärts. Zuletzt aber nimmt jeder einen erstaunlichen Schwung, tut einen ganz gewaltigen Satz gar aus dieser Welt hinaus in eine andere hinüber. Dann ist die Reise zu Ende. Das Reisezeug bleibt zurück. Der Reisende selbst ist – ja, wo ist er? Alles schweigt. Man sieht's nicht, glaubt's nur, hofft, fürchtet. Er hat viel und Wichtiges mitgenommen, aber was? Das, was hier meistens für das Unwichtigste gehalten wird, seine Gesinnungen, seine Wünsche, seine Begierden.

Wir reisen. Darüber sind wir alle einverstanden. Aber vielen fällt's gar nicht ein, oder wenn es ihnen einfallen sollte, würden sie doch denken, es sei noch gar nicht Zeit, sich das einfallen zu lassen, ihre Reise werde noch lange dauern. Wird sie? Ihr seid etwa noch Jünglinge, und Salomo gibt, wenn man nur eins dabei weglässt, euch eine willkommene Lebensregel, wenn er sagt: Freue dich, Jüngling, in deiner Jugend und lass dein Herz guter Dinge sein. Tue, was dein Herz gelüstet und deinen Augen gefällt. Lass die Traurigkeit aus deinem Herzen und das Übel von deinem Leib. Das, was sich seltsam dazu reimt, lautet so: »Und wisse, dass dich Gott um dies alles wird vor Gericht führen!« Wer von euch jungen Leuten mag das aber bedenken? Doch gibt's derer auch welche und noch manche, die es zu Herzen nehmen. Sind andere im Alter schon vorgerückt, so verhehlen sie sich ihr Ziel umso mehr, je näher es gekommen ist. Und wie? Betet nicht selbst David: Herr, lehre doch mich, dass es ein Ende mit mir haben muss und mein Leben ein Ziel hat und ich davon muss? Erhellt sich nicht daraus, wie tief der eitle Sinn bei uns gewurzelt und wie groß und allgemein unsere Verblendung sein muss?

26. November

Er ist versucht worden allenthalben gleich wie wir, doch ohne Sünde.

Hebräer 4,15

Verursacht es einer wiedergeborenen, aber doch noch nur anfänglich geheiligten Seele ein so empfindliches Leiden und einen so bitteren Kampf, wenn sie sich von allerhand unreinen, eitlen und sündigen Gedanken angefallen sieht, wenn sie mit David klagen muss: Herr, ungerechte Dinge haben die Oberhand über mich, oder mit Paulus: Ich bin fleischlich und unter die Sünde verkauft, was für ein Leiden, Abscheu, Ekel und Widerwillen musste es denn nicht der durchaus und in einem so hohen Maß heiligen Seele Jesu verursachen, wenn sie, obschon ohne wirkliche Sünde, allenthalben versucht wurde! Und wie bedenklich ist die Versuchung zugleich! Wir wollen eines Davids nicht gedenken, welcher, da er schon eine geraume Zeit in der Gottseligkeit gewandelt, noch zu einer zweifachen Sünde sich verleiten ließ, wovon die eine noch schwerer war als die andere. Aber an Adam wollen wir denken, welcher, obschon keine Sünde in ihm war, doch so von der Schlange umgarnt und bezaubert wurde, dass er fiel, ja einen so großen Fall tat. Was bei dem ersten Adam möglich war, kann an und für sich bei dem zweiten nicht als unmöglich betrachtet werden. Er aber begegnete allen Versuchungen, die wider ihn gesponnen, allen Netzen, die ihm gelegt wurden, mit einer solchen Nüchternheit, Besonnenheit und einem solchen Nachdruck, dass sie an ihm zuschanden wurden in ihrem ganzen Umfang. Der Sieg galt wieder uns armen, von der Sünde besessenen, ihr durchaus nicht gewachsenen, sondern zu einer gewissen Beute anheimfallenden Sündern. Was hätte doch den Sohn Gottes bewegen sollen, seine Herrlichkeit zu verlassen, um sich in einen solchen Unflat zu begeben, hätte er dies nicht zum Zweck gehabt, uns daraus zu heben? Nun ist er ein Seligmacher seines Volkes aus der Sünde. Er schafft's, dass dieselbe seine Gläubigen weder verdammen noch beherrschen kann. Die Aussätzigen werden rein.

Christus ist das Haupt des Leibes, nämlich der Gemeinde.
Kolosser 1,18

Als das Haupt ist Christus zugleich der Bischof (d. h. Aufseher) seiner Gemeinde. Ein Bischof aber sorgt für seine Gemeinde, dass ihr nichts Böses, kein Schaden begegnet, ohne dass er ersetzt wird. Er sorgt dafür, dass es ihr an keinem Guten fehlt. Und heißt es nicht ausdrücklich: Sorget nichts, denn er sorgt für euch? Die Gemeinde ist berechtigt, alle ihre Anliegen auf das Herz des großen Bischofs zu werfen und ihn sorgen zu lassen. Und wenn er fragt: »Habt ihr je Mangel gehabt?« werden sie nicht mit den Jüngern antworten müssen: »Herr, niemals?« (Lukas 22,35).

Einem Bischof ziemt Freundlichkeit, Mitleiden und Demut. Und bleibt uns an dem Bischof unserer Seele etwas zu wünschen übrig? Er rühmt sich seiner Sanftmut und Demut und hält sie den Mühseligen und Beladenen als eine Aufmunterung vor, seiner Einladung, zu ihm zu kommen, desto mehr Gehör zu geben. Oft sah man's ihm an, wie ihn der Elenden jammerte, und wenn er Tränen sah, musste er mitweinen. Er stellte sich unter dem Bild eines Hirten dar, der seine Herde langsam führt und die Lämmer, welche nicht gehen können, in seine Arme nimmt, auf seiner Achsel, ja an seiner Brust trägt, und lässt den Jesaja von ihnen sagen: »Wer sie ängstigte, ängstigte ihn selbst« (Jesaja 63,9). Nie schämte er sich bußfertiger Sünder, wenn auch andere ihm dieses übelnahmen und meinten, er hätte sie weit von sich stoßen sollen. Ja, selbst einen Schächer wies er nicht von sich, da er noch in den letzten Lebensstunden sich an ihn wandte. Und obschon ein Petrus ihn verleugnete, nannte er ihn doch seinen Bruder.

Allerlei seiner göttlichen Kraft, was zum Leben und göttlichen Wandel dient, ist uns geschenkt durch die Erkenntnis des, der uns berufen hat durch seine Herrlichkeit und Tugend.

2. Petrus 1,3

Wer versteht's wohl, zu glauben, wie es sich gebührt? Dieser meint, er glaube und sei damit längst fertig, das beweist, dass er noch nicht einmal begonnen hat und nicht weiß, was Glauben ist. Der meint, er glaube, weil er alle die Geschichten von Jesus für wahr hält. Jener denkt, wenn man von Glauben rede, so meine man eine feste Einbildung, man sei begnadigt und würde selig werden. Dieser meint, es sei gewiss seligmachender Glaube, wenn man sich auf gute Gründe und nach allerhand Erfahrungen von Traurigkeit und Trost für ein Kind Gottes hält. Wenn's aber richtig getroffen wird, dann ergibt sich: nicht aus euch, Gottes Gabe ist es. Wo ist euer Glaube dann? Endlich, wo nehmen wir alle die Kräfte her, die dazu erforderlich sind, um nach Beschaffenheit der Umstände unsere Gottseligkeit nicht mit Worten allein, sondern auch mit der Tat zu beweisen, im Kreuz geduldig, bei Kränkungen sanftmütig und versöhnlich, bei Beleidigungen demütig zu sein, in der Not auf Gott zu vertrauen? Wie, wie kommen wir in das biblische Geleise und in die Friedensspur, wo wir wirkliches Leben und volle Genüge haben und mit David singen können: »Mir wird nichts mangeln«, wo wir also wirkliche Ruhe finden für unsere Seele, wir, die wir von Natur nicht nur wehrlosen und hilfsbedürftigen, sondern auch irrenden Schafen gleichen?

Für dies und alles, was die ganze Gemeinde täglich bedarf, haben wir unseren gnädigen, großen und ewigen Bischof im Herrn Jesus Christus.

29. November

Ich bin mit Christus gekreuzigt. Ich lebe aber; doch nun nicht ich, sondern Christus lebt in mir. Denn was ich jetzt lebe im Fleisch, das lebe ich in dem Glauben des Sohnes Gottes, der mich geliebt hat und sich selbst für mich dargegeben.

Galater 2,19-20

O eine köstliche Sache, köstlicher, als wenn das Gemüt seine Erquickungen durch Worte, durch wörtliche Verheißungen empfängt, welche selten von Dauer zu sein pflegen! Ach, welche Barmherzigkeit, wenn nicht so sehr einzelne Erleichterungen geschenkt werden, worauf bald wieder neue Beklemmungen folgen, sondern wenn es der Seele gegeben wird, aus der Wüste heraufzufahren wie ein gerader Rauch und sich an ihren Freund zu lehnen, wo es denn heißt: Wie schön ist dein Gang in deinen Schuhen, du Fürstentochter! Welche Barmherzigkeit, wenn es ihr geschenkt wird, sich fortwährend gegen ihren Seelenfreund und Gnadenstuhl gehörig zu benehmen, in tiefster Armut des Geistes, in ungefärbter Aufrichtigkeit und völligem Glauben still fortzuwandeln, und ihr Stand dem apostolischen gleicht, der in den Worten beschrieben wird: »Ich bin mit Christus gekreuzigt.« In diesem Segen ist alles begriffen, was zum Anfang und Fortgang, zur Erweckung und tieferen Gründung erforderlich ist, mit *einem* Wort: die wesentliche Zueignung der durch Christus erworbenen Heilsgüter durch den Heiligen Geist und der Heilige Geist selber.

Lebst du, lass mich auch leben
als Glied an deinem Leib,
dass ich gleich einer Reben
an dir, dem Weinstock, bleib'!

30. November

Ich hatte viel Bekümmernis in meinem Herzen, aber deine Tröstungen ergötzten meine Seele.

Psalm 94,19

Gewiss ist's, dass der Herr die Seinen, wenn sie eine Zeitlang in tiefen Anfechtungen und inneren Leiden zugebracht haben, oft auf eine ganz vorzügliche Weise zu erquicken pflegt. Je dunkler und angstvoller die vorhergehende Nacht war, desto erquickender, desto entzückender ist das darauf folgende Licht. Je tiefer die Klagen, desto höher das Lob. Und nie wird der Herr inniger gepriesen als von tief gedemütigten Seelen. »Er wendet sich zum Gebet der Verlassenen und verschmäht ihr Gebet nicht« (Psalm 102,18). »Sei nun wieder zufrieden, meine Seele, denn der Herr tut dir Gutes … Du hast meine Bande zerrissen« (Psalm 116,7.16). Sie erblickt in den Demütigungswegen die besondere Treue und Güte des Herrn. Sie findet, dass sie zu lauter Segen führen, da sie lauter Unheil darin zu sehen glaubte; dass sie lauter Liebe sind, während sie wohl dachte: Wenn der Herr sie einigermaßen lieb hätte, so würde er's ganz anders machen. Jetzt wird ihr's aber klar, und so denkt sie wohl, sie werde fortan nicht mehr zagen, und wenn's noch so sonderbar mit ihr ginge. Ob sie aber wird Wort halten können, ist eine andere Frage. Gewiss ist aber: Wenn Gott entzieht das Seine, bleibt Sünd und Schwachheit meine. Und dem lernen zuzustimmen, ist auch Weisheit und Gnade.

1. Dezember

Setzt eure Hoffnung ganz auf die Gnade, die euch dargeboten wird durch die Offenbarung Jesu Christi.

1. Petrus 1,13

Was wollen wir denn davon sagen, wie begehrenswert die Gnade des Herrn sei? Jesus selbst nennt sie ein Gold, das mit Feuer durchläutert ist, wodurch man reich wird, und Petrus bemerkt, sie würde viel köstlicher erfunden als das vergängliche Gold. Ist's niemandem zu verdenken, wenn er sich rühmt, in einer besonderen Gnade beim König zu stehen, was will das denn doch zu bedeuten haben, bei dem König aller Könige in besonderer Gnade zu stehen! Müsste man sich das, ich weiß nicht durch was für Opfer und was für Mühseligkeiten, erkaufen, wer wollte sich bedenken? Und nun wird sie umsonst und unentgeltlich ausgeteilt. Es ist nicht zu verwundern, wenn sich manche Seelen ordentlich schüchtern und zaghaft machen lassen, ja, sich entsetzen über den großen Gedanken: Gott ist mir um Christi willen gnädig, solange sie das »um Christi willen« nicht recht fassen; dass sie sich bemühen, sich noch irgendeine Art von Würdigkeit zu verschaffen, bis ihnen endlich alles aus der Hand fällt und sie ausrufen können: Wohlan, willst du denn umsonst Gnade erweisen, so sei es, Herr Jesus! Ja, hier bin ich! Habe mich lieb nach aller deiner Herzenslust und nach meinem Bedürfnis!

Wie kann es sein? Ich sag' es noch:
Herr, ist es auch Betrug?
Ich großer Sünder hab' ja doch
verdienet deinen Fluch!
Nein, Jesus, du betrügest nicht,
dein Geist mir Zeugnis gibt,
dein Blut mir Gnad' und Fried' verspricht:
Ich werd' umsonst geliebt.

2. Dezember

Es wird ein Durchbrecher vor ihnen herauffahren.

Micha 2,13

Ist ein solcher Durchbrecher da, so wagt es und erklärt im Aufsehen auf ihn dem ganzen Sünden- und Satans-Reich den Krieg!

Ist es töricht, mit zehn demjenigen entgegenzuziehen, der mit zwanzig zu uns kommt, hier ist der umgekehrte Fall. Er kann euch zu mehr als Überwindern machen, so dass ihr durch ihn alles vermögt. Es sage niemand: »Ich bin schwach.« Werdet vielmehr recht schwach! Lernt es recht einsehen, wie hoch eure Feinde euch über das Haupt gewachsen sind, wie fest sie euch gebunden haben! Verzagt nur gründlich an euch selbst und an allem Eurigen! Seid ihr erst so glücklich, ganz schwach zu sein, so werdet ihr dann auch innewerden, wie seine Kraft in dem Schwachen mächtig ist, und werdet Wunder seiner Gnade in eurem Inneren erfahren, die ihr bis dahin nicht kennt. Je seltsamer und wunderlicher es euch geht, umso herrlicher wird der Ausgang sein.

Unser König hilft uns überschwänglich. Wenn ihr könnt, so traut ihm mit ganzer Macht und ohne Ende und allein und ganz! Könnt ihr's nicht und geht ihr in euch selbst zugrunde: Er wird seine Hand zu den Kleinen wenden. Geht die Sonne an einem Ende unter, so geht sie an der entgegengesetzten Seite wieder auf. Selig und heilig ist, der teilhat an diesem König! Selig, selig ist, der mit diesem König wahrhaft vereinigt ist, von dem es heißt: Ich in ihnen und sie in mir; ich will dich nicht verlassen noch versäumen! Denn es wird ein Durchbrecher vor ihnen herauffahren, und sie werden durchbrechen und zum Tor aus- und einziehen, und ihr König wird vor ihnen hergehen und Jahwe vornean. Ihm sei die Ehre und Herrlichkeit und Dank!

Herrscher, herrsche! Sieger, siege!
König, brauch dein Regiment!
Führe deines Reiches Kriege,
mach der Sklaverei ein End'!

3. Dezember

Die Wege des Herrn sind eitel Güte und Wahrheit denen, die seinen Bund und seine Zeugnisse halten.

Psalm 25,10

O, welche schmerzliche und doch so nützliche Erfahrung von der Verderbnis und Ohnmacht ihres Herzens müssen die Kinder Gottes oft machen, wenn der Herr sie in seine Schule nimmt! Ihr Zustand gleicht der Witterung im März. Jetzt scheint die Sonne so lieblich, dass die Frühlingsblumen ihre Kelche öffnen, als wollten sie den Triumph des Frühlings über den Winter feiern. Aber plötzlich hüllt sich der Himmel wieder in ein dunkles Gewölk. Schnee und Hagel stürzen herab, und der Winter scheint das Feld zu behalten. Wenigstens bietet er sein Äußerstes auf, um sich und seine strenge Herrschaft zu behaupten. Doch er verliert dieselbe, und die stille Macht des Frühlings gewinnt es seinem Toben doch ab. O heilsame Wege, wodurch der Herr die Seele von dem falschen Grund ab auf den rechten wahren Grund leitet! Der Heilige Geist führt aber die Gläubigen nach und nach aus der Mannigfaltigkeit in die Einheit, dass sie aufhören können, sich mit Martha viel Sorge und Mühe zu machen und das beste Teil der Maria erwählen, welches nicht von ihnen genommen wird, indem sie sich zu Jesu Füßen setzen und ihm zuhören. Er gibt ihnen seinen Frieden erst in einzelnen Augenblicken zu genießen und dann als einen Stand des Friedens, weil sie nun den ganz gefunden, den ihre Seele liebt, und weil sie nun sitzen unter dem Schatten dessen, den sie begehren und dessen Frucht ihrer Kehle süß ist, wo sie dem Herrn anhangen und ein Geist mit ihm sind. O, was berechtigt uns doch zu glauben, als ob es nur Kinder und Jünglinge, nicht aber auch Väter in Christus geben könnte? Ist die Güte Gottes nicht alle Morgen neu? Und ist seine erwärmende Gnade nicht jetzt noch ebenso mächtig, als da das sie erwerbende Blut noch warm aus den Wunden des Lammes quoll?

Lass deinen Knecht dein Gebot fest für dein Wort halten, dass ich dich fürchte.

Psalm 119,38

So mögen wir wohl mit David beten, wir würden dann die Herrlichkeit Gottes sehen und finden, dass wir an derselben einen Trost haben, der im Elend nicht umkommen lässt. Hat er uns nicht alles versprochen, was zu unserer Seligkeit, Freude und Wohlfahrt erforderlich ist und gleichsam noch zum Überfluss befestigt ist mit Brief und Siegel, mit Taufe und Abendmahl? Was können wir mehr verlangen? Will er nicht Missetat und Übertretung vergeben? Was ängstigen wir uns denn? Der Teufel und unser eigenes lügenhaftes Herz mögen dagegen murren, was sie wollen. Will er uns nicht ein neues Herz geben und selbst Leute aus uns machen, die in seinen Geboten wandeln, seine Rechte halten und danach tun? Und wir sollten töricht genug sein zu sorgen, wir müssten unser unartiges Herz deswegen behalten, weil wir es selbst nicht ändern können? Christus selbst sollte uns zur Weisheit gemacht sein und wir doch immer töricht bleiben? Er sollte unsere Heiligung übernommen haben und wir doch unrein bleiben? Die Hauptursache, dass wir noch nicht vollkommene Heilige sind, liegt darin, dass wir zu hochmütig und zu werkheilig sind, um alles aus lauter Gnade und um seines Wortes willen zu erwarten.

Dein Wort ist unsers Herzens Trutz
und deiner Kirche wahrer Schutz;
dabei erhalt uns, lieber Herr,
dass wir nichts andres suchen mehr!

5. Dezember

Herr, ich warte auf dein Heil.

1. Mose 49,18

Ein jeder Christ muss warten, nicht bloß auf seine vollkommene Seligkeit und Herrlichkeit, sondern auch darauf, zu derselben tüchtig gemacht zu werden. Das ist oft sehr beschwerlich, wenn man zwar das Wollen des Guten hat, aber das Vollbringen fehlt; wenn man wohl erkennt, wie man es bei seinem Christentum weit seliger, lebendiger haben könnte, als man es hat, aber nicht dahin zu gelangen weiß; wohl einsieht, wie diejenigen es doch so vergnügt haben, die so vertraulich mit dem Herrn umgehen können, die so kindlich glauben, ohne Unterlass beten, alle ihre Sorge auf den Herrn werfen, sich allewege in ihm freuen und sich so unbekümmert seiner Leitung und Pflege anvertrauen können; wenn man wohl einsieht, dass dies nicht nur etwas sehr Seliges und sehr Heiliges, sondern auch möglich und durch Gottes Gnade erreichbar ist; aber dabei sagen muss: »Ach, wer gibt mir Adlerflügel?«, und wenn man bekennen muss, dass dies durch eigene Bemühung nicht zu erreichen ist und der Mensch nichts nehmen kann, es werde ihm denn vom Himmel gegeben. Nun, »getreu ist ja, der euch ruft, er wird's auch tun« (1. Thessalonicher 5,24). Wird's euch einmal gegeben, das »Er wird's tun« recht aufzufassen, zu glauben und zu verstehen, so wird euer Friede werden wie ein Wasserstrom und eure Gerechtigkeit wie Meereswellen. Ja, er wird's tun! O lobt den Herrn!

6. Dezember

Durch die herzliche Barmherzigkeit Gottes hat uns besucht der Aufgang aus der Höhe, auf dass er erscheine denen, die da sitzen in Finsternis und Schatten des Todes, und richte unsere Füße auf den Weg des Friedens.

Lukas 1,78-79

Seine Erscheinung ist die Offenbarung der höchsten Liebe Gottes, wie sich an ihm auch seine Gerechtigkeit in ihrem vollen Umfang erwiesen und verherrlicht hat, und Paulus leitet den Schluss daraus her: Wie sollte er uns mit ihm nicht alles schenken? Dem sich Nahenden tönt nun keine Stimme entgegen, ihn zurückzuscheuchen, wie dem Mose, sondern an alle Mühseligen und Beladenen ergeht der Ruf: Her zu mir! Nicht heißt es mehr: »Lass sie von ferne anbeten«, sondern vielmehr: »Lasst uns mit Freimütigkeit hinzutreten!« (Hebräer 4,6). Knechtische Furcht, die vor einer beleidigten und noch nicht ganz versöhnten Majestät zittert, ist der neutestamentlichen Verfassung nicht angemessen, wo vielmehr ein Geist der Kindschaft waltet, welcher »Abba, lieber Vater« schreit, und wo eine Liebe das Regiment führt, die alle Furcht austreibt und allen Zwang aufhebt. Durch Mose wurde das Gesetz, welches fordert: »Tue das!« – ohne weder Kraft noch Lust mitzuteilen, das den Fluch ausspricht und die Erlösung nur im fernen Schimmer zeigt. Aber durch Christus ist die Gnade und Wahrheit geworden. Seine Erscheinung deutet auf lauter Erlösung hin, und von ihm mag es mit höchsten Nachdruck heißen: »Ich bin herniedergefahren, mein Volk zu erlösen.« Wo sind die Mittel, die uns erlösen mögen? Statt aller ist *ein* Mittel da, und das ist kein anderes als Jesus Christus selber. Ist er nicht dazu erschienen, die Werke des Teufels zu zerstören? Ist er nicht gekommen, zu suchen und selig zu machen, was verloren ist? Ist er uns nicht gemacht zur Erlösung? Und ist wohl in einem anderen Heil? Es ist uns ja kein Name gegeben, darin wir sollen selig werden, als der Name Jesus. Mut deswegen, ihr, die ihr nach Erlösung schmachtet! Mut, denn dieser wird sein gefangenes Volk erlösen, und »wer zu mir kommt, den werde ich nicht hinausstoßen«.

7. Dezember

Das Gesetz ist unser Zuchtmeister gewesen auf Christus hin, dass wir durch den Glauben gerecht würden.

Galater 3,24

Das Gesetz kommt zu jedem Erweckten als ein Fronvogt und Zuchtmeister. Die Frage: »Was muss ich tun, dass ich selig werde?« ist ihm wichtig und Hauptsache geworden. Er schickt sich auch wirklich zum Tun an und nimmt sich vor, sich zu bekehren und sein Leben zu bessern, sucht dies auch in eine tätige Ausübung zu bringen. Er fängt seine Besserung nicht nur mit ernstlichem Vorsatz an, sondern auch mit Gebet um den göttlichen Beistand und in der zutrauenden Erwartung, der Herr werde ihm auf diesem guten Weg gewiss Gedeihen geben. Aber es geht ihm wie Leuten, die ein altes Haus reparieren. Sie meinten, eine kleine Hilfe würde ausreichen, aber je mehr sie reparieren, desto mehr Baufälliges werden sie gewahr und sehen ein, dass es am besten ist, von Grund auf neu zu bauen. Sie sehen mit Paulus ein, dass selbst die Lust Sünde ist und machen die betrübende Entdeckung, welche ein Lied in den Worten ausdrückt: »Die Sünd' hat mich besessen.« Ihr Gewissen ängstigt sie, die Heiligkeit und Gerechtigkeit Gottes schreckt sie, die Drohungen beklemmen sie, so dass sie oft nicht ein noch aus wissen, zumal da ihren besten Vorsätzen die Kraft mangelt, ihrem Herzen die standhafte Richtung zum Guten zu geben. So wird man fürs Evangelium vorbereitet.

Schau auf meinen großen Jammer,
stille des Gesetzes Dräu'n!
Denn dies Wort ist als ein Hammer
und zermalmt mir mein Gebein.

8. Dezember

Wahrlich, es hat Israel keine Hilfe denn am Herrn, unserm Gott.

Jeremia 3,23

Solange ein Mensch meint, er bedürfe der Hilfe Christi so sonderlich nicht, solange er meint, er wolle sich ohnehin schon Gott gefällig beweisen und sein Heil bewirken können, er sei so elend nicht, sei ein so großer Sünder nicht, ja, solange er meint, zu einigem Guten geschickt zu sein, so lange kann er auch nicht recht an Christus glauben. Aber ein Herz, das sich im tiefsten Elend und der kläglichsten Ohnmacht versunken sieht, ein Herz, das seinerseits keine Würdigkeit, nicht das geringste Gute vor Gott bringen kann, das Heil gar nicht mehr zustande zu bringen weiß und sich von eigener Weisheit, Kraft und Würdigkeit ganz entblößt findet, das ist erst recht geschickt zum Glauben. Das ist aber in der Tat nichts Geringes, sondern es muss mancher Tritt bergab getan werden, ehe man so tief in des Geistes Armut gegründet ist. Dann lehrt die Not glauben. Nicht, als ob man dann dasselbe aus sich selbst zu üben vermöchte. Ach, man findet sich dann wohl ganz ungeschickt dazu. Aber nun kann sich Christus eben recht verherrlichen. Nun bückt man sich auch tief zu seinen Füßen. Nun bittet man demütigst um Kraft und Erlaubnis, nur seines Kleides Saum anrühren zu dürfen, nur um ein wenig Gnade. Nun sieht man auf ihn allein, fest überzeugt, dass unser Heil nur von ihm abhängt und herrührt, wovon man ihm denn auch alle Ehre allein zu Füßen legen will.

9. Dezember

Hosianna! Gelobt sei, der da kommt im Namen des Herrn! Hosianna in der Höhe! Matthäus 21,9

Wir feiern jetzt nach einem alten Brauch der Christenheit die sogenannte Adventszeit. Advent ist ein lateinisches Wort und heißt: Ankunft, Zukunft. Mit diesem Namen werden die vier Wochen vor dem Christfest benannt, weil die Christenheit es für angemessen erachtet hat, dass jährlich während einer festgesetzten Zeit Absicht, Zweck und Ursache der Wiederkunft Jesu Christi in diese Welt, seine Geburt und Menschwerdung besonders und hauptsächlich erwogen werde, wie sie auch eine Zeit von sieben Wochen der ausschließlichen Betrachtung der hochwürdigsten Leiden unseres Heilandes gewidmet hat. Wie könnte auch wohl ein erhabenerer Gegenstand der Feier ersonnen werden als die Feier der Menschwerdung des Sohnes Gottes? Er selbst, Jesus, ruft ja gleichsam bestürzt aus: »Also hat Gott die Welt geliebt, dass er seinen eingeborenen Sohn gab, auf dass alle, die an ihn glauben, nicht verloren werden, sondern das ewige Leben haben.« Und wie wird im Himmel, nicht nur von den vollendeten Gerechten, sondern auch von allen heiligen Engeln, dieses majestätische Geheimnis angebetet und besungen werden bis in alle Ewigkeit! Gott wird ein Mensch – welch eine Begebenheit! Wären wir nicht so blind, nicht so träge und ungläubig, nicht so irdisch und eitel, nicht so zerstreut und gottlos, o wie würden wir anbeten, staunen und niederfallen! Ja, wer würde es ertragen können, am Leben bleiben können, wenn die majestätische Wahrheit einen ihr angemessenen, vollkommenen Eindruck auf uns machte, die Wahrheit, wovon Paulus ausruft: »Anerkannt groß ist das gottselige Geheimnis: Gott geoffenbart im Fleisch!« (1. Timotheus 3,16). Denn nicht um der Engel, sondern um der bußfertigen Sünder willen wird Gott ein Mensch. Bei und in ihm finden wir Leben, Gerechtigkeit, Seligkeit. Von ihm, dem Mensch gewordenen Christus, ist besonders wahr: Er ist die Liebe. Zu ihm darf man sich getrost nahen, wenn man sich nur von Herzen für einen Übeltäter hält und gern gerecht und heilig wäre. Dann macht Christus uns auch gerecht und selig, denn er »ist gekommen, selig zu machen, was verloren ist«.

10. Dezember

Du bist der Schönste unter den Menschenkindern, holdselig sind deine Lippen.

Psalm 45,3

Und was ist es, den Schönsten unter den Menschenkindern zu sehen! Die Braut im Hohenlied ruft über ihn aus: Alles, was an ihm ist, ist höchst begehrenswert. Was lässt sich Schöneres sehen, als die schlechte Krippe und in derselben das höchste Gut, den uns gegebenen Sohn, das uns geborene Kindlein, dessen Herrschaft auf seiner Schulter ist, der da heißt: Wunderbar, Rat, Kraft, Held, Ewig-Vater, Friedefürst! Wo ist etwas so Schönes zu sehen wie der Mann der Schmerzen am Kreuz, wo er für uns zum Fluch wird, um uns den Segen zuzuwenden, wo er uns mit Gott versöhnt, wo die Handschrift unserer Sünden aus dem Mittel getan, wo unser alter Mensch gekreuzigt und getötet, wo die ewige Gerechtigkeit angebracht wird! Reiht sich denn daran die Schönheit seiner Auferstehung und seiner Himmelfahrt, die uns ihn als denjenigen offenbaren, der wirklich alles und uns in sich selbst vollendet hat; was kann Schöneres erdacht werden, als dass dieser Eine unsere Gerechtigkeit, unsere Kraft, unser Alles ist! Wollt ihr etwas Schöneres sehen, so »geht hinaus und schaut an, ihr Töchter Zions, den König Salomo in seiner Krone« (Hohelied 3,11)! Und wie herrlich ist der wichtige Umstand, dass seine Gemeinde, in sich selbst so ungestaltet, in ihm so vollkommen, so ohne Flecken, Runzel und Tadel, so heilig und unsträflich, so schön ist, dass er in dem genannten heiligen Buch zu ihr sagt: »Du bist ganz schön und kein Flecken ist an dir« (Hohelied 4,7), ja, sie auch selber Mut genug gewinnt, in einem gläubigen Echo zu erwidern: »Ich bin lieblich!«

11. Dezember

Gott aber sei Dank für seine unaussprechliche Gabe.

2. Korinther 9,15

Die Gabe ist so groß, dass niemand der Geber sein kann als Gott. Denn Gott hat einen Gott gegeben, der lebendig macht, welche er will, der das Leben in sich selber hat, der immerdar selig machen kann. Der Beweggrund zu der Gabe lag nicht in denen, welchen sie zuteilwurde. Niemand war und ist ihrer wert noch kann sich jemand ihrer wert machen. Es war und ist keine Vergeltung für Gott geleistete Dienste und für ein ihm angenehmes Wohlverhalten. Da ist nicht, der Gutes tue, auch nicht einer. Du hast nicht um mich gearbeitet, o Jakob. Es war niemand, der diese Gabe auch nur begehrte, also auch niemand, der Gott darum gebeten, der ihn gerufen hätte, weil niemand verständig ist und nach Gott fragt, auch, nachdem er seine große Gabe geschenkt hat. Ebenso wenig hat jemand Gott etwas zuvor gegeben, das ihm wieder zu vergelten wäre. Ja, niemand dankt ihm aus eigenem Antrieb dafür. Will er daher gütig sein, so muss er sich gegen Undankbarkeit und Bosheit also erweisen, weil er niemand anders findet. Da Gott also den Beweggrund zu seiner Gnade nicht außer sich suchte und antraf, suchte und fand er ihn in sich selbst. Es war seine Freundlichkeit und Leutseligkeit. Er tat's, weil er den Reichtum seiner Herrlichkeit kundtun wollte an den Gefäßen seiner Barmherzigkeit, die er bereitet hat zur Heiligkeit. Nicht um der Werke willen der Gerechtigkeit, die wir getan hatten, sondern nach seiner Barmherzigkeit machte er uns selig. Er wollte seinen Zorn aber durch Gnade beweisen zur Ehre seines heiligen Namens und seine Verherrlichung in der Seligmachung in sich selbst ewig verlorener Sünder. Fragst du, Sünder, nach der Grundursache des Heils? Suche sie hier! Hier findest du sie lauter und ganz.

Wer aber sein Zeugnis annimmt, der versiegelt es, dass Gott wahrhaftig ist.

Johannes 3,33

Kommt zur Erleuchtung vollends die Versiegelung hinzu, so wird die Seele gewissermaßen vollendet, dass sie mit Jakob und Paulus sagt: Ich habe alles. Dies ist die Ermächtigung, wodurch die Seele tüchtig gemacht wird, sich das ganze Heil mit Zuversicht anzueignen, dass es auch ihr ganz und ewig angehöre und zuteilwerden solle. Jedoch bekommt sie diese Güter glücklicherweise nicht selbst in Besitz und Verwahr, wo es aufs Neue gehen würde wie im Paradies. Wir liegen mitten im Tod, mitten im Elend, suchen und haben deshalb unser Heil außer uns in Christus, der da sagt: Im Glauben will ich mich mit dir verloben. Wir sind und bleiben arm und elend, hoffen aber auf ihn. Täglich bedürfen wir Manna. Täglich regnet es. Täglich sammeln wir's. Wer viel sammelt, hat nicht mehr, wer wenig sammelt, nicht weniger. Die ganze Vollendung ist der Zukunft im Himmel vorbehalten und hier auf Erden nicht zu erwarten. Der Gott aller Gnade aber wird euch, die ihr, wenn es sein soll, eine kleine Weile leidet, ebenso wohl vollbereiten, wie stärken, kräftigen und gründen. Hier ist und bleibt alles Stückwerk, ja wir fehlen alle mannigfaltig. Wenn aber die Vollkommenheit kommen wird, so wird das Stückwerk aufhören. Eines tue ich. »Ich vergesse, was dahinten ist, und strecke mich zu dem, das da vorne ist, und jage nach dem vorgesteckten Ziel, nach dem Kleinod, welches vorhält die himmlische Berufung Gottes in Christus Jesus, ob ich's ergreifen möchte, nachdem ich von Christus Jesus ergriffen bin« (Philipper 3,12-14).

Ihr seid gekommen zu dem himmlischen Jerusalem und zu der Menge vieler tausend Engel und zu der Gemeinde der Erstgeborenen, die im Himmel angeschrieben sind.

Hebräer 12,22-23

Obschon noch hier auf Erden streitend und leidend, stehen die Gerechten doch in der engsten Verbindung mit der oberen Gemeinde. Denn sie sind gekommen zu der Gemeinde der Erstgeborenen, die im Himmel angeschrieben sind, und zu den Geistern der vollkommenen Gerechten. Sie sind mit denselben die Auserwählten, deren Namen geschrieben sind in dem Lebensbuch des Lammes, und in Christus Gottes Erstgeborene, seiner Natur teilhaftig und deshalb Erstlinge seiner Kreatur (Jakobus 1,18), so sie fliehen die vergängliche Lust der Welt. Sie sind »erkauft aus den Menschen zu Erstlingen Gott und dem Lamm« (Offenbarung 14,4). Sie sind Könige und Priester, Erben Gottes und Miterben Christi. Sie sind gerecht, doch noch nicht in der Wirklichkeit, dem Besitz und Genuss nach vollendet. Ein Teil ist auch dies, aber er ist im Himmel. Mit diesem sind sie eng verbrüdert, und was jene vollendet und erreicht haben, sollen sie auch so gewiss erreichen, als ob sie schon wirklich dort angelangt wären, wie sie's auch in Christus Jesus sind. Das Vollbereiten ist ebenso gewiss als das Stärken, Kräftigen, Gründen, mögen sie hier auf Erden auch, »wo es sein soll, eine kleine Zeit leiden und traurig sein in mancherlei Anfechtungen« (1. Petrus 1,6).

Wie freut sich doch mein ganzer Sinn,
dass ich schon eingeschrieben bin
in der verlobten Glieder Zahl,
durch meines holden Königs Wahl!
Wie gerne bleib ich hier ganz rein,
weil ich ein Glied der Braut will sein.

14. Dezember

Und auf dass ich mich nicht der hohen Offenbarungen überhebe, ist mir gegeben ein Pfahl ins Fleisch, nämlich des Satans Engel, der mich mit Fäusten schlage, auf dass ich mich nicht überhebe.

2. Korinther 12,7

In dieser Schule wird man klein, wie auch Paulus davon einen Beweis liefert. Da vergeht aller Ruhm. Man darf sich keiner natürlichen noch geistlichen Gaben rühmen, sondern gleicht einem leeren Gefäß, das sich selbst nicht zusammenhalten kann. Da vergeht alles Selbstvertrauen, und alle Hilfe steht da und ist zusammengefasst in dem Namen des Herrn, der Himmel und Erde geschaffen hat. Man sieht sich genötigt, lediglich auf Gott, und zwar auf einen Gott zu hoffen, welcher die Toten lebendig, welcher die Gottlosen gerecht macht und der dem ruft, das nicht ist, dass es sei. Man verliert sein eigenes Leben, damit Christus unser Leben und alles sei. Ja, in dieser teuren Schule, wo man sein Alles zum Schulgeld darlegen muss, wird man für alles verdorben, was nicht die lautere Milch des Evangeliums ist. Gott wird allein weise, allein groß, allein heilig, er wird es ganz und allein. Und ist das nicht ein wichtiger, ist das nicht der höchste und letzte Zweck Gottes?

15. Dezember

Eine satte Seele zertritt wohl Honigseim; aber einer hungrigen Seele ist alles Bittere süß.

Sprüche 27,7

Es geht im Natürlichen so, dass Entbehrungen erst auf den Wert der Dinge aufmerksam machen, die man sonst wenig beachtet. Die Gesundheit, ein schmerzloser Zustand, wird von denen nicht hoch angeschlagen, die sie fortwährend genießen, sondern die schätzen sie hoch, welche sie entbehren. »Eine satte Seele zertritt wohl Honigseim; aber einer hungrigen Seele ist auch das Bittere süß«, sagt Salomo in Sprüche 27,7. Und so findet's sich auch im Gnadenreich. O wie kostbar werden Brosamen, die von des Herrn Tische fallen, solchen Seelen, die sich zu den Hündlein rechnen müssen! Es kann jemand wohl so arm sein, dass er einen Pfennig mit Danksagung empfängt und so elend, dass schon ein Schimmer der Hoffnung ihn erquickt. Gott will, wir sollen jedes Gnadenbröcklein gar hoch und uns dessen für ganz unwürdig achten, und dies lernen wir auf ungewöhnlichen Wegen. Er kann uns in den Kot tunken, uns eine Zeitlang allein lassen, dass wir innewerden müssen, was wir sind, können, wissen, haben, und so klein werden wie ein Wurm. Da lernen wir aus der Tiefe der Not zu Gott schreien.

16. Dezember

Und es wird eine Rute aufgehen von dem Stamm Isais und ein Zweig aus seiner Wurzel Frucht bringen. Jesaja 11,1

Im Paradies stand ein Baum, von welchem es hieß: »Esst nicht davon, damit ihr nicht sterbet.« Hier aber steht ein Baum, von dem gesagt wird: »Esst, so werdet ihr leben!« Denn, sagt Jesus in Johannes 6: »Ich bin das lebendige Brot, das vom Himmel gekommen ist. Wer von diesem Brot essen wird, der wird leben in Ewigkeit.« Was muss das für ein Baum, was für ein Brot muss das sein, das dem, der nur etwas davon isst, ewiges Leben gibt! Wer sollte da nicht mit den Juden sagen: »Herr, gib uns allewege solches Brot!« Das Essen von jenem Baum brachte der ganzen Welt den Tod. Hier ist Arznei dagegen. Willst du gesund werden, dann iss! Freilich werden die Früchte dieses Baumes auch zum Teil herb und sauer sein. Gewiss werden dir, der du davon isst, die Augen danach übergehen. Aber siehe, hast du dich nicht gescheut zu sündigen, so scheue dich auch nicht, es zu beweinen! Hast du oft ohne Grund gelacht, so weine auch, wozu du so viel Grund und Ursache hast, und wünsche dir Glück dazu, weil dir von diesem Baum eine Frucht gereicht wird, die dein hartes Herz in Wehmut auflöst und dir die heilsamen Tränen eines Petrus und jener berüchtigten Sünderin auspresst! Es wird deiner Seele besser bekommen, als wenn du einer von denen wärst, von welchen Jesus sagt: »Wehe euch, die ihr hier lacht, denn ihr werdet weinen und heulen.« Ja, niemand kann euch garantieren, dass euch nicht von diesem Baum so herbe Früchte gegeben werden, dass ihr davon ans Zittern kommt. Ging's nicht jenem Mann in Philippi, ging es Paulus nicht selbst so, welche zitternd fragten: »Was soll ich tun?« Hast du nicht gezittert, Gott zu beleidigen, so zittere deshalb, dass du ihn beleidigst hast! Der Herr möchte dir vielleicht gnädig sein. Ja, zerreißt eure Herzen! Lässt sich ein leiblich Kranker viel bittere Arznei und harte Kuren gefallen in der Hoffnung, seine körperliche Gesundheit wieder zu erlangen, wer wollte dann in Hinsicht auf seine Seele und auf seine ewige Gesundheit so weichlich sein? Es werden auch von Zeit zu Zeit so ungemein angenehme und erfrischende Früchte gereicht, dass du, der du mit den herben auch vorliebnimmst, gestehen wirst, dass kein Genuss diesem gleicht.

17. Dezember

Erkennt doch, dass der Herr seine Heiligen wunderbar führt.
Psalm 4,4

Gott geht überhaupt nicht mit allen denselben Weg, und er macht sich seine Regeln selbst. Manche geraten zur Zeit ihrer Bekehrung oder bald danach in große Finsternis, Angst und Not. Ihre Sonne geht gleichsam verfinstert auf und bleibt es lange. Heman sagt in Psalm 88, von Jugend auf sei er im Elend gewesen, und wir finden nicht, dass er je seine Straße habe mit Freuden ziehen können, wie dort der Kämmerer von Stund' an. Andere dagegen genießen bald nach ihrer Bekehrung einen ganz ausnehmenden Trost, eine außerordentliche Freudigkeit und hernach wohl nie wieder, wenigstens nicht mehr in dem Maße, oder sie werden darauf von einer langwierigen und großen Dürre und Trostlosigkeit überfallen. Einige wahre Kinder Gottes erfahren weder von dem einen noch von dem anderen etwas Sonderliches. Ihr Weg führt entlang sanft hinfließenden Wassern und sie gleichen ihnen selber, Nathanaels-Seelen, ohne Falsch. Einigen verbirgt sich der Herr und legt sie in Finsternis und Dunkel, weil und nachdem sie eine Sünde begangen haben, welche vergleichsweise nicht einmal sonderlich bedeutend ist, und straft sie dafür mit scheinbar unbarmherziger Züchtigung, stößt sie von sich weg, als hätte er seine Barmherzigkeit vor großem Zorn verschlossen und wollte fortan keine Gnade mehr erweisen. Fast, wie Esau, suchen sie vergebens »Raum zur Buße mit Tränen« (Hebräer 12,17). Einige werden nie ausnehmender getröstet als nach einem erkannten und bereuten Fehltritt wie Petrus. Und so gibt's der regellosen Fälle noch viel mehr, und ihre Zahl kann weit größer sein, da die Tröstungen nicht zum Wesen des Christentums hier auf Erden gehören, sondern nur seinen Wohlstand ausmachen, also da sein und mangeln können.

Wie Gott mich führt, so will ich gehn,
ohn' alles eigne Wählen;
geschieht, was er mir ausersehn,
was kann mir da dann fehlen?

18. Dezember

Sehet zu, liebe Brüder, dass nicht jemand unter euch ein arges, ungläubiges Herz habe.

Hebräer 3,12

Ist das Herz verfinstert, so wird es auch in seinem Denken nichtig, wie Paulus Römer 1,21 von den Heiden sagt, und so erhebt sich eine ganze Menge verkehrter Urteile über Gott, seine Wege und den eigenen Seelenzustand. Statt davon nach dem göttlichen Wort zu urteilen – das uns auch Züchtigungen als Liebeszeichen ansehen und die Trübsal von einer Seite kennen lehrt, wo sie als höchst vorteilhaft erscheint und Anlass zum Rühmen gibt; das uns zum Herrn weist und uns ermuntert, auf den Namen des Herrn zu hoffen und uns zu verlassen auf unsern Gott, wenn wir im Finstern wandeln – lässt es einer Menge eigener Gedanken Raum und urteilt nach der Empfindung und nach den Eingebungen der Vernunft und nicht nach dem untrüglichen Wort, dem wir fest glauben sollen, und in welchem wir den Faden finden, der uns durch die verschlungensten Irrgänge leitet. Ach, wir sind ohnehin so voll jämmerlichen Misstrauens und Argwohns gegen den so vertrauenswürdigen Gott. Ereignet sich das Geringste, das dieses zu rechtfertigen scheint, so ist des Argdenkens kein Ende. Heißt es nicht: Sollte Gott gesagt haben? So heißt es doch: Sollte er es halten? Heißt es nicht: Kann er's? So heißt es doch: Will er's tun? Zweifelt man nicht an anderen, so tut man's umso mehr an sich selbst, und es wird uns weit leichter, ihm – aller Versicherung vom Gegenteil ungeachtet – schlimme als gute Gesinnungen gegen uns zuzuschreiben. Das ist ein großer Teil und eine reiche Quelle unseres Elends.

19. Dezember

Er erniedrigte sich selbst und ward gehorsam bis zum Tode, ja zum Tode am Kreuz.

Philipper 2,8

Bei diesem Gehorsam ist dreierlei zu bemerken. Er war nämlich freiwillig, unendlich und anrechnungsfähig. Freiwillig, nicht bloß insofern er ihn gern und willig leistete; vielmehr bestand das Freiwillige darin, dass er sich – wenn er gewollt hätte – von dem Verhältnis, welches ihm Gehorsam auferlegte, hätte fernhalten und in dem Stand beharren können, in welchem er vorher war, nämlich in dem glänzenden Stand eines Gebieters, nicht in dem untergeordneten Stand eines Knechtes. Unendlich war dieser Gehorsam. Gott liebte hier Gott mit einer unendlichen Liebe. Gott verherrlichte hier Gott mit einer unerschöpflichen Verherrlichung. Ein König ehrte den König königlich, denn hier ist Immanuel. Und hieraus fließt die erfreuliche Eigenschaft der Anrechnungsfähigkeit dieses Gehorsams. Auch dieses Stück des Evangeliums ist, wie Paulus vom Ganzen sagt, nie in eines Menschen Herz gekommen, und wenn es ihm präsentiert wird, dünkt's ihm Torheit oder es ist ihm ein Ärgernis. Doch wollte dieser große Heilige keine andere als diese ihm zugerechnete Gerechtigkeit haben, achtete alles andere dagegen sogar für Schaden und Kot. Wozu anders sollte dieser Knecht Gehorsam, den er für sich selbst nicht bedurfte, geleistet haben, als in der Absicht, dass er anderen zugerechnet würde? Nun bedenke man aber, mit was für einem Prachtgewand derjenige geschmückt wird, den der Herr mit diesem Rock der Gerechtigkeit bekleidet, die eine Gottes-Gerechtigkeit ist!

Er ist da, des Vaters Willen
im Gehorsam zu vollbringen,
er will durch sein eigen Blut
alles wieder machen gut
und durch schmerzlich's Todesringen,
was verloren, wiederbringen.

20. Dezember

Wenn wir aber gerichtet werden, so werden wir von dem Herrn gezüchtigt, auf dass wir nicht samt der Welt verdammt werden.

1. Korinther 11,32

Irdische Väter züchtigen ihre Kinder, indem sie deren Leiber schlagen. Der Vater der Geister aber züchtigt den inwendigen Menschen, und das gibt Schmerz. Doch indem er also schlägt mit unbarmherziger Züchtigung, zeigt er dabei keineswegs, dass dies ein ewiger Zorn sei, sondern bloß eine göttliche Ungnade, ein Verbergen des Angesichts in einem Augenblick des Zorns, wogegen er sich mit ewiger Gnade erbarmen will (Jesaja 54,8). Jedoch kann der Heilige Geist fortfahren, die Seele sogar mit dem ewigen Zorn zu bedrohen, besonders wenn sie den Herrn mit Sünden und einem leichtsinnigen Wandel beleidigt und dabei gar noch trotzig und unlenkbar geworden ist und sich nicht sagen lässt. Damit sie nicht auf diesem Weg weitergeht, sucht der Hirte sie mit dem Stab »Wehe« heim und hält ihr Drohungen vor, wie diese: So ihr nach dem Fleisch lebt, werdet ihr sterben müssen, so ihr aber durch den Geist des Fleisches Geschäfte tötet, so werdet ihr leben. Dahin gehören auch die warnenden Beispiele derer, welche um ihrer beharrlichen Sünden willen von Gott verworfen wurden: fast das ganze jüdische Volk, Esau, in gewissem Maß sogar Miriam, Mose, Aaron, obschon sie Gläubige waren, wie der Apostel die Hebräer und Korinther darauf verweist. Wenn aber die Seele in ihrer Angst denkt: So wird dir's auch gehen! – so ist das nicht gründlich geurteilt und muss nicht dem Urteil Gottes entsprechen.

Wo ist der neugeborene König der Juden?

Matthäus 2,2

O glückselige Seelen, die Jesus suchen! O dreimal glückselige Seelen, die Jesus finden! Ehrt und gebraucht alle Mittel der Gnade! Hört, lest, betrachtet, erwägt das Wort Gottes! Aber bleibt dabei nicht stehen, sondern betrachtet es als einen Stern, der uns zu Jesus weist, und ruht mit den Weisen nicht eher, bis ihr Jesus selber gefunden habt, diesen Schatz, der im Acker des Worts verborgen ist. Übt euch mit allem Fleiß in allen guten Dingen, aber haltet doch die Reise nicht für Christus selbst, wie die Weisen nicht nur bis nach Jerusalem und Bethlehem, sondern bis ins Haus gingen, wo sie nicht bloß Maria, sondern auch das Kindlein fanden und nun erst ruhten und durch einen anderen Weg heimzogen. Der Weg aber ist Christus. Lernt, aber lernt von ihm! Wirkt, aber solche Speise, die euch der Sohn Gottes darreichen wird! Seid stark, seid fröhlich, aber in dem Herrn! Achtet sie hoch und wert, alle Erquickungen, die euch zuteilwerden, die Trostsprüche, die euch einfallen, die Verheißungen, die ihr empfangt, die Aufmunterungen, die euch werden! Aber dringt weiter, dass ihr in Christus erfunden werdet! Alle Welt sei stille vor dem Herrn und bete ihn an! Huldigt ihm, indem ihr ihm euer Herz gebt, und lasst euer Herz das Haus sein, worin er wohne! Er nehme Besitz von uns und mache sich alles in uns untertänig, damit wir ewiglich vor ihm anbeten!

Wo ist Jesus, mein Verlangen,
mein Geliebter und mein Freund?
Ach, wo ist er hingegangen?
Wo mag er zu finden sein?
Ach, auf deiner Liebe Flügel
flöge meine Seele gern
über alle Erdenhügel
zu dir, ew'ger Morgenstern.

Und sie wird einen Sohn gebären, des Namen sollst du Jesus heißen, denn er wird sein Volk retten von seinen Sünden.

Matthäus 1,21

Sehr übel lauten *unsere* Namen, und weil das wahrhaftige Wort sie uns gibt, so können wir uns derselben nicht weigern, ohne den wahrhaftigen Gott zum Lügner zu machen, welches eine entsetzliche Lüge wäre.

Aber ach, was gehört dazu, ehe es dahin kommt! Wie lange pflegt man manchmal alle Versuche zu machen, um zu bewirken, dass man den Namen eines Frommen verdient! Und welchen Kummer und welche Not verursacht's, wenn dieses alles misslingt! Man will sich von seiner Sünde losbeten, losängstigen und kämpfen. Und solche Versuche sind auch umso nützlicher, je ernstlicher sie sind, denn über denselben lernt der Mensch desto gründlicher an sich verzagen, desto gründlicher sein Heil bei Christus allein suchen und mit desto größerem Erstaunen an den glauben, der die Gottlosen gerecht spricht. Allein gewiss ist es: Will man den Namen *Jesus* verstehen lernen, es geschieht auf keine andere Weise, als dass man zuvor seinen eigenen Namen, *Sünder*, wohl einsehe. Je völliger wir den gelten lassen, desto mehr wird auch der Name Jesus bei uns gelten, der nur Sünder selig macht.

23. Dezember

Da die Zeit erfüllt ward, sandte Gott seinen Sohn, geboren von einem Weib und unter das Gesetz getan, auf dass er die, so unter dem Gesetz waren, erlöste, dass wir die Kindschaft empfingen. Galater 4,4.5

Christus ist insofern des Gesetzes Ende, als er's bewirkt hat, dass niemand durch die Erfüllung desselben die Gerechtigkeit zu suchen braucht, welches auch eine reine Unmöglichkeit ist. Die Gerechtigkeit vor Gott kann und soll man auf einem ganz anderen Weg finden. Dieses aber hat Christus dadurch zuwege gebracht, dass er alle Forderungen desselben vollkommen erfüllte, wozu kein Mensch fähig war, weil die Sünde es ihm unmöglich machte (Römer 8,3). Christus hat alle Forderungen des Gesetzes vollkommen erfüllt, nicht für sich selbst, sondern für uns. Für sich selbst hatte er's nicht nötig, ja, er war vor seiner Menschwerdung als eine göttliche Person gar nicht in dem Stande des Gehorsams, sondern des Gebietens. Er konnte auch für sich keinen Vorteil von seinem Gehorsam haben, weil er ohne ihn alles besitzt. Weil aber das Gesetz erfüllt werden musste, wenn wir sollten begnadigt werden können, so wurde der ewige Sohn Gottes ein Mensch. Er ließ sich unter das Gesetz tun und nahm bei seiner Beschneidung und Taufe die Erfüllung des ganzen Gesetzes auf sich und erfüllte alle Gerechtigkeit (Mt. 3,15). Dadurch wurde unsere Schuld vollkommen, ja überfließend bezahlt, denn das Gesetz fordert nur einen menschlichen Gehorsam, Christus leistete aber einen göttlichen Gehorsam und erwarb uns armen Sündern dadurch eine göttliche Gerechtigkeit, die weit herrlicher ist jene, die Adam im Stand der Unschuld hatte, ja, sogar als die der heiligen Engel. Also hat man sich nicht erst durch des Gesetzes Werke die Gerechtigkeit zu erwerben – wie die Judaisten meinten, denen Paulus im Galaterbrief entgegentritt – sondern sie ist schon längst erworben. Somit hat Christus insofern das Gesetz aufgehoben, als niemand dadurch seine Gerechtigkeit, womit er vor Gott bestehen kann, auf dem Weg zu suchen braucht, den es vorschreibt, den wir ohnehin nicht betreten können, da die Sünde uns gelähmt hat, und nicht betreten dürfen, wenn wir dem Hohenpriestertum und dem Opfer Christi nicht zu nahe treten und das Blut des Bundes unrein achten wollen.

Denn ihr wisset die Gnade unseres Herrn Jesu Christi, dass, ob er wohl reich ist, ward er doch arm um euretwillen, auf dass ihr durch seine Armut reich würdet.

2. Korinther 8,9

Ihr hört die apostolischen Worte: Jesus ist reich. Sein Reichtum ist unaussprechlich. Er ist reich über alle, die ihn anrufen. Aber er wurde arm, so arm, dass er nichts hatte, wo er sein Haupt hinlegte, so arm, dass er über keinen Trunk Wasser zu verfügen hatte, da er doch das Paradies verschenken konnte, auch am Geist so arm, dass er kein Tröpflein von den himmlischen Süßigkeiten genoss, sondern voll Trauerns war bis in den Tod. Und was bewog ihn dazu, freiwillig so arm zu werden? Nichts als seine Gnade gegen uns, damit wir reich würden, reich an den kostbarsten Gütern, reich an ewigen, an wahrhaftigen, an unvergänglichen Gütern, welche über alle Zufälle und Wechsel des Glücks dieser Erde erhaben, mit durch Grab und Tod gehen, wenn alles andere zurückbleibt. Was dies für Güter sind, will ich jetzt nicht näher angeben. Das wollen wir nur bemerken, dass wir sie der Armut Jesu verdanken, wie seinem Tod das Leben, seiner Angst den Frieden, seiner Traurigkeit das Loben. Das wollen wir nur bemerken, dass diese Güter erlangbar sind, denn »wer da will, der komme und trinke von dem Wasser, das ich ihm geben werde!« (Offenbarung 22,17 und Johannes 4,14). Das wollen wir nur bemerken, dass wir ganz arm sind an allem, was zum Leben und göttlichen Wandel dient, dass aber Jesus der einzige Reiche ist, der uns beschenken kann.

Werdet demütig genug, euch für blutarm zu halten und euch alles schenken zu lassen, geistliche Kleider und Schuhe, damit ihr reich werdet und keinen Mangel habt an irgendeiner Gabe!

Er ist auf Erden kommen arm,
dass er unser sich erbarm'
und in dem Himmel mache reich
und seinen lieben Engeln gleich.
Halleluja!

Also hat Gott die Welt geliebt, dass er seinen eingeborenen Sohn gab, auf dass alle, die an ihn glauben, nicht verloren werden, sondern das ewige Leben haben. Johannes 3,16

Wer versteht dieses: *Also*? Der wäre im Himmel. Wer ist der Geber? Welches ist die Gabe? Wer ist der Empfänger? Was ist der Zweck? Was ist die Ursache? O des gottlosen Teufels, der uns dies verdeckt! O des gottlosen Unglaubens, der uns wehrt! O der abscheulichen Eigenliebe, die sich selbst vergöttert! Also preist und rühmt Gott, seine Güte, seine Liebe gegen uns. Und wir? Haben wir geglaubt und erkannt die Liebe, die Gott zu uns hat? Sie treibt alle Furcht aus. Tut sie das bei dir?

Wollen wir die Größe der Liebe weiter beschauen, ist es nicht, als wollten wir in die Mittagssonne hineinschauen? Seht den ewigen Sohn Gottes, welcher Gott ist, hochgelobt in Ewigkeit, seht ihn im Stall und in der Krippe zu Bethlehem, seht ihn in der Werkstatt zu Nazareth, seht ihn im Staub mit dem Tod ringend in Gethsemane, seht ihn unter der Geißel, seht ihn mit Dornen gekrönt, ja seht ihn als einen wirklich Verfluchten tot am Kreuz! Denkt euch dabei: *für uns* – denkt dabei: es ist Gott, dieser Mensch – denkt dabei: dies alles hat er uns getan, sein groß Lieb zu zeigen an – müsst ihr nicht bekennen: Die Liebe Christi übersteigt allen Verstand? Bedenken und erwägen wir die großen Wohltaten, die wir dieser Liebe verdanken, die unermesslichen Übel, wovon sie uns erlöst; erwäge ich, dass ich dadurch gerecht, und zwar so gerecht geworden bin, als hätte ich nie eine Sünde begangen noch gehabt und selbst allen den Gehorsam vollbracht, den Christus für mich geleistet hat; erwäge ich, dass aus dieser blutigen Quelle meine Heiligung, dass das ewige Leben daraus herfließt, so merke ich, wie viel Ursache vorhanden ist, die Güte Gottes groß zu nennen.

Dies ist der Mittelpunkt von Gottes Wegen,
der Tiefen Schlüssel und des Wortes Kern,
hier träuft ein angenehmer Gnadenregen,
hier geht auf ein heller Morgenstern.

26. Dezember

Nachdem nun die Kinder Fleisch und Blut haben, ist er dessen gleichermaßen teilhaftig geworden.

Hebräer 2,14

Gott ist geworden wie unsereiner, damit wir würden wie einer aus der Gottheit. Zählen wir nun die Menschen, siehe, so treffen wir unter ihnen einen, welcher zugleich in der Höhe Gott der Herr ist. O Wunder ohnegleichen! O anbetungswürdiges, o segensreiches Wunder, Wurzel allen Heils! Wodurch wurde Gott ein Mensch? Dadurch, dass er unsere wirkliche, menschliche Natur aus der gesegneten Jungfrau Maria an sich nahm, wie es durch den Propheten Jesaja vorher verkündigt worden war: Siehe, eine Jungfrau ist schwanger und wird einen Sohn gebären, den wird sie heißen Immanuel. Diese unsere menschliche Natur, wiewohl verklärt, hat er noch an sich in diesem Augenblick, da wir von ihm reden. Hier auf Erden war er uns nur in zwei Stücken ungleich. Er hatte nämlich keinen menschlichen Vater und keine Sünde wie wir. Sonst wurde er, wie wir auch, müde, hungrig, durstig, schläfrig, traurig, fröhlich, und man sah ihm nichts an, was ihn von anderen Menschen unterschieden hätte, wiewohl er Gott war, über alles gelobt in Ewigkeit. Und erleuchtete Augen seiner Herrlichkeit sahen eine Herrlichkeit als des eingeborenen Sohnes vom Vater, voller Gnade und Wahrheit. Wozu wurde er Mensch? Zu was für einem hohen und erhabenen Zweck geschah dieses über alle Begriffe erhabene Wunder? Wie? Der Ewige fängt an, seine Existenz nach Jahren zu rechnen? Der Unermessliche wird in ein Maß eingeschränkt? Der Gott der Geister wird mit Händen betastet, mit Augen gesehen? Derjenige, welcher die Freude selbst und ihr Brunnquell ist, weint? Das ewige Leben stirbt? Welche Wunder! Und zu welchem Zweck? Der muss ja groß und herrlich sein. Das ist er auch. Wir erwähnen nur einen vierfachen Zweck. Durch dieses Wunder über alle Wunder bekamen wir ein neues Haupt, einen Bürgen, einen Versöhner und einen Schatz.

27. Dezember

Gelobt sei der Herr, der Gott Israels, denn er hat besucht und erlöst sein Volk.

Lukas 1,68

Er hat erlöst. Diese Zuverlässigkeit ist des Glaubens Art. Daher sagt auch Johannes nicht: Der Glaube ist der Sieg, der die Welt überwinden wird, sondern: der sie überwunden hat. Und Paulus sagt zu den Gläubigen nicht: Ihr werdet selig werden, sondern: Ihr seid selig geworden. Ja, sogar nicht: Ihr werdet auferstehen, ihr werdet ins himmlische Wesen versetzt werden, sondern: Ihr seid auferstanden, ihr seid ins himmlische Wesen versetzt worden. Freilich kann sich der schwache Glaube in eine solche Zuversichtlichkeit nicht gut schicken, sie nicht fassen, und er betrachtet das Heil seiner Seele mehr wie ein solches, das noch auszuwirken ist, als ein schon vollendetes. Er kann bekümmert fragen: Wie komme ich durch? Wie überwinde ich das? Aber der völlige Glaube sagt: »In dem allem überwinden wir weit« (Römer 8,37). O seliger Blick, wo der Glaube sich des Sieges schon im Voraus freuen und wie Josaphat mit Loben und Danken in den Streit ziehen kann! Und das kann er dann, wenn er nicht auf sich selbst, sondern auf den Herrn sehen kann.

Doch, wie bestimmt sich auch der fromme Priester in Absicht der Erlösung ausspricht, so ist doch seine Art zu reden nach der Beschaffenheit der Sprache, welche Lukas gebraucht, unbestimmt. Das heißt, es kann sowohl so wiedergegeben werden: »er hat erlöst«, als auch: »er erlöste«, »er erlöst« und »er wird erlösen«. Denn, ist gleich die Erlösung an sich vollkommen, so geschieht doch die Zueignung, die Ausführung und Mitteilung derselben stufenweise, wie auch Paulus sagt: Er hat uns erlöst, erlöst uns täglich und so hoffen wir, dass er uns auch künftig erlösen wird (2. Korinther 1,10). Und so bedürfen wir's ja auch.

28. Dezember

Jesus Christus, gestern und heute und derselbe auch in Ewigkeit.
Hebräer 13,8

Diese Unwandelbarkeit, die Jesus Christus in sich selbst besitzt, würde wenig oder keinen Trost für uns enthalten, wäre er nicht auch stets für sein Volk Jesus, der Seligmacher, und Christus, d. h. ihr Lehrer, Priester, König, ihre Weisheit, Gerechtigkeit, Heiligung und Erlösung. Und das ist er. Er war es bei allen Veränderungen, die ehemals im äußeren Gottesdienst verordnet wurden. Ja alles wies auf ihn. Er bleibt es, es verändere sich, was da will. Stehen wir nun mit diesem Unveränderlichen in einer wahrhaften Verbindung, so stehen wir auch so fest wie der Libanon und alle Veränderungen müssen uns im Blick aufs Ziel zum Segen sein. O glückseliger Stand, von der gegenwärtigen, wandelbaren, ja argen Welt errettet, versetzt zu sein in das Reich des lieben Sohnes Gottes! O glückseliges Licht, das uns den Unwandelbaren kennen lehrt! O teure Gnade, die uns mit ihm verbindet, die uns in ihm ruhen lässt! O großes Glück, wenn wir nicht bloß dem Einfluss der natürlichen Luft, Wärme und Kälte ausgesetzt sind, sondern insbesondere den Einfluss dieser himmlischen Sonne genießen, mag es auch noch wie durch einen Nebel sein!

Sagt doch ihr alle, die ihr Glückseligkeit sucht, deren Wünsche sich aber weiter erstrecken, als die schnell durchlaufenen Schranken dieses kurzen Lebens reichen, was ist's, worauf ihr euch mit Ruhe als auf dasjenige verlassen wollt, das euch zuverlässig zu jenem gewünschten Ziel führt? Lasst mich's nicht wiederholt auseinandersetzen, dass der ein Narr ist, der sich auf sein Herz verlässt, wie die Schrift sagt und die Erfahrung es bestätigt. Christus ist der einzige Fels. Baut ihr daneben, so habt ihr Sand zum Grund, ihr mögt diesem Sand auch die schönen Namen der Vorsicht, der ernstlichen Vorsätze geben. Es ist doch Sand, und es gehört eine Tollkühnheit dazu, hierauf den Schritt in die Ewigkeit zu wagen, da der Boden in dem alles entscheidenden Augenblick euren Tritten entweichen und euch dem schrecklichsten Versinken preisgeben wird. Macht nur ja nicht die Probe davon, denn dann ist alles verloren! Seht ja genau zu, wem ihr euch anvertraut!

Die Sünde wird nicht herrschen können über euch, da ihr nicht unter dem Gesetz seid, sondern unter der Gnade.

Römer 6,14

Um desto mehr zu ermuntern, jegliche Last von sich zu werfen und zu singen: Die Sünde kann nicht mehr mich durchs Gesetz verdammen, denn alle Zornesflammen hat Jesus ausgelöscht, sagt der Apostel lieber »ihr« als »wir« sind nicht mehr unter dem Gesetz, damit niemand auf die Beschaffenheit der Person sehe und ihrerseits eine gewisse Würdigkeit mit in Anschlag bringe, die er bei sich nicht findet und darum sich die Freude rauben lässt, zu rühmen: Ich bin nicht unter dem Gesetz. Jedoch ohne den Heiligen Geist ist das unmöglich. Er muss uns Christus verklären. Er tut das in einer gewissen Ordnung. Der Mensch wird aus seinem Sicherheitsschlaf geweckt. Er kommt in Jammer und Not wegen seiner Sünden. Er wird mit herrlichen Einsichten gesegnet. Er befindet sich in der Nähe Kanaans – er will gerne heimfahren. Aber nun kommt er wohl unter das Gesetz, wo er nicht mehr rückwärts noch vorwärts weiß. Es geht ihm nach der Weise des Paulus: »Ich aber starb« (Römer 7,10) – jedoch so, dass es dann weiter heißt: »Ich bin durchs Gesetz dem Gesetz gestorben … Ich lebe, aber doch nicht ich, sondern Christus lebt in mir« (Galater 2,19-20). Wohlan aber, werdet nur in euren Augen recht zu Sündern! Dann wird Jesus auch erweisen, dass es gewisslich wahr ist, dass er in die Welt gekommen ist, die Sünder selig zu machen.

30. Dezember

Wir sind getrost allezeit und wissen, dass, dieweil wir im Leibe wohnen, so wallen wir ferne vom Herrn.

2. Korinther 5,6

Wir wandeln hier nicht im Schauen, sondern im Glauben. Lasst euch an seiner Gnade genügen! Zu einem vollständigen Tag gehören auch die Dämmerung und die Nacht. Hier ist das Land der Abwechslung. »Umarmen hat seine Zeit und ferne sein vom Umarmen hat seine Zeit« (Prediger 3,1.5). Hier ist das Land der Entbehrung, der Verleugnung, der Tränen, des Streits, und es wird nicht anders. Aber »es ist noch eine Ruhe vorhanden dem Volk Gottes« (Hebräer 4,9). Und wir, die wir glauben, gehen in diese Ruhe, hier anfänglich, dort vollkommen. Dort, dort sind die edlen Gaben, da mein Hirt', ewig wird, meine Seele laben. Was wird das sein, wenn hier das irdische Auge bricht, um tüchtig zu werden, den Aufgang der ewigen Sonne in dem himmlischen Jerusalem zu schauen, dessen Leuchte das Lamm ist! Hier waren es Erstlinge, dort ist die ganze Ernte; hier Tropfen, dort ein Strom; hier Tag und Nacht, dort keine Nacht mehr. Sind hier die Tropfen süß, was muss die Fülle sein! Mache dich denn auf und werde Licht, denn dein Licht kommt! Denn er wird hervorbrechen wie die schöne Morgenröte, wie ein milder Regen auf dem Gras. Es wird, o es wird gewiss dahin kommen, dass er endlich sein Angesicht so über dir, o Israel, leuchten lässt, dass er es dir nie wieder verbirgt, wiewohl noch der Jordan des Todes zwischen dir und diesem Kanaan liegt, von welchen du auch schon manche Traube gekostet hast.

Da werd' ich deine Süßigkeit,
das himmlisch' Manna, allezeit
in reiner Liebe schmecken
und sehn dein lieblich Angesicht
mit unverwandtem Augenlicht
ohn' alle Furcht und Schrecken.

Gedenke aller Wege, durch die dich der Herr, dein Gott, geleitet hat diese vierzig Jahre in der Wüste, auf dass er dich demütigte und versuchte, dass kund würde, was in deinem Herzen wäre.

5. Mose 8,2

Auf den leisen Fittichen der eilenden Zeit sind wir alle bis zu diesem letzten Tag im Jahr getragen. Unbemerkt glitt die Zeit dahin, und ebenso unbemerkt gleiten wir dem letzten Augenblick unseres Lebens entgegen. Alle sind wir ein ganzes Jahr älter, alle haben wir ein ganzes Jahr weniger zu leben. Christus ist derselbe, das ist sein Ruhm. Seid ihr zwar älter, aber sonst noch dieselben wie ehedem, so ist das eure Schande und euer Unglück. »Wahrlich, wahrlich, es sei denn, dass jemand von neuem geboren werde, so kann er das Reich Gottes nicht sehen« (Johannes 3,3). Nichts gilt vor Gott als eine neue Kreatur. Richtet euch danach! Macht euch ein neues Herz und einen neuen Geist, wenn ihr das könnt – und ihr meint ja, dass ihr es könnt – sonst seht zu, dass ihr's von Christus geschenkt bekommt. Er ist noch derselbe, der schon so vielen ein neues Herz gegeben hat. Wollt ihr aber nicht zu ihm kommen, so werdet ihr sterben. Das Jahr ist beinahe dahin. Wie steht's um euch, die ihr glaubt, ihr seid wahre Christen? Seid ihr in der Zeit gewachsen, aber nicht nur im Reich der Natur, sondern auch im Reich der Gnade? Oder seid ihr noch ebenso verworren in euren Begriffen, ebenso ungewiss in euren Tritten und strauchelnd mit euren Füßen, ebenso unstet in eurem Glauben und so geteilt zwischen Christus und euch selbst und anderen Dingen wie sonst, so ist das schimpflich, dass ihr so lange jungen Kindern gleicht. Werdet fest, ihr Wankelmütigen, und tut feste Tritte mit euren Füßen! Hört auf, Gefallen an euch selbst zu haben, euch selbst zu rechtfertigen, und wisst, dass in Christus ein rechtschaffenes Wesen ist.

Gott ist es, der uns befestigt in Christus und *der* Mann wird nicht ruhen, bis er sein Werk vollendet hat. Wohl allen, die ihm trauen!

Verzeichnis der Tagesverse

Buchempfehlung

Joel Beeke & Diana Kleyn
Wie Gott durch ein Gewitter wirkte
und andere Andachtsgeschichten
Reihe »Auf Fels gebaut« Band 1

Hardcover, 190 Seiten
Betanien Verlag 2013
ISBN 978-3-935558-31-0
9,90 Euro

Dies ist ein Buch voller Geschichten aus früheren Zeiten. Es ist nicht nur spannend, sondern auch lehrreich und vor allem den Glauben stärkend. Alle Geschichten verweisen auf eine geistliche Wahrheit und auf eine entsprechende Schriftstelle. Außerdem sind am Ende jeder Geschichte Fragen, ein kurzer Schriftabschnitt und Anregungen für das Gebet angegeben.

Die Kinder werden eine Geschichte nach der anderen lesen oder hören wollen! Deshalb umfasst diese Reihe »Auf Fels gebaut« auch insgesamt 5 Bände. Die Autoren haben einen bibeltreuen, reformatorischen Hintergrund mit puritanischer Prägung.

Die Geschichten dieses ersten Bandes widmen sich vor allem der Verdeutlichung der Schwerpunkte »Für Gott leben« und »Der Wert der Heiligen Schrift«.

Lesealter: selbständig 9-14 Jahre, zum Vorlesen auch früher, und zur Familienandacht

Die weiteren 4 Bände (alle 9,90 Euro):
Band 2: *Wie Gott die Piraten besiegte*
Band 3: *Wie Gott durch eine Schneewehe rettete*
Band 4: *Wie Gott bei Dürre einen Schirm sandte*
Band 5: *Wie Gott zur Rettung einen Hund sandte*

Weitere Bücher vom Betanien Verlag

Charles Ray
Susannah Spurgeon
Die Frau an der Seite des Predigerfürsten
Hardcover · 126 Seiten · ISBN 978-3-935558-88-4 · 7,90 Euro
Die Gnade befähigte Susannah Spurgeon, trotz schwerer Krankheit dem Herrn zu dienen. Bemerkenswert ist auch ihr Bücherfond mit hilfreicher Literatur für Prediger. Eine motivierende und ermutigende Kurzbiografie!

Andreas Münch
Der wahre Gott der Bibel
Ein Studienbuch über Gottes Wesen und Werke
Paperback · 282 Seiten · ISBN 3-935558-46-4 · 12,90 Euro
Eine Entfaltung der Eigenschaften Gottes, mit vielen Zitaten bekannter Autoren wie Matthew Henry, Martin Lloyd-Jones, J.I. Packer und A.W. Pink. Einen Schwerpunkt bilden das Heilshandeln Gottes und seine Souveränitä..

Jay E. Adams
Keine Angst vor Theologie!
Eine unterhaltsam-systematische Einführung in Glaubensfragen
Paperback · 206 Seiten · ISBN 978-3-935558-44-0 · 11,90 Euro
Kurz und bündig, z. T. in Dialogform, erklärt der bekannte Autor grundlegende Themen der biblischen Lehre: das Wesen Gottes und des Menschen, rechtes Bibelverständnis, Sünde und Erlösung, Israel, Endzeitfragen, u.vm.

Charles Spurgeon
Erwählt vor Grundlegung der Welt
Predigten über die Erwählung und Souveränität Gottes
Paperback · 125 Seiten · ISBN 978-3-935558-64-4 · 490 Euro
Spurgeon hatte deutliche Worte über die Erhöhung des Menschens durch ein entstelltes Evangelium und spricht hier klar über Verdorbenheit und Sünde, souveräne Erwählung, wirksame Berufung und Heiligung durch Gnade.

James Montgomery Boice, Philipp G. Ryken
Die Lehren der Gnade
Eine Erklärung und Verteidigung der fünf Punkte des Calvinismus
Paperback · 250 Seiten · ISBN 978-3-935558-91-4 · 13,90 Euro
»… nicht nur eine präzise und zwingende Darstellung der Gnadenlehren, sondern auch ihrer historischen Entwicklung und Wirkung. Dieses Buch verdeutlicht auch den traurigen Zustand der Gemeinde, wenn diese Lehren abgestritten oder vernachlässigt werden« (Robert C. Sproul).